I libri di Viella

323

Elisabetta Bartoli

Arcadia medievale

La bucolica mediolatina

viella

Copyright © 2019 - Viella s.r.l.
Tutti i diritti riservati
Prima edizione: luglio 2019
ISBN 978-88-3313-217-4

viella
libreria editrice
via delle Alpi, 32
I-00198 ROMA
tel. 06 84 17 758
fax 06 85 35 39 60
www.viella.it

Indice

Introduzione.
I poeti e la bucolica: la lunga vita di un genere antico

Diversamente da quanto accade nel Rinascimento o nell'Arcadia settecentesca, nell'Italia del Novecento scrivere bucolica non corrisponde più ad una moda letteraria. In un clima culturale che appare decisamente lontano dal mondo pastorale, nel 1904 escono le egloghe di Massimo Bontempelli;[1] apparentemente fuori contesto storico, mettono in campo dicotomie canoniche del genere bucolico come vecchiaia-gioventù o città-campagna, che in quella stagione stanno evolvendosi nelle forme letterarie dello strapaese e della modernolatria futurista.

Con spirito, intenti e risultati diversi, nel corso del secolo altri autori come Eugenio Montale, Andrea Zanzotto o Alessandro Fo comporranno bucolica, ciascuno piegando il genere agli impulsi soggettivi della propria poetica,[2] ma tutti mettendo in atto un dialogo con l'archetipo virgiliano.

1. Edite da Streglio, Torino-Genova 1904, dedicate ad Arturo Graf. Dodici brevi composizioni in endecasillabi che di lì a qualche anno, dopo l'incontro decisivo con le avanguardie e tra tutte col futurismo, l'autore rifiutò come irriducibili a quella che era ormai la propria idea di letteratura.

2. *Ecloga* di Montale, nel suo andamento circolare, tenta di ricomporre fuori dalla storia il tempo felice del passato, contrapposto all'angoscia del presente. Le IX ecloghe di Zanzotto (la cui produzione è tutta connotata da teatri boschivi, si veda un'analisi di questo aspetto nel saggio di Tassoni, *Zanzotto dal simulacro all'oikos*) furono composte tra il febbraio 1957 e l'ottobre 1960; la raccolta inaugurò la collana mondadoriana *Il Tornasole*, destinata a testi di letteratura sperimentale e militante. Il poeta vi compie una riflessione sul rapporto tra ordine e forma, convenzione e esperimento: la convenzione giustificherebbe, secondo Agosti «la paradossale ripresa del genere bucolico virgiliano dell'ecloga e la forte organizzazione strutturale del libro» (Zanzotto, *Poesie e prose*, p. 1462). Le *Bucoliche al telescopio* di Alessandro Fo, contemporanea e toccante versione di sincretismo bucolico-cristiano, esplorano in una forma intimistica la poesia e il suo rapporto con l'antico. Lo

La bucolica novecentesca italiana, pur esigua, è indicativa dell'eterogeneità che connota la produzione pastorale e conferma, sul piano poetico e su quello critico, come l'essenza della sua fortuna nei secoli risieda nella polisemia simbolica e nella forza archetipica degli elementi che la compongono.

La volontà autoriale di collocarsi nella tradizione di un genere connotato, aderendovi o affrontandolo polemicamente, rappresenta una scelta rilevante specialmente nei contesti storici in cui non esiste una vera e propria moda bucolica, fenomeno manifestatosi con tutta la sua pervasività anche geografica[3] dal Quattrocento al Settecento. Lo studioso dei testi pastorali situati al di fuori di questo arco temporale, quindi, si chiede preliminarmente perché un autore abbia deciso di scrivere bucolica, in che relazione si sia posto col modello – quasi sempre Virgilio – e quale trasformazione abbia subito l'archetipo. La legittimità di questa operazione esegetica si basa sull'assunto che i poeti siano consapevoli di operare all'interno di un genere letterario codificato: adeguarsi alle coordinate bucoliche, forzarle o rovesciarle assume un senso solo in relazione ad una tradizione conosciuta e condivisa e forse nessun altro genere appare così libero e al tempo stesso così vincolato.

La longevità della pastorale, la sua potenza generativa all'interno di un sistema chiuso di temi e forme hanno suscitato un certo interesse anche in ambito teorico. Tra i saggi che nel secolo scorso hanno coniugato lo studio della letteratura pastorale a tematiche di attualità va ricordato *English pastoral poetry* di William Empson, più noto col titolo dell'edizione inglese *Some Versions of Pastoral*,[4] in cui l'autore attribuisce alla poesia bucolica – l'unica in grado di dissolvere l'elemento complesso in quello semplice – una forza sociale unificante. Nella sua affascinante lettura, Empson rovescia il limite della letteratura bucolica e sostiene che

studioso e poeta di recente ha dedicato alcuni contributi molto incisivi al poeta ungherese Miklós Radnóti, un autore che scrisse ecloghe da deportato in un campo di concentramento durante la seconda guerra mondiale: *Utopie pastorali e drammi della storia* e *Guerra e pace (di Virgilio-Radnóti-Heany)*.

3. Molto interessanti in proposito gli studi di Lorenz Rumpf, *Am trüben Goldfluß*, su Manuel Costa e la funzione politica della bucolica nel Brasile del secolo XVIII.

4. Il volume non reca indicazione della città di pubblicazione; si legge solo «Great Britain 1938». Cfr. archive.org/details/englishpastoralp00emps/page/n11 (ultima visita aprile 2019).

l'antica poesia pastorale[5] derivi la sua libertà proprio dall'aver accettato le convenzioni imposte dal genere e, con la forza di un'attualizzazione quasi straniante – la dialettica delle classi sociali applicata al mondo bucolico – l'autore ripropone quell'elemento politico della bucolica mai dissolto del tutto nemmeno nelle propaggini dell'Arcadia. Una trentina di anni dopo Renato Poggioli[6] mostra, attraverso una fitta serie di esempi letterari, la fortuna e l'evoluzione di quello che egli intende quale elemento distintivo dell'ideale bucolico, la «wish-fulfilling function», la tensione-liberatoria tra il desiderio sublimato, cioè la pastorale dell'innocenza o idillio familiare, e il desiderio soddisfatto, che consiste nella pastorale della felicità o idillio giovanile.[7]

Il volume è postumo e pochi sono i saggi licenziati dall'autore che, scomparso improvvisamente, non poté adeguatamente completare il lavoro. L'analisi di Poggioli risulta per certi aspetti molto connotata storicamente, specie per i risvolti marxisti di alcuni capitoli, ma è ancora dirompente per il modo in cui muta la prospettica critica: il suo approccio al problema, basato sul *pastoral ideal* più che su testi di un genere canonico, dilata il campo di indagine secondo un metodo che il comparatista, vissuto dal 1938 in America, condivide con altri studiosi di area americana o anglosassone come Paul Alpers, autore di *What is Pastoral?*[8] In questo volume, sulla scorta del lavoro di Empson,[9] lo studioso dichiara che «Pastoral commonly

5. "Antica" equivale a "composta prima della Restaurazione".

6. Il saggio uscirà, insieme ad altri tredici, nella raccolta postuma ed eponima *The Oaten Flute* a cura di Bartlett Giamatti nel 1975, ma una prima versione era stata pubblicata nell'«Harvard Library Bulletin», 11 (1957). Anche se non licenziato dall'autore, il volume mostra una straordinaria ricchezza di spunti, con saggi che spaziano in senso diacronico e in senso geografico (Shakespeare, Tolstoj, Gogol, Mallarmé, Goethe etc.).

7. Il primo incarnato da Erminia, il secondo da Aminta; questo secondo tipo fu recepito anche come licenza dell'espressione omoerotica, *The Oaten Flute,* p. 55. L'associazione tra ambiente boscoso-pastorale (contrapposto alla natura coltivata) e liberazione della pulsione è un *topos* letterario indagato spesso in sede teorica; affini le ricerche di Francesco Orlando e Matte Blanco sul ritorno del represso.

8. Pubblicato a Chicago nel 1966.

9. Cfr. la sua recensione a *Some Versions of Pastoral* scritta nel 1978. Specialmente in *Wath is Pastoral?*, p. 42, Alpers valorizza le interconnessioni operate da Empson tra le convenzioni eroica e pastorale e considera il risultato dell'esercizio critico compiuto dallo studioso come l'unica alternativa all'idillio romantico di Schiller e, contemporaneamente, anche alla sua inapplicabilità. Nella visione empsoniana della pastorale, in grado di analizzare il complesso sulla base del semplice, Alpers vede un grande lascito esegetico: «ci rende

said to be a mode, not a genere»,[10] spiegando come l'idea di genere sia troppo schematica per contemplare l'essenza pastorale, i cui elementi possono benissimo trovarsi in romanzi, opere teatrali o testi poetici senza che necessariamente si debbano costringere all'interno di uno statuto formale e tematico preciso e codificato, come l'idea tradizionale di genere prevede; lo studioso propone quindi di utilizzare il concetto di genere letterario in senso più elastico così da poter accogliere gli esiti distanti formalmente ma connotati tematicamente in senso bucolico. Condivide l'impostazione di Alpers, di cui apprezza principalmente la ricerca del resoconto di vita nella pastorale,[11] Seamus Heaney, che nel suo *Ecloghe in extremis, la capacità di resistenza della pastorale*[12] si spinge anche oltre, riconoscendo come distintivi della pastorale l'autobiografismo e la rappresentazione allegorica della realtà storica. Heaney attribuisce alla bucolica, nei suoi momenti più alti, la forza della onestà intellettuale, la capacità di resistenza culturale che la letteratura può opporre al mondo. Forzando il *pastoral ideal* in una direzione in certo modo preparata dalla critica novecentesca, l'autore sgombra il terreno bucolico dai paesaggi patinati e si concentra sul potere di rappresentazione del reale – sfruttato in relazione al modello in maniera analogica o antifrastica dai poeti – e discute autori come Miłosz, parla di ecloghe composte in situazioni estreme, come quelle che MacNeice scrisse nella Germania degli anni Trenta o quelle di Radnòti, appuntate in un taccuino in un campo di prigionia durante la seconda guerra mondiale. Tra gli elementi che connotano da sempre la fortuna moderna del genere sono certamente da annoverare l'aspetto politico e quello autobiografico, una zona di libertà del soggetto poetante dovuta alla distanza dal presente storico, se

capaci di guardare la bucolica senza condiscendenza, senza esagerazioni o rivendicazioni», ivi, p. 43.

10. *Wath is Pastoral?*, p. 44. Nel capitolo dedicato a questo argomento (pp. 45-78), lo studioso critica la teoria di Fowler, *Kinds of Literature*, secondo cui storicamente il *mode* si sviluppa dal *genre*; Alpers propone un'interpretazione radicale della bucolica come forma aperta, almeno nel suo inventore Teocrito, che raggiungerebbe la sua codificazione con Virgilio: i termini quindi si invertono e «Vergil give ancient pastoral its generci identity: [...] in the case of pastoral, the mode tends to genre», p. 66.

11. «To take this literary kind seriously, we must be able to say that the representational conventions of pastoral constitute a representative anecdote in the larger sense – that its reductions produce accounts of life» (Alpers, *What is pastoral?*, p. 161). Non è un caso che Alpers, *The Philoctetes Problem*, abbia trattato della solitudine esistenziale dell'individuo calata in un contesto pastorale, citando alcuni autori tra cui Frost, Wordsworth e Radnóti.

12. In *Resistenza del classico*, pp. 61-78.

pure fittizia.[13] L'ossatura tematica della pastorale possiede, nell'apparente semplicità dei motivi bucolici, una forza quasi archetipica nella sua capacità di cantare l'idillio – elemento valorizzato da Bruno Snell[14] – ma anche lo strappo e la morte: l'ambiguità della Arcadia, la *facies* crudele del *locus amoenus*, esercita un fascino longevo, tanto che nel 1984 Franco Fortini sceglie come titolo per una sua raccolta di poesie *Paesaggio con serpente* e pone il lettore al centro di una rete di allusioni simboliche geometricamente delimitate da Virgilio e Poussin.[15]

Pochi modelli letterari possiedono la forza di rappresentazione della bucolica, una potenza icastica avvertita anche nella poesia moderna e contemporanea: Apollinaire, agli inizi del Novecento, usa un'antifrastica immagine pastorale[16] – «Bergère ô tour Eiffel le troupeau des ponts bêle ce matin» – per sancire la sliricizzazione del reale e il distacco dal «mond ancien»; chiude il secolo l'*American Pastoral*[17] di Philip Roth, un romanzo che sfrutta la simbologia pastorale fin dal titolo, a cui affida il disvelamento del messaggio, costituito dalla perdita dell'età dell'oro, una promessa smentita dagli eventi storici. Sempre in ambito contemporaneo merita un

13. Carrai, *La poesia pastorale*, p. V. Basta qualche verso per accorgersi quanto siano distanti queste bucoliche così poco arcadiche da quelle scritte nei momenti di fortuna del genere, come quelle pervase dall'«aura di pacato ozio contemplativo» di cui lo studioso parla nella prefazione al volume.

14. *Arkadie Die Entdeckung einer geistigen Landschaft*, che parte dalla valorizzazione dei toni elegiaci dell'ecloga X sottolineando la componente emotiva, indice di una sensibilità moderna, di cui Virgilio ha colorato il *locus amoenus*. Schmidt, *Arkadien: Abendland und Antike*, poi rielaborato in Id., *Bukolische Leidenschaft*, critica l'impostazione di Snell, secondo lui tipica della storiografia germanica fin dagli anni Venti del Novecento, in cui si tende ad attribuire retrospettivamente agli autori antichi (in questo caso Virgilio) una sensibilità moderna, forzandone la ricezione. Snell intenderebbe l'Arcadia virgiliana connotata da tre elementi: la poetica del sogno, l'amore pervasivo e una sensibilità estenuata e estetizzante. Nel primo capitolo del volume Schmid afferma che il mondo dei pastori (*Hirtenwelt*) non si identifica con l'età dell'oro e propone una distinzione terminologica tra «bukolisch», in quanto afferente alla bucolica antica e «pastoral», legato alla tradizione rinascimentale, elegiaca utopia di realtà e bellezza.

15. Il volume reca in esergo un verso dell'*ecl.* VIII «cantando rumpitur anguis», seguito dal testo in prosa *L'ordine e il disordine*, che tratta della cacciata del serpente in relazione al canto VIII del Purgatorio dantesco.

16. *Zone* (da *Alcool*, 1913). Si possono rintracciare situazioni "pastorali" anche in contesti metropolitani, si pensi alla *battle rap*, moderna versione di agone canoro amebeo basato sull'improvvisazione.

17. *American Pastoral*, Boston, Houghton Mifflin, 1997.

accenno il cosiddetto "ecocriticism", intorno a cui si sta sviluppando, specialmente in America, un importante filone di letteratura post-pastorale che coniuga il mondo arcadico con le istanze ecologiche:[18] dilatati i confini della bucolica oltre il genere in senso proprio, riconquistata alla letteratura pastorale la forza di adesione al reale attraverso il fittizio, il "mode" permette di includere nel genere romanzi o *pièces* teatrali se vi si riconosce anche solo un sapore pastorale, impalpabile ma inconfondibile nella sua specificità.

1. *Alterità e modernità della bucolica mediolatina*

Il presente studio prende le mosse dalla convinzione che il ricorso al codice bucolico avvenga sempre in maniera consapevole da parte degli autori. Cercare di capire come e perché questo sia avvenuto può offrire nuovi contributi alla storia letteraria e intellettuale di un'epoca. Anche i poeti medievali, come cercheremo di dimostrare, si collocano nella tradizione pastorale per elezione personale; analogamente a quanto accade nel Novecento, nel medioevo latino fino al 1200 non esiste nessuna stagione bucolica e le singole composizioni rimangono – tranne poche eccezioni – irrelate tra sé a dialogare col modello classico, il che non ne inficia l'appartenenza al genere, ma ci impone di comprendere come questo avvenga. Moderni nella loro autosufficienza, innovatori nel loro modo di confrontarsi col modello, i bucolici mediolatini scontano, nel giudizio critico, questa alterità rispetto ad una tradizione bucolica che, paradossalmente, si imporrà poco dopo di loro e indipendentemente da loro. La bucolica mediolatina, come quella novecentesca, non è costituita da un gruppo omogeneo di testi, anche se vi sono elementi comuni che denunciano la volontà dei poeti di operare nel genere. Tale volontà e, insieme, il loro statuto pastorale, sono ancora molto discussi, da una parte a causa di un pregiudizio critico – quasi solo italiano e in fase di superamento – che nega ad alcuni di questi poeti la capacità culturale di porsi volontariamente nella tradizione bucolica, e dall'altra a causa della scarsa selettività del *corpus* genericamente eclogistico in cui queste poesie sono state inserite al momento della loro edizione moderna. Il silenzio degli artigrafi medievali, che quasi del tutto trascurano

18. Si vedano il saggio di Gifford, *Post-pastoral as a Tool for Ecocriticism* e il volume di «Semicerchio», 58-59, dedicato all'*ecopoetry*.

la bucolica nei testi retorici, rende ancor più arduo il lavoro di scavo che si è chiamati a svolgere.

È infatti opinione critica invalsa che, dopo Virgilio, il genere bucolico non venga quasi praticato fino alla riscoperta dantesca; la corrispondenza col Del Virgilio e la successiva codifica di Boccaccio e Petrarca ne decreteranno quindi la fortuna umanistica e rinascimentale.[19] Altra prospettiva critica difficile da scardinare è quella che relega le "pseudobucoliche" medievali in una zona d'ombra – dovuta alla pretesa incomprensione del genere bucolico e al presunto tradimento dell'archetipo classico da parte dei poeti mediolatini – che i numerosi studi sulla letteratura medievale e sulla tradizione virgiliana non riescono ancora a rischiarare adeguatamente. Sarà perciò necessario identificare gli elementi che connotano il genere pastorale nel periodo medievale e spiegare che senso avesse scrivere bucolica prima del XIV secolo. Sussiste insomma, in prima istanza, la necessità di compiere un percorso inverso a quello della critica recente, discernendo tra una poesia bucolica da intendersi come genere letterario, che varia nel tempo ma è codificato, e testi bucolici che afferiscono al *pastoral mode*, con elementi prevalentemente tematici utilizzati dagli scrittori in maniera trasversale anche in generi letterari diversi e quindi come tali esclusi dal presente studio.

Una sola deroga in tal senso viene concessa al periodo carolingio, in cui l'uso del codice bucolico connota così tanto le prime due generazioni di poeti da segnare anche testi che non soddisfano completamente i parametri del canone. Il fenomeno meritava di essere preso in esame, anche se cursoriamente, perché dimostra come il codice pastorale sia quello privilegiato dagli autori per parlare del ruolo della poesia presso la corte e dell'importanza che la cerchia riveste nella cultura poetica palatina.

19. Danzi, *Tra Virgilio e Petrarca*, ha enucleato alcuni elementi costitutivi della «forma ecloga» del Quattro e Cinquecento, tra cui l'attitudine ecfrastica (cfr. in Virgilio le coppe di faggio), il motivo dell'«ecce pastor» (Verg., *ecl.* III, 50; VII, 7-8), l'«inscriptio corticis» (Verg., *ecl.* V, 13-14; VI, 9-11); l'età dell'oro; il «nigra sum sed formosa», motivo scritturale inscindibile dalla lirica d'amore nel Medioevo; la delimitazione temporale («venit Hesperus»); l'oscurità allegorica (che però diventa connotativa del *genus* con Petrarca e Boccaccio); la tradizione indiretta o dimensione metatestuale (che includerei, per la bucolica mediolatina, nell'ambito della dimensione di cerchia). Questi elementi, che non coincidono con quelli enunciati nel capitolo che segue, sono variamente presenti anche nei testi del *corpus* mediolatino, ma costituiscono aspetti microstrutturali, a fronte delle categorie macrostrutturali che abbiamo usato per la nostra analisi, necessarie per sondare un arco cronologico di dieci secoli.

Alla premessa metodologica e ad una proposta di codifica del canone bucolico medievale latino è dedicato il primo capitolo di questo lavoro. Il secondo verte sulle informazioni relative al canone bucolico che si rintracciano nella letteratura normativa tardo-antica e medievale, fondamentali in quanto rappresentano i prodromi delle riflessioni autoesegetiche compiute dagli autori bucolici del XIV secolo. La storia della bucolica mediolatina è caratterizzata dal reiterarsi dell'indagine su alcuni elementi del *genus* pastorale: era importante far emergere questa continuità e mettere in relazione, con maggiore forza, il portato della letteratura teorica tardoantica e medievale con le speculazioni trecentesche compiute da Dante, Boccaccio e Petrarca, aggiornate alla luce del contesto storico e della loro autorialità.

I capitoli centrali del volume analizzano i testi mediolatini che possono motivatamente considerarsi bucolici prima di Dante. Una volta individuati, si potrà tentare una loro lettura a fianco delle prove bucoliche delvirgiliane e dantesche, per verificare innovazioni ed evoluzioni, ma collocando finalmente anche le opere mediolatine all'interno della storia del genere.

I capitoli finali tracciano alcune linee, prevalentemente tematiche, della bucolica medievale da Dante a Petrarca: la straordinaria notorietà degli autori e le numerose edizioni dei testi – inclusi quelli bucolici – che si sono susseguite negli ultimi anni, consigliano di limitare la contestualizzazione storico-letteraria agli elementi essenziali, privilegiando gli argomenti più pertinenti a questo studio. Dopo aver enucleato i cardini del dibattito sul genere bucolico tra il XIII e il XIV secolo, si procede all'analisi tematica dei testi affiancata a quella dei passi autoesegetici degli autori che discutono di bucolica per rintracciare la costanza e l'evoluzione degli elementi canonici individuati nella premessa metodologica al volume. Il periodo cronologico complessivamente preso in esame parte dai cosiddetti tardo-antichi, Calpurnio e Nemesiano – di cui si studia principalmente la tradizione –; i testi del *corpus* bucolico medievale vero e proprio vanno da Endelechio (VI sec.) fino a Petrarca (XIV), perché nei due poeti già i contemporanei riconobbero elementi di forte cambiamento all'interno del canone pastorale.

2. *La bucolica mediolatina. Dibattito critico e prospettiva d'indagine*

Parlare di bucolica mediolatina dandone per certa l'esistenza non è più oggi motivo di scandalo. Ma se c'è stato un ritardo cronicizzato nella cultura contemporanea, questo riguarda la valutazione dei generi classici dopo la palingenesi medievale. Il *Fortleben* moderno della bucolica mediolatina comincia con Enrico Carrara che, nella sua meritoria e ormai antica monografia dedicata alla poesia pastorale,[20] concesse un certo spazio a quei poeti medievali che tentavano la forma bucolica anche se in maniera quasi irriducibile al loro modello originario. A distanza di oltre un secolo, il testo del Carrara è ancora strumento imprescindibile per chiunque voglia cominciare ad esplorare la materia pastorale, dalla classicità fino all'Ottocento. L'acribia con cui il lavoro è stato condotto e la messe di informazioni in esso contenute (spesso di prima mano, anche da fonti manoscritte) ne fanno a tutt'oggi un punto fermo nella storiografia italiana del genere pastorale, se non altro per l'ambizioso arco cronologico sondato con minuziosa scrupolosità. La monografia di Carrara ha il pregio, non così scontato, di considerare la produzione mediolatina, che da poco era stata resa fruibile dalle edizioni dei *Monumenta Germaniae Historica*,[21] per alcuni testi medievali le uniche ancora oggi disponibili. Anche se guidato da luminose intuizioni, Carrara sconta la mancanza di coordinate efficienti nel discernimento critico dei testi medievali che potevano dirsi bucolici rispetto a quelli che venivano semplicemente apparentati al genere pur non avendone le caratteristiche. La scarsa selezione dei materiali, che deriva principalmente dalla fluidità del canone bucolico medievale e dall'ambiguità del termine *ecloga*, è forse il maggior difetto imputabile al suo studio, che indaga con precisione i testi e i contesti pur non andando del tutto immune da giudizi talvolta riduttivi su questi «mal dotti classicisti»,[22] secondo una prospettiva critica in quel periodo largamente condivisa. A rendere lo studio di Carrara ormai limitatamente utilizzabile è inoltre l'inevitabile invecchiamento della bibliografia che, per quanto riguarda il periodo mediolatino, manca di numerose edizioni di testi e, soprattutto, di tutti quei contributi che, a partire dalla metà del Novecento, hanno rivoluzionato il metodo di interpretazione del testo medievale e la lettura dell'evo medio nel suo complesso. Si pensi a *Mimesis* di Erich Auerbach (1946), che ha mutato l'approccio critico alla storia della letteratura mostrando la permanenza e la variazione di temi ricorrenti in momenti storici diversi; *Eurӧpaische Literatur und Lateinisches Mittelalter* di Robert Curtius (1948), cui si deve

20. Carrara, *La poesia pastorale*.
21. PLAC, in MGH, Berlin 1891 ss.
22. Carrara, *La poesia pastorale*, p. 46.

un'esplorazione dei temi classici particolarmente fecondi passati nella letteratura europea attraverso la mediazione medievale. Nella seconda metà del Novecento Giorgio Pasquali, con il concetto di arte allusiva, ha esteso e reso più duttili le dinamiche dell'*emulatio* e della citazione; il cronotopo bachtiniano, strumento superbamente fecondo per la narrativa, si è dimostrato funzionale anche per la letteratura pastorale, in cui l'individuazione delle categorie spazio-temporali assume una forte rilevanza nella gestione allegorica del presente storico: proprio intorno a questo concetto (la poesia pastorale come vicenda elaborata in uno spazio chiuso, semplificato e primordiale; acronica perché fuori dal tempo storico) si muove il dibattito sulla bucolica umanistica e rinascimentale, sviluppatosi principalmente in area anglo-americana (si vedano i già citati Empson, Poggioli, Alpers, o *Pastoral form and Attitudes* di Toliver). A questi contributi che esplorano la teoria della letteratura o la fisionomia del «pastoral mode» corrisponde in Italia, a partire dal secondo dopoguerra, un'intensa stagione di studi virgiliani e danteschi che si interroga anche sugli sviluppi diacronici del genere pastorale. Esemplare in tal senso è l'articolo dedicato alle ecloghe di Dante[23] pubblicato nel 1955 da Carlo Battisti, che sottolineava come la bucolica come genere fosse rinata nel XIV secolo dopo la sua totale assenza nel periodo medioevale. Il contributo, anche se brevissimo, merita di essere ricordato per un aspetto che non è peculiare solo dello studioso, cioè la mancanza di coordinate critiche utili all'analisi dei testi medievali, in conseguenza di cui vengono avanzate teorie un po' avventurose e contraddette dalle testimonianze testuali, come la conoscenza indiretta di Virgilio da parte di Audrado.[24] Sono così rubricati come bucolici, in un elenco sommario e frettoloso – probabilmente per la presenza fuorviante

23. Comparso in «Studi Danteschi» nel 1955.

24. Si parla di «qualche frase derivata dall'ecloga VIII di Virgilio, forse attraverso la lettura di Angilberto» (p. 73), giudizio basato, credo, sulla presenza del *refrain* nei due testi. Numerosi i pareri del Battisti oggettivamente poco condivisibili, quale ad esempio: «Teodulo che sta a cavallo del VII e VIII secolo fu per qualche tempo letto e commentato nei conventi germanici», pp. 73-74. Dell'*Ecloga Theoduli* (cfr. *infra*), citata anche da Rabelais, si contano svariati incunaboli, segno che la sua fortuna durò almeno fino al XVI secolo e anche al di fuori dell'area circoscritta in cui lo relega lo studioso. «La mancanza quasi totale della poesia eclogistica dal VI all'VIII sec. va cercata [...] nella deficienza culturale di questo periodo, inabile a comprendere una forma poetica che non fosse apertamente legata [...] allo slancio lirico-mistico di breve respiro; [...] l'ecloga medievale ebbe una vita effimera e bisogna risalire a Metello per trovarne un tentativo estremamente mediocre. [...] L'allegorismo si sfoga nei bestiari, volucrari, lapidari, senza riuscire a sfruttare la poesia

del termine *ecloga* – Agio (*Epicedium Hatumodae*), Ratbodo (*Ecloga et sermo de virtutibus Beati Lebuini presbyteri*), Hucbaldo (*Ecloga de Calvis*) e Teodulo (*Ecloga*).[25] La posizione di Battisti relativa alla bucolica mediolatina non è isolata e anche nella letteratura critica specificatamente dedicata allo studio del medioevo si registra una certa difficoltà nel gestire le bucoliche medievali come testi da collocare all'interno di un genere ben definito: lo stesso Battisti ricorda che

> *L'Essor de la Littérature latine au XIIe siècle* di G. Ghellinck (1924), pur studiando i singoli generi letterari, non accenna nemmeno di passaggio a questa forma poetica; lo stesso vale per l'ampia *Geschichte der Lateinischen Literatur des Mittelalters* di M. Manitius (Handbuch d. Altertumswiss. IX, 2: München, 1911-31 vol. III) dove non solo non è dedicato all'ecloga nemmeno un sottocapitolo, ma né *ecloga* né *Hirtengedicht* compariscono negli indici.[26]

In linea con questa impostazione, negli anni Ottanta Giorgio Brugnoli[27] stilava un perentorio contributo, apparso nell'*Enciclopedia Virgiliana*, in cui negava recisamente qualsiasi forma di bucolica dopo Endelechio fino a Boccaccio, con la sola eccezione di Marco Valerio.[28] Egli vedeva nell'inclusione dei poeti medievali all'interno della monografia del Carrara un clamoroso fraintendimento conseguente proprio alla pubblicazione dei volumi dei *Poetae Latini Aevi Carolini* nei MGH. A infastidire Brugnoli era la distanza, da lui giudicata incolmabile, tra gli esiti bucolici medievali – specialmente carolingi – e l'archetipo virgiliano, ma non motivava la sua posizione partendo da una definizione del canone bucolico. La differenza linguistica e il clima culturale mutato rispetto al periodo classico o tardo-

eclogistica amebea; [...] il deterioramento del principio artistico dell'ecloga classica latina diede origine ad un severo giudizio del Comparetti sulla mentalità medievale», pp. 74-78.

25. Battisti, *Le ecloghe dantesche*, p. 72 e n. 2.

26. Battisti, *Le ecloghe dantesche*, p. 72 e n. 1.

27. Vol. I, pp. 576-580, voce *Ecloghe, tradizione medievale*.

28. L'attribuzione al genere bucolico di alcuni testi carolingi sarebbe «un'operazione filologica di livello mediocre [...] ; è chiaro che la linea dominante di questo procedimento è viziata dalla *petitio principii* che si risolve, nell'ambito della critica storicistica, con la ricostruzione, largamente arbitraria come è noto, di una civiltà carolingia come anticipo culturale reale dell'aetas ovidiana, ma anche dell'Umanesimo italiano dei sec. XIV e XV. [...] La scomparsa del *genus* bucolico nel Medioevo, fino alla sua riscoperta con Dante, Petrarca e Boccaccio [...] è fatto sintomatico; [...] dopo Endelechio il *genus* bucolico tace». Meriterebbe considerazione, unico tra tanti poeti, «quel Marco Valerio che compose, unico prima di Dante, Petrarca e Boccaccio, quattro *Bucoliche* a imitazione di Calpurnio e Nemesiano», Brugnoli, *Ecloghe. Tradizione medievale*, pp. 577-579.

antico impedivano allo studioso di vedere nella letteratura medievale una tappa della tradizione virgiliana e dell'evoluzione della pastorale, che lui interpretava solo come un suo irrevocabile tradimento. L'opinione categorica di Brugnoli, ribadita anche nella edizione della *Corrispondenza*,[29] resta un caso isolato per la veemenza delle asserzioni, ma il dibattito critico sull'esistenza o meno di una bucolica mediolatina giunge spesso, se pure non unanimemente, a conclusioni analoghe a quelle del classicista italiano.[30] Un esempio recente può essere rappresentato dal volume di Simona Lorenzini,[31] che ha pubblicato l'edizione della corrispondenza bucolica tra Boccaccio e Checco di Meletto e l'ecloga di Giovanni Del Virgilio al Mussato. Nella introduzione che precede i testi la studiosa, che si affida ai contributi di Carrara e a Brugnoli, ma condivide senza dubbio maggiormente le idee di quest'ultimo, tratteggia una breve panoramica della letteratura pastorale tra Dante e Virgilio allo scopo di valorizzare ulteriormente la riscoperta dantesca e l'evoluzione poi impressa da Boccaccio e Petrarca.[32] Una maggior coerenza cronologica nell'esposizione dei testi e un più ampio rilievo alla figura di Giovanni Del Virgilio avrebbero forse permesso la lettura del fenomeno nella continuità del suo sviluppo storico; invece – ancora una volta – viene enfatizzata l'*alterità* della letteratura medievale rispetto al canone classico e la storia della bucolica si ritrova segnata da cesure nette quanto improbabili e da un silenzio lungo quasi XII secoli.[33] Posizioni diverse emergono da studi condotti in area tedesca e anglosassone, come attesta la voce *Bukolik* nel *Lexikon des Mittelalters* curata da Günter Bernt, che nella sua pur necessaria brevità ammette la

29. Dante, *Le Ecloghe*, a cura di G. Brugnoli, R. Scarcia.

30. Esemplari la miscellanea *Europäische Bukolik und Georgik* a cura di Klaus Garber e il numero II 1993 della rivista svizzera «Compara(i)son», che pur essendo dedicato alla bucolica europea trascura il periodo medievale. Anche nel volume *Pastoral and the Humanities: Arcadia Re-inscribed*, il medieovo latino non è contemplato.

31. *La corrispondenza bucolica.*

32. Per le osservazioni relative al volume di Lorenzini rimando a Bartoli-Stoppacci *Corrispondenze edite e inedite*, pp. 228-297.

33. Lorenzini parla di «produzione *pseudobucolica* medievale», spiegando, quasi con le stesse parole di Brugnoli, che «il genere bucolico come tale fu lasciato cadere nel medioevo; [...]; sopravvissuta dunque attraverso i lunghi secoli medievali, sia pure in *forme ad essa estranee*, [la bucolica] tornò prepotentemente e drammaticamente in auge nel XIV secolo [...], drammaticamente perché essa, da questo momento in poi, subirà un progressivo processo di svecchiamento che, liberandola dalle scorie depositatesi durante il medioevo, la ricondurrà sempre più vicino al canone classico» (*La corrispondenza bucolica*, p. 4).

produzione pastorale in epoca medievale. Vi sono poi studi che affrontano il problema da un punto di vista diverso, rispetto alla definizione di genere: Pelham Walsh, nel suo breve articolo dedicato a *Pastor and Pastoral in Medieval Latin Poetry*,[34] predilige un'impostazione critica tematica e si sofferma sull'inclusione dei motivi cristiani all'interno del "pastoral ideal": vengono così apparentati testi molto diversi tra loro come il *Cathemerinon* di Prudenzio, il *De Mortibus boum* di Endelechio, i due testi bucolici di Alcuino, l'*Ecloga Theoduli* e la *Pastourelle* contenuta tra i *Carmina Burana* (C.B.157). Lo studioso cita (e molto brevemente) qualche stralcio estrapolato dai testi, ma non si sofferma sui dettagli delle opere e degli autori, e soprattutto non affronta il problema per noi centrale, concependo il proprio contributo come una ricerca di elementi pastorali, senza domandarsi se siano o meno identificativi di un genere letterario. Una disamina complessiva del fenomeno è anche in Helen Cooper,[35] che distingue due fasi: una classicistica, che andrebbe dal IX al XII secolo e include i poeti carolingi, Metello e Marco Valerio, e una medievale, caratterizzata dalla cristianizzazione degli elementi pastorali – in cui accoglie Endelechio, Teodulo e Petrarca. Ma la suddivisione binaria proposta dalla studiosa risulta troppo netta, perché l'impronta classicista dovuta all'influenza virgiliana dell'archetipo è costante in tutta la produzione bucolica mediolatina, così come gli elementi di sincretismo cristiano sono connotativi e quindi di rado assenti nella bucolica medievale latina.

Molto diverso l'approccio di Dietmar Korzeniewski[36] che analizza complessivamente come testi pastorali Nemesiano, Calpurnio Siculo, Endelechio, le *Eclogae* di Modoino, concentrandosi precipuamente sugli aspetti filologici dei testi e, pur non sottraendosi ad un inquadramento storico delle testimonianze, si impegna in prima istanza a operare un confronto dei testimoni manoscritti e dei luoghi controversi del testo.

Anche Roger Green, nel suo *Seven Versions of Carolingian Pastoral*, si pone con un'ottica quasi esclusivamente filologica davanti ai testi, elaborando una nuova edizione ed una analisi circostanziata dei *Versus de Cuculo* e del *Conflictus Veris et Hiemis* di Alcuino, del carme di Angilberto *Ad Karolum regem*, delle due ecloghe di Modoino, della *Ecloga Duarum Sanctimonialium* di Radberto Pascasio e dell'*Ecloga Theoduli*.

34. Pubblicato in «Papers of the Liverpool Latin Seminar», pp. 157-169.
35. Cooper, *Pastoral: Medieval into Renaissance*.
36. Cfr. Korzeniewski, *Hirtengedichte*.

L'intento dell'autore è quello di mostrare testimonianze utili all'approfondimento della letteratura medievale in un ambito particolare: quelli ospitati nella silloge sono tutti poeti che operano in un arco cronologico circoscritto (circa cinquant'anni). I loro testi, intrisi di citazioni virgiliane e classiche, sarebbero rimasti, secondo lo studioso, poco conosciuti e scarsamente imitati: è giusto quindi riportarli all'attenzione degli studiosi cercando di evidenziarne tutte le potenzialità linguistiche e di reperirne, per quanto possibile, le fonti. Sotto questo profilo il lavoro di Green è utilissimo e preciso, mentre meno chiari sono i parametri di selezione dei testi. Nelle due pagine introduttive al volume, infatti, l'autore non chiarisce il titolo – di empsoniana memoria – del testo: se ha voluto esplorare sette opere di bucolica carolingia o se, dal suo punto di vista, i sette componimenti analizzati esauriscono lo spettro delle poesie pastorali di questo periodo. Soprattutto non rende esplicito sulla base di quali criteri abbia identificato i sette testi oggetto di analisi. I lavori compiuti da Korzeniewski e da Green rappresentano una tappa imprescindibile per questa ricerca, ma preliminare: le edizioni critiche aggiornate dei testi hanno permesso di svolgere una serie di verifiche formali e tematiche basate su testi ricostruiti secondo i precetti filologici contemporanei, ma occorre stabilire a monte un criterio selettivo preciso.

Decisamente più ampio è lo studio di Elze Kegel-Brinkgrave, che nel volume *The Echoing Woods* (Amsterdam 1990) ripercorre le tappe più significative del genere pastorale da Teocrito a Wordsworth. La grande estensione cronologica del lavoro penalizza leggermente l'aspetto critico; i numerosi testi selezionati dall'autore[37] (quelli di Endelechio, Alcuino, Modoino, l'*Ecloga Theoduli*, Metello e Marco Valerio), che vengono analizzati brevemente anche sulla scorta di alcuni accenni ai contributi esegetici loro coevi, sono accolti senza che in precedenza sia stato enunciato un criterio selettivo che ne giustifichi l'esclusione o l'appartenenza al genere. La quantità di dati e di autori presa in esame rende questo contributo un validissimo mezzo di orientamento generale, prezioso per l'estensione, ma meno incisivo per la profondità.

37. Cito solo quelli del periodo cronologico comune. Precedenti a questi l'autore aveva trattato di Teocrito, Virgilio, Calpurnio e Nemesiano. Alla fine del capitolo dedicato alla bucolica medievale dedica un breve paragrafo alla produzione pastorale in lingua volgare e prosegue, dopo l'analisi delle ecloghe di Dante, Boccaccio e Petrarca, con gli esiti rinascimentali del genere.

La lacuna maggiore di questi saggi è proprio la mancanza di una premessa che chiarisca i criteri di attribuzione o di esclusione dal genere bucolico; l'urgenza di una metodologia esplicita risulta evidente dal fatto che le opere ospitate nelle varie sillogi non coincidono da studioso a studioso. Il fatto che non si motivi la loro selezione sulla base di elementi o criteri espliciti rende più complesso interpretare i dati a posteriori, cercando di desumere uno schema tematico e formale a cui attenersi. La mancanza di una visione critica concorde rende accorti che la bucolica in età mediolatina ha parzialmente mutato forme e contenuti rispetto al modello classico virgiliano e l'unico saggio che, pure nella sua brevità, cerca di definire, descrivendoli, questi cambiamenti nella percezione di genere bucolico è quello di Paul Klopsch,[38] su cui ci soffermeremo nel prossimo paragrafo. Un altro autore che si pone il problema della definizione del genere bucolico – non esclusivamente medievale – è Konrad Krautter, che nella sua monografia[39] cerca di enucleare alcuni elementi costanti nella storia della poesia pastorale, colti in relazione al modello virgiliano: 1) stile bucolico, 2) componente metaletteraria; 3) legame con la realtà storica contingente; 4) Arcadia come simbolo della distanza bucolica nello spazio; 5) panegirico e allegoria.

Lo studio di Krautter, come ci informa la prefazione, nasce eminentemente dall'intento di sondare la funzione sociale della letteratura bucolica, intesa soprattutto come rapporto del letterato con il potere politico, tema già enunciato da Klaus Garber in *Europäische Bukolik und Georgik*, che l'autore menziona direttamente come precedente metodologico. La finzione pastorale, il travestimento e l'ambientazione fittizia sono tutti elementi che decreteranno la fortuna del genere nell'Umanesimo e nel Rinascimento e che, secondo lo studioso, una volta rinati grazie all'intuizione dantesca, si perfezioneranno nella strategia della *mistificazione* allegorica di Petrarca. Il testo di Krautter rimane un valido interlocutore per la bucolica del XIV secolo, anche se prende in esame soltanto una porzione dell'arco cronologico di nostra pertinenza, concentrandosi sulla bucolica da Dante a Petrarca. Le premesse da cui si sviluppa l'analisi (la rinascita della bucolica nel XIV secolo) e la scelta del periodo temporale preso in esame non coincidono, se non parzialmente, con i nostri presupposti: il limite maggiore di questo tipo di impostazione è quello di ribadire una cesura tra

38. *Mittellateinische Bukolik*.
39. *Die Renaissance*.

la produzione umanistica e quella medievale, i cui portati nella letteratura preumanistica rimangono praticamente inesplorati, tranne che per qualche risvolto allegorico.

Vi sono poi altri contributi critici degli ultimi anni che muovono dall'esigenza di interpretare i testi anche all'interno del loro genere e per questo non si sottraggono alla definizione di un panorama generale in cui collocare l'opera oggetto di indagine, come gli studi di Francesco Stella sulla poesia carolingia o quelli di Mosetti Casaretto sull'*Ecloga Theoduli*.[40] Dedicati allo studio di fenomeni letterari diversi (per esempio la poesia carolingia nel suo insieme o la poesia carolingia a tema biblico) oppure finalizzati all'edizione di singole opere (*Ecloga Theoduli*, *De fonte vitae*), essi affrontano in maniera necessariamente più breve i problemi relativi alla caratterizzazione del genere letterario bucolico medievale e alle sue differenziazioni dall'archetipo classico, pur rimanendo testi imprescindibili da cui muovere perché si pongono nell'ottica metodologica che anima questo studio.

3. *Per una ipotesi di codifica del genere bucolico*

Anche gli studiosi che si pronunciano a favore dell'esistenza di forme bucoliche mediolatine sottolineano la varietà delle ecloghe medievali, che potrebbe «costringere chi si accosta con l'intenzione di circoscriverle, a dubitare della effettiva consistenza delle testimonianze».[41] Ma l'eterogeneità dei fini rispetto al modello fa parte della storia di un'opera letteraria e tanto più di un testo come le *Bucoliche* che ha conosciuto ininterrotta fortuna presso i letterati di tutte le epoche e che per questo conta nel corso della sua

40. Cfr. Stella, *La poesia carolingia*; Id., *La poesia a tema biblico*; Mosetti Casaretto, *Alle origini del genere pastorale cristiano*; Mosetti Casaretto, *Ecloga*; Id., *L'ecloga medievale come falso genere pastorale*. In questo saggio, rifacendosi a Spang, *Géneros literarios*, pp. 74-78, lo studioso invita a non applicare schemi troppo rigidi alla bucolica medievale: «la codificazione delle tipologie [...] non si deve intendere come una scala [...] di requisiti necessari, ma come un paradigma indicativo delle intenzioni di chi scrive» (p. 76). In questo costributo che, pur breve, offre un sintetico inquidramento dei problemi di codifica del genere pastorale mediolatino, lo studioso esamina un piccolo corpus composto da Alcuino, *Versus de cuculo*; Angilberto, *Ad Karolum regem*; Pascasio, *Ecloga duarum sanctimonialium*; *Ecloga Theoduli*.

41. Mosetti Casaretto, *Il genere pastorale e la Bibbia*, p. 340.

tradizione risultati diversissimi ma sempre legittimi rispetto all'archetipo. Analizzando la storia letteraria secondo una prospettiva diacronica, emerge come ogni epoca storica condizioni non soltanto la fortuna di un'opera d'arte, ma anche certe caratteristiche ascrivibili al genere letterario cui essa appartiene: «ogni epoca ha il proprio sistema di generi» sosteneva Todorov,[42] perciò si potrà concludere con Mosetti che «la questione della bucolica carolingia non è una questione di smarrita o falsa identità»; piuttosto si deve cercare di contestualizzare storicamente e comprendere «come il medioevo continua il genere pastorale [...] e quale sia l'attualità di questo codice letterario».[43] La storia di un genere letterario dipende e si confronta costantemente con ciò che precede, e questo è tanto più vero per gli autori medievali che, in modo diverso a seconda della generazione, avvertono in maniera fortissima il concetto di modernità *vs.* antichità.[44] Il senso dell'eredità classica, vivificato oppure ridimensionato dalle istanze culturali cristiane, è uno degli elementi che contribuiscono alla formazione medievale di una forte autocoscienza letteraria, che si evolve a seconda dei periodi storici, ma che non viene mai meno. Il senso di cesura con il passato, l'autodefinizione di ciò che l'espressione letteraria rappresenta in un dato momento storico, è una costante della sensibilità autoriale del medioevo. Hans Robert Jauss,[45] teorizzando l'estetica della ricezione, propone di focalizzare l'attenzione relativa ad un'opera d'arte partendo dal modo in cui viene recepita dal pubblico in un dato periodo storico. Il filosofo si è occupato spesso dell'evo medio e le sue osservazioni sui generi letterari medievali come categorie legate alla storia ma mutevoli, valide principalmente nei reciproci rapporti testuali e individuabili proprio a partire dalla loro evoluzione, descrivono perfettamente il quadro in cui ci troviamo a operare, quello cioè di una definizione di genere da ricostruire in base ai testi e alle riflessioni teoriche sull'archetipo di quel genere che si tenta di enucleare. «La storicità di un genere letterario si manifesta nel processo di formazione di una struttura, della sua variazione, del suo ampliamento, della sua correzione»:[46] opponendo la plasticità alla codifica rigida, esemplata sul modello una volta per sempre, Jauss teorizza un rovesciamento

42. Todorov, *La letteratura fantastica*, p. 51.

43. Mosetti Casaretto, *L'ecloga medievale come falso genere pastorale*, pp. 65-67.

44. Il problema è stato indagato negli anni Settanta da Jauss, *Tradizione letteraria e coscienza contemporanea della Modernità*, pp. 37-89, in particolare pp. 39-49.

45. *Per un'estetica della ricezione*.

46. Jauss, *Alterità e modernità*, p. 233.

prospettico inclusivo, che permette di studiare la pastorale mediolatina di per sé, non per quello che le manca. Lo studio della ricezione aiuta infatti a sondare quegli aspetti che riguardano il rapporto del lettore-autore verso l'opera classica, il suo progressivo costituirsi come archetipo e la successiva definizione di un canone che in un equilibrio di imitazione, emulazione e tradizione ne mostri gli elementi più produttivi rispetto ad altri avvertiti come desueti, cioè più distanti dalla sensibilità dell'epoca corrente. Al di là del dibattito novecentesco sui generi, che non deve viziare l'analisi dei fenomeni letterari con la tentazione di attribuire agli autori medievali concetti o interessi anacronistici rispetto alla loro mentalità, l'individuazione dei rapporti tra autore e orizzonte d'attesa del pubblico risulta particolarmente feconda per almeno due aspetti: presuppone un rapporto di condivisione tra autore e pubblico tanto del modello di partenza quanto del prodotto finale, e sostiene che «il testo della lirica medievale [...] non è un'opera autonoma [...] ma un *plurale tantum* sottoposto alla variazione: [...] il discorso poetico nel gioco del codice può arricchire il senso del codice e superarlo».[47] Caratteristica precipua della bucolica mediolatina, e carolingia in particolare, è proprio quella di essere una poesia di cerchia, aspetto che rafforza la tendenza della lirica medievale alla dissoluzione della singola voce poetica nel contesto unitario di una comune visione del mondo. Altra peculiarità della pastorale medievale è quella di confrontarsi in maniera molto elastica con il modello bucolico classico, ma questo atteggiamento non è esclusivo degli autori mediolatini: dal periodo postclassico in poi la lirica pastorale utilizza in modo molto aperto la conformazione originaria di questo genere letterario e lo arricchisce, intersecandolo con una serie di generi e sottogeneri, di elementi cari alla sensibilità dell'epoca.[48]

Uno dei motivi che connota e segna la distanza tra la bucolica classica e quella successiva è rappresentato dagli apporti del *Great Code*: sono quindi utilissimi alcuni studi compiuti nella seconda metà del Novecento

47. Jauss, *Alterità e modernità*, p. 20.

48. Disattenderebbero l'integralismo bucolico anche molti appartenenti al "club bucolico" della Corti. Si può confrontare il volume curato da Carrai, *La poesia pastorale* o l'*incipit* dell'Ecloga I dell'Arzocchi, che ammette come materia bucolica argomenti da poema cavalleresco («e non ci son maghi che incantino / et orchi né giganti non si truovano / né cavalieri erranti che si vantino / dunque queste zampogne a che vi giovano», ed. Fornasiero 1995) o ancora le *Ecloghe Piscatorie* del Sannazzaro, che tanto stupore suscitarono per l'inaudito contesto da meritarsi un accenno nei versi del *Furioso* XL, 9, 7-8 «Iacopo Sanazar che alle Camene / lasciar fa i monti et habitar l'arene».

che riguardano da vicino il trattamento dei materiali classici e il loro innesto tematico e linguistico sulla tradizione cristiana (come la *Kontrastimitation* e la *retractatio*) indagati da Reinhart Herzog[49] in *Die Bibelepik der lateinischen Spätantike* e poi rielaborati con esempi di particolari applicazioni alla letteratura carolingia a tema biblico da Francesco Stella.[50] Tutta la letteratura medievale si misura con la duplice eredità culturale classica e cristiana; la bucolica rappresenta un caso esemplare di sincretismo poiché molto presto, dai centoni virgiliani in poi,[51] utilizzerà espressioni stilistiche classiche per elaborare la simbologia scritturale legata ai temi pastorali; nello stesso tempo inserti linguistici provenienti dalla tradizione cristiana arricchiscono le immagini bucoliche classiche e le loro interpretazioni anagogiche.

4. *Proposta metodologica*

Il tentativo di codifica del *genus* bucolico medievale,[52] che sembra resistere con forza a qualunque costrizione formale e tematica, prende necessariamente le mosse dalla consapevolezza di stare operando su un genere letterario aperto, che deve a questa caratteristica la sua longeva frequentazione e la sua incredibile fortuna. In assenza di una riflessione teorica coeva rilevante – nella trattatistica medievale non si discute spesso di poesia pastorale – l'unico approccio metodologico deriva dall'analisi

49. Herzog, *Die Bibelepik.*

50. Stella, *La poesia carolingia*; Id. *La poesia carolingia a tema biblico.*

51. In un saggio dedicato alla lettura cristiana dell'universo bucolico, Fontaine, *La conversion du christianisme*, p. 54, sottolinea come il saldarsi dell'immaginario pastorale latino con quello cristiano sia avvenuto precipuamente sul piano figurativo, grazie a «un fond commun de l'imagerie pastorale»: come un lettore cristiano poteva trovare in Virgilio risonanze bibliche, così le Sacre Scritture sono piene di riferimenti bucolici.

52. Un importante assunto preliminare riguarda il rapporto dei poeti mediolatini con la tradizione bucolica precedente, che vede in Virgilio il suo modello principale (di Calpurnio e Nemesiano parleremo in capitoli specifici); non è questa la sede per ripercorrere un dibattito critico vastissimo, cui fa seguito una altrettanto vasta bibliografia, circa il rapporto degli autori medievali con l'eredità classica e specialmente virgiliana (segnaliamo soltanto gli studi di Comparetti, Munk Olsen e Ziolkowski-Putnam). In tutti gli autori oggetto di questo studio è palese la conoscenza delle ecloghe virgiliane ed è indubbia la volontà autoriale di relazionarsi col modello classico.

delle costanti che, secondo la sensibilità degli autori mediolatini, sembrano connotare il genere in modo inequivocabile.

Un primo tentativo in questa direzione, come accennato, è stato compiuto da Klopsch, che ha cercato di elaborare una base strutturale e formale delle invarianti, la cui assenza, anche parziale, fa decadere o comunque dubitare dell'attribuzione al genere. Nel suo *Mittellateinische Bukolik*[53] lo studioso schematizza i seguenti elementi come costanti nella produzione bucolica mediolatina: 1) ambiente pastorale con sfondo naturale; 2) motivo campestre e relazione tra gli interlocutori di tipo tu / noi; 3) personaggio adeguato al contesto anche nell'onomastica; 4) componente erotica (intesa anche come *filia*); [54] 5) forma dialogica; 6) lunghezza contenuta – non superiore ai 100 versi –, esametro, ritornello; 7) motivi che riguarderebbero, secondo lo studioso, l'ambito bucolico più alla lontana come l'allegoria e il panegirico.

Nello schema di Klopsch, tuttavia, mancano componenti fondamentali nella tradizione bucolica medievale: 1) il senso di appartenenza alla cerchia, 2) l'autobiografismo, 3) il senso agonistico, inteso sia come prova di iniziazione per essere ammessi alla cerchia, sia come *certamen* in senso proprio; 4) il rapporto *puer/senex*; 5) il tema del canto;[55] 6) l'epicedio.

Konrad Krautter si concentra particolarmente sulla stagione umanistica,[56] ma individua alcune costanti del genere utili anche alla nostra indagine: lo stile bucolico, la componente metaletteraria, il legame con la realtà storica contingente, l'interpretazione dell'Arcadia come simbolo della distanza bucolica nello spazio, il panegirico e l'allegoria. Lo studioso valorizza[57] principalmente gli aspetti politici della bucolica, quelli che

53. Klopsch, *Mittellateinische Bukolik*, pp. 145-165.

54. «Benché l'amore-passione abbia sempre avuto un suo vocabolario speciale, nel Medioevo la sua terminologia si sovrappose per larga parte a quella sull'amicizia. Nell'Alto Medioevo la poesia d'amicizia fu più diffusa della poesia d'amore», Ziolkowski, *La poesia d'amore*, p. 60.

55. Sul tema si veda anche il primo capitolo di Schmidt, *Bukolische Leidenschaft*, in cui si parla di poesia pastorale non come canto dei pastori ma come «Dichtung der Dichtung» ("poesia sul canto dei pastori").

56. Krautter, *Die Renaissance*, p. 15.

57. Ad analoghe riflessioni accenna Carrai nella breve premessa al già citato *La poesia pastorale*: la possibilità di «creare uno schermo fra sé e il lettore» rappresenta uno dei motivi di successo del genere bucolico in età rinascimentale «perché consentiva di mettere in scena, sotto il velame pastorale, personaggi delle corti e magari di toccare temi delicati, come quelli politici, che non si sarebbero potuti trattare al di là di quel diaframma» (p. V).

permettono al letterato-cortigiano di rendersi gradito al sovrano ma anche quelli utili a svolgere la critica al potere costituito. Il tema del potere è centrale anche per la pastorale mediolatina, che tuttavia conosce altri tipi di esperienze, oltre a quella cortigiana; saranno da considerare, in aggiunta all'aspetto politico, quello didascalico e morale (molto sentiti in una letteratura che di rado è concepita come puro svago), il sincretismo culturale, la tradizione virgiliana, la sublimazione dell'elemento erotico in forme allegoriche sempre più complesse.

La prospettiva con cui abbiamo cercato di osservare la produzione bucolica ha mostrato una permanenza costante di certe caratteristiche, la cui reattività letteraria si deve necessariamente all'appartenenza ad un genere codificato: questi elementi esibiscono fin dal medioevo un'incontrastata vitalità poetica, che orienta la preferenza autoriale verso la bucolica quando la realtà contingente spinge a cercare nella forma espressiva le caratteristiche prima enunciate. Osservando il quadro d'insieme che risulta dall'analisi condotta sui testi, si conferma una presenza rilevante della lirica pastorale in alcuni periodi, ma spesso con episodi irrelati fra di loro poiché, pur trattandosi di una poesia di cerchia, il dialogo degli autori avviene prevalentemente con il testo virgiliano, avvertito come archetipo del genere bucolico.

Se è necessario risalire ai motivi che inducono all'uso del codice bucolico, risulta altrettanto evidente come questo sia un atto deliberato e compiuto consapevolmente; di tale consapevolezza il travestimento pastorale o il ricorso al suo immaginario sono soltanto gli elementi estrinsechi e più superficialmente evidenti: onomastica, *locus amoenus*, caprette, greggi e pastori tradiscono di solito un motivo più profondo di aderenza al genere. Esso riposa, nei secoli medievali, sul ritorno delle costanti tematiche discusse nel paragrafo precedente, la cui fortuna è dovuta in modo consistente alla diffusione dei testi di Virgilio fin dai primi stadi della scolarizzazione, che li rendeva fruibili alla quasi totalità degli alfabetizzati. Gli elementi costanti e distintivi del genere bucolico prima enunciati si radicano all'interno del momento storico dei singoli autori e si conformano al quadro culturale. La produzione bucolica carolingia, per esempio, è una delle più semplici da collocare sul piano storiografico, così come quella della generazione immediatamente successiva, che ne eredita temi e parzialmente certe situazioni, ma non per questo è monotematica: dall'interno della corrente maggiore (quella cioè che ha come centro propulsore la cerchia palatina) si dipartono filoni sviluppatisi dai tanti motivi bucolici, quali l'epicedio, il contrasto o il panegirico.

Spostandoci al X secolo, l'ecloga che conobbe maggior diffusione fu l'*Ecloga Theoduli*, un testo che prosegue sul piano dei contenuti il filone della bucolica cristiana inaugurato nella tarda latinità dai centoni[58] e poi da Endelechio, mentre su quello formale sviluppa l'eredità delle ecloghe amebee e dei *conflictus*. La sua struttura contrastiva, il tema del *certamen*, le allegorie trasparenti a celare personaggi pagani e cristiani, il dialogo, sono tutti elementi vitali della bucolica e il testo di Teodulo fu letto da varie generazioni conoscendo, unico forse dopo quelli alcuiniani, una fruizione scolastica che si protrasse fino al Quattrocento. Eppure, tranne l'emulazione di Guarniero di Basilea, l'*Ecloga Theoduli* non contribuisce al diffondersi della moda pastorale. Più ci addentriamo cronologicamente nel basso medioevo, più risulta complesso risalire alle dinamiche generative del poetare bucolico. Per quanto concerne le *Bucoliche* di Marco Valerio, la cui collocazione cronologica è ancora *sub iudice*,[59] si può ipotizzare soltanto una fruizione di cerchia desumibile in base al prologo .[60]

Metello di Tegernsee, per i cui *Quirinalia* sembra determinante la volontà di emulazione e di adattamento del modello classico al contesto agiografico e comunitario, è stato il primo autore dai tempi di Virgilio a comporre, con minime varianti e una base narrativa piuttosto esile, un *corpus* bucolico di ampiezza virgiliana. Se abbiamo pochi elementi per contestualizzare le opere, più scarni ancora sono i dati biografici a nostra disposizione: pochissimo sappiamo di Teodulo o di Marco Valerio o di

58. Sul centone bucolico *Versus ad gratiam Dei*, ed. Riese, *Anthologia latina*, frammento 719a, pp. 189-193, si veda Vidal, *La technique de composition*, pp. 233-256; Bažil, *Centones Christiani*, pp. 208 ss. Il testo di Pomponio è, indicato dai critici anche con il titolo di *Tityrus*, sulla scorta di un passo delle *Etymologie* (I, 39, 25-26). McGill, *Poeta arte christianus*, p. 17, parla di «more radical early example of how an author could preserve features of classical bucolic while infusing the form with Christian content». Tuttavia è stata rilevata nel centone l'assenza di alcuni elementi distintivi del genere: «no singing contest, no erotic material, and no mention of animals», sintetizza ancora Mc Gill (p. 20), e forse per questo già Schmid, *Tityrus Christianus*, p. 110, sosteneva che la sincresi tentata da Pomponio non fosse pienamente risolta sul piano letterario: «sie nicht so sehr bukolische als vielmehr elegische Züge aufweist». Anche Curtius nello stesso anno riteneva il centone il primo esempio di «spiritual eclogue». Di parere nettamente contrario è invece Alimonti, *Struttura, ideologia*: «Il carme, nonostante i nomi dei protagonisti, non ha alcun elemento che permetta di includerlo nel genere bucolico» (p. 107 n. 34).

59. L'edizione utilizzata è quella curata da Munari, *M. Valerio Ecloghe*.

60. La loro collocazione cronologica nel secolo XII, da sempre dibattuta, è stata di recente messa in discussione da Justin Stover, *The Date*.

Metello, di cui manca sinanche la certezza di una identificazione onomastica reale. Scrivendo poesie per un gruppo mirato di lettori, i poeti bucolici erano probabilmente conosciuti dal proprio *entourage* e per questo non vengono tramandate, accanto ai testi, particolari notizie biografiche. Prevale l'impressione che per lo più la bucolica fosse considerata dai poeti un esercizio destinato ad una fruizione circoscritta e che fossero altri i testi composti per un pubblico più ampio, quelli cioè da cui si attendevano riconoscimenti ufficiali. Ciò spiega anche la relativa esiguità di testimoni manoscritti: fuori dalla cerchia, che comprende le allusioni criptate, il testo bucolico ha poco senso ed è difficilmente esportabile, a meno che non si tratti di un modello scolastico esemplare, come l'*Ecloga Theoduli*. Questo non significa che la bucolica venga trascurata: agli inizi del XIII secolo le corrispondenze delvirgiliane col Vacchetta e con Nuccio da Tolentino mostrano una frequentazione diffusa, quasi corriva (non in senso spregiativo) di un genere epistolare che strizza l'occhio al gusto agreste e pastorale, anche se sarà la *Corrispondenza* tra il dettatore bolognese e Dante a segnare una svolta nel genere bucolico trecentesco. Nella loro immediata fortuna, le ecloghe di Dante diventano un momento ineludibile nella storia del genere e come tale altri autori sentono il dovere di misurarsi con questo nuovo archetipo: aumenta l'immaginario pastorale, la composizione è maggiormente contestualizzata in Arcadia, l'onomastica è classica (anche se non necessariamente del genere). Quanto detto è valido anche per i primi emuli di Dante, il Del Virgilio, il primo Boccaccio bucolico, che fu anche grande regista della ricezione dantesca nel '300 italiano, Checco Rossi. Vagamente pastorale è anche il sogno profetico della madre di Dante narrato da Boccaccio nel *Trattatello*,[61] poiché vi si trovano utilizzate, nella sua intelaiatura allegorica, immagini desunte dall'ambito bucolico: la donna, ai piedi di un alloro e vicino ad una fontana, immagina di dare alla luce un figlio che, in breve tempo, nutrendosi delle bacche d'alloro e delle acque della fonte, diviene un pastore bellissimo. Queste immagini, che ricordano la simbologia impiegata da Audrado e da tanta poesia carolingia, invece che una lettura anagogica trovano in Boccaccio un'interpretazione già "umanistica": le bacche sono i testi antichi, le acque limpide rappresentano le dottrine filosofiche, il pastore significa che Dante sarebbe diventato «datore di pastura agli altri ingegni bisognosi». Qualco-

61. Che uso nell'edizione di Ricci, in Boccaccio, *Opere in versi*, 1965 (l'editore propone la I stesura), pp. 643-646.

sa è cambiato: gli elementi bucolici allegorizzati restano invariati, ma il senso loro attribuito è nuovo. Già Petrarca, attratto dalla poesia bucolica, avverte l'urgenza di emanciparsi dal modello dantesco:[62] sul piano strutturale torna più vicino a Virgilio, restituendo l'ecloga alla sua unità, ma eleva lo stile e usa l'allegoria in maniera pervasiva. Partiti dai carolingi, a cui dobbiamo le prime e significative pastorali del medioevo, lo studio si chiude con il ritorno classicista imposto dalla sensibilità preumanistica di Petrarca. Dietro il maestro, l'allievo Boccaccio si distacca dalla pastorale dantesca (epistolare e contrastiva) per abbracciare senza riserve un nuovo modello che ha il proprio "specimen" nell'allegorismo e in un latino più classicamente orientato.[63]

Sub tegmine fagi

Anche per me, come per tutti gli autori studiati nel volume, l'incontro con la bucolica è avvenuto nel segno di Virgilio, le cui ecloghe costituiscono per la poesia pastorale l'inesauribile modello generativo e insieme – probabilmente – il vertice più alto che il genere potrà mai toccare.

Sarà perciò un incontro felice quello che i lettori faranno con i bucolici medievali latini studiati nel volume – colti, bizzarri, ironici, seriosi, tutti saldamente virgiliani – fino ad ora ingenerosamente e inspiegabilmente esclusi dall'Arcadia. L'interesse scientifico di questa ricerca, declinato per tutto il libro, credo non abbia bisogno di ulteriori specifiche, per cui mi sia concesso indulgere, solo in queste poche righe di congedo, al senso affettivo che mi lega sia alla poesia pastorale in genere, sia a quella mediolatina in particolare. Entrare nell'universo bucolico di questi poeti, a volte oscuri perfino sul piano biografico e onomastico, li fa percepire vicini e moderni, coi loro problemi mistificati nelle convenzioni pastorali, che in tutte le epoche altro non sono che un atto d'amore per la poesia e l'aspirazione a uno spazio per esercitarla.

Le ricerche confluite in questo volume mi hanno impegnato per diversi anni, durante i quali mi sono avvalsa della guida di specialisti dell'argomento e del

62. Cfr. Billanovich, *Lo scrittoio* e Id., *Testi bucolici.*

63. Alla fine di ogni paragrafo viene riprodotto un estratto del testo poetico commentato, in latino con traduzione italiana a fronte. Ove esistenti, si citano edizioni italiane, indicando in nota il nome del traduttore; se non specificato, le traduzioni (di servizio) sono state elaborate da chi scrive. Anche i passi normativi, che usano un linguaggio tecnico non sempre immediato, sono stati riassunti o resi in italiano cercando soprattutto di curare la trasposizione dei termini retorici fondamentali per la comprensione del passo. Ove non diversamente specificato, le traduzioni sono a cura dell'autore.

consiglio di numerosi amici. L'idea di una ricerca sulla bucolica nacque sotto gli auspici di Alessandro Fo – che mi piace ringraziare al termine dell'opera –, per poi chiarirsi nel suo reale obiettivo grazie a Francesco Stella, a cui mi lega un grande debito di riconoscenza per aver incoraggiato e seguito questo studio in tutte le sue fasi. Altri studiosi hanno contributo in maniera fattiva con riletture e suggerimenti, sostenendomi con amichevoli e preziosi consigli: a Paolo Garbini, Donatella Manzoli, Silvia Mattiacci e Natascia Tonelli va la mia più profonda gratitudine. Un ringraziamento va Francesco Mosetti Casaretto, studioso appassionato di bucolica mediolatina, per l'aiuto bibliografico. Grazie anche ad Armando Bisanti, Fabio Stok e Angelo Piacentini per aver messo a mia disposizione con liberalità i propri contributi; a Simonetta Teucci per l'inestimabile aiuto in fase redazionale.

1. Alla ricerca del canone. Glosse, commenti e letteratura normativa sul genere bucolica

1. *Il dialogo, l'ecloga e l'epistola*

Tra le opinioni critiche tese a svalutare i testi bucolici medievali ve ne sono alcune che, formulate dal Carrara più di un secolo fa, vengono ancora riproposte da qualche studioso, nonostante l'approccio alla letteratura medievale sia cambiato notevolmente di segno nel corso del Novecento. Negli studi moderni, tra i problemi avvertiti con maggiore urgenza vi è l'uso ambiguo del termine "ecloga" e il rapporto tra poesia pastorale, dialogo[1] e

1. Carrara, *La poesia pastorale*, pp. 42-43: «Vorremo noi vedere veramente riflessa la vita pastorale nei carmi dell'Accademia palatina e nei seguaci? Ovvero ci affideremo al nome di *ecloga*? Quest'ultimo, manco a dirlo, sarebbe un fallace criterio. [...] V'è una sorta di componimenti che dava ad essi l'illusione di poesia bucolica: [...] il *Contrasto* che si formò dall'imitazione dell'ecloga o almeno si sviluppò sotto la sua influenza. [...] La forma dialogica basta a influire nel componimento il tono, o l'intenzione bucolica. [...] L'epistola nella forma ovidiana dell'elegia è considerata, secondo il canone ciceroniano, un discorso tra assenti; bastò questo perché [...] essa deviasse nella forma eclogistica, con metro elegiaco». Lorenzini, *La corrispondenza*, rispettivamente p. 4, p. 6, p. 8: «In epoca medievale l'ecloga venne essenzialmente recepita come struttura retorica di carme dialogato, di tenzone in versi: il modello proprio della bucolica classica [...] venne adottato dal *conflictus* medievale, quale supporto per controversie poetiche su temi di varia natura. Il carattere drammatico di questi componimenti bastava a persuadere i loro autori a usare lo stile bucolico; [...] Attraverso lo scambio di missive con Giovanni Del Virgilio Dante apriva la strada alla rinascita di quel genere bucolico che il Medioevo aveva visto scomparire nella sua forma più pura; [...] la struttura epistolare [...] si imponeva a Dante quasi come indispensabile premessa a questo *repêchage* di un genere classico. [...] È significativo che, volendo fare poesia bucolica, Boccaccio senta ancora la necessità di adottare una struttura epistolare, [...] denunciando in questo modo una non ancora matura [...] conoscenza della tradizione bucolica classica».

forma epistolare. Il vocabolo *ecloga*[2] deriva dal greco e designa, nel mondo latino, l'estratto di un'opera[3] oppure, più spesso, un breve componimento poetico.[4] Per questo motivo, forse, si cominciò ad utilizzarlo in relazione all'opera virgiliana, riferendolo però alle singole composizioni, in quanto *Bucolica* indicava il libro nel suo complesso. *Bucolica* infatti non è mai usato al singolare, se non con valore collettivo: era necessario un termine che corrispondesse al singolo componimento e fosse «meno generico e polisemico di *carmen* (fra l'altro compromesso con la lirica»).[5]

Rapida è la diffusione dell'uso di *ecloga* relativamente all'opera virgiliana.[6] Se ne registrano numerose occorrenze già nei primi commentatori: da una parte il titolo collettivo usato per le *Bucoliche* negli esemplari tardoantichi di Virgilio ha decretato la scomparsa dei titoli dei singoli componimenti, probabilmente originali, ancora noti a Donato e Servio,[7] dall'altra,

2. Si cfr. Bartoli, *La bucolica mediolatina*, pp. 183-202.

3. Con questo significato usa il vocabolo Varrone, a cui dobbiamo la prima attestazione latina del termine; sempre nell'accezione varroniana usano la parola *ecloga* Cicerone (*ad Att.* XVI, 2, 6) e Rufino (*Hist.* IV, 26, 14).

4. In questa seconda accezione, come risulta anche dal *Thesaurus Linguae Latinae*, la usano molti autori classici: Stazio III, 5; IV, 8 per due delle *Silvae*; Ausonio 324, 3 per una sua poesia e per un'ode di Orazio; Simmaco 3,11,4 per alcuni epigrammi di Naucellio; Sidonio 9,13,2. per un'ode e alcuni versi. Plinio il Giovane per indicare alcuni suoi componimenti: «[...] Proinde sive epigrammata, sive idyllia, sive eclogas, sive, ut multi, poemata seu quod aliud vocare malueris, licebit voces [...]», *Ep.* IV, 14, 2.

5. Traina, voce *Ecloga*, pp. 164-165. Da alcuni versi delle *Georgiche* (IV, 565-566) apprendiamo che Virgilio stesso definiva la propria composizione «carmina qui lusi pastorum audaxque iuventa / Tityre, tu patulae, cecini sub tegmine fagi». Come rileva Della Corte, voce *Bucoliche*, p. 541, «carmina pastorum» è traduzione piuttosto fedele del greco *bucolica;* con questo titolo l'autore troverebbe «la giustificazione etiologica del genere poetico, che si faceva risalire ad un canto alternato di mandriani, detti bucolisti». Sempre secondo lo studioso, l'invocazione della VI ecloga a Talia, la musa della commedia, evidenzia il carattere drammatico di buona parte delle dieci composizioni.

6. Anche Beda, nel *De arte metrica*, scrive: «*Drama* enim latine *fabula* dicitur, quo genere scripta est illa *Ecloga Quo te Moeri pedes*» ("*Drama* infatti in latino si dice *fabula*, genere in cui è scritta quell'ecloga *Quo te Moeri pedes*" [Veg. II]), PL, 90, col. 0174C; da un censimento compiuto su PL Cassiodoro e Boezio, se usano il vocabolo, se ne servono in relazione alle *Bucoliche* virgiliane.

7. «Numerus eclogarum manifestus est; nam decem sunt, ex quibus propie bucolicae septem esse creduntur, quod ex his excipiantur Silenus, Pollio et Gallus. Prima igitur continet conquestionem publicam, privatam gratulationem de agro et dicitur "Tityrus"; secunda amorem pueri et dicitur "Alexis"; tertia certamen pastorum et dicitur "Palaemon"; quarta genethliacum et dicitur "Pollio"; quinta "epitaphion" et dicitur "Daphnis"; sexta metamor-

con l'incremento della fortuna delle *Bucoliche*, la parola "ecloga" finisce quasi per assumere un senso antonomastico, legandosi definitivamente all'opera di Virgilio e al carattere precipuo di queste composizioni.[8] "Ecloga" quindi viene ascritto al mondo pastorale in maniera esplicita attraverso una paretimologia, come accade nella *Vita Gudina*:[9]

> *egloga* dicitur quasi *egaloga*, quia *ega* dicitur *capra*, *logos*, *sermo*; inde *egloga* dicitur *sermo de capris*.[10]

Il progressivo saldarsi alla tradizione delle *Bucoliche* virgiliane fa sì che nel medioevo il termine "ecloga" subisca un ulteriore arricchimento semantico che la avvicina a uno degli elementi connotativi della poesia

phoseis et dicitur "Varus" vel "Silenus"; septima delectationem pastorum et dicitur "Corydon"; octava amores diversorum sexuum et dicitur "Damon" vel "pharmaceutria"; nona propriam poetae conquestionem de amisso agro et dicitur "Moeris"; decima desiderium Galli circa Volumniam Cytheridem et dicitur "Gallus"» ("Il numero delle ecloghe è chiaro, infatti sono dieci, di cui solo sette si credono propriamente bucoliche, poiché escludiamo la VI, la IV, la X. La prima contiene un lamento generale e la privata riconoscenza per il campo e si intitola "Titiro"; la seconda canta l'amore di un fanciullo e si chiama "Alessi"; la terza è un *certamen* tra pastori e si chiama "Palemone"; la quarta tratta di un compleanno e si intitola "Pollio"; la quinta è un epitaffio e si chiama "Dafni"; la sesta tratta di metamorfosi e si chiama "Varo" o "Sileno", la settima è un *ludus* tra pastori e si chiama "Coridone"; l'ottava canta l'amore tra sessi diversi e si intitola "Damone" o "Farmaceutria" (= Filtri d'amore); la nona è il lamento del poeta per la perdita del campo e si chiama "Meri"; la decima canta il desiderio di Gallo per Volumnia Citeride e si intitola "Gallo"), *Donati praef. Comm. in Verg. ecl.*, cap. 17. In alcuni manoscritti (nel Palatino, nel Mediceo e nel Romano) vengono segnalati i nomi dei protagonisti delle ecloghe, in maniera simile a quella usata per indicare i nomi dei personaggi delle commedie o delle favole di Fedro, cfr. Della Corte, voce *Bucoliche*, p. 541.

8. «In Horatio autem sciendum odem non eclogam dici, quia ecloga Vergilii Bucolicorum est» ("Sappi che quelle di Orazio sono odi e non ecloghe, poiché le ecloghe sono quelle delle Bucoliche di Virgilio"), Pseud-Acro, *Scholia in Hor.*, I, 2, 12. Gli *Scholia* ad Orazio, composti nel II-III sec. d.C., nella versione a noi pervenuta, sono stati pesantemente rielaborati in epoca medievale.

9. Conservata nel manoscritto Wolfenbüttel, Her. Aug. Bibl. Gudiani Latini F 70, p. 57, del IX secolo.

10. Cfr. *Vitae Virgiliane*, ed. I. Brummer, Lipsia 1881, pp. 60-65, online https://digital.slub-dresden.de/werkansicht/dlf/110503/49/0/; Klopsch, *Mittellateinische Bukolik*, p. 150. Nel Blaise, *Dictionnaire*, alla voce *Ecloga* corrisponde la seguente definizione: «*Ecloga* = poème pastorale; cantationes in theatris; cantationes in carminibus; Osb. Glouc., *Deriv.*193: *ecloga* = sermo de capris nam *aegos* capra dicitur». Nella *Vita Monacensis*, sec. X, si legge: «ecloga enim grece, latine excerptio, sive gratiarum artium et conloquium dici potest», ivi, p. 59.

bucolica, il canto amebeo, pur non vincolandola necessariamente a un contesto strettamente pastorale, come si legge nel *Liber Glossarum*:[11]

> egloga: pars carminis que definit auctor seu scriptor quasi interlocutio dragmatico caractere inducitur, cantiones in carminibus.

Questa accezione, che tiene conto dell'aspetto formale ma non definisce un particolare genere di composizione, si affianca all'altra, sempre più connotata sul piano dei contenuti bucolici. Per questo motivo un testo dialogico o drammatizzato – anche se non bucolico – può essere benissimo designato come egloga[12] durante il medioevo. La polisemia del vocabolo *ecloga*, di cui noi moderni abbiamo smarrito la percezione, ha alimentato alcuni pregiudizi critici relativamente alla bucolica mediolatina: la presenza di numerose ecloghe non pertinenti al genere pastorale ha fatto ritenere che nel medioevo si fosse perduta ogni sensibilità di discernimento relativa a questo genere letterario.

Altrettanto dibattuto è il legame tra il *conflictus*, il *contrasto* e la bucolica. Secondo alcuni come Hedberg, Godman o Schmidt[13] il *conflictus* sarebbe un genere letterario che si sviluppa a partire dall'età carolingia proprio perché legato all'insegnamento della retorica e trae i suoi modelli dalle *declamationes* e dalle *controversiae* di origine classica. Negli studi che valorizzano la componente colta del *conflictus*, questo viene inteso come un portato della cultura scolastica, creato nella scuola e per la scuola,

11. *Liber Gloss. Lat.* I, 196. Sull'aspetto dialogico cfr. Klopsch, *Mittellateinische Bukolik*, p. 146; Ermini, *Un mimo conviviale*, pp. 134-140 e Carrara, *La poesia pastorale*, p. 43 e p. 59.

12. Nell'accezione *teatrale* usa il termine Amalario di Treviri (IX sec.) per le sue *Eclogae* che descrivono minutamente la liturgia gestuale della messa (PL, 78, coll. 1371 ss.). Si osservi che nelle bucoliche si rispettano sempre le regole aristoteliche (unità di luogo, tempo e azione). L'ambiguità del vocabolo si mantiene anche oltre il periodo mediolatino: Tufano, *Le ecloghe di Pontano*, parla di «eclogistico» nel senso di afferente «alla componente strutturale del testo», preferendolo a «bucolico», cioè legato al «contenuto pastorale», non sempre presente nei testi analizzati. L'appartenenza a quello che la studiosa chiama "genere eclogistico" si baserebbe su tre paramentri: l'ambientazione e lo spazio (che si estende anche all'area urbana), i protagonisti (che quasi mai hanno tratti bucolici), una botanica inedita per il mondo pastorale (il nocciolo, pianta che rimanderebbe, sul piano metaletterario, alla predilezione pontaniana per la poesia d'amore e biografica).

13. Hedberg, *The Bucolics and the Medieval Poetic Debate* e Godman, *Poetry*.

che trova i suoi modelli nelle dispute didattiche[14] o nella bucolica antica.[15] Secondo altre prospettive critiche,[16] il *conflictus* (come suo parallelo volgare) si sviluppa dalla contaminazione di forme colte e temi popolari insieme, così come avviene all'interno del testo alcuiniano sull'inverno e la primavera, in cui si notano elementi della tradizione classica (il contesto bucolico) mescolati con altri di derivazione chiaramente popolareggiante, come l'arrivo della primavera, inscenato allegoricamente dalla sconfitta dell'inverno e sancito dal ritorno del cuculo, due temi frequenti nella produzione folklorica nordeuropea. Il peso della lezione bucolica virgiliana nella tradizione dei *conflictus* non è in discussione, ed è pacifico anche per Peter Stozt,; lo studioso però ne sottolinea la contaminazione con altre esperienze di tipo retorico e forense, quali le dispute filosofiche che venivano organizzate in posti molto simili ai *loca amoena* pastorali e potrebbero avere influito sull'ambientazione vagamente bucolica tratteggiata spesso nella cornice narrativa del *conflictus*. Mentre per la bucolica la componente paesistica fa parte della struttura organante del testo, in alcuni *conflictus* essa è molto meno rilevante, per cui viene tratteggiata per essere trascurata – dopo poche righe – in funzione dell'agone vero e proprio. Certo, come ricorda Schmidt, le ecloghe «con i loro *agones* drammatici tra pastori devono essere state un modello di non trascurabile importanza»,[17] tuttavia nei *conflictus* medievali vengono accentuati elementi come lo slancio agonistico o la figura del giudice, che saldano insieme la componente bucolica e quella forense.[18]

La bucolica medievale si sviluppa, dal punto di vista formale, sotto la spinta di numerose suggestioni: la tradizione virgiliana (con ecloghe amebee, diegetiche o miste), la produzione eclogistica (ambito in cui viene valorizzato l'aspetto conciso, dialogico e drammatico di un testo, saltuariamente pastorale), l'eredità scolastica e giuridica delle dispute e

14. Per esempio due testi di Alcuino, il *De rhetorica et virtutibus* e la *Disputatio de vera philosophia.*

15. Esiste un filone di *conflictus* di argomento religioso che trae ispirazione da fonti scritturali e patristiche. Proprio per la contrapposizione di due tesi opposte, il *conficltus* ebbe un grosso impulso al tempo delle crociate, quando abbondano gli scritti polemici antiislamici o antigiudaici.

16. Carrara, *La poesia pastorale* e Green, *Seven Versions*.

17. Schmidt, *I* Conflictus, p. 158.

18. Stotz, *Conflictus, il contrasto poetico*, pp. 169, 177.

degli agoni.[19] L'aspetto dialogico è senza dubbio rilevante nella storia della bucolica medievale, tuttavia si continuano a scrivere anche ecloghe "miste",[20] secondo il modello virgiliano. Solo nel corso del XIII secolo, forse anche sulla scorta dell'impulso che ebbero gli studi di *ars dictandi*, assistiamo ad una contaminazione diversa, che alla sua origine appare irrelata – ma non lo è del tutto – rispetto alla tradizione bucolica: quella che lega un testo poetico alla forma epistolare. Alludo naturalmente allo scambio epistolare di biglietti poetici o epistole metriche che, assunto un deciso carattere pastorale dopo il carteggio tra Dante e Del Virgilio, inaugureranno la breve ma importante stagione delle corrispondenze bucoliche.[21] Che la forma epistolare improntì di sé la produzione bucolica negli anni che precedono la *Corrispondenza* dantesca è un dato complesso, sia da sottoscrivere che da contestare. Vanno in questa direzione alcuni carteggi tra preumanisti, che condividono alcuni (ma solo alcuni) aspetti connotativi del genere bucolico; vanno sempre in questa direzione, magari in maniera più lata, anche molte delle bucoliche composte nei secoli precedenti, che sono in sostanza biglietti spediti alla cerchia e forse la teorizzazione epistolografica promossa dal XII secolo concorre a rendere più esplicita quella componente intrinseca di condivisione amicale tipica del genere pastorale. L'aspetto vagamente bucolico delle brevi corrispondenze delvirgiliane dimostra la confluenza di numerose suggestioni: la formazione scolastica, il ruolo magistrale, l'appartenenza alla cerchia, l'amore per la retorica e per i dibattiti, la conoscenza dei classici, l'uso strumentale e connotato letterariamente del contesto agreste e naturalistico in generale. Su Dante – come meglio discusso nella parte finale del volume – agiscono in modo preponderante altre componenti, legate in maniera stringente alla propria poetica.

19. Il rapporto fra bucolica, *conflictus* e forme teatrali medievali è interpretato in senso univoco da Stotz: «il teatro antico [...] non appartiene ai filoni che hanno alimentato il *conflictus*. È viceversa possibile immaginare che alcuni di questi testi abbiano contribuito a definire alcuni tratti delle forme teatrali in senso lato che sorsero nei secoli centrali del medioevo. Mi riferisco evidentemente ai drammi sacri», ivi, pp. 171-172. Poche righe prima l'autore accenna anche al mimo; si ricordi che un altro studioso aveva suggerito un possibile legame tra mimo conviviale e altercatio bucolica (Ermini, *Un mimo conviviale*, pp. 134-140) o contaminazioni tra epicedio bucolico e *fabula funeraticia*, Id., *Il dialogo di Agio*, pp. 180-190.

20. Il termine è desunto dalla tradizione esegetica virgiliana classica, si cfr. *[Sergii] explanationes in Artem Donatii*, GL Keil 4, 487, 17 ss.

21. La definizione è stata coniata da Carrara, *La poesia pastorale*, pp. 68 ss.

2. *La letteratura normativa*

In studi anche recenti[22] si ratifica la scomparsa del genere bucolico durante il periodo medievale anche sottolineando la sua assenza dai testi normativi.

In verità, come ha mostrato anche Lorenzini,[23] la bucolica non scompare del tutto dalla *Fachliteratur* medievale, che fa propri numerosi testi ereditati dal periodo tardo-antico in cui le opere virgiliane vengono glossate, commentate e interpretate più o meno allegoricamente, come prova la tradizione dei commenti e delle *vitae* di Servio e Donato, come attesta la fortuna dei *Saturnalia* di Macrobio o, più ancora, l'*Explanatio* di Filargirio (o, più correttamente, Filagrio)[24] e l'*Expositio* di Fulgenzio, due autori molto apprezzati in epoca carolingia che applicano ai testi virgiliani un'esegesi di stampo stoico e neoplatonico.[25] Un altro ambito in cui le opere virgiliane permeano la cultura e la scuola medievale – almeno dai carolingi fino alla scolastica, tra XII e XIII secolo – è quello grammaticale: attraverso Donato prima e Prisciano poi l'apprendimento del latino si basa anche su passi di Virgilio, che resistono a fianco dei luoghi biblici e di citazioni da altri autori cristiani entrati progressivamente nel canone. Nonostante l'importanza di Prisciano, almeno fino al XII secolo, Virgilio è praticamente assente nelle *artes dictandi*, *artes* per l'insegnamento della corretta redazione epistolare, mentre avrà un suo spazio nelle coeve *poetrie*, *artes* per l'insegnamento della composizione poetica: entrambe queste tipologie di manuali verranno utilizzati per imparare a scrivere, al di là dell'ambito precipuo per cui erano stati composti.

Su un piano diverso si pone la ricezione di Virgilio come personaggio letterario, che ha il suo culmine nell'interpretazione cristologica del

22. Drusi, *Comica nonne vides*, p. 35, ma già Brugnoli, *Ecloghe. Tradizione medievale*, p. 578.

23. Lorenzini, *La corrispondenza*, pp. 45-64.

24. Stok, *Philagryus biografo*.

25. Lo conoscono Giovanni Scoto Eriugena, Sedulio, Radberto Pascasio. Nel *Liber de scriptoribus ecclesiasticis* (cap. XXVIII, PL, 160, coll. 553-554) Sigeberto di Gembloux esprime un giudizio lusinghiero di Fulgenzio. Molto nota fu l'interpretazione dell'*Eneide* come simbolo della vita dell'uomo, che influenzò Giovanni di Salisbury e giunse fino a Dante. Fulgenzio legge nelle vicende dell'eroe virgiliano l'allegoria della crescita etica e morale dell'uomo, dalla nascita fino alla sua compiuta maturità. Interpretazioni platoniche di Virgilio proseguono fino al pieno XII secolo con Giovanni di Salisbury e con la scuola di Chartres (in particolare Guglielmo di Conches), ma investono principalmente l'*Eneide*.

Virgilio profeta veicolata proprio dalle *Bucoliche*. Leonardi, nel suo noto contributo sulla fortuna virgiliana nel medioevo redatto per l'*Enciclopedia Virgiliana*,[26] scrive di una accoglienza discontinua di Virgilio profeta fino al XII secolo, quando la sua figura viene eclissata da quella della Sibilla (ma nell'*Ordo Prophetarum*, un testo teatrale del XIV secolo ancora si legge «Maro, Maro, vates gentilium/ de Christo testimonium»). Il rifiuto o l'accoglienza di Virgilio profeta negli studi filosofici e teologici[27] prosegue fino al basso medioevo, battendo anche strade folkloriche, come dimostra il nucleo di leggende su Virgilio mago e matematico, presente in numerosi testi letterari del XII[28] (molti legati alla corte di Enrico II), derise pochi anni dopo da Petrarca.[29]

3. *I commenti antichi*

Al lettore medievale il commento serve da accesso alla materia del libro, che diventa anche paradigma formale: gli autori classici costituiscono un serbatoio di informazioni ma anche di vocaboli e locuzioni su cui insegnare la correttezza espressiva a studenti per cui il latino rappresenta una lingua sempre più artificiale. I commentatori medievali si rifanno spesso agli antichi che li hanno preceduti, perpetuando l'attenzione su certi luoghi del testo, identificati progressivamente dall'interpretazione canonica. Questo accade anche per Virgilio, la cui critica testuale è largamente debitrice delle informazioni rinvenute nei lavori dei tardoantichi Servio e Donato (commenti ma anche vitae),[30] a cui dobbiamo informazioni che connotano

26. Leonardi, *Medioevo. Tradizione letteraria*, p. 423.

27. Tra i commentatori biblici, Aimone di Halbertstadt (Haimo Halberts., *Expositio in Pauli epistolas*, PL, 117, col. 366b) nega che Virgilio possa trovar posto tra i profeti, mentre di parere diverso è Eirico di Auxerre (Heir. Antissiod., *Vita S. Germani*, PL, 124, col. 1140).

28. Gervasio di Tilbury, *Il libro delle meraviglie*, pp. 56-63, 200-203. Alessandro Neckam, *De naturis rerum* (II, 174); Giovanni di Salisbury, *Polycraticus* (PL, 199, col. 418 *et alibi*); Vincenzo di Beauvais, *Speculum Historiale* VI, 61.

29. *Itinerarium Siriacum*, capp. 36, 37, 39.

30. *Vitae Vergilianae antiquae* (ed. Brugnoli-Stok), Roma 1997; *The Virgilian Tradition*, pp. 212-225. Il Donatus a cui si fa riferimento nel volume è Aelius Donatus (IV sec.), autore dell'*Ars maior* e *Ars minor* e della *Praefatio comm. in Verg. Eclogas*. Claudio Tiberio Donato (IV sec. *ex*.-V) fu invece autore delle *Interpretationes Virgilianae*, un commento parafrastico di tipo retorico all'*Eneide*.

la ricezione medievale del testo: origine del canto bucolico, onomastica parlante dei personaggi, interpretazione allegorico-biografica, tentativo di organizzare le opere virgiliane in un sistema tematico e stilistico che nel medioevo avrà il suo culmine con la *Rota Vergilii* delle *poetrie* nel XII e XIII secolo. Importanti per la ricezione virgiliana medievale sono anche le interpretazioni allegorico-filosofiche dei testi virgiliani proposte in epoca tardoantica da Filagrio e Fulgenzio e proseguite poi, saldando più strettamente Virgilio al platonismo, fino al pieno XII secolo.

Virgilio stesso nelle *Georgiche*[31] allude alle Bucoliche come a *carmina pastorum*; il titolo con cui l'opera ci è stata tramandata, *Bucolica* o *Bucolicon liber*, è attestato per la prima volta nel *Palatino*,[32] confermato anche dai primi commentatori come Donato, Ps.Probo,[33] Servio, Macrobio,[34] dai grammatici come Diomede[35] e dalle più antiche citazioni in nostro possesso.[36]

Donato spiega che il grecismo deriva da *bukolos*, cioè "mandriano", e viene impiegato nella forma neutra plurale, con la parola *carmina* sottintesa;[37] Servio apre invece il suo *Commentarius* spiegando che «Bucolica dicta sunt a custodibus boum, id est "apò ton bukòlon": precipua enim

31. *Georgiche*, IV, 565-566.

32. Ms. Città del Vaticano, Biblioteca Apostolica Vaticana, cod. lat. ant. I 99 (sec. V *ex.*-VI *in.*)

33. Il grammatico Valerio Probo (I-II sec.) lavorò sul testo di Virgilio, ma il commento superstite alle *Ecloghe* e alle *Gerorgiche* che ci è giunto sotto il suo nome è ritenuto apocrifo e di datazione incerta, cfr. ed. Hagen in Thilo, Hagen, *Servii Gram. in Verg. comm*, III, 2.

34. Rispettivamente in Donato, *Vita*, IX, XIX, XXV (ed. Brugnoli-Stok); Ps. Probo LXXI; Servio, *In Verg. Buc.*, I,5; Macrobio, *Saturnalia*, I, 13, 5.

35. Diomede scrive: «Bucolica dicuntur poemata secundum carmen pastorale composita», GLK I, 486, 17.

36. Columella *De re rustica* IV, 9, 4; Quintiliano, *Institutio oratoria* VIII, 6, 46.

37. «Bucolica autem et dici et recte dici [...] quod eodem nomine apud Theocritum censeantur; [...] Tria genera pastorum sunt, qui "aipoloi" dicuntur a Graecis, a nobis caprarii; paulo honoratiores, qui "maelonomoi poimenes" id est opiliones dicuntur; honoratissimi et maximi, qui boukoloi, quos bubulcos dicimus. Unde igitur magis decuit pastorali carmini nomen inponi nisi ab eo gradu, qui fere apud pastores excellentissimus invenitur?», *Donati praef. Comm. in Verg. ecl.*, 49. «Canti bucolici sono detti e giustamente, poiché con lo stesso nome li designa Teocrito. Esistono tre generi di pastori: quelli detti in greco "aipoli", da noi "caprai"; quelli, un po' più stimati, chiamati "maelonomoi poimenes", cioè i "pecorai", poi quelli più importanti e considerati, i "custodi di buoi". Perciò quale nome è di maggior decoro per il canto pastorale se non quello che deriva dal grado più alto che si trova tra i pastori?».

sunt animalia apud rusticos boves».[38] Isidoro (*Etim.* I, 39,16), nella sezione *De metris*, definisce il metro bucolico in questi termini:

> Bucolicum id est pastorale carmen. [...] Appellarunt autem Bucolicum a bubus [...] quamvis opilionum caprariorumque sermones in iis et cantica inserantur.[39]

Dopo aver inserito la spiegazione lessicale del titolo, Donato e Servio si soffermano sull'origine del canto bucolico, il *certamen*, elemento distintivo legato *ab antiquo* al genere attraverso uno dei tre nuclei leggendari[40] – accennato in Servio[41] e più esplicito nella variante di Ps. Probo – secondo cui i pastori ingaggiano gare poetiche in onore di Diana, che ha allontanato la peste dalle greggi:

> Altera causa ad Siculos pertinet. Ante Gelonis tyrannidem Syracusis lue pecora interibant. [...] Ad eius [templi Dianae] dedicationem plurimi pastores confluxerunt cum utribus vino plenis et panibus figuras ferarum vel pecorum referentibus iique instituerunt, ut ii, qui convenerant, laudes Deae dicerent certato [...] et quicumque vicisset praemium haberet quod is, qui victus erat, contulisset.[42]

38. *Servii Gram. in Verg. comm.*, ed. Thilo, I, 5.

39. «Bucolico cioè carme pastorale. Lo chiamarono infatti "bucolico" da "bubus" ("guardiano di buoi"), sebbene inseriscano in questi testi anche i canti dei custodi di pecore e di capre».

40. Una tradizione ambienta la nascita della bucolica a Sparta, al tempo dell'invasione persiana, quando i pastori cominciarono a cantare inni a Diana poiché non potevano farlo le fanciulle; una la collega alle vicende di Oreste che, per espiare il parricidio, viene condotto dalle Furie in Sicilia dove, presso la statua di Diana, poté essere assolto dal delitto commesso: «Originem autem bucolici carminis alii ob aliam causam ferunt; sunt enim, qui a Lacedaemoniis pastoribus Dianae primum carmen hoc redditum dicant, cum eidem deae per bellum, quod toti Graeciae illo tempore Persae inferebant, exhiberi per virgines de more non posset. Alii ab Oreste circa Siciliam vago id genus carminis Dianae redditum locuntur [...] apud cuius aras Orestes [...] a parricidio fuerat expiatus», *Donati praef. Comm. in Verg.*, 50, 51.

41. «Alii non Dianae, sed Apollini Nomio consecratum carmen hoc volunt, quod tempore Admeti regis pavit armenta. Alii rusticis numinibus a pastoribus dicatum hoc asserunt carmen, ut Pani, faunis, nimphys ac satyris et hic est huius carminis titulus, qualitas autem haec est, scilicet humilis character», *Servii Gram. in Verg. comm.*, I,1 12-15. «Altri ritengono che il carme non sia dedicato a Diana, ma ad Apollo Nomio, che al tempo del re Admeto protesse le greggi. Altri sostegono che sia stato dedicato dai pastori a divinità boscherecce come Pan, i fauni, le ninfe e i satiri e da qui deriva il nome, l'argomento e lo stile umile».

42. «Un'altra origine ci porta in Sicilia. Prima della tirannide di Gelone la peste uccideva le pecore. [...] Alla dedicazione del tempio giunsero molti pastori, con otri di vino e pani raffiguranti fiere e pecore e stabilirono che, chi arrivava là, doveva recitare lodi alla

A Servio dobbiamo le prime informazioni sull'onomastica parlante dei personaggi, secondo un procedimento già noto ai lettori perché simile a quello delle commedie latine:

> Melibeus [...] id est quia curam gerit boum, et [...] Tityrus, nam Laconum lingua tityrus dicitur aries maior qui gregem anteire consuevit.[43]

Gli antichi commentatori, inoltre, si preoccupano di collegare tra loro le dieci ecloghe a partire da uno schema razionale interno,[44] che stabilisca la sequenza dei componimenti;

> Quod ad ordinem spectat, illud scire debemus: in prima tantum et in ultima ecloga poetam voluisse ordinem reservare, quando in altera principium constituerit, ut in Georgicis ait: "Tityre, te patulae cecini sub tegmine fagi" in altera ostenderit finem, quippe cum dicat: "Extremum hunc, Arethusa, mihi concede laborem". Verum inter ipsas eclogas naturalem consertumque ordinem nullum esse certissimum est. Sed sunt qui dicant initium bucolici carminis non "Tityre" esse, sed "Prima Syracusio dignata est ludere versu".[45]

Il medioevo farà propria la ricostruzione in crescendo dei tre capolavori virgiliani, perché congeniale alla teoria dei livelli stilistici: in maniera

dea in gara. Chiunque avesse vinto avrebbe avuto in premio ciò che lo sconfitto aveva portato». Stessa tradizione con poche varianti in Ps. Probo, *In Vergilii Bucolica et Georgica* (ed. Thilo, Hagen), pp. 324-325 e in Diomede, *Ars*, *De specie poematos*, pars III, I, 483 (GL Keil, I, 299-529).

43. *Servii Gram. in Verg. comm.*, I, 1 80-85. «Melibeo cioè che si prende cura dei buoi; Titiro, in spartano è l'ariete più importante che guida il gregge».

44. Interessante un'osservazione di Donato relativa alla compiuta perfezione dell'opera per cui le ecloghe sono dieci in quanto contengono tutte le situazioni pastorali, tanto che in un paio di occasioni (la IV e la VI) il poeta ricorre ad argomenti più gravi, avvisando il lettore: «Quaeri solet, cur non ultra quam decem eclogas conscripserit; quod nequaquam mirum videbitur ei, qui consideraverit varietatem scaenarum pastoralium ultra hunc numerum non potuisse proferri, presertim cum ipse poeta circumspectior Theocrito, ut ipsa res indicat, videatur metuere, ne illa ecloga, quae Pollio inscribitur, minus rustica iudicetur, cum id ipsum praestarit dicens: «Sicelides Musae, paulo maiora canamus» et item similiter in aliis duabus facit», *Donati praef. Comm. in Verg*, 15.

45. *Donati praef. Comm. in Verg*, 69. Analogo concetto *Servii Gram. in Verg. comm.*, I, 1 60-75. "Per quanto attiene all'ordine, questo si deve sapere: solo nella prima e nell'ultima il poeta ha voluto conservare la sequenza: in una stabilisce l'inizio, quando dice nelle Georgiche «Tityre, te patulae cecini sub tegmine fagi»; nell'altra la fine, quando dice: «Extremum hunc, Arethusa, mihi concede laborem». In realtà, non c'è un ordine logico e consequenziale tra le ecloghe; alcuni dicono che l'inizio delle Bucoliche non è «Titiro» (ecl. I), ma «Prima Syracusio dignata est ludere versu»" (ecl. IV).

perfettamente coerente, infatti, Virgilio avrebbe adeguato a personaggi e ambiente lo stile:[46] umile nelle *Bucoliche*, medio nelle *Georgiche* e sublime nell'*Eneide*, secondo una teoria sviluppata nei commenti e negli *scholia* del IV e del V secolo ma destinata a lunga fortuna, trovando accoglienza sia nei lettori medievali che presso i trattatisti dell'Umanesimo e del Rinascimento:

> tres enim sunt characteres, humilis, medius, grandiloquus; quos omnes in hoc invenimus poeta. Nam in Aeneide grandiloquum habet, in Georgicis medium, in Bucolicis humilem pro qualitate negotiorum et personarum.[47]

Sul piano allegorico è l'*intentio* a fornire il dato che permette il passaggio dalla lettera del testo ad un'interpretazione figurata che lo colleghi con l'esperienza biografica del poeta, come mostra il passo serviano:[48]

> Illud tenendum esse praedicimus, in Bucolicis Vergilii neque nusquam neque ubique aliquid figurate dici, hoc est per allegoriam. Vix enim propter laudem Caesaris et amissos agros haec Vergilio conceduntur, cum Theocritus simpliciter conscripserit, quem hic noster conatur imitari.[49]

46. «Vergilio tanto factum opus maius, quanto una lingua loquens sensus rusticos aptare elaboravit sine reprehensione sermonis. Sunt quaedam propria, heroico carmini sublimia, sed in bucolico humilia», Ps. Probus, *In Verg. Buc. comment.*, p. 5. «Virgilio ha prodotto un'opera tanto grande quanto si può fare parlando di argomenti rusticani. Infatti sono propri del carme eroico le cose sublimi, della poesia bucolica le cose umili». Sulla teoria medievale dei tre stili, su cui torneremo nel paragrafo dedicato alle *poetrie*, si cfr. Quadlbauer, *Die antike Theorie der Genera Dicendi*, in cui lo studioso parla esplicitamente del ruolo svolto dai commentatori virgiliani in quest'ambito. Per una prospettiva più aggiornata anche sul basso medioevo cfr. Bourgain, *Théorie littéraire* e Turcan-Verkerk, *La théorie des quatre styles,* in part. p. 177 e p. 184.

47. «Esistono infatti tre stili, l'umile, il medio e il sublime: tutti e tre li troviamo in Virgilio. Infatti nell'*Eneide* abbiamo il sublime, nelle *Georgiche* il medio e nelle *Bucoliche* l'umile, a seconda degli argomenti e dei personaggi», *Servii Gram. in Verg. comm.*, I, 1 15-20.

48. «Intentio libri, quem skopon Graeci vocant, in imitatione Theocriti poetate constituitur [...]. Est intentio etiam in laude Caesaris et principum ceterorum, per quos in sedes suas atque agros rediit, unde effectus finisque carminis et delectationem et utilitatem secundum praecepta confecit» ("Lo scopo del libro, che i greci chiamano *skopon*, consiste nell'imitazione del poeta Teocrito. Scopo è anche lodare Cesare e gli altri principi, grazie ai quali ebbe indietro i campi, per cui, come si insegna, l'effetto e il fine del carme è stato produrre diletto e utilità"), *Donati praef. Comm. in Verg*, 64; *Servii Gram. in Verg. comm., Proem.,*14-22, p. 2.

49. «Abbiamo già detto che è importante considerare che nelle *Bucoliche* di Virgilio si parla in qualche luogo, non dovunque, in modo figurato, cioè per allegoria. A stento in-

Oltre ai *Saturnalia* di Macrobio (Iv *ex*.-V *in*. d.C.), in cui le opere virgiliane rimangono costante punto di riferimento letterario e morale e il loro autore viene lodato come *peritus omnium disciplinarum*[50] (dalla grammatica all'astronomia, dalla filosofia alla retorica), non meno incisive sono le letture filosofiche di Fulgenzio e Filagrio, precursori dell'esegesi virgiliana bassomedievale di stampo platonico. A Fulgenzio[51] si deve l'applicazione di una lettura allegorica di stampo stoico e neoplatonico che rappresenta Virgilio implicitamente cristiano.[52] Filagrio, scoliaste del V secolo, scrisse l'*Explanatio in Bucolica Vergilii*, giuntoci in due redazioni introdotte da due *Vitae* virgiliane; una versione del commento, senza le *Vitae* e in forma di glosse, si legge anche negli *Scholia Bernensia*.[53] Le due redazioni del commento[54] sono state probabilmente rielaborate in epoca altomedievale da compilatori irlandesi a partire da materiale tardo-antico comune (forse un testo virgiliano con *scholia* marginali),[55] mentre le *Vitae* si devono ormai assegnare all'iniziativa di due autori che lavorano in successione

fatti si può concedere [che la usi] per lodare Cesare e per i campi perduti, avendo Teocrito scritto in modo letterale e essendosi Virgilio sforzato di imitarlo», *Donati praef. Comm. in Verg*, 66.

50. *Saturnalia*, I, 16, 12.

51. Compose l'*Expositio virgiliane continentie*, i *Mitologiarum Libri tres* e altre opere di carattere erudito, si cfr. il commento all'*Eneide* nell'ed. Rosa e le *Mythologies*, nell'ed. Wolff, Dain.

52. Il poema virgiliano è interpretato da Fulgenzio come allegoria della vita umana, utilizzando (senza fonderli in un disegno coerente) i metodi della critica omerica e recepiti in ambito cristiano: quello fisiologico, quello morale di origine stoica, quello teologico di origine platonica. Tali metodi erano ripresi dall'allegoresi cristiana, anche se in Fulgenzio non ci sono espliciti riferimenti al cristianesimo. Si cfr. Comparetti, *Virgilio nel Medioevo*. All'inizio dell'*Expositio* Fulgenzio afferma di voler deliberatamente tralasciare il commento alle *Bucoliche* e alle *Georgiche* per la loro complessità dottrinale (*mysticae interstictae*), che oltrepassava la scarsa preparazione dei letterati suoi contemporanei: «Ob quam rem bucolicam georgicamque omissimus, in quibus [...] mysticae interstictae sunt rationes. [...] Ergo doctrinam mediocritatem temporis excedentem omisimus», *Expositio Vergilianae continentiae* (ed. Helm), p. 83.

53. Mss. Bern, Burgerbibliothek, 172; 165. Il codice Bern, Burgerbiliothek 172, il più antico e autorevole per quantità di materiale, sembra redatto in Francia (Auxerre o Reims), ma denuncia nell'ortografia un'origine irlandese. Holtz, *Les manuscrits latins à gloses*, pp. 156-159 indica questi codici fra i piu antichi esemplari di commenti formati da scoli marginali, riconoscendo in questo aspetto un tratto tipicamente irlandese, cfr. *The Virgilian Tradition*, p. 674 e gli *Scholia Bernensia*.

54. Stok, *Philagryus biografo*, p. 219.

55. Stok, *Philagryus biografo*, p. 240.

cronologica (nella prima si riconoscono inserti isidoriani,[56] nella seconda citazioni geronimiane di prima mano e informazioni desunte dalla prima vita).[57] Tra questi materiali, che attestano il passaggio, anche selettivo, dalla letteratura classica a quella medievale, si affaccia l'interpretazione messianica della IV ecloga: negli *Scholia Bernensia* l'invocazione incipitaria «paulo maiora canamus» reca il commento «novuum saeculum [...] vetus praecellit» e quando il glossatore scrive, a proposito della IV, «ecloga non proprie bucolicon dicitur. Novi seculi interpretatio quod praedixit Sibylla» dimostra di valutare il testo secondo i parametri del genere letterario, che non prevede innalzamenti dello stile né argomenti che esulino dall'ambito pastorale. Forse anche per il fatto che la IV è un'ecloga *sui generis* l'interpretazione messianica delle opere virgiliane non connota particolarmente la frequentazione del genere bucolico nel medioevo. Non solo la IV ecloga, ma l'intero *corpus* virgiliano fu sottoposto a letture allegoriche, come nella *Vita Monacensis*[58] (X secolo), in cui le «partes principales scientiae» sono associate ai testi di Virgilio: «physica, id est naturalis, in Bucolicis, ethyca id est morali in Georgicis, loyca id est rationalis in XII libris Aeneidos».[59]

4. *I trattati grammaticali antichi*

Dopo la fase dei commenti antichi alle singole opere virgiliane, tutto ciò che viene scritto successivamente (le glosse, le note di commento, le citazioni nei trattati) dipende in larga misura da quelli e spesso riguarda indifferentemente *Bucoliche*, *Georgiche* ed *Eneide*. Una delle grammatiche[60]

56. Stok, *Philagryus biografo*, p. 223.

57. Stok, *Philagryus biografo*, pp. 235-237. Alla base di questa nuova attribuzione lo studioso segnala anche la selezione delle notizie biografiche su Virgilio operata in ambito monastico e diversa da quella veicolata dalle *Vitae* tardoantiche, p. 239.

58. Ms. monacense latino 15514, cfr. *Vitae Virgiliane* (ed. Brummer), pp. 56-59, online https://digital.slub-dresden.de/werkansicht/dlf/110503/49/0/ (ultima visita 7 aprile 2019). Ma analoga associazione si legge nella *Vita Nossiana e nella Vita Noricensis.*

59. Stok, *Philagryus biografo*, p. 236, nota 71; Leonardi, *Medioevo. Tradizione letteraria*, p. 423. La fisica è associata alle *Bucoliche*, l'etica alle *Georgiche*, la logica all'*Eneide*.

60. Da uno spoglio condotto sui database del *Corpus grammaticorum latinorum*, sulla versione digitale dei MGH e sulla PL on-line risultano numerose citazioni dalle *Bucoliche* nei trattati di metrica e di grammatica, usate per esemplificare fenomeni lessicali o metrici. Non ci aiutano però nella nostra analisi di definizione del genere in ambito medievale, perciò se ne

più autorevoli su cui si basava l'apprendimento della sintassi latina è stata fino al XII secolo quella di Donato, affiancata da quella di Prisciano. I passi virgiliani abbondano in entrambe, anche se in questo genere di testi gli *auctores* sono utilizzati come esempi di natura sintattica, semantica o grammaticale; nessuna notazione precipua sulla struttura eclogistica o sul genere bucolico accompagna le citazioni, sebbene la presenza rilevante del testo virgiliano ne assicuri una certa vitalità. Le ecloghe non sono tutte parimenti rappresentate: le più citate sono la I e l'incipit della II. La quarta ecloga non è quella che lascia maggiore traccia di sé nella memoria poetica dei lettori. Inoltre, l'interpretazione allegorica delle ecloghe virgiliane è, sì, momento importante della ricezione medievale di Virgilio, ma non capitale: molto più significativa appare la lettura allegorica dell'*Eneide*.[61] Poco di nuovo, in ogni caso, ci dicono queste grammatiche sulla fortuna dei testi virgiliani: i versi tornano identici anche a proposito di fenomeni grammaticali differenti, rimbalzando da un trattato all'altro, segno che nella maggior parte dei casi non abbiamo un approccio diretto al testo letterario, ma piuttosto citazioni di seconda mano da parte degli estensori, che si servono dei testi che li hanno preceduti. D'altra parte, tali grammatiche ci ragguagliano in merito alla frequentazione mnemonica che gli allievi dovevano avere con le opere virgiliane, e soprattutto con le *Bucoliche* (più brevi e quindi più facilmente memorizzabili rispetto a *Georgiche* ed *Eneide*), i cui versi vengono associati a determinati fenomeni grammaticali o linguistici onde facilitarne l'appren-

segnala semplicemente la presenza come ulteriore indizio dell' estremo interesse verso i testi virgiliani. Le citazioni che vengono usate in questo genere di trattati sono decontestualizzate; un grammatico si serve dello stesso verso virgiliano per mostrare due fenomeni linguistici differenti, invece di citare il verso per esteso la citazione si riduce ad un emistichio o ai singoli termini. La tendenza generale dei grammatici che si riscontra dal sondaggio compiuto (che rimane comunque parziale) è quella di impiegare soprattutto i versi incipitari, forse perché più spesso memorizzati: su circa settanta citazioni dieci sono i versi inziali tratti di preferenza dalla ecloga II («Formosum pastor Corydon ardebat Alexin» è il verso maggiormente ricorrente ma non è l'unico della II, una delle più citate), dalla III e dalla V. Sorprendentemente non compare il primo verso della I, presente però con dieci citazioni diverse, tra cui una del quartultimo verso (due occorrenze in Prisciano dei vv. I, 62-2: «ante, pererratis amborum finibus, exul / aut Ararim Parthus bibet aut Germania Tigrim»). Molto popolare anche l'ecloga VIII (varie volte incontriamo il *refrain*: VIII, 25, *et passim* «incipe Maenalios mecum, mea tibia, uersus», sempre dalla VIII troviamo il v. 75: «numero deus impare gaudet», mentre dall'ecloga III il v. 59: «alternis dicetis, amant alterna Camenae».

61. I commenti che diffondono questa interpretazione sono quello di Guglielmo di Conches (perduto) e quello di Bernardo Silvestre (sui primi sei libri dell'*Eneide*). Sul tema si veda Dronke, *Integumenta Vergilii*.

dimento e un'applicazione automatica. Nel secolo XIII a queste grammatiche tradizionali vengono progressivamente sostituite o con le *artes dictandi* e le *poetrie*, o con altri testi artigrafici come il *Doctrinale* di Alessandro di Villedieu o il *Grecismus* di Everardo di Béthune, in cui le citazioni esemplificative sono tratte prevalentemente da autori medievali.[62]

5. *Glosse e commenti medievali alle* Bucoliche *di Virgilio*

Glosse e commenti[63] sono rimasti sedimentati nei manoscritti a testimonianza di una riflessione linguistica e di una loro fruizione di tipo scolastico. Le glosse che accompagnano i testi non esauriscono la loro funzione di esegesi con informazioni di stampo esclusivamente grammaticale, ma dispensano anche notizie storiche relative ai personaggi, forniscono l'interpretazione allegorica di singoli passi o chiariscono con perifrasi il concetto espresso in un determinato luogo dell'opera. Tanto più un testo è glossato, tanto maggiore deve essere stato il suo impiego anche scolastico: e non a caso nei testi virgiliani troviamo glosse in antico irlandese e carolingie, relative quindi alle zone più importanti della scolarizzazione monastica[64] altomedievale. Louis Holtz, nel suo intervento al convegno napoletano sulla fortuna di Virgilio,[65] indicava in 114 il numero dei manoscritti con opere virgiliane risalenti al periodo compreso tra l'VIII e l'XI secolo:[66] di questi codici, solo poco più di un decimo è privo di glosse o commenti. Lo studioso afferma che durante l'VIII secolo uno dei motivi che decretarono la fortuna virgiliana sia stato proprio l'imponente corredo grammaticale ed esegetico tardoantico che accompagnava quei testi tanto che si nota uno

62. Anche nelle facoltà parigine, dove pure era praticato Prisciano, Virgilio è poco frequentato (Sigieri di Brabante, Martino di Dacia non lo citano); sintomatica è poi la sua assenza dalla letteratura legata agli ordini mendicanti e alla predicazione. Per un quadro generale dei programmi scolastici e dell'evoluzione delle strutture formative si cfr. Riché, *L'enseignement au Moyen Âge* e Rosso, *La scuola nel medioevo*.

63. Sul commento in epoca medievale cfr. Holtz, *I commenti*; Minnis, *Medieval Theory of Authorship* e Minnis-Scott, *Medieval Literary Theory*.

64. La bibliografia sull'argomento è molto estesa, cfr. Leonardi, *Medioevo. Tradizione letteraria*; Id., *I commenti altomedievali ai classici pagani*; Villa, *I commenti ai classici*; De Angelis, *Testo, glossa commento nel XII secolo*;

65. Cfr. Holtz, *Les manuscrits carolingiens de Virgile*, pp. 125-149.

66. Dell'VIII secolo si contano più codici con commenti che manoscritti contenenti le opere di Virgilio, cfr. Holtz, *La redécouverte de Virgile aux VIII et IX siècles*, p. 14.

spiccato interesse verso tali apparati teorici, addirittura superiore a quello per le opere vere e proprie: i commenti di Servio e Donato a Virgilio hanno rappresentato, sotto questo aspetto, una garanzia di tradizione (Holtz, *La redécouverte*, pp. 14-15). Solitamente questi codici, allestiti tutti in maniera simile, si basavano su una composizione piuttosto complessa: contenevano una o più redazioni della *Vita Vergilii*, alcuni poemi minori attribuiti a Virgilio, poemi mnemotecnici (tipo quello pseudoovidiano), commenti e glosse. Le *Vitae*, i commenti e le glosse usati in questo periodo derivavano dalla tradizione antica: fino al X secolo l'unione di testo e apparato costituì la forma più frequente di tradizione virgiliana; fino all'XI secolo l'autore prediletto fu Servio.[67] Tra i codici glossati, emblematico è il ms. Chartres 13, *deperditus*; il commento si può leggere solo in una trascrizione parziale, arricchita dalla riproduzione del f. 6r, pubblicata nel 1907 da Legendre.[68] Il manoscritto è occupato in larga parte dai commenti di Girolamo, mentre solo i primi otto fogli sono dedicati alle *Ecloghe*. La struttura del commento, debitore delle *Partitiones* di Prisciano e dei dialoghi scolastici di Alcuino, è costruito in forma erotematica, uno schema che tornerà spesso nella letteratura didascalica. Estremamente sintetiche, le glosse mostrano un interesse di tipo linguistico e grammaticale e sembrano concepite per una fruizione scolastica di livello primario.

Fino alla fine dell'XI secolo vige l'egemonia della tradizione tardoantica; a partire da questo periodo si nota una tendenza contraria: i vecchi commenti vengono trascurati e, specialmente in area francese e tedesca, si comincia a redigerne di nuovi, più coerenti con gli interessi culturali del momento.[69] Questi apparati esegetici sono nuovi anche nella forma, detta a commento continuo, cioè con i lemmi seguiti dalla spiegazione; analoga sorte toccò alle *Vitae* virgiliane tardoantiche di Svetonio-Donato che, dopo

67. Un esempio piuttosto chiaro di questa tendenza lo vediamo testimoniato dalle glosse in antico irlandese a Filagrio, databili tra la metà dell'VIII e l'inizio del IX secolo, aventi quasi tutte una funzione lessicale. Per esempio: «Molli paulatim flavescet campus arista (*ecl.* IV, 28): *Paulatim flavescet* = *blaicfithir*, id est *sine studio hominum terra fructus tradet*. *Arista* = *broth*». Il testo integrale delle glosse è leggibile nell'edizione Thilo, Hagen, *Iunius Philargyrius Explanatio in Bucolica Vergilii* in *Servii Gram. in Verg. comm.*, III, 2, pp. 80-87. Molto numerose sono anche quelle in mediotedesco, cfr. *Die altochdeutschen Glossen*, II, pp. 625-727, IV, pp. 347-352.

68. Legendre, *Études Tironiennes*.

69. Cfr. Villa, *I classici come modello*; Ead., *I classici*, pp. 502-503; De Angelis, *I commenti medievali alla* Tebaide, pp. 75-135.

essere state copiate per tutto il periodo carolingio, scompaiono dai manoscritti e riaffiorano alla fine del 1300.[70]

I commenti, in genere piuttosto articolati, possono essere redatti in forma autonoma e separata dal testo oppure seguirlo nel suo svolgimento in maniera interlineare, pratica diffusa soprattutto dal XII secolo in poi per le opere oggetto di studio universitario.[71]

Un commento del XII secolo[72] che godette di una certa diffusione, tradito in forma anonima ma ascritto ad un *magister Asellus*, è stato attribuito da Violetta De Angelis[73] a Ilario di Orléans, attivo nella scuola di Angers tra il 1105 e il 1123. A quanto risulta, i commenti alle tre opere di Virgilio redatti da Ilario[74] sono stati tutti piuttosto frequentati, anche se il più diffuso è il commento all'*Eneide*, in cui si percepisce già la prassi della lettura allegorica di alcuni episodi, che si va diffondendo in questo periodo.

Oltre alle notizie desunte dai commentatori canonici (Servio e Donato), Ilario arricchisce il suo commento con nozioni tratte dai grammatici tardoantichi, in particolare Prisciano, e si dimostra attento a nozioni retoriche e metriche. Le informazioni linguistiche vanno da quelle più sofisticate relative ai *colores* fino a quelle più essenziali che mostrano la mutata accezione di un vocabolo rispetto al latino classico. Come si intuisce, l'introduzione alle *Bucoliche* è gestita in maniera tradizionale: si parla della biografia del poeta, del titolo dell'opera, del genere a cui appartiene, dell'*intentio*, del numero di libri e del loro ordine. Una certa attenzione è tributata all'adeguamento dello stile rispetto alla categoria sociale dei personaggi, secondo una formula che verrà perfezionata nelle *Poetriae*. Un piccolo saggio del testo di Ilario relativo alle *Ecloghe* è leggibile in Brown

70. Secondo Stok, *Il rinascimento* e Id., *La vita di Virgilio*, che ha studiato questo aspetto della tradizione virgiliana, al ritorno delle vite tardoantiche, accertato in un commento alle *Bucoliche* del 1387, può collegarsi il rifiuto, generalizzato negli umanisti, della tradizione del Virgilio mago, ancora in auge negli stessi anni in ambito narrativo.

71. Cfr. Holtz, *I commenti* e relativa bibliografia. Sui nuovi commenti cfr. Munk Olsen, *Virgile et la Renaissance*; Id., *I classici nel canone*; Spallone, *I percorsi medievali*.

72. Bognini, *Per il commento virgiliano*, lo segnala ancora inedito (cfr. p. 131). Si tratta del Ms. Berlin Staatsbibliothek Preuss. Kulturbesitz, lat II.34.

73. Il lavoro della studiosa si è concentrato sul commento alla *Tebaide*, ma le glosse virgiliane sono tradite dallo stesso testimone e sono attribuibili al solito *magister*, cfr. De Angelis, *I commenti medievali alla* Tebaide.

74. Un estratto del testo si può leggere in Baswell, *Virgil in Medieval England*, pp. 313-314. Un altro estratto che riguarda il VI libro dell'*Eneide* è in Bognini, *Per il commento virgiliano*.

1988. In primo piano nella definizione degli *argumenta* delle singole ecloghe è ancora una volta lo stile:

> dramatico utitur auctor in prima egloga. In prima egloga inducuntur duo pastores [...] et per Tityrum Virgilius significatur, non tamen ubique; in secunda egloga mictico stilo utitur; [...] dramatico stilo utitur in tercia.[75]

Vengono poi di volta in volta descritti i contenuti, dal che si osserva che il commento non si distingue per particolari innovazioni; nella IV ecloga non si citano letture messianiche: il commentatore, qui e altrove, è più attento a ricostruire le vicende storiche e i personaggi reali nascosti nelle ecloghe.[76] La cosa più singolare dell'opera si riscontra nel commento all'VIII, in cui si dice non aver trovato nulla («in octavam eclogam que est *Pastorum Musam Damonis et Alphesibei* etc. nichil inveni»), riferendosi probabilmente alla ricerca di corrispondenze con la biografia virgiliana. La quasi totalità delle informazioni contenute nel documento, insomma, risale ancora ai commenti tardoantichi o alle *Vitae Vergilii*[77] e non aggiunge informazioni sostanziali a quanto già appreso.[78] Sarà da valorizzare, visto

75. «Nella prima ecloga l'autore usa lo stile drammatico. Nella prima ecloga i personaggi sono due pastori, e Virgilio è Titiro, non tuttavia dovunque. Nella seconda ecloga si usa lo stile misto; il drammatico nella terza». Ed. Brown, *A Twelfth-Century Virgilian Miscellany-Commentary*; la studiosa ha estrapolato un brano da uno dei testimoni, il ms. BAV, Pal. Lat. 1695. Nel ms., accanto ai testi, sono stati copiati un commento all'*Achilleide* di Stazio, uno alle *Bucoliche* virgiliane e un *accessus* a Virgilio. Gli *argumenta* delle ecloghe sono sintetizzati ai ff. 34r-35v, mentre l'*accessus* è ai ff. 35v-36r.

76. Si riferisce che la IV ecloga sia stata composta per Augusto o per il figlio di Asinio Pollione. Nella V il commentatore ricorda i personaggi storici travestiti da pastori (Menalca è Virgilio, Mopso un amico del poeta e Dafni ne è il fratello); viene sottolineata la presenza dell'epicedio e dell'epitaffio. L'interpretazione tradizionale vige anche per la VII e la IX ecloga (dove si parla della perdita dei campi). Nella X si riconosce giustamente che Virgilio cerca di consolare l'amico Gallo deluso d'amore.

77. Lo studioso avverte che da un confronto sull'*Index rerum et nominum in scholiis* ci si accorge del metodo impiegato dai commentatori del XII secolo nei confronti dei predecessori tardoantichi: numerose informazioni vengono spostate e riferite a passi differenti rispetto al luogo in cui Servio le aveva utilizzate, cfr. Bognini, *Per il commento virgiliano*, p. 134, n. 14.

78. Per prima cosa si rendono espliciti gli argomenti discussi: «Titulus, ordo materiei, qualitas operis, intencio, utilitas, cui parti philosophiae subponatur, vita poetae», *Virgilian Tradition*, p. 711. Il titolo *bucolicon* deriva da *bukolon*, cioè «a boum curali custodia» e la spiegazione dell'origine del canto dei pastori è analoga a quella di Donato. L'opera tratta di persone umili, e in tal senso viene adeguato lo stile, la cui descrizione è tuttavia interessante: «humilis enim habet aridum et exangue, ubi neque vires sentencia-

che siamo in pieno XII secolo e il tema dello stile è centrale nella riflessione artigrafica, l'attenzione di Ilario ai tre *modi recitandi*: «exagemmaticon ["diegetico"], ut *Sicilides mihi*,[79] micticon ["misto"], *Formosum pastor*,[80] drammaticon ["dialogico"] *Dic mihi Dametas*».[81]

Una nuova forma di esegesi al testo virgiliano, di stampo chartrense, venne praticata in questi anni da Guglielmo di Conches, vissuto tra il 1080 e il 1154, nel suo commento deperdito all'*Eneide*. In questo periodo solo la IV ecloga sarà oggetto di interpretazioni di questo tipo, volte a scoprire «moments-clé [...] aufin de les interpréter comme témoignages de vérités de la pensée chrétienne».[82] Vicino ai commenti più innovativi del XII secolo, che introducono nell'esegesi del testo dinamiche filosofiche contemporanee, si continuano a produrre una serie di commenti più tradizionali, che analizzano il testo sulla scorta dei contributi tardoantichi.

Anche se non conservate in un commento, molto interessanti per la ricezione medievale delle *Bucoliche* sono alcune osservazioni che Giovanni di Salisbury[83] inserisce nel *Polycraticus*, dove scrive: «amatoria bucolicorum carmina apud viros graves criminis fuerat», parla di «bucolica vel stulticinia amatorum» e «Cithara [...] non stultissima vel bucolica personat amatorum»,[84] come se il termine *bucolico* identificasse, non senza una connotazione leg-

rum neque pondera sunt verborum». Le *Bucoliche* avrebbero un intento pubblico (lode di Augusto) e uno privato (preservarsi i campi); si parlerebbe dei potenti per allegorie e ci sarebbero alcune allusioni autobiografiche (il podere vicino a Mantova prima conservato poi sottratto al poeta, il rapporto con Augusto e Pollione...). Nel paragrafo dell'*accessus* dedicato alla vita di Virgilio non si aggiungono notizie sostanziali: «Rome dicitur scripsisse Bucolica, maxime rogatus Pollionis et Vari Quintilii, quos laudat in hoc opere, sed maxime Augustus; [et] que tribus annis adidit et correxit et recitavit», *Virgilian Tradition*, p. 714.

79. Citazione inesatta dell'incipit dell'*ecl.* IV.

80. II, 1.

81. III, 1.

82. Cfr. Dronke, *Integumenta Virgilii*, pp. 312-329, citazione a p. 314.

83. Sul tema di Virgilio mago nel *Polycraticus* si veda *supra* e cfr. Comparetti, *Virgilio nel medioevo*; Curtius *Letteratura europea e medioevo*; Leonardi, *Medioevo. Tradizione letteraria*. Per i testi narrativi che conservano leggende su Virgilio mago in quanto materiale narrativo, oltre al *Polycraticus*, cfr. Gervasio di Tilbury, *Il Libro delle meraviglie*; Alessandro di Neckam, *De Naturis Rerum* e *De laudibus divinae sapientiae*; *Cronica di Partenope*.

84. *Polycraticus*, cap. VI, *De musica*, PL 199, col. 400d e cap. VIII, *De luxuria et libidine*, PL 199, col. 723c.

germente negativa, un componimento a carattere amoroso.[85] Questo elemento è costantemente recepito all'interno della tradizione bucolica, specialmente in quella classica,[86] ma non è del tutto estraneo alla pastorale mediolatina: in epoca carolingia, ad esempio, i termini dell'amore sensuale servono a cantare l'amicizia, mentre in Petrarca verranno completamente sublimati.

Nei secoli XIII e XIV Virgilio sembra ancora oggetto di commento nelle università italiane, come dimostra il caso del dettatore bolognese[87] Giovanni Del Virgilio, così chiamato per l'assidua frequentazione dei testi virgiliani, e come confermano numerosi codici virgiliani glossati e commentati.[88]

Molto poco ci resta dell'attività delvirgiliana come commentatore di Virgilio: una chiosa alle *Georgiche* (I, 432) conservataci da Benvenuto da Imola;[89] nell'ambiente, scolastico e non, Virgilio era letto e frequentato. La riflessione sulla poesia pastorale nasce negli ambienti delvirgiliani senza dubbio da molteplici interessi, quello delle *lecturae ad auctores*, di cui Virgilio è oggetto privilegiato per tutto il medioevo, quello suscitato dalla *Corrispondenza* con

85. «St. Jerome (Ep. XXI, 13.9) warns for the "amatoria bucolicorum versuum verba" the "erotic expressions in bucolic verse", because of the semantic link which may exist between "amoenus" and "amor", the setting of the "locus amoenus" also acquires erotic overtones, and Gallus'final words in *ecl.* X, 69 ("Omnia vincit amor et nos cedamus amori") seems to have been used to justify the sinful notion of erotic promisquity; cfr. Servius *in Aen.* V, 735 "amoena sunt loca solitus voluptatis plena", Varr. Ap. Isid. *Origin.* XIV: "amoena loca quod solum amorem praestant et ad se amanda adliciat"», Kegel-Drinkgrave, *The Echoing Woods*, p. 198 e n. 22.

86. Cfr. Bartoli, *La bucolica mediolatina*, pp. 183-202.

87. Il soprannome deriva proprio dalla frequentazione dei testi virgiliani, come ci informa lui stesso: «Maroni sono gaudes agnomine solus», *Ecloga al Mussato*, v. 226. Sappiamo con certezza che operò nello *studium* bolognese; dalla III lettera del carteggio con Dante sembra desumersi che fosse di origine padovana, ma una glossa del ms. Laurenziano XXXIX, 8 lo dichiara cremonese; cfr. Billanovich, *Giovanni Del Virgilio, Pietro da Moglio*, p. 216. Alessio, *I trattati grammaticali di Giovanni Del Virgilio*, p. 77. La famiglia del Del Virgilio sembra fosse di origine padovana, si veda una sintesi bibliografica nel contributo di Bisanti, *Suggestioni classiche, mediolatine e romanze nel* Diaffonus, in partic. 122; si veda anche Lorenzini, *La corrispondenza bucolica*, p. 209; Bartoli, *La corrispondenza bucolica*, in part. pp. 229-257; p. 244 e n. 36); Cotza, *Sulle orme di Dante tra Napoli e la Romagna*, pp. 207-225.

88. Si veda la voce *Tradizione manoscritta* in *Enciclopedia virgiliana*; Baswell, *A Hight Medieval Commentary on the Aeneid* e Munk Olsen, *L'Étude des Auteurs classiques*, pp. 797-826 e i numerosi *addenda* pubblicati fino al 2015.

89. Cfr. De Angelis, *Benvenuto e Stazio*, in particolare le pp. 154-158.

Dante e quello precedente, derivato dalla pratica (medievale) delle epistole metriche calate però all'interno di una cornice agreste o pastorale.

Insieme alle informazioni ormai tradizionali, i nuovi commenti alle *Bucoliche* fanno leva su osservazioni di tipo stilistico oppure ricorrono a letture integralmente allegoriche e quindi sostengono l'interpretazione messianica della IV ecloga;[90] qualcosa di diverso avviene nella tradizione delle *Vitae*. A Zono di Magnale vengono attribuite due *Vitae* di Virgilio e un commento (anche se l'attribuzione sembra confermata solo per la *Vita* maggiore, essendo l'altra risultato di più fonti eterogenee).[91] L'opera di Zono si colloca prima della metà del Trecento ed ebbe un certo seguito, nonostante il giudizio negativo sull'autore espresso da Benvenuto da Imola e dal Salutati.[92] Lo studio dei codici[93] dimostrerebbe che l'autore si dedicò in un primo tempo al commento dell'*Eneide* e, in una fase più tarda, a quello delle due opere virgiliane *minori*. Per questo «una versione corretta e revisionata del commento alle *Bucoliche* e alle *Georgiche* probabilmente non venne mai ultimata».[94] Le poche notizie che derivano da questo abbozzo di commento, su cui è ancora aperto il dibattito circa l'attribuzione, testimoniano il nuovo clima esegetico del XIV secolo, ma poco aggiungono al dibattito sulla bucolica come genere. Fabio Stok,[95] in un contributo sulla

90. Anche il Mussato scambia un'epistola metrica con il frate Giovanni da Mantova, difendendo l'interpretazione messianica della IV ecloga.

91. Stok, *La vita di Virgilio*, pp. 180-181.

92. Stok, *La vita di Virgilio*, pp. 178-181; sulla sfortunata ricezione di Zono cfr. ivi, p. 143, n. 2; Novati, *Ineptissimus ille Cione*, pp. 169-176 in cui riferisce il pessimo giudizio di Benvenuto nella prima redazione del commento sulla *Commedia* (1375); si veda anche Salutati, *epist.* 10,1.

93. Su cui cfr. Stok, *La vita di Virgilio,* pp. 143-146 e Ottonello, *Commento alle Bucoliche di Virgilio*, p. 425.

94. Stok, *La vita di Virgilio*, p. 146. Le introduzioni alle tre opere virgiliane si leggono solo nel ms. BAV, Vat. Lat. 5990, ai ff. 40r (*Bucoliche*); 70r (*Eneide*) e 80r (*Georgiche*) e «corrispondono, nel complesso, al contenuto della *Vita* di Zono»; derivano da *recollectae*, probabilmente opera di un uditore di Zono, ivi, p. 145. Il commento all'*Eneide* (ma non a *Bucoliche* e *Georgiche*) è testimoniato da altri codici, sempre basati su *recollectae* ma probabilmente rivisti da Zono. Sull'attribuzione dei commenti del Vat. Lat. 5990 il dibattito è ancora aperto; cfr. Lord, *Virgil's Eclogues* e Ottonello, *Commento alle* Bucoliche, che mette in discussione l'attribuzione a Zono di quello che secondo Stok, *Nicholas Trevet,* p. 146 n. 13, sarebbe il secondo testimone del commento virgiliano (quello contenuto in ms. Padova, Biblioteca Universitaria, 1048).

95. Stok, *La vita di Virgilio.* Tra le motivazioni addotte dallo studioso alcune sono rilevanti anche per questo studio: la diffusione della *Vita* donatiana, che avviene nel tardo

Vita di Zono, osserva che «la biografia, se si prescinde dalla dichiarazione delle competenze di Virgilio in fatto di magia e di astrologia, è del tutto sgombra dagli aneddoti della leggenda medievale; [...] la notizia degli studi di magia fatti da Virgilio non implicava di per sé il recupero della leggenda medievale»; tali credenze, inoltre, si poggiavano anche su Plinio (*Nat. Hist.* 28,19) e sull'esegesi tradizionale all'ecloga IV, a cui Zono dà ampio spazio, seguendo nella sua interpretazione virgiliana il commento di Filagrio. A conferma della sostanziale omogeneità dei contenuti, legato o dipendente da questi commenti sarebbe anche quello che, in uno studio del 1923, Zabughin associava al nome di Giovanni da Firenze e che adesso gli editori e Lord[96] assegnano al Trevet, mentre Stok valuta l'attribuzione con più cautela. Quasi coetaneo di Dante, di origine inglese, l'autore appartenne all'ordine dei Domenicani e studiò a Oxford, dove divenne *magister.* Soggiornò quindi a Parigi e in Italia, come avveniva di frequente a chi volesse perfezionarsi negli studi, soprattutto quelli di retorica, filosofia e diritto. Di Trevet rimangono numerosi commenti, dedicati sia ad opere classiche che della tradizione cristiana.[97] Il commento alle *Ecloghe* a lui attribuito, se pure con qualche riserva, si colloca in una temperie culturale preumanistica; è tramandato da quattro codici, dei quali due soltanto usati per l'edizione.[98] Importante più sul piano documentale che su quello dei contenuti, testimonia la diffusione dell'esegesi allegorica, anche se la pratica non viene applicata in modo costante a tutte le ecloghe,[99] e la centralità della riflessione sui *tria genera poematis* collegata direttamente all'*elocutio* (dialogica, diegetica, mista).

Commenti, glosse, *accessus* attestano l'esercizio critico compiuto negli *studia* sui testi di Virgilio fino al XIV secolo, ma dimostrano anche lo scarso grado di innovazione di tali prove esegetiche: la letteratura normati-

XIV secolo e probabilmente è ancora ignota al Trevet, Stok, *La vita di Virgilio*, p. 238; la circolazione del frammento esegetico dal *De poematibus* di Diomede relativo a tre stili, che Trevet cita dalla fonte tardoantica (Servio, Ps. Probo, Filagrio) mentre il commento riporta nella versione tardomedievale, ivi, p. 239.

96. Lord, *Virgil's Eclogues,* in part. pp. 191-193; Nicolas Trevet Anglico, *Comentario a las Bucolicas de Virgilio.*

97. Nel 1316 aveva inviato al pontefice Giovanni XXII un nuovo commento alla *Genesi* e da questi ricevette l'incombenza di commentare l'*Ab urbe condita* di Tito Livio, opera a cui attese tra il 1316 e il 1319.

98. Cfr. Stok, *La vita di Virgilio*, p. 240.

99. Cfr. Lord, *Virgil's Eclogues*, in part. pp. 242-255.

va perpetua nozioni ereditate dal periodo tardoantico senza avvertire, nella maggior parte dei casi, la necessità di adeguarsi alla produzione poetica coeva. Unico elemento di novità è rappresentato dall'accentuarsi dell'esegesi allegorica.

Un caso a sé è rappresentato dalle postille al Virgilio Ambrosiano, il prezioso codice virgiliano glossato da Petrarca e organizzato da suo padre Petracco di Parenzo probabilmente durante il soggiorno avignonese.[100]

L'esegesi di Petrarca alle *Bucoliche*[101] si concentra sugli aspetti morali, filologici e allegorici suscitati dal testo virgiliano (userà perfino il termine chartrense *integumentum*).[102] Le postille dimostrano l'autonomia del commento petrarchesco, infatti tra tutte sono quelle in cui minore è il ricorso ad altre *auctoritates*; mostrano anche il gusto medievale per il significato allegorico dei termini pastorali e la stratificazione di alcune interessanti letture, come gli echi di Ilario di Orléans,[103] forse studiato intorno al 1346, quando fu concepita l'idea del *Bucolicum carmen*. Per quanto attiene alla specifica codifica del genere pastorale le osservazioni più pregnanti investono l'uso insistito dell'allegoria,[104] elemento centrale nella produzione bucolica petrarchesca, mentre la riflessione sullo stile, l'altro polo dell'interesse di Petrarca bucolico, viene maggiormente affidata alle lettere, su cui torneremo nel capitolo finale.

Altro commentatore di grande rilevanza fu Benvenuto da Imola,[105] noto per l'esegesi della *Commedia* dantesca. Dei commenti virgiliani di

100. Billanovich, *Tra Dante e Petrarca*, p. 21. Il Virgilio Ambrosiano andò disperso e fu poi recuperato da Francesco nel 1338, ma la sua struttura era già disegnata negli anni venti, cfr. ivi, p. 25. Si veda in proposito Petrarca, *Le postille*, pp. 20-26. Sulla possibile lettura del Virgilio Ambrosiano, in particolare del commento serviano all'*Eneide*, da parte di Dante si veda Villa, *Tra affetto e pietà*.

101. Lord, *Petrarch and Vergil's First eclogue*, p. 260. Alcuni passi si leggono in Stok, *Il Virgilio del Petrarca*, pp. 171-174. Cfr. l'edizione integrale Petrarca, *Le postille* e la recensione di De Angelis, *Sulle postille*.

102. Il termine *integumentum* è usato nella postilla 230, II, cfr. Petrarca, *Le postille*, nota del curatore, Petoletti.

103. De Angelis, *Sulle postille*, p. 590.

104. Cfr. postilla ad I, 9.

105. L'edizione delle glosse alle *Bucoliche* è in Ghisalberti, *Le chiose virgiliane di Benvenuto da Imola*, pp. 487-491. Cfr. soprattutto Lord, *Benvenuto da Imola's Literary Approach*, in cui la studiosa esamina il commento di Benvenuto alle ecloghe; nello stesso saggio riporta alcuni *excerpta* da mss. del XV secolo che contengono commenti alle opere virgiliane probabilmente redatti da allievi di Benvenuto. Per quanto riguarda le fonti *classiche*, Benvenuto ricorre a Servio e Macrobio; sulla scorta di Petrarca (cfr. Stok, *Il Virgilio*

Benvenuto rimangono vari testimoni, alcuni del tipo continuo e altri del tipo a margine: sono testi che denunciano un'origine scolastica e recano tracce di oralità, come si evince da queste formule che intervallano il commento: «volo vos attente notare quod, bene scitis quod, ut dixi in lectione praterita».[106] L'attività sulle bucoliche sembra potersi collocare a Ferrara negli anni 1375-1376,[107] coeva a quella sul *Bucolicum* di Petrarca. Nell'*accessus* che introduce il commento, Benvenuto si rifà a materiali tratti da Macrobio e procede con le sei parti topiche; autore, materia, intento, utilità, titolo (le Bucoliche sono definite *eclogae*), pertinenza filosofica. Procedendo nell'analisi delle singole ecloghe, ammette i quattro livelli di interpretazione (letterale, allegorico, storico e morale); nulla di sostanziale viene aggiunto rispetto ad altri commenti già visti. Benvenuto ricorre spesso al *sensus pastoralis* per far leva sullo scarto tra il senso letterale e quello allegorico; il commento si avvale di apporti serviani, di prestiti da Ilario di Orléans[108] ma, tranne qualche piccola innovazione (per esempio, Coridone della II sarebbe Augusto) si muove nel solco delle interpretazioni tradizionali.[109] L'importanza dei commenti di Benvenuto, così come di quelli di Pietro da Moglio,[110] che commentò la *Corrispondenza* di Dante-Del Virgilio e il *Bucolicum carmen* di Petrarca tra il 1369-1371 a Bologna, risiede nella pratica stessa delle *lecturae* esercitate alternativamente sui classici e su questi testi pastorali quasi coevi decretandone implicitamente il loro statuto esemplare all'interno del genere.

Legato a Petrarca fu Astolfino dei Marinoni, che allestì e annotò il ms. Casanatense 960 con le tre opere di Virgilio servendosi delle glosse petrarchesche dell'Ambrosiano, ma cita anche il commento di Benvenuto da Imola. Ci informa una sua chiosa che finì di copiare le *Bucoliche* il 10 settembre 1393 a Pavia, le *Georgiche* il 21 dicembre e l'*Eneide* il 20 agosto

del Petrarca, p. 185, «Benvenuto dipende dalla fonte di Petrarca e non da Petrarca stesso»), anche lui non crede all'interpretazione messianica della IV ecloga.

106. Cfr. Lord, *Benvenuto da Imola's Literary Approach*, p. 29.

107. Rossi, *Dittico per Benvenuto da Imola*, in part. pp. 149-166 e p. 155.

108. De Angelis, *Sulle postille*, p. 592.

109. Benvenuto crede alla tradizione di Virgilio mago, ma soltanto relativa a certe competenze *matematiche*, mentre non crede alle pratiche teurgiche attribuite al poeta da Dante nell'*Inferno* (cfr. commento ai canti IX e XX); come Petrarca, crede alla fedeltà di Didone verso Sicheo, tema discusso tra il XIII e il XIV secolo da Giovanni di Galles, Benzo d'Alessandria e Riccobaldo da Ferrara, ma che viene reso perspicuo nella cronologia da Ilario di Orléans.

110. Cfr. Quaquarelli, *Per un profilo aggiornato di Pietro da Moglio*.

1394. Astolfino si muove anche nel solco di Servio e Macrobio, ma sulla scorta di Petrarca e Benvenuto valorizza le allegorie politiche sottese al testo virgiliano, un commento molto produttivo per la bucolica del XIV secolo.

6. *Gli* Accessus ad auctores

Gli *accessus* sono brevi introduzioni ai testi di autori classici e medievali trattati nei programmi di insegnamento per il loro stimato valore educativo; vengono copiati spesso insieme ai testi e ai commenti, a volte separatamente. Gli *accessus* derivano dagli *schemata isagogica* dell'esegesi classica, che non era necessariamente applicata a testi letterari, anche se la pratica medievale si esercita preferibilmente in quest'ambito. Per quanto concerne le opere virgiliane, il modello che si impose in epoca tardoantica e altomedievale – per contenuti e struttura – fu quello serviano,[111] che prevedeva la discussione di sette argomenti: *titulus* (titolo), *intentio* (intenzione), *numerus* (lunghezza), *ordo* (ordine degli argomenti), *explanatio* (spiegazione), *qualitas carminis* (discussione sullo stile), *vita* (biografia dell'autore).

Già nel periodo carolingio il paradigma serviano venne semplificato sulla scorta degli schemi insulari particolarmente congeniali all'aspetto retorico,[112] che permettevano di distribuire in modo più uniforme le informazioni biografiche funzionali alla comprensione del testo.

Le notizie degli *accessus* non sono particolarmente innovative perché derivano per larga parte – come abbiamo visto nel paragrafo precedente – dai commentatori antichi. Condividono con i commenti e le *vitae* fonti e notizie; se ne tratta qui in modo specifico per valorizzare due contributi dell'esegesi medievale dedicati alla poesia bucolica, in cui il modello non è più rappresentato da un autore classico ma medievale.

Nel suo *Accessus ad auctores*,[113] scritto nella seconda metà dell'XI secolo, Bernardo di Utrecht guida alla lettura di un poeta bucolico che

111. A sua volta derivato dall'elaborazione di quello donatiano, cfr. Stok, *Schemi di* accessus *a Virgilio*, pp. 230-232.

112. Cfr. lo schema delle *periochae* bibliche attribuito all'Eriugena, adottato da Remigio di Auxerre e, in ambito virgiliano, da alcune *Vitae* hiberniche, cfr. Stok, *Schemi di* accessus *a Virgilio*, pp. 236-237.

113. *Accessus ad Auctores*, pp. 26-27.

non è più Virgilio,[114] ma un suo erede medievale, il Teodulo autore di una fortunatissima ecloga allegorica. In questa fase anche gli *accessus* – come accade per l'esegesi in generale – sono arricchiti da apporti filosofici.[115] L'approccio esegetico di Bernardo è quello che lui stesso definisce dei "moderni" (l'accezione del termine *modernus* è chiarita nella citazione qui sotto), che si articola secondo un procedimento simile a quello che abbiamo già visto nei commenti a Virgilio, ma si concentra su quattro argomenti principali: la vita dell'autore, il genere letterario del testo (in cui rientra l'*intentio* dell'opera), l'ordine retorico seguito (naturale o artificiale), la spiegazione del testo secondo i quattro livelli (letterale, allegorico, tropologico, anagogico):

> et in libris quidem explanandis [...] moderni quatuor require solent: vitam auctoris, ut ex ea opus commendetur, titulum operis, ut inde tractet vel cuius sit opus pateat, ne apocriphum, id est secretum vel sine superscriptione, id est inauctorabile, deputetur qualitatem carminis, scilicet quo metri genere, [...] scribendi intentionem, [...] numerum librorum, [...] ordinem, utrum scilicet artificiosus vel naturalis vel commixtus sit, [...] explanationem, qua quomodo legendum vel intelligendum sit aperiatur.[116]

Nel suo *accessus* a Teodulo, dopo essenziali cenni biografici, Bernardo spiega cosa significhi il titolo *ecloga*,[117] quindi annuncia brevemente il contenuto dell'opera presa in esame:

> materia eius sunt sententiae de ecclesiasticis et paganis scriptis collatae et ipsae in eis certantes personae, intentio eius est ostendere vires veritatis [...]

114. L'*Ecloga Theoduli* rappresenta un testo di grande interesse per Bernardo, che gli riserverà addirittura un commento a sé (dedicato al vescovo Corrado di Utrecht, e quindi scritto tra il 1066 e il 1099, leggibile alle pp. 55-69 dell'edizione sopra citata).

115. Stok, *Schemi di* accessus *a Virgilio*, p. 238.

116. «I moderni usano cercare quattro cose nel presentare i libri: la vita dell'autore, perché da essa si circoscriva l'opera, il titolo dell'opera, da cui [si comprende] di cosa tratta o che opera sia; se è apocrifa, cioè anonima o senza sottoscrizione, quindi non attribuibile; si chiarisce il genere del carme, cioè il metro; l'intento del testo, il numero dei libri, se segue un ordine artificiale o naturale o misto; il significato attraverso cui si capisce come l'opera va letta o interpretata», Bernardo di Utrecht, *Commentum in Theodulum*, rr. 35-48, p. 59.

117. «"Ecloga" a capris tractum est: "egle" enim grece, "capra" latine, "logos" sermo, unde et ponitur "ecloga", id est "caprinus sermo"»; «"Ecloga" deriva dalle capre: "egle" infatti in greco equivale a "capra" in latino; "logos" è discorso, per cui "ecloga" significa "discorso caprino"», Bernardo di Utrecht, *Commentum in Theodulum*, rr. 60-65, p. 60.

et tantum kayholicam traditionem excellere ritum gentilem, quantum veritas falsitatem.[118]

Per giungere allo scopo (*intentio*), l'autore si serve di due interlocutori dai nomi parlanti, secondo un procedimento che abbiamo già visto in Teocrito e in Virgilio (cfr. il commento serviano), ma con la differenza che qui l'onomastica dà una connotazione etica ai protagonisti: «Pseustis enim stans in falsitate et Alithia veritas dei interpretatur». Anche il nome dell'autore sottostà a queste norme, infatti «non absurde Theodulus nominatur, quia de veritate et falsitate tractat».[119]

Nel più articolato *Commentum in Theodulum*, Bernardo specifica meglio alcune questioni di ordine generale estremamente pertinenti al nostro argomento: ci informa che le specie di *carmen* sono molte,[120] spiega cosa sia un carme bucolico[121] e i suoi rapporti con l'allegoria;[122] aggiunge inoltre che ad ogni materia corrisponde un livello stilistico, umile, medio, alto, così come ha mostrato Virgilio nelle sue tre opere.[123] In relazione ai tre *characteres* (*enarrativum*, *dramaticum*, *mixtum*), Teodulo si servirebbe del terzo tipo, il *mixtum*, anche se la bucolica è spesso connotata da canti alternati, perché i pastori sono proverbialmente litigiosi:

118. Bernardo di Utrecht, *Commentum in Theodulum*, rr. 60-65, p. 60: «L'argomento è costituito da alcune storie pagane e cristiane messe a confronto e da personaggi che gareggiano su di esse; la sua intenzione è di mostrare la forza della verità [...] e che il cristianesimo supera di tanto i riti dei pagani quanto la verità supera la menzogna».

119. *Theodulus* significa "servo di Dio".

120. Esiste il carmen «comicum, quo privatorum facta representantur [...], tragicum, quo pubblicae res depinguntur, [...], satiricum, quod communiter vitia reprehendit» ("il carme comico, in cui si parla di fatti dei privati, il tragico in cui si cantano quelli dello stato; il satirico, che di solito è usato per riprendere i vizi"), il lirico, l'apologetico e così via. Bernardo di Utrecht, *Commentum in Theodulum*, pp. 61-62. La distinzione di tragico e comico è ancora una volta diversa rispetto a quelle già analizzate.

121. «Carminis qualitas bucolicon est, id est pastorale, a dignori parte tractum id est boum custodia, quamvis opilionum et caprariorum vel subulcorum hic referantur verba» ("Il carme bucolico , cioè pastorale, deriva dalla cosa più degna, cioè la custodia dei buoi, sebbene contenga anche i canti dei caprai e dei pastori"), Bernardo di Utrecht, *Commentum in Theodulum*, rr. 80-84, p. 61.

122. «bucolici enim carminis non est teste Servio ubique allegoriam habere» ("nel carme bucolico, come conferma Servio, non è da intendersi tutto allegoricamente"), Bernardo di Utrecht, *Commentum in Theodulum*, r. 166, p. 64.

123. Si veda Bernardo di Utrecht, *Commentum in Theodulum*, rr. 166-170, p. 64.

quod autem pastorales inducuntur personae, ratione non caret: hoc enim genus hominum litigiosum esse divinae et humanae tradunt literae. Unde et amebeo locuntur more, quia [...] contraria contrariis [...] pari versuum numero respondent.[124]

Legata all'aspetto tematico è invece la tripartizione in *fabula*, che tratta di *res fictae*; *historia*, che tratta di *res gesta* e l'*argumentum*, a cui è riservata la *res ficta que tamen fieri potest* ("il verosimile"), come accade nelle commedie. Chiosa il commentatore che in Teodulo si trovano tutte e tre.

Le scansioni e la terminologia di matrice classica sono già quelle che si leggeranno nelle *poetrie* (*fabula*, *historia*, *argumentum*), così come simili sono i problemi classificatori, infatti secondo Bernardo la bucolica può indifferentemente passare dall'uno all'altro dei tre generi anche all'interno dello stesso componimento.[125]

Debitore degli *Accessus* di Bernardo, il *Dialogus super auctores* di Corrado di Hirsau (1070-1150 circa), probabilmente composto tra il 1124 e il 1125,[126] riserva invece a Virgilio la parte finale (rr. 1500-1855).[127] Anche in questo testo le questioni poste e le interpretazioni offerte sono quelle già osservate: per prima cosa Corrado spiega cosa sia un carme bucolico e successivamente ammette che qualcuno pratica una lettura allegorica.[128]

124. «Perché vengano introdotti pesonaggi pastorali è chiaro: nei libri sacri e profani i pastori sono descritti come uomini litigiosi. Da qui il fatto che parlino in modo alternato, in quanto con cose reciprocamente contrarie e con la stessa quantità di versi si rispondono». Bernardo di Utrecht, *Commentum in Theodulum*, rr. 266-270, pp. 68-69.

125. «Hec tria in Theodolo possunt inveniri: argumentum est a principio usque Primus Creteis, fabula autem et historia donec prope finem, ubi et argumentum esse videtur» ("Questri tre [generi] si possono rintracciare in Teodulo: l'argomento [dall'inizio fino a "Primus Creteis" (v. 37)], quindi la favola e la storia fino quasi alla fine, dove c'è di nuovo l'argomento"); Bernardo di Utrecht, *Commentum in Theodulum*, rr. 140-144, p. 63. Per *argumentum* si intende qui l'antefatto narrativo ma anche la materia del canto.

126. Cfr. Huygens, Bernardo di Utrecht, *Commentum in Theodulum*, p. 14.

127. Alle *Bucoliche* sono dedicate le rr. 1509-1537.

128. «In bucolicis igitur eclogam, id est carmen pastorale prosequitur, [...] altercationes et cantica describuntur. Sunt qui putant eadem bucolica aliter quam sonat ipsa litera legenda vel inteligenda» ("Nella bucolica perciò si espone l'ecloga, cioè il carme pastorale; si trovano litigi e canti. Alcuni credono che la bucolica sia da intendersi non in maniera letterale"), Corrado di Hirsau, *Dialogus*, r. 1514. La presenza dell'allegoria («aliter quam sonat litera»), come abbiamo visto, è circoscritta fin dai commentatori tardoantichi; Corrado cita un esempio, ma non la famosa interpretazione messianica della IV ecloga, bensì la III in cui si discute di poeti rivali.

Da ultimo, palesa l'*intentio* dell'opera, in cui non sfuggano l'aspetto autobiografico e il tema politico, due elementi che connoteranno la produzione pastorale mediolatina:

> pastoralis vitae mores, qualitatem, negotia seria vel ludos describere, privati ruris et urbis differentiam ostendere, affectuum suum in Caesarem et eius in se protectionem commendare sicque valida ingenia legentium significationibus occultioribus exercere.[129]

Huygens, che ha curato l'edizione dei tre testi, nota come in questo periodo si fosse sopita la polemica sul valore educativo dei poeti pagani, ormai metabolizzati.[130]

Come avviene in ogni sistema scolastico, anche in quello medievale certe letture facevano parte imprescindibile del programma formativo; erano quindi stati stilati elenchi di testi e autori considerati formativi, la cui lettura diventava tappa fondamentale del percorso di alfabetizzazione e, per questo, patrimonio culturale condiviso dagli alfabetizzati. Questi testi, che sembrano portato di una cultura esclusivamente medievale e quindi destinati ad un repentino superamento nella successiva fase umanistica, in realtà resistono a lungo, almeno fino alla fine del XV secolo. È indicativo che dal XII secolo in poi Teodulo compaia nel canone come autore morale, accolto insieme ad altri autori classici, tardoantichi o contemporanei: gli *auctores* hanno un identico *status* a prescindere dalla loro collocazione cronologica. L'*Ecloga Theoduli* è uno dei testi più letti tra quelli di cui ci occuperemo e infatti lo troviamo citato nel *Laborintus* di Eberardo il Tedesco[131] insieme ad altri trentasei[132] autori (tra cui Virgilio). Nel corso del XIII

129. «Descrivere gli usi dei pastori, le loro occupazioni o gli svaghi, mostrare la differenza tra i propri campi e la città, palesare affetto a Cesare e lodare la sua protezione e così sollecitare, con significati nascosti, i valenti ingegni dei lettori», Corrado di Hirsau, *Dialogus*, rr.1530-35.

130. Huygens, Bernardo di Utrecht, *Commentum in Theodulum*, p. 4; cfr. inoltre Spallone, *I percorsi medievali del testo*, p. 392 e Glauche, *Schullektüre im Mittelalter.*

131. Haye, *Der Laborintus Eberhards des Deutschen,* pp. 339-369.

132. Catone, Teodulo, Aviano, Esopo, Massimiano, il *Panphilus* e il *Geta* (di Vitale di Blois), Stazio, Ovidio, Orazio (*Satire*), Giovenale, Persio, l'*Architrenius* di Jean de Hanville, Virgilio, Lucano. L'*Alessandreide* di Gualtiero di Châtillon, Claudiano, Darete, la *Ilias latina*, Sidonio, il *Solimarius* (poema sulle crociate), il poema botanico di Emilio Macro, il *Liber lapidum* di Marbodo di Rennes, l'*Aurora* di Pietro Riga, Sedulio, Aratore, Prudenzio, l'*Anticlaudianus* di Alano di Lilla, il *Tobias*, l'*Ars versificatoria* di Matteo di Vendôme, il *Doctrinale* di Alessandro di Villedieu, la *Poetria Nova* di Goffredo di Vinsauf, il *Grecismus*

secolo la selezione non subisce sostanziali modifiche, semmai incrementi; nel *Registrum multorum auctorum* di Ugo di Trimberg,[133] scritto nel 1280, ad esempio, gli *auctores* sono quasi triplicati.

Sintomatico è invece che Teodulo compaia come unico autore bucolico citato negli *Octo auctores*,[134] un canone scolastico che indicava otto opere morali (oltre all'*Ecloga Theoduli* comprendeva i *Distica Catonis*, il *Facetus*, il *De Contemptu Mundi* e il *Liber Floretus* di Bernardo di Cluny, il *Tobias* di Matteo di Vendôme, il *Doctrinale* di Alano di Lilla e l'*Esopo* di Gualtiero Anglico) e che avrà longeva fortuna, come dimostrano le 25 stampe eseguite nell'ultimo decennio del Quattrocento e la citazione, in forma ipocoristica, nel cap. I, 14 del *Gargantua*. Rabelais lo rammenta come esempio di lettura scolastica ormai sorpassata accanto agli altri testi che costituivano gli *Octo Auctores*, ma la forma con cui lo cita (*Theodolet*), secondo Curtius,[135] ne indica ancora una fruizione al livello scolastico elementare. Anche Curry Woods[136] ricorda vari codici in cui il testo è associato alla *Poetria Nova* proprio per l'uso didascalico che ne veniva fatto. Nell'ambito della letteratura normativa abbiamo visto come nel XIII e XIV secolo i poeti antichi e moderni costituiscano materia di esegesi perché considerati reattivi sul piano dell'insegnamento.[137] Se il rapporto col modello[138] classico è centrale per molta letteratura medievale, il legame dei testi bucolici con l'archetipo virgiliano rappresenta la ragione d'essere stessa del genere letterario pastorale nell'evo medio. Il testo virgiliano, ricco modello generativo, è fortemente connotato sul piano dei motivi

di Everardo di Béthune, Prospero d'Aquitania, Marziano Capella, Boezio, Bernardo Silvestre (*De Universitate Mundi*).

133. Theoldulo è citato in forma ipocoristica anche nel cap. I, 14 del *Gargantua*. Rabelais lo rammenta come esempio di lettura scolastica ormai sorpassata accanto agli altri testi che costuivano gli *Octo Auctores*, ma la forma con cui lo cita («Theodolet»), secondo Curtius, *Letteratura europea*, p. 290, ne indica una fruizione al livello scolastico elementare.

134. Su cui cfr. Curtius, *Letteratura europea*, p. 35 e p. 290; Munk Olsen, *I classici nel canone scolastico*, p. 72.

135. Curtius, *Letteratura europea*, p. 290.

136. *Classroom Commentaries*, p. 215, p. 218, p. 224.

137. Faral, *Les arts poétiques*; cfr. Goffredo di Vinsauf, *Poetria*, p. 99, v. 1705: «Il y a trois moyens de se former: l'ars dont on suit les règles, l'usage auquel on se plie et l'imitation des modèles».

138. «[...] par cette utilisations [...] des oeuvres poétiques, les arts [...] font toucher du doigt certains modes importants de l'action des modèles anciens sur la production littéraire du moyen âge», Faral, *Les arts poétiques*, p. 103.

tematici;[139] i due punti dell'esegesi tradizionale che continuano ad essere discussi con maggiore insistenza in ambito artigrafico sono lo stile – incluso il suo adeguamento alla materia trattata e la questione stilistico-formale dell'alternanza tra forma dialogica, diegetica o mista –, e la trasposizione allegorica.

7. *Le* Bucoliche *nelle* poetriae

Le *poetrie*[140] sono le *artes* medievali che insegnano la corretta scrittura di un testo poetico; traggono la loro ispirazione teorica dai testi dittaminali e dalle opere retoriche classiche, in particolare l'*Ars poetica* di Orazio, la *Rhetorica ad Herennium* e il *De inventione* di Cicerone.[141] Il peso delle teorie classiche, specialmente ciceroniane, si faceva sentire anche nei testi di *ars dictandi* già dai primi del secolo XII e alcuni dettatori avevano dedicato, all'interno dei loro trattati, nutrite sezioni alla retorica.[142] Gli argo-

139. Si veda in proposito il capitolo di Matteo di Vendôme sul trattamento della materia già usata dagli antichi in Mathei Vindocinensis *Opera*, in particolare i paragrafi IV, 2-8, pp. 194-196.

140. Rielaboro in questo capitolo alcuni passi del mio contributo *Le poetrie e la bucolica medievale latina*.

141. Sull'argomento, assai studiato, si vedano tra gli altri i contributi di Quadlbauer, tra cui *Die antike Theorie der Genera dicendi* e Id., *Zur Nachwirkung und Wandlung*; Klopsch, *Einführung in die Dichtungslehre*; Dahan, *Notes et textes sur la poétique au Moyen Age*. Sul rapporto tra retorica classica e medievale si vedano anche i contributi di Gian Carlo Alessio, Martin Camargo e Marjorie Curry Woods citati in queste pagine. Il peso della lezione retorica ciceroniana, parzialmente ridimensionato da Quadlbauer, è riemerso negli ultimi anni in maniera importante, cfr. *Papers on Rhetoric. V*, dedicato al rapporto tra *dictamen, poetria* e Cicerone oltre ai contributi di Cox, *Ciceronian Rhetoric in Italy,* di Anne Marie Turcan-Verkerk su Maestro Bernardo (*Le* Liber artis I e II), di Gian Carlo Alessio su Bene da Firenze (edizione del *Candelabrum*) e di Filippo Bognini su Alberico di Montecassino (edizione del *Breviarium de dictamine*). L'incidenza dell'eredità ciceroniana non è limitata alle opere retoriche, poiché la disciplina dittaminale è legata strettamente alla declamazione; sul legame tra epistolografia e *ars arengandi* si vedano gli studi di Martin Camargo contenuti nella raccolta *Essays on Medieval Rhetoric* e il recente contributo sempre di Camargo, *La déclamation épistolaire.* Sul versante della predicazione si veda il recente lavoro di Wenzel, *Medieval artes praedicandi.*

142. Un testo sui *colores* era stato scritto anche da Ornulfo di Spira intorno alla metà del secolo XI. Il *Liber artis omingenum dictaminum* è conservato nel ms. Savignano, Accademia dei Filopatridi, 45. La sua edizione critica è in preparazione da parte di A.-M. Turcan-Verkerk; le *Introductiones* sono conservate in tre codici (più un breve lacerto), ma il

menti trattati nelle *poetrie*,[143] in parte, erano comuni a quelli che venivano dibattuti anche negli *accessus* o nei commenti[144] ai testi e avevano, fin dal secolo XI, il proprio punto di irradiazione nei centri culturali francesi di Chartres, Parigi e Orléans, secondo quanto mostrato da numerosi studiosi, tra cui Faral, Vulliez, Bourgain.[145] In misura maggiore condividevano nozioni con le *artes dictandi*, come confermano numerosi contributi tra cui quelli di Camargo, di Kelly o Mehtonen.[146]

L'attenzione tributata all'ambito retorico sia nell'*ars dictandi* che nelle *poetrie*, discussa recentemente da studiosi come Camargo, Turcan-Verkerk, Curry Woods[147]o Grévin, mostra un sostrato comune di fonti e interessi che

passo sui *colores* è soltanto in Mantova, Biblioteca Comunale, 32 e in Zaragoza, Biblioteca Universidad y Provincial, 225; l'edizione critica del testo a cura di di chi scrive è in stampa nella collana delle ENTMI, Firenze 2019.

143. Si vedano le tabelle sinottiche proposte in Faral, *Les arts poètiques*, pp. 51-54.

144. Al commento serviano abbiamo accennato in precedenza. Si veda Bernardo di Utrecht, *Commentum*, p. 59: «in libris explanandis [...] requirere solent: vitam auctoris, [...] titulum operis, [...] qualitatem carminis scilicet quo metri genere aut qua dicendi lege constet, scribentis intentionem, [...], ordinem, utrum scilicet artificiosus vel naturalis vel commixtus sit» ("Nella spiegazione di un testo si richiede: la vita dell'autore, il titolo, il tipo di composizione [cioè il metro o la qualità retorica (diegetico, dialogico, misto)], l'intenzione dell'autore, l'ordine del discorso, se artificiale o naturale o misto").

145. «Le commentarire, depassant le bésoin du sens, s'étandait aussi à la technique de l'oevre, aux principes de composition e de style dont elle fournissait des examples. On vient le voir pour Bernard de Chartes, c'est de façon analogue que procédaint les autres maitres», Faral, *Les arts poètiques*, p. 101. L'argomento è stato in seguito molto studiato, si veda il contributo – purtroppo di difficile reperibilità – di Vulliez sulle scuole Orléanesi, *Des écoles de l'Orléanais à l'Université d'Orléans* e i saggi di Bourgain, alcuni ora raccolti in *Entre verse et prose* (in particolare: *Le vocabulaire technique de la poésie rythmique*, pp. 99-140; *La conception de la poésie chez les Chartrains*, pp. 207-222; *Qu'est-ce qu'un vers au Moyen Age?*, pp. 53-98).

146. Di Camargo si vedano per esempio *The Varieties of Prose* o *Toward a Comprehensive Art of Written*; si veda anche Kelly, *The Arts of Poetry and Prose*, e Mehtonen, *Poetics, narration and imitation*. Si veda la *capitulatio* delle *Introductiones* (desunta dalle rubriche del ms. Mantova, Biblioteca comunale, 32): «Definitio dictaminis, appositio, constitutio, de distinctionibus, quid sit epistola et eius partes, commutatio, diminutio, inventio, terminationes dictionum, vitia, quae nomina quibus casibus valeant coniungi; exordia, privilegia, colores, laudes vel vituperationes, epistolae» ("Definizione di *dictamen*, l'*appositio*, struttura del discorso; l'epistola e le sue parti; le alterazioni delle parti del discorso, da dove si trae la materia, come si termina una frase; i vizi; le reggenze dei casi; gli *exordia*, i privilegi, le figure retoriche, le espressioni di lode o biasimo, gli esempi di lettera").

147. Oltre a quelli già citati su maestro Bernardo si veda Turcan-Verkerk, *La théorie des quatre styles*; Curry Woods, *Classroom*, in particolare i capitoli I e II.

progressivamente, verso la fine del XIII secolo, conduce all'uso delle *poetrie* come testi retorici, quando alcuni *dictamina* assumono connotazioni più specificamente giuridiche (si pensi a Boncompagno da Signa). In tal senso, anche se Woods sottolinea l'associazione preferenziale, nei codici di area italiana,[148] della *Poetria Nova* con testi poetici e classici, sembra da accogliere l'osservazione di Grévin che parla delle *poetrie* commentate dai maestri nelle scuole di area veneto-emiliana come propedeutiche alla composizione *tout court*, in prosa o in versi che fosse.[149]

La *lectura ad auctores*, quindi,[150] sembra una delle più interessanti chiavi ermeneutiche per affrontare la questione, perché riflette le speculazioni dei maestri glossatori, che si esercitavano contemporaneamente sui testi artigrafici e sui testi poetici, e accomuna l'interesse preumanistico per la poesia latina a quello per i testi normativi come la *Poetria Nova*, la cui prima diffusione italiana sembra collocarsi proprio tra Padova e Bologna[151] alla fine del secolo XIII. I momenti più significativi per rintracciare tangenze tra le *poetrie* e le speculazioni sul genere bucolico sono la fase di diffusione delle *poetrie*, che coincide all'incirca con la stagione delle "corrispondenze bucoliche"[152] e quella successiva, quando la moda bucolica andava già diffondendosi e gli umanisti – tra cui Pace da Ferrara,[153] Pietro da Moglio,[154] Bartolomeo da San Concordio, Domenico Bandini[155] – glossano e discutono sui manoscritti delle *artes* e dei testi pastorali.

148. La studiosa conferma l'uso, specie in ambito europeo, della *Poetria Nova* come testo usato per l'apprendimento della prosa, tanto che nei codici dell'Europa centrale l'opera è copiata quasi solo insieme a testi dittaminali, cfr. Curry Woods, *Classroom*, p. 95.

149. Grévin, *L'*ars dictaminis, p. 63 e n. 153.

150. Si veda almeno Curry Woods, *Classroom*.

151. Si veda il modello epistolare *Quasi relictis anfractibus* che si legge nel ms. London, British Library, Add. 19906, studiato da Petoletti, *I* dictamina *attribuiti al notaio padovano Lovato Lovati* (p. 167). Il testo, contenuto in un codice considerato autografo del Lovato da Billanovich (*Il preumanesimo padovano*, in particolare pp. 23-40), secondo Petoletti non è attribuibile al noto letterato, ma rimane utile testimonianza del clima che andiamo tratteggiando. Si veda anche *Il Pomerium rethorice di Bichilino da Spello*, p. 55.

152. La nota definizione fu coniata da Carrara nella sua fondamentale monografia *La poesia pastorale*.

153. Sul commento alla *Poetria Nova* di Pace da Ferrara, si veda Curry Woods, *Classroom*, pp. 107-134 e pp. 289-307.

154. A cui è legato il codice Oratoriano della *Corrispondenza*, si veda Tanturli, *La corrispondenza poetica* e Billanovich, *Giovanni Del Virgilio, Pietro da Moglio*, pp. 203-234.

155. L'autore cita i vv. 493-501 della *Poetria Nova* («Nec potest vitare servus quod tulit Dominus pacienter, dicente Gualfredo in *Poetria*», p. 125) nel trattato teologico intitolato *Liber Inferni*, a sua volta contenuto nel suo *Fons memoriabilium universi*. Il testo del

Non si discute mai, nelle *poetrie*, di bucolica come genere letterario, un po' perché il sistema dei generi in ambito medievale versa in una condizione dinamica, complessa da inquadrare in uno schema classificatorio,[156] un po' perché l'esegesi tardoantica aveva abituato i commentatori a soffermarsi su certi aspetti specifici dei testi, come l'adeguamento di forma e contenuti:

> i tre *genera dicendi* furono distinti nella tradizione antica di preferenza secondo elementi formali relativi al livello stilistico [...] . La ricezione medievale fece qui un passo al di là della teoria antica [...] introducendo il concetto di stile [...] definito non più soltanto secondo i mezzi espressivi, ma anche secondo l'oggetto.[157]

7.1. *La bucolica nella commistione dei generi*

Poco dopo l'*ars* di Matteo di Vendôme, composta intorno al 1175, Goffredo di Vinsauf scrive il *Documentum de modo et arte dictandi et versificandi*,[158] sulla base del quale è stato composto il *Tria sunt*,[159] un

Bandini tratta dell'inferno e del peccato con numerosi riferimenti letterari, tra cui spiccano quelli a Virgilio e all'*Inferno* di Dante. Il *Liber inferni*, inedito, si legge in una trascrizione a cura di Gambineri con la supervisione di Stella nel sito http://www.alim.unisi.it (ultima visita gennaio 2019).

156. Jauss, *Alterità e modernità*, p. 224.

157. Jauss, *Alterità e modernità*, p. 241.

158. Sul testo, considerato una prima versione ridotta del *Tria sunt*, si veda Camargo, *Toward*, e Id., *Tria sunt: The Long and the Short* Documentum, entrambi raccolti adesso in Id., *Essays*; si veda anche Id., *In Search*. Già nell'introduzione alla raccolta di saggi *Essays* l'autore scriveva che il *Tria sunt* è un testo composto in Inghilterra, probabilmente ad Oxford, alla fine del secolo XIV (p. VIII); si veda anche Id., *Introduction*, pp. 670-671. Il testo del *Documentum* di Goffredo si legge in Faral, *Les arts poétiques*, pp. 265-320; la *capitulatio* del *Tria sunt* (qui ancora attribuito a Goffredo e denominato *Long Documentum*) dal ms. Selden Supra 65, c. 72r, si legge nell'*appendix* 2 del saggio prima citato di Camargo, *Toward*, pp. 193-194. Alcuni escerti del *Tria sunt* (dai mss. Oxford, Balliol College, 263 e Oxford, Bodl. Libr., Laud. Misc. 707) si leggono in *The* Parisiana Poetria (ed. T. Lawler), *Appendix* 2, pp. 327-332, da cui cito i passi. Si veda *Poetria Nova*: «res comica namque recusat / arte laboratos sermones: sola requirit / plana. [...] Si levis est animus, et res levis, et leve verbum. / [...] Seria si tractes, sermo sit serius et mens / seria, maturus animus maturaque verba» ("la cosa comica infatti rifiuta sermoni troppo elaborati, ma richiede stile piano. Se l'animo è lieve, lieve sarà l'argomento e lieve il discorso. Se tratti cose serie, il discorso sarà serio, la mente seria, l'animo consapevole e le parole all'altezza"), *Poetria Nova* (ed. Gallo), *The* Poetria Nova *and Its Sources*, vv. 1890-1924, con omissioni.

159. La *capitulatio* del *Tria sunt* si legge nell'*Appendix* 2 a Camargo, *Toward*, pp. 193-194, mentre un confronto sinottico tra varie classificazioni di testi si legge nell'*Appen-*

trattato in cui si affronta l'identificazione del *genus dramaticum* (come le commedie di Terenzio), *erementicum* o *distinctum* (come le *Georgiche* di Virgilio) o *didascalicum* (come il *De consolatione* di Boezio),[160] si basa sulla diegesi: nel *dramaticum* «auctor nihil loquitur, sed tantum persona introducta», nell'*erementicum* «auctor totum loquitur», nel *didascalicum* «tam auctor quam persona introducta loquitur».[161]

A loro volta i tre *genera dicendi* contengono come sottocategorie vari generi letterari, qualificati questa volta sulla base dell'argomento, per cui la storia (*res gesta*) fa parte del secondo tipo, mentre al terzo afferisce la *res ficta*:

> Historia est res gesta ab aetatis nostre memoria remota.[162] [...] Sub historia multa sunt carmina vel epitalamicum [...], epichedium, [...] , epitaphium, [...] , heroicum, [...] , elegiacum, [...] bucolicum, id est pastorale, quod ostendit de cultura boum et boum custodibus; georgicum, [...] , liricum, [...] invectivum, etc. [...] Argumentum tertium genus est, et res est ficta non vera sed verisimilis, ut in eglogis et comediis. Egloga est sermo contextus de gestis vilium personarum. [...], ut in Bucolicis. Alia in colloquio honeste persone contra vilem, ut in Theodolo, ubi Pseustis [...] disputat contra Alathiam. Comedia est [...] cantus villanus de humilibus personis contextus, incipiens a tristicia et terminans in gaudio.[163]

dix a Id., *The Varieties of Prose*, pp. 71-73; la discussione del contenuto del capitolo 15 *De generibus sermonum et de varietatibus carminum* si legge alle pp. 63-64; cfr. Id., *In Search*, pp. 170-172.

160. Anche nel *Grecismus* (cap. 7, p. 25, ed. Wrobel 1887, *Corpus grammaticorum medi aevii* 1) ritroviamo una scansione simile: «Sermonum genera tria sunt Graece que uocantur / Dragmaticon, hermeneticon didascaliconque, / Donatum quaeras, Aeneida bucoliconque», si cfr. Alano di Lille, *Distinctiones*, PL 210, col. 776c.

161. Rispettivamente: nel *dramaticum* «non parla l'autore ma solo il personaggio», nell'*erementicum* «parla solo l'autore», nel *didascalicum* «parla sia l'autore, sia il personaggio».

162. *Inv.* I, 27: «Historia est gesta res, ab aetatis nostrae memoria remota» e *Rhet. Her.* I, 12: «Historia est gesta res, sed ab aetatis nostrae memoria remota». La definizione viene impiegata anche nelle *artes dictandi*, cfr. maestro Bernardo, *Introductiones*, in corso di stampa.

163. «La storia consiste in fatti accaduti in epoche lontane rispetto ai nostri ricordi. Nella categoria della storia ci sono molte forme poetiche come l'epitalamio, l'epicedio, l'epitaffio, il carme eroico, l'elegiaco, il bucolico, cioè pastorale, che tratta di cura dei buoi e dei bovari; il georgico, la lirica, l'invettiva, etc. [...] L'"argumentum" è la terza categoria, che tratta di cose non vere ma verosimili, come nelle ecloghe e nelle commedie. L'ecloga è un discorso misto a gesti (= una recitazione) di persone di basso rango [...], come le bu-

I limiti che si rilevano in questa scansione consistono nella commistione delle categorie, per cui la bucolica (così come la commedia terenziana) si trova classificata contemporaneamente in due settori.[164] La prossimità di commedia e ecloga è tuttavia sintomatica della ricezione medievale dei generi (ora gestita solo sul piano formale, ora attenta anche ai contenuti), foriera di numerosi fraintendimenti in sede storiografica (si veda supra il paragrafo dedicato al termine *ecloga*). Come nel più tardo *Tria Sunt*, anche nella *Parisiana Poetria* Giovanni di Garlandia proponeva una classificazione dei tre *genera dicendi* in cui si chiarisce che «narratio comunis est prose et metro», per cui «dicendum est quot sunt genera narrationum et quot genera carminum».[165] I generi del discorso anche qui sono tre: «dragmaticon idest imitativum, exagematicum idest enarrativum, micticon, et dicitur didascalicon»; anche in questo caso vengono elencati i sottogeneri che rientrano nelle tre categorie, prima quelli in prosa poi quelli poetici.[166] Nella serie dei *carmina*, la prima tipologia elencata da Giovanni è quella dell'epitaffio (e l'esempio è tratto dall'ecloga VI), segue l'apoteosi, la bucolica, la georgica, la lirica, l'epodo, il *carmen seculare* e così via, ciascuna identificata da una breve definizione, per lo più di natura etimologica. Vengono quindi elencati i sottogeneri afferenti alle tre categorie:

> item historycum aliud tragedicon, [...] aliud elegiacum, id est miserabile carmen[167] quod continet vel recitat dolores amancium. Elegie species est ame-

coliche. Talvolta rappresenta un dialogo tra una persona onesta contro una dappoco, come in Teodulo, dove Pseusti gareggia con Alitia. La commedia è un canto rustico tra persone di bassa estrazione, che comincia da situazioni brutte e termina con un lieto fine»; *The* Parisiana Poetria, *Appendix* 2, p. 332.

164. «Taking each *narrationesin negotiis* in turn, Geoffrey [...] specifies the kinds of poetry that belong to it. While fable encompasses Ovid's *Metamorphoses* and the *apologi* of Aesop and Avian, and argument the genres of eclogues and comedy, history encompasses a long and heterogeneous list of genres that ranges from epithalamium to the tragedy», Camargo, *The Varieties of Prose*, p. 63. Anche le commedie di Terenzio appartengono al genere *dramaticum* ma come argomento rientrano nel discorso narrativo (contenuto nell'*erementicum*), cfr. ivi, p. 64.

165. *The* Parisiana Poetria, pp. 98-101, da cui provengono tutte le citazioni latine della *Parisiana Poetria* usate in questo studio, se non specificato altrimenti. Il capitolo *de speciebus narrationum* è il V.

166. «drammatico cioè mimetico, diegetico cioè narrativo, misto, detto didascalico». Si veda comunque l'analisi di Camargo, *The Varieties of Prose*, p. 64.

167. I generi letterari bucolico, georgico, elegiaco ecc. sono definiti in base alle loro etimologie, secondo un procedimento diffuso in tutte gli enciclopedisti medievali da Isidoro in poi.

beum, quod aliquanto est in altercatione personarum et in certamine amancium, ut in Teodulo et in Bucolicis aliquando. Item notandum quod [...] argumentum est comedia, et omnis comedia est elegia, sed non convertitur.[168]

Nella *Parisiana Poetria*, quindi, la bucolica è collocata insieme alla tragedia, in virtù del contenuto percepito come reale;[169] sul piano diegetico invece la bucolica è collegata all'elegia e alla commedia sulla base della struttura amebea, una delle forme precipue della composizione pastorale, anche se non l'unica.[170] Il modello contrastivo dell'*Ecloga Theoduli* rimane quello associato di preferenza alla composizione pastorale, come mostra il passo citato sopra e l'affinità con un «carmen elegiacum, amebeum, bucolicum, ethicum»[171] inserito da Goffredo per esemplificare l'adeguamento formale alla materia («sunt cognata verba et propria materie», *Par. Poet. I, 394*) nel capitolo I della *Parisiana Poetria.* Le quattro specificazioni di questo *carmen* esemplificativo sono interessanti per la loro ricezione medievale. Viene detto «elegiacum» probabilmente perché

168. «Uno è il carme storico, un altro quello tragico, un altro ancora l'elegiaco, cioè il carme lamentoso, perché contiene e esprime i dolori degli innamorati. L'elegia è una specie di amebeo, perché può contenere litigi fra persone o sfide tra amanti, come in Teodulo e, talvolta, nelle bucoliche. Si osservi che l'*argumentum* è sempre una commedia e ogni commedia è un'elegia, ma non vale il contrario»; *The* Parisiana Poetria, pp. 98-102, in partic. ll. 365-370.

169. Nel *Tria sunt*, per analogo motivo, la bucolica era classificata sotto l'*historia*; cfr. Camargo, *The Varieties of Prose* p. 64; «bucolic and tragedy [...] though fictitious in our sense of the word, are *historical* in the sense of *naturalistic*, while his comedy is an *argumentum* because one of the characters is a spirit. Its plot could have happened, but supernaturally; the plot of the tragedy [...] eschews the supernatural», *The* Parisiana Poetria, p. 254.

170. Si veda supra il *Tria sunt*. Carrara, *La poesia pastorale*, p. 43, riteneva invece che per i medievali la forma dialogica bastasse ad infondere un tono bucolico al componimento.

171. Faral, *La pastourelle*, rilevò affinità con la pastorella, un'altra forma poetica talvolta associata alla evoluzione storica della bucolica per l'ambientazione silvestre e i personaggi del mondo pastorale. In questo caso il riferimento esplicito a Teodulo, l'interpretazione anagogica dei simboli pastorali e l'onomastica dei personaggi suggerisce un contesto palesemente bucolico e ci mostra il peso rappresentato dal modello dell'*Ecloga Theoduli.* Questo l'argomento del *carmen* come lo descrive l'autore: «Est autem materia versuum quomodo iuvenis oppressit nimpham, cuius amicus erat Coridon. Per nimpham significatur caro, per iuvenem corruptorem, mundus vel diabolus, per proprium amicum, ratio» ("è una materia poetica che narra come un giovane, amico di Coridone, fa sua una ninfa; per il giovane corruttore intendi il diavolo o le tentazioni mondane, per il proprio amico intendi la ragione"), *The* Parisiana Poetria, p. 24.

l'elegia, che nel mondo classico è prevalentemente legata all'amore, nel mondo medievale viene di preferenza associata al lamento, come risulta anche dal passo della *Parisiana Poetria* al cap. V sopra citato, ma talvolta vi si ricorre semplicemente per designare la forma metrica, cioè il distico elegiaco, proprio come nel caso di cui stiamo discutendo;[172] «amebeum», «bucolicum»: sempre di ambito più formale che tematico è il passaggio all'amebeo, poiché si basa sulla struttura dialogica alternata,[173] il che permette – poiché «amant alterna camenae», *Buc.*, III, 59 – l'ulteriore transito all'ecloga bucolica, richiamata nel breve testo anche da motivi tematici come l'ambientazione pastorale, le ninfe e l'onomastica; «ethicum»: l'ultimo aggettivo è probabilmente condizionato dall'interpretazione premessa al carme e dall'ultimo distico,[174] infatti di questo testo bucolico esempli-

172. Nell'accezione formale usano il termine Beda (*De arte metrica*: PL, 90, col. 0156a; *Historia Eclesiastica*: PL, 95, col. 0204b; 02090b), Rabano Mauro, Matteo di Vendôme (nell'*epilogus auctoris* della sua parafrasi metrica a Tobia: PL, 205, col. 0977c) e altri, cfr. Bartoli, *La bucolica mediolatina*.

173. La definizione formale del canto amebeo si trova in numerosi passi di Servio all'ecloga III (28; 59; 66) e VII (5; 20; 25). Sempre nell'accezione di *alternis* si legge nel secondo dei Mitografi Vaticani (cap. 274): «amoebeum carmen est quociens aliqui canunt et equali uersuum numero utuntur» ("il carme emebeo è quando cantano e usano [a turno] lo stesso numero di versi"); riferito alla prosa e non ad un *carmen* si trova nella *Mentiode litteris amoebeis Costantini et s. Antonii monachi*, PL, 8, col. 0551. Lawler, *The* Parisiana Poetria, p. 223, nota *ad loc.* I, 396, per entrambi i luoghi della *Parisiana Poetria*, ricorda una paretimologia che farebbe derivare *amoebeus* dal verbo amo: «Yet both here and there he clearly derives from the word *amo*; it is uncertain whether the incorrect spelling (it should be *amebeum* in ML) is the cause or the effect of that mistaken etymology». La paretimolgia a cui lo studioso allude non si trova nei database della PL né in quello dei MGH; il termine non è definito nelle *Derivationes* di Uguccione né in quelle di Osberno; il riferimento potrebbe però essere influenzato dalla tradizione delle ecloghe virgiliane, in cui il canto amebeo ha un contenuto amoroso e dall'*Ecloga Theoduli*, più vicina al *conflictus*. Si veda comunque un passo del *Commentum in Theodulum* di Bernardo di Utrecht (*Accessus ad auctores*, p. 63, ll. 120-22): «"elegiacum" id est miserabile, ab "elegos" id est misera, vel Elegia puella tractum, que de suis conquerens amatoribus hoc usa est» ("'Elegia', carme dei lamenti, da 'elegos', cioè lamentoso; oppure deriva da Elegia, una fanciulla che piangeva sempre a causa dei suoi amanti"). Come motivo sotterraneo di questa implicita giustapposizione tra elegia e bucolica si consideri anche la connotazione amorosa dell'elegia classica, e la percezione della bucolica quale *lascivia carmina* che attraversa tutto il medioevo da Gregorio a Giovanni di Salisbury fino alle «iuveniles lasciviae» di Boccaccio.

174. «Sic caro mechatur, Ratio dum subpediatur / Est Mundus Mechus, Carnis inane decus» ("così la carne pecca, la ragione viene fatta a pezzi / il mondo pecca, vano orpello della carne"), *The* Parisiana Poetria, I, 455-456.

ficativo, chiaramente ispirato a Teodulo, Giovanni di Garlandia propone un'esegesi allegorica in chiave anagogica per cui, anche se il problema del sovrasenso non viene discusso in ambito teorico, ci mostra la fruizione morale (oltre che stilistica) dei testi bucolici all'interno delle scuole, che si concilia con quanto osservato negli *accessus* dell'*Ecloga Theoduli*.

7.2. *I livelli stilistici*

L'articolata trattazione sui *characteres* comincia dalla definizione di stile alto, medio, basso e dal loro riferimento alle tre opere virgiliane, come si legge nel *Documentum* di Goffredo (III, 145)[175] e nella *Parisiana Poetria* dove, nel capitolo II, viene illustrata la *Rota Vergilii* in cui ai tre stili, esemplificati da *Bucoliche*, *Georgiche* ed *Eneide*, vengono anche associate le «similitudines et nomina rerum»:[176] i luoghi, le piante, gli attributi, l'onomastica adeguata a ciascuno dei tre *situs*. Il ricorso alle opere virgiliane, quindi, costituisce essenzialmente l'adeguamento dello stile alla materia trattata e al rango sociale degli interlocutori: testi virgiliani non sono usati per identificare il genere letterario in sé (pastorale, didascalico, epico) bensì per descrivere lo stile,[177] sulla base del quale viene scelta anche la materia (per la bucolica *custodia boum*).

Esiste insomma una certa oscillazione nell'uso dei tre parametri classificatori del testo: 1) solo la forma; 2) la forma insieme alla materia; 3) la forma insieme alla materia e al destinatario. La classificazione su base esclusivamente formale è prioritaria nella retorica classica; l'adeguamento di materia e forma è avvertito con maggior urgenza dai medievali; la coerenza di forma e materia al livello sociale del destinatario è invece una esigenza in un certo modo nuova e medievale, rafforzatasi nella retorica tramite il *dictamen*.

Le *poetrie* usano Virgilio su vari piani: in senso emblematico per connotare la qualità dell'espressione e il suo relativo adeguamento tematico e sociale (*Rota Vergilii*); in modo assolutamente decontestualizzato quando

175. *Documentum*: «in *Bucolicis* humili, in *Georgicis* mediocri, in *Eneyde* grandiloquo», Faral, *Les arts poétiques*, p. 312, paragrafo 145.

176. *The* Parisiana Poetria, pp. 38-40.

177. «unde secundum ordinem quem servat Virgilius, hoc carmen [bucolicum] debet esse primum, quia in eo observatur humilis stilus» ("per cui secondo l'ordine che osserva Virgilio, la bucolica viene per prima, poiché in questo tipo di poesia si usa lo stile umile"), *The* Parisiana Poetria, p. 24, vv. 398-400.

estrapolano le citazioni per motivi di ordine formale (metrico o grammaticale); in modo "canonico", quando le inseriscono nelle poche discussioni sui generi, collocando la bucolica ora con la tragedia (su base tematica, perché tratta di contenuti reali), ora con la commedia, l'elegia e il carme amebeo (su base formale e eminentemente dialogica). L'appartenenza al genere letterario, che è per la sensibilità moderna un parametro decisivo, risulta invece scarsamente qualificante per gli artigrafi medievali.

2. Verso la bucolica medievale: la pastorale tardoantica tra classicismo e contaminazioni bibliche

1. *La tradizione dei bucolici tardoantichi*

Con l'appellativo di poeti bucolici tardoantichi si intendono Calpurnio Siculo e Aurelio Nemesiano,[1] cui si aggiunge l'anonimo poeta delle *Eglogae Einsiedelnenses*.

Calpurnio Siculo, di cui scarseggiano le notizie biografiche, è vissuto probabilmente in epoca neroniana e la sua opera viene datata con buona approssimazione intorno al 54-56[2] d.C.; gli sopravvivono sette ecloghe di carattere virgiliano e di buona qualità stilistica; eredita dal modello aspetti destinati ad una grande fortuna nella tradizione del genere tra cui l'encomio, il rapporto del poeta col potere politico e l'allegoria, oltre alla tematica amorosa, che in lui si tinge di una vena più propriamente elegiaca. Le ecloghe si dividono idealmente in due gruppi; il primo è di tipo politico e include la I, la IV e la VII: sono quelle in cui assume maggiore pregnanza il rapporto col sovrano; nella IV il poeta rappresenta sé stesso sotto la maschera di Coridone, mentre nella VII si consuma il distacco dai campi e il rientro in città. Le ecloghe II, III, V e VI sono quelle più pastorali: la II è dedicata ad un *certamen* tra un pastore e un *dominus horti* (giardiniere), elemento che, secondo Vinchesi,[3] va incontro al gusto dell'epoca. La III racconta un *discidium* amoroso, con suggestioni

1. Utilizzo per questo capitolo alcuni passi dal mio contributo *Il ritorno dei bucolici minori: la fortuna medievale fino a Petrarca* presentato al Convegno Internazionale *Due scrittoi di Petrarca* (29 novembre-1 dicembre 2018) e adesso in corso di stampa in «Studi Petrarcheschi». A questo saggio rimando per ulteriori approfondimenti e per i confronti testuali relativi ad autori che non hanno scritto bucolica e quindi trascurati in questa sede.

2. Esiste un certo dibattito, riassunto nelle pagine introduttive della recente edizione Vinchesi, *Ecloghe*, edizione uscita per Le Monnier nel 2014.

3. Vinchesi, *Ecloghe*, p. 35

linguistiche ovidiane[4] e un'interessante figura femminile in cui si ravvisa una contaminazione con la poesia elegiaca. Fillide, la fanciulla che abbandona Licida, è definita *domina* (termine estraneo alla dimensione bucolica e che tornerà nell'*Amor pastorius* di Petrarca) e possiede le caratteristiche della donna ispiratrice che troviamo in Tibullo, Properzio, Ovidio. Anche la V ecloga, caratterizzata da un lungo inserto didascalico, mostra una certa contaminazione di motivi letterari, questa volta in direzione delle *Georgiche* virgiliane. La VI inscena un *certamen* che non arriva ad essere disputato: i due contendenti, irati vicendevolmente perché uno dei due – in un *certamen* precedente – avrebbe assegnato la vittoria al meno bravo dei cantori, si sfidano in una gara canora che non si svolge, impedita dai prolungati litigi. I testi di Calpurnio rappresentano un documento importante della vitalità del genere e delle sue possibili contaminazioni; sul piano della tradizione lasciano un segno dal punto di vista linguistico, più che tematico (escluso il panegirico ricalcato da Modoino). La maggiore continuità con i motivi ricorrenti nella produzione successiva, infatti, si ravvisa con le ecloghe politiche, ma il tema politico è, prima ancora che calpurniano, virgiliano e risulta centrale, come abbiamo visto, anche nell'esegesi tardoantica e medievale alle *Bucoliche*.

Poco più tarde, forse databili intorno al 64-69 d.C., sono due ecloghe encomiastiche che mostrano debiti espliciti verso quelle di Calpurnio,[5] debiti che alcuni studiosi hanno tentato di spiegare postulando legami biografici reali tra i due poeti[6]: il loro autore potrebbe essere Calpurnio Piso, protettore di Calpurnio. Se l'ipotesi venisse dimostrata, osserva Kegel-Brinkgrave,[7] si prefigura un piccolo cenacolo di poeti che compone in versi pastorali. Il contenuto dei due carmi è piuttosto convenzionale: la prima è un contrasto tra due pastori che gareggiano nel tessere le lodi di Nerone (così alte da far sospettare un rovesciamento parodico), la seconda è una descrizione dell'età dell'oro che si chiude con una citazione dall'*ecl.* IV di Virgilio; questi due componimenti sono denominati *carmina einsidlensia*, dal nome del monastero svizzero in cui nel 1869 H. Hagen ha recuperato il codice che ce le ha tramandate, cioè il ms lat. 266, datato al X secolo[8] e contenente opere di Rabano Mauro. Il codice proviene da Fulda, un

4. Di un certo interesse la contaminazione tra egloga e epistola d'amore ovidiana ravvisata da Vinchesi, *Ecloghe*, p. 38.

5. Si tratta dell'*incipit* della IV ecloga, cfr. Schmid, *Panegirik und Bukolik*, pp. 63-83.

6. Grimal, *Le lyrisme à Rome*.

7. Kegel-Brinkgrave, *The Echoing Woods*, pp. 168-169.

8. L'edizione di riferimento è quella di Korzeniewski, *Hirtengedichte*; sull'edizione *Consolation à Livie; Élégie à Mécène; Bucoliques d'Einsiedeln*, texte établi et traduit par J.

contesto interessante anche per la tradizione dei bucolici tardoantichi, che ripercorriamo tra breve nelle tappe salienti.

Aurelio Nemesiano, autore di quattro ecloghe,[9] fu un poeta di origini africane vissuto nel III secolo d. C. le cui opere sono quasi sempre state tramandate insieme a quelle di Calpurnio e nella quasi totalità dei codici a quest'ultimo attribuite.[10] La loro tradizione li vede spesso uniti, probabilmente già nella postulata *editio vestustissima* del IV-V secolo,[11] e poi in molte delle successive edizioni,[12] tanto che fino agli studi di Haupt[13] a metà dell'Ottocento si è creduto che i due poeti fossero coevi,[14] indotti in errore anche da una certa formularità della poesia pastorale, elemento che purtroppo opacizza sovente le indagini lessicali sui testi bucolici. Nella I ecloga, in cui si mescolano suggestioni calpurniane e virgiliane,[15] compaiono un personaggio più anziano (Titiro, probabilmente Virgilio) e un giovane, che invita un terzo pastore (Timeta, maschera dell'autore) a intonare un canto funebre per Melibeo (forse Calpurnio), da poco scomparso. La II ecloga è costituita dal canto d'amore elegiaco che due pastori intonano per una fanciulla che i genitori hanno chiuso in casa sospettando qualche intrigo amoroso:[16] vi si riconosce il pattern teocriteo-virgiliano[17] fuso con l'innovazione calpurniana (*ecl.* II) del doppio canto per la stessa fanciulla.

Amat, Les Belles Letters, Paris 1997 si veda il severo giudizio di Courtney su «The Classical Review», 49 (1999), 2, pp. 397-399 e di Liberman in «Revue de Philologie, de Littérature et d'Histoire Anciennes», 71 (1997), 2, pp. 265-279, in part. 269-279.

9. Radke, *Zu Calpurnius und Nemesian*, attribuisce tutte le ecloghe a Calpurnio, sostenendo che il nome Nemesiano sia un errore occorso in fase di trasmissione. Castagna, *I bucolici minori*, non discute il contributo; Orlandi, nella sua recensione al volume di Castagna, p. 706 e n. 3, definisce la tesi di Radke molto debole; Williams, *The Eclogues of Nemesianus*, è in completo disaccordo, pp. 4 ss.; Vinchesi, *Ecloghe* (edizione) ne parla ma non condivide la tesi della studiosa tedesca, p. 53, n. 164.

10. Si cfr. la recensio dei codici in Castagna, *I bucolici minori*, pp. 13-56 e le più recenti edizioni dei due autori curate da Vinchesi, *Ecloghe* (edizione) per Calpurnio e Williams, *The Eclogues of Nemesianus* e Cupaiolo, *Eclogae*, per Nemesiano.

11. Castagna, *I bucolici minori*, pp. 254-259; Alessio, *Recensione a Castagna*, p. 422.

12. *Poetae Latini Minores*, ed. Burman (1731); ed. Wernsdorf (1780); ed. Baehrens (1980); *Calpurnii et Nemesiani bucolica*, ed. Schenkl (1885, nuova edizione Londra 1905); Giarratano *Calpurnii et Nemesianii* (1910, terza ed. 1943); Korzeniewski, *Hirtengedichte*.

13. Moritz Haupt, *De carminibus bucolicis Calpurnii et Nemesiani*.

14. Castagna, *I bucolici minori*, p. 249

15. Kegel-Brinkgrave, *The Echoing Woods*, pp. 170-171.

16. Kegel-Brinkgrave, *The Echoing Woods*, p. 171 n. 66, sostiene che la fanciulla sia incinta, come si desume dalla descrizione dei cambiamenti fisici subiti in *Nem*. II, 11-13.

17. Teoc., *Idillio* 6; Virg. *ecl.* 8; Kegel-Brinkgrave, *The Echoing Woods*, p. 171 n. 67.

Nella III ecloga Nemesiano si ispira all'*ecl.* VI di Virgilio, non imitata da Calpurnio; nella V due pastori cantano ciascuno il proprio oggetto d'amore e il tempo felice trascorso con l'essere amato: il tema, con cui Calpurnio non si è misurato, viene gestito da Nemesiano sulla scorta di Virgilio e Teocrito.

La tradizione manoscritta di Calpurnio e Nemesiano consiste di 32 testimoni,[18] 5 florilegia medievali, 2 umanistici, 16 incunaboli,[19] una trentina di cinquecentine; solo tre di questi testimoni, pur tenendo conto delle oscillazioni anche sensibili nella datazione dei manoscritti, sono antecedenti al XIV secolo, come confermato nelle recenti edizioni critiche dei due bucolici e negli addenda di Munk Olsen al suo trentennale lavoro sugli autori classici nel medioevo.[20] La prima attestazione manoscritta a noi pervenuta delle ecloghe di Calpurnio e Nemesiano è nel Parigino lat. 8049 del XII sec. exeunte,[21] proveniente dalla Francia settentrionale; segue, sul piano cronologico, il *Florilegium gallicum*, datato al XII secolo,[22] cioè un'antologia formata – come altre simili allestite sempre nella valle della Loira – a partire da manoscritti che circolavano nella zona, caratterizzata fin dal X secolo da uno straordinaria circolazione libraria dovuta ai grandi maestri come Gerberto di Aurillac o Abbone di Fleury. L'analisi dei riferimenti intertestuali[23] mostra una prima diffusione del testo in epoca carolingia che investe anche alcuni poeti bucolici (Alcuino, Modoino, Angilberto);[24] tra l'VIII e IX secolo affinità interessanti

18. Incluso il ms. 598 reperito dalla Tissoni Benvenuti, *Uno sconosciuto testimone*, nella Biblioteca del Seminario di Padova.

19. Tra le *editiones principes* a stampa sono da segnalare la romana del 1471 e la veneta del 1472, cfr. Vinchesi, *Ecloge* (edizione), p. 54 nn. 172 e 173.

20. Munk Olsen, *L'étude des auteurs classiques*, XV, p. 56.

21. Castagna, *I bucolici minori*, p. 26 e pp. 249-250. Il codice parigino si compone di tre parti: la prima contiene le satire di Persio, la seconda il *De divinitaione* di Cicerone, le satire di Petronio, le ecloghe di Calpurnio; la terza *proverbia* tratti da Seneca. Rouse, *Florilegia and Latin Classical Authors*, p. 148, osserva che anche il *Florilegium Gallicum* contiene Cicerone e Petronio, ma il codice parigino non può essere la fonte del *Florilegium* per via di alcune lezioni citate ivi nella nota 78, per cui ipotizza la mediazione di Richard de Fournival.

22. Rouse, *Florilegia and Latin Classical Authors*; Burton, *Classical Authors in Florilegium Gallicum*.

23. Le analisi sono state eseguite su *Poetria Nova*.

24. Cfr. Green, *Seven Versions* (*comm. ad loc)*; Castagna, *I bucolici minori*, pp. 262-267; Korzeniewski, *Hirtengedichte* (*comm. ad loc.*). Uno spoglio dei rimandi anche in Bartoli, *Il ritorno*.

sembrano collegare i due autori con importanti *scriptoria*, tra cui Fulda[25] e San Gallo. In proposito Green,[26] specialista della pastorale carolingia mediolatina, in un contributo dedicato ai modelli e alle fonti dell'*Ecloga Theoduli*[27] (testo probabilmente legato all'abbazia svizzera), cita due paralleli testuali con Calpurnio. Anche se l'atmosfera che pervade l'*Ecloga* è priva di sfumature calpurniane,[28] la suggestione lessicale pare da accogliere, perché non si rintracciano altri paralleli più convincenti.[29]

Limitandoci ai poeti bucolici, saranno da segnalare le analogie con Marco Valerio, già accertate da vari studiosi tra cui Munari, editore del testo; fino al XIII secolo numerosi rimandi collegano i due bucolici minori a testi composti in area franco-tedesca.

Dal XIV secolo, quando i manoscritti si moltiplicano anche in area italiana, la tradizione di Calpurnio e Nemesiano investe personaggi del calibro di Poggio, Taddeo Ugoleto, Pastrengo.

Secondo alcuni studiosi[30] che si basano sulla *Fam.* XXII; 11 al Pastrengo, Petrarca,[31] intorno al 1361, durante il soggiorno a Padova, seppe da Rinaldo Cavalchini di un codice di area veronese, ora deperdito.[32]

25. Cfr. Calp. V,13, «inclinata senectus» si legge in Rabano *carm.* 37,7; Calp. IV, 127, «Pacem dat»: si legge in Rabano *Laud.* I *fig.* XVI, 25; Calp. 3,14, «Nunc salices» torna in Candido di Fulda († 845).

26. Green, *The Genesis of a Medieval Textbook*, p. 100.

27. Mosetti Casaretto, *Ecloga*, p. XV e n. 2: «Le opinioni sulla data di composizione [...] sono discordanti. Sostengono la datazione nel IX secolo: Osternacher; Winterfeld; Hamilton; Manitius; Boas, Raby. Propendono invece per una datazione nel X secolo: Bauch; Walther; Strecker; Polheim; Curtius; Green; Vredeveld; Henkel; Kegel-Brinkgrave».

28. Mosetti Casaretto, *Ecloga*, p. XXXVIII.

29. Calp. IV, 107, «omnis eum tellus [...] adorat»; Theod. 138, «omnis eum regio timuit» (Virg. *Aen*, XI, 12: «omnis eum stipata tegebat»); Calp. VII, 37, «stabam defixus»; Theod. 171, «stabat defixus»: «Staba* defixus» ricorre, secondo il sondaggio, solo in Val. Flac. *Carm.* 7, 82.

30. Schenkl, *Calpurnii et Nemesiani bucolica*, p. XL; poi Vinchesi, *Ecloghe* (edizione), p. 54; Castagna, *I bucolici latini*, p. 13 e p. 271; Williams, *Ecloghe*, p. 9. riporta l'ipotesi ma non si esprime.

31. *Fam.* XXII, 11, «hec hactenus. Raynaldum nostrum mei memorem salvere iube [...]. Expecto eius Calphurnii Bucolicum carmen et tuam Varronis Agricolturam [...]. Vale, Patavi XVII Aprilis» ("ma di questo basta. Saluta da parte mia il nostro Rinaldo, che si ricordi di me. Aspetto le sue bucoliche di Calpurnio e il tuo *Agricoltura* di Varrone"); Castagna, *I bucolici latini*, pp. 271-273 propone di datare la lettera intorno al 1361.

32. *Fam.* XX, 11 al Pastrengo, cfr. Castagna, *I bucolici latini*, p. 267. Il codice è deperdito, ma sembra collegato ai due manoscritti del ramo alfa (stemma Castagna, ivi, p. 127).

Quando poté leggere Calpurnio e Nemesiano, quindi, il suo *Bucolicum carmen* era già in circolazione; Boccaccio invece, il cui nome è legato a due manoscritti dei tardoantichi,[33] potrebbe averli letti dopo essere stato ospite di Petrarca nel 1363: sembra riecheggiarne qualche verso nelle sue ecloghe, ma la loro lezione, se li ha letti, non sembra assumere particolare peso.[34] Ad un altro ramo della tradizione appartengono gli altri 30 manoscritti, quasi tutti compresi tra il XIV e il XVI secolo; ne possiamo trarre varie informazioni relative alla circolazione libraria, specialmente fiorentina, e alla fortuna del genere bucolico nell'Umanesimo: il capostipite di questa

33. Sempre al ramo del codice deperdito di Petrarca si collega il ms. Laur. Gaddiano plut. 90, 12, manoscritto autografo del Silvestri, copista amico di Boccaccio. Sull'autografia del gaddiano cfr. Reeve, *Textual Tradition*, p. 233 e n. 41; sulla perizia del Silvestri ha richiamato l'attenzione e anche Piacentini, *Note per l'edizione critica*, p. 303. Sempre a questo ramo afferisce il codice – deperdito – citato nella sottoscrizione dell'harleiano 2578 in cui il copista dice di aver collazionato un codice della "parva libraria"; cfr. Castagna, *I bucolici latini*, p. 276 e p. 233. Si veda anche Billanovich, Càda, *Testi bucolici*, pp. 201 ss. e Lorenzini, *La corrispondenza*, p. 27, p. 42. Nell'apparato del *Buccolicum carmen* curato da Bernardi Perini (in Boccaccio, *Tutte le opere*, V/2) si citano alcuni paralleli con i bucolici minori (tra cui «fronte serena», BC I, 92, Calp. V, 46; Nem. IV, 17; «galerum» BC III, 43; Calp. I,7), altri si possono intercettare con sistemi di analisi digitale: il programma *Lexicon* individua alcune locuzioni comuni di un certo interesse tra Calpulnio e Boccaccio (per esempio "apros+lepores": BC V, 49-50 e Calp. VII, 58; "morsu+ capellas" BC VIII, 84-85; Calp. V, 5-6) ma lo spoglio dovrà essere sistematico. Si auspica inoltre una nuova edizione del *Buccolicum* che accolga in apparato un maggior numero di autori medievali, così da facilitare la verifica delle cooccorrenze. Si veda in propostio anche Petoletti, *Il Boccaccio e la tradizione dei testi latini*, p. 45.

34. Boccaccio potrebbe aver letto anche Marco Valerio, autore la cui tradizione si intreccia con le vicende di Calpurnio e Nemesiano, attraverso un importante collezionista del XII secolo, Guido de Grana. Il celebre bibliofilo è autore dei *marginalia* a Papia nel ms. Bern 267 in cui vengono citati sia Marco Valerio che i bucolici minori, cfr. Stagni, *Testi latini*, pp. 227-278 e n. 9 (che però non cita i bucolici minori) e Stover, *The Date*, p. 29. Fu Dolbeau, *Les Bucoliques de Marcus Valerius*, a congiungere per primo la notizia della glossa a Papia (segnalata da Reynolds, *Text and Trasmissions*, p. 38) con la menzione fatta da John Leland (bibliofilo della metà del XVI secolo) di un codice – adesso deperdito – dello *scriptorium* di Thorney che conteneva «Eclogae aliquot Marcii exquaestoris qui floruit tempore Justiniani» (su cui cfr. Vernet, *Notice et extraits*, p. 34). Stagni, *Testi latini e biblioteche*, in part. p. 259 e *passim* pensa Guido de Grana attivo in centri francesi come Parigi e Orléans, mentre Stover, *The Date*, p. 49 ne valorizza anche i contatti britannici, affermando che «in effetti molti dei testi rari che lui conosce provengono dall'Inghilterra: Petronio, Calpurnio, Properzio».

famiglia potrebbe essere il codice appartenuto a Poggio Bracciolini,[35] che lo copiò per mandarlo al Niccoli.

Da quanto sappiamo, quindi, a partire dal 1350 circola in Italia almeno un manoscritto con Calpurnio e Nemesiano; più complesso è indagare gli anni precedenti, quelli della cosiddetta stagione delle "corrispondenze bucoliche". Nei primi cinquant'anni del Trecento non abbiamo, al momento, notizie di ulteriori manoscritti in circolazione e non c'è traccia dei bucolici tardoantichi nel cosiddetto *Florilegio veronese* del 1329.[36] Proprio perché il tema è estremamente interessante, in chiusura del paragrafo inserisco alcune analogie rintracciate negli apparati delle edizioni critiche dei vari carteggi bucolici, con l'avvertenza che la questione, al momento, rimane aperta.

Affinità con i bucolici minori si trovano nel recente commento alle ecloghe dantesche di Gabriella Albanese e di Marco Petoletti[37]; gli studiosi se ne servono per mostrare la fortuna diacronica di lessico e temi bucolici. Alcune riguardano l'onomastica, altre più propriamente il lessico, altre ancora situazioni pastorali, come l'attacco meridiano o la ninfa che pettina Titiro.

Molte di queste locuzioni, come mostrato analiticamente da Albanese e come confermato dagli apparati di Petoletti, Brugnoli-Scarcia, Cecchini, Pastore Stocchi, in cui i bucolici minori quasi non compaiono, sono plausibili anche partendo da fonti classiche; le segnaliamo perché suggestive, ma con molta cautela e con riserve sulla possibilità che si tratti di citazioni dirette.

Dante-Del Virgilio (ed. Albanese; ed. Petoletti):

ecl. II, 19: «**lenta** boves per **gramina** ludunt»; Virg. I, 25, Georg. IV, 19, ma identica in Calp. IV, 128-9: «seu ter pede **lenta** ferire /**gramina**»
ecl. III, 5: «**dumosa capelle»;** Calp. V, 29 «**dumeta capellis**»; V, 5 «**dumeta capellas»** (ma per Brugnoli è centone virgiliano: I, 76 («**dumosa**») e X, 7 («**capelle**»)
ecl. IV, 37: «**tremulis labris»;** Calp. V, 4 «**tremulis** titubantia **labris**», ma **tremul* labr*** in Aen. 8,22 «**tremulum labris** ubi **lumen»**

35. Reeve, *Textual Tradition*, p. 227.

36. Cfr. Kitamura, *Il senso delle* scelte, pp. 1-9.

37. Albanese ha curato l'edizione critica commentata della *Corrispondenza* in Dante, *Opere*, II, uscita nel 2014 per Mondadori; Marco Petoletti ha curato l'edizione critica commentata della *Corrispondenza* in *Nuova edizione commentata delle opere di Dante*, uscita per Salerno nel 2016.

I confronti appena analizzati interessano sia Dante che il Del Virgilio e sono rafforzati dagli apparati dell'ecloga delvirgiliana al Mussato nell'ed. Lorenzini, in cui vari rimandi ai bucolici minori figurano in apparato e almeno un paio resistono anche ad un'escussione severa delle fonti.[38] Pastore Stocchi, nella sua edizione dell'ecloga, omette sistematicamente i rimandi ai bucolici minori dell'edizione Lorenzini, preferendo indicare loci paralleli con testi classici.[39]

Del Virgilio-Mussato (ed. Lorenzini):

ecl. v. 14: sedebat **esculea** [...] in **umbra**
Calp. V, 59: porrigit **aesculus umbras**
ecl. v. 107: **forte iuvencam** Calp. III, 1 (entrambi in clausola; segnalato anche da Velli)

Uno sguardo agli apparati del carteggio tra Checco di Meletto e Boccaccio, avvenuto nella Romagna del 1348-1350 non mostra invece analogie altrettanto significative, anche se non mancano varie suggestioni inserite in apparto dalla studiosa, purtroppo spesso in concorrenza con locuzioni virgiliane, elemento che consiglia cautela.

Boccaccio-Checco di Meletto (ed. Lorenzini):

Galerum (copricapo), legato ai pastori in Stazio (*Theb.* IV, 303), Calpurnio I, 7, Checco II, 54; Bocc. III, 34, 50; Del Virg. *Ad Muss.* 67

Interessante, anche se non dirimente, la locuzione segnalata nell'edizione della *Fons sedet* di Meletto, composta sempre in questi anni in Romagna.

Checco di Meletto, *Fons sedet* (ed. Stoppacci):

Checco di Meletto, *Fons sedet*, v. 50: «**Palatia celo**», Calp. IV, 141.

L'epistola si data ante 1360; il verso non è tradito nel *Florilegium gallicum*.

38. Molto scettico sulla conoscenza di Calpurnio e Nemesiano da parte di Del Virgilio è Pastore Stocchi, *Ecloga missa*, p. 22 e p. 53.

39. Pastore Stocchi, *Ecloga missa*, *ad loc.* per il v. 14 ammette che *esculeus* è molto raro, il TTL ne registra solo due occorrenze in Ovidio e da *Met.* I, 449 «aesculeae capiebat frondis» la deriverebbe il Del Virgilio; per il v. 107 cita «nitidam cape premia vaccam» di Ov. *Met.* II, 694 e «niveo candore iuvencam» di Stat., *Achil.* I, 315.

2. *Verso l'*imagerie *pastorale cristiana*

L'esiguità dei manoscritti a noi pervenuti databili al V o al VI secolo permette un sondaggio assai parziale sulla fortuna dei classici, che Munk Olsen[40] circoscriveva a cinque manoscritti di Virgilio (solo tre completi), due di Livio, uno di Terenzio; ma la sorte dei testi cristiani non è stata migliore, se ci sono giunti solo 15 codici con opere di Agostino e 5 con quelle di Ambrogio: molte delle opere classiche ci sono infatti pervenute da copie carolinge esemplate su codici tardo antichi oggi perduti.

La frequentazione delle opere virgiliane è però indiscussa in questo periodo, visto il numero di citazioni e allusioni indirette: la cultura mantiene un'impronta sostanzialmente pagana, ma si cominciano a presagire attriti ideologici che porteranno ai giudizi di chi, pur formatosi sugli *auctores*, li condannerà esplicitamente come immorali perché distolgono dalla ricerca del divino. Virgilio è lo scrittore su cui si basa l'apprendimento del latino, ma una volta emancipati da questa necessità, i rapporti con i testi pagani e con il piacere estetico che essi procurano, devono tassativamente cessare, come avverte Girolamo in un passo molto noto:

> Daemonum cibus est carmina poetarum, saecularis sapientia, rhetoricorum pompa uerborum. Haec sua omnes suauitate delectant et, dum aures uersibus dulci modulatione currentibus capiunt, animam quoque penetrant [...] At nunc etiam sacerdotes Dei omissis euangeliis et prophetis uidemus comoedias legere, amatoria bucolicorum uersuum uerba cantare, tenere Vergilium et id, quod in pueris necessitatis est, crimen in se facere uoluptatis.[41]

La ricezione dei testi classici avviene quindi tramite il filtro della cultura cristiana ma anche all'insegna della contraddizione con la letteratura pagana, simbolo di intrattenimento disimpegnato, priva delle finalità parenetiche che da sole giustificano ed esauriscono l'atto letterario. La stesura

40. *L'étude des auteurs classiques, ad indicem.*

41. «I canti dei poeti sono cibo del diavolo, come la scienza secolare e gli orpelli della retorica. Tutte queste cose dilettano con la loro suavità e mentre le orecchie sono rapite dal dolce suono dei versi che scorrono, questi penetrano anche nell'anima. Adesso pure i sacerdoti, trascurati i Vangeli e i profeti, leggono commedie, recitano le parole d'amore dei canti bucolici; imparare Virgilio e ciò che da fanciulli è necessario, diventa peccato se lo si continua a fare per piacere»; Hier., *Ep.* 21,13, PL 22, col. 348; il celebre passo entrerà *ad litteram* anche in Ivo Carn, *Panormia*, cap. 131, dist. 37 (PL 161, col. 1114d) e nel *Decretum Gratiani*, cfr. PL 87, 201b distinctio 37, cap II.

dei nuovi testi cristiani deve mutare argomento e stile, trascurando la retorica classica, come avverte Paolino da Nola:

> Verte potius sententiam, verte facundiam [...] ut sis dei philosophus; [...] non querendo, sed imitando deum, sapiens. [...] Verae in Christo sapientie predicator; [...] perniciosam istam inanium dulcedinem litterarum [...] evita.[42]

I precetti tanto raccomandati da Atanasio, da Cassiano oppure da Cesario di Arles fanno deliberatamente appello alla *rusticitas* del discorso, per estendere la comprensione del messaggio cristiano a un numero sempre maggiore di fedeli incolti. Dopo il celebre sogno che Girolamo descrive nell'epistola XXII, 30, in cui narra di essere stato giudicato da un tribunale «Ciceronianus, non christianus» e di essere stato quindi flagellato finché non giurò che in futuro si sarebbe astenuto dalla lettura dei poeti pagani, troviamo traccia, nei testi, di sogni letterari che ripercorrono più o meno lo stesso copione. Munk Olsen ne ricorda alcuni a tema virgiliano e spiega che la frequenza del poeta mantovano negli incubi dei medievali è da imputarsi alla grande familiarità che essi avevano con i suoi testi, i primi su cui apprendevano la grammatica.[43]

Tuttavia la maggioranza degli scrittori continua a praticare sia gli autori pagani sia i cristiani: la nuova letteratura presuppone i testi degli *auctores*, li scompone e li ricompone, restituendoli, adeguatamente attua-

42. «Cambia piuttosto il tuo sapere e il tuo modo di esprimerlo [...] affinché tu sia filosofo di Dio; [...] non cercando, ma imitando Dio diverrai saggio, [...] predicatore della vera sapienza in Cristo. [...] Evita questa pericolosa dolcezza di una letteratura inutile», Paolino da Nola, epistola 16, 6-7.

43. Munk Olsen, *L'atteggiamento medievale*, p. 45, ne ricorda uno dalla *Vita Alcuini* (MGH SS XV/1, pp. 185-186), in cui il poeta narra di essersi spaventato perché era «Vergilii amplius quam psalmorum amator». Episodi analoghi, tuttavia, non sono circoscritti al periodo di trapasso tardoantico, ma si trovano un po' in tutta la letteratura altomedievale: ne parlano per esempio Eriberto di Losinga, vescovo di Norwich (vissuto tra XI e XII secolo), e Otlone di Sant'Emmerano (su Otlone cfr. Munk Olsen, *L'atteggiamento medievale*, p. 42 e Vinay *Otlone di Sant'Emmeram, ovvero l'autobiografia di un nevrotico*). Cominciando a leggere Virgilio, Oddone di Cluny (vissuto tra il IX e il X secolo) ebbe la visione di un bellissimo vaso ma pieno di serpenti; il suo successore, Sant'Ugo di Cluny, tolse il libro di Virgilio che teneva sotto il cuscino e non ebbe più turbe del sonno. Qualche cosa di analogo è citato anche nella *Vita sancti Popponis* (scritta intorno al 1050, cfr. MGH SS XI, pp. 291-316), ove si narra di come il defunto abate avesse liberato il giovane Gozone, allievo a Stavelot; l'episodio è ricordato anche dal Ildeberto di Lavardin (†1133). Il tema fu trattato anche da Curtius, *Letteratura europea*. Per il ruolo di Virgilio si veda anche il celebre studio di Comparetti.

lizzati, come latori del messaggio evangelico, secondo i metodi dell'imitazione contrastiva.[44] L'intellettuale tardoantico testimonia anche con la sperimentazione di forme nuove questa fase della cultura dei classici, viva *traditio* che si innesta nel solco della nuova e fortemente connotata letteratura cristiana.

L'interpretazione storiografica di questa transizione culturale è da anni al centro di un vasto dibatitto, per cui ci limitiamo qui a qualche esempio relativo al genere bucolico; la letteratura scientifica descrive questo passaggio o come frattura, mettendo l'accento sull'antagonismo tra le due culture – per la bucolica ad esempio i saggi di Wolfgang Schmid[45] discussi nel paragrafo su Endelechio –, o come continuità, valorizzando la matrice cristiana del periodo tardoantico e gli elementi comuni delle due culture, tra questi i lavori di Jacques Fontaine.[46] In un saggio dedicato alla lettura cristiana dell'universo bucolico, lo studioso francese sottolinea come il saldarsi dell'immaginario pastorale latino con quello cristiano sia avvenuto precipuamente sul piano figurativo, grazie a «un fond commun de l'imagerie pastorale»:[47] come un lettore cristiano poteva trovare in Virgilio risonanze bibliche, così le Sacre Scritture sono piene di riferimenti pastorali. Nel III secolo, mentre la scultura cristiana definisce e sviluppa i temi pastorali, Lattanzio esalta le *Bucoliche* virgiliane avanzando l'interpreta-

44. Cfr. Thraede, *Epos*, che distingue quattro modi di reimpiego del materiale pagano in chiave cristiana: l'antitesi; la trasposizione sostitutiva (produttiva anche in campo architettonico), l'inserimento spiritualizzante e l'imitazione contrastiva. Si veda in proposito Herzog, *Die Bibelepik*; una sintesi delle teorie si legge in Stella, *Imitazione interculturale*, in part. pp. 11-14. Pelltari, *The Space that Remains*, p. 129 nota 28 parlando dell'uso prudenziano di Virgilio e Orazio, giustappone – forse un po' semplicisticamente – *Kontrastimation* a *aemulatio*, in quanto entrambi costituirebbero rielaborazioni di un testo. Ma il dato fondamentale dell'analisi è comprendere come avviene questa rielaborazione, per cui l'*aemulatio* mi sembra collocarsi più adeguatamente nella trasposizione sostitutiva.

45. L'impostazione di Schmid è stata adottata da Barton nel suo saggio del 2000 *Spätantike Bukolik zwischen paganer Tradition* (sempre dedicato ad Endelechio).

46. Si veda Scourfield, *Textual Inheritances*, p. 4: «Late-Antique Christianity [...] was a part of classical Antiquity, not an alternative to it. From this point of view, and parcicularly as far as literary culture is concernet, wath appens in the course of century is most aptly described in terms of negotiation, accomodation, adaptation, transformation». Nella recensione al saggio (apparsa su «Classical Review») Mawr commenta che la presunta neutralità dell'approccio inclusivo usato dallo studioso, se pure non accolta concordemente, ha avuto il pregio di esercitare un effetto liberatorio sul dibatitto letterario e intellettuale relativo alla tarda antichità.

47. Fontaine, *La conversion du christianisme*, p. 54.

zione messianica della IV ecloga;[48] la tematica biblico-pastorale sviluppata nell'Antico Testamento sarà alla base delle numerose interpretazioni anagogiche delle figure bucoliche: il Cristo-pastore[49] era la rappresentazione primordiale più praticata nell'iconografia cristiana antica.[50] Anche il *Cathemerinon* di Prudenzio mostra una sintesi superbamente poetica di alcuni spunti pastorali, già valorizzati per la storia della poesia bucolica da Walsh:[51]

> spumea mulctra gerunt niveos ubere de gemino latices, / perque coagula densa liquor/ in solidum coit, et fragili / lac tenerum premitur calatho (*Cath.* III, 66-70)

e

> verbi perpetuum redolet / prataque multicolora latex, / quadrifluo celer amne rigat (*Cath.* III, 103-104)

3. *I centoni*

I centoni sono testi che nascono dalla rielaborazione del contenuto e dal rimontaggio delle varie parti di un'opera poetica molto nota; a differenza delle parodie e dei *pastiches*, il centone rappresenta un modello di ricezione formale basato sulla licenza del contenuto.[52] Gli argomenti trattati possono essere vari: alcuni descrivono scene di vita quotidiana, altri sono poesie di circostanza, altri ancora affrontano temi mitologici e un piccolo gruppo presenta argomenti cristiani,[53] come quelli prodotti nei primi secoli

48. Lactan. *Divin. Instit.*, VII, 24 (*De renovato mundo*), PL 6, col. 810b inserisce alcuni versi dall'ecloga IV, ma seguendo un ordine diverso da quello virgiliano.

49. Per i luoghi biblici cfr. Allmen, *Vocabulaire biblique*, voce *Berger*.

50. Fontaine ricorda la cappella di Doura Europos sull'Eufrate (III secolo d. C), in cui si è conservata una decorazione pastorale con temi destinati a una fortuna secolare, perché il rito battesimale si congiunge al ritorno nel luogo edenico e viene raffiguarato con l'ingresso dei nuovi adepti in un *locus amoenus.*Al centro dell'affresco campeggia il Buon Pastore, con esplicita funzione di psicopompo.

51. *Pastor and Pastoral*, pp. 160-168.

52. Herzog, *Die Bibelepik*, p. 7. Il centone, secondo le posizioni critiche più recenti, non rappresenta un genere a sé stante ma «la veste esteriore che ammanta generi diversi», Audano, *Le moltre strade del centone*, p. 230.

53. La bibliografia sui centoni è molto ricca e in rapido aggiornamento; segnaliamo in questo capitolo alcune recenti miscellanee in cui si offre una panoramica degli studi e

dopo Cristo dall'élite colta ormai cristianizzata, ma abituata a frequentare gli *auctores*. La bravura e l'originalità dell'autore del centone[54] deriva dall'utilizzo dei versi del testo centonato senza aggiungerne di nuovi, ma giustapponendoli in maniera tale da rispettare le norme metriche e da veicolare un diverso e inedito significato; la tecnica centonaria[55] prevede inoltre che il fruitore del testo finale abbia ben presente anche l'originale, di solito un testo di indiscussa autorità letteraria, come Omero o Virgilio. Dai contributi più recenti[56] sui centoni emerge una maggior considerazione filologica delle *variae lectiones* utili, in prospettiva, anche per la *constitutio textus* delle opere virgiliane ma soprattutto, dato pertinente a questo studio, una forte attenzione al rapporto letterario col modello classico, descritto da Lamacchia nei termini pasqualiani di allusività, più recentemente definito imitazione creativa[57] e valorizzato in termini di rapporti intertestuali da Bažil.[58]

dei problemi avvertiti con maggiore urgenza dagli specialisti dell'argomento Carmignani-Audano, *Vergiliocentones*; Galli-Moretti, *Sparsa colligere*; Salanitro, *Silloge dei Vergiliocentones minori*. Bažil, *Centones Christiani*, divide in quattro gruppi i centoni a noi pervenuti datati tra il IV e il VI secolo d.C. sulla base dell'argomento: i due del primo gruppo sono dedicati alla vita quotidiana (*De alea* e *De pistore* o *De panificio*); i due del secondo gruppo sono poesie di circostanza (*Cento Nuptialis* di Ausonio e *Ephitalamium Fridi*, attribuito nel codice *Salmasiano* [Par. Lat. 10318] a Lussorio); gli otto che formano il terzo sono a contenuto mitologico (*Narcissus*, *Iudicium Paridis* attribuito a Mavortius, *Hercules et Antaeus*, *Progne et Philomela*, *Europa*, *Alcesta*, *Hippodamia*); gli ultimi quattro centoni, che costituiscono il quarto gruppo, sono definiti centoni cristiani (*Cento Probae*, *Versus ad gratiam Domini*, *De Verbi incarnatione*, *De Ecclesia*). I testi sono traditi nell'*Anth. Lat.* (ed. Riese), I. Tradita sempre nell'*Anthologia Latina* è la *Medea* di Osidio Geta, una tragedia costruita centonando versi virgiliani, per cui si veda l'ed. Lamacchia.

54. Sull'etimologia di *centone* che deriverebbe da *cento*, un tessuto *patchwork*, cfr. Vidal, *La technique de composition*; Polara, *I centoni*; Bažil, *Centones Christiani*, pp. 43-58. Le norme del genere centonario prevedono che i versi siano costruiti a partire dal materiale preesistente, non si importi più di un verso e mezzo di seguito, si utilizzino di preferenza emistichi originali perché si devono osservare le cesure. Un accenno alla tecnica compositiva in Green, *The Works of Ausonius*, p. 518.

55. Si cfr. Vidal, *La technique de composition*, p. 243 n. 29; McGill, *Poeta arte christianus*, p. 15 n. 3; e Fassina, *Alterazioni semantiche ed espedienti*, che cita Lamacchia, *Dall'arte allusiva al centone*, p. 212 a proposito della *vox communis*, indicando con questa espressione la tendenza dei centonari a saldare insieme due emistichi con la parola d'attacco in comune.

56. Una sintesi in Audano, *Le moltre strade del centone*, p. 28.

57. Arcidiacono, *Il centone virgiliano cristiano*, p. 233.

58. Bažil, *Centones Christiani* e Audano, *Le molte strade del centone*, pp. 233-234.

Isidoro nel *primo libro* delle *Etymologie*, li descrive così:[59]

> Centones apud grammaticos vocari solent, qui de carminibus Homeri seu Vergilii ad propria opera more centonario ex multis hinc inde conpositis in unum sarciunt corpus, ad facultatem cuiusque materiae. Denique Proba, uxor Adelphi, centonem ex Vergilio de Fabrica mundi et Euangeliis plenissime expressit, materia composita secundum versus, et versibus secundum materiam concinnatis. Sic quoque et quidam Pomponius ex eodem poeta inter cetera stili sui otia Tityrum in Christi honorem conposuit.

L'interesse che i centoni rivestono all'interno di questo studio è duplice: costituiscono un momento importante della fortuna virgiliana ma soprattutto rappresentano una precoce forma poetica in cui i testi di Virgilio si saldano con le tematiche cristiane. La fortuna del poeta latino nella tarda latinità, infatti, concorre a quella cristianizzazione veicolata dalle interpretazioni messianiche della IV ecloga[60] che permettono di inserire, in testi di propaganda cristiana come i sermoni, citazioni tratte dalle *Bucoliche* vicino a passi della Bibbia.

L'apprendimento anche mnemonico dei modelli classici, base del percorso formativo cui allude anche il passo di Girolamo riportato al paragrafo precedente, si confronta con un'attitudine esegetica sviluppata sui testi sacri: il centone cristiano mantiene la forma classica della letteratura pagana ma se ne distingue soprattutto per il contenuto, per il fondamento ideologico e per l'interpretazione figurale. Contro questa pratica, molto frequentata in relazione alle opere virgiliane, si scaglia Girolamo nell'epistola inviata nel 394 a Paolino da Nola:

59. I, 39, 25-26: « I grammatici chiamano centonari quelli che, per fare un testo proprio secondo lo stile centonario, dalle opere di Omero o Virgilio prendono molti passi e li mettono tutti insieme in un unico carme, trattando l'argomento che vogliono. Così Proba, moglie di Adelfo, scrisse perfettamente un centone virgiliano sulla creazione del mondo e sui Vangeli: il testo era composto sulla base dei versi preesistenti, e i versi erano avvicinati secondo l'argomento. Così anche il poeta Pomponio, con lo stesso sistema, compose dalle *Bucoliche* (otia Tityrum) un testo in lode di Cristo». Purtroppo Isidoro non fornisce nessun ulteriore elemento né relativo all'opera né all'autore. Di Proba mostra invece di conoscere piuttosto bene l'opera e certi particolari biografici, cfr. Polara, *I centoni*; Fassina, *Alterazioni semantiche ed espedienti*; Bažil, *Centones Christiani*; Sineri, *Il centone di Proba*, che propende per una fruizione anche paraliturgica e recitata del centone. Audano, *Le moltre strade del centone*, p. 228.

60. Sineri, *Virgilio cristiano*, p. 89, indaga il rapporto tra l'*Oratio* e il *Cento Probae* sostenendo che l'*Oratio*, acclusa alla *Vita Constantini* di Eusebio contiene uno degli esempi più antichi di interpretazione cristiana in chiave allegorica della quarta ecloga virgiliana.

quasi non legerimus Homerocentonas et Vergiliocentonas ac non sic etiam Maronem sine Christo possumus dicere Christianum, quia scripserit: 'iam redit et virgo, redeunt saturnia regna', 'iam nova progenies caelo demittitur alto' [...]. Puerilia sunt haec [...], docere quod ignores, immo [...] nec hoc quidem scire, quod nescias.[61]

Il *Vergiliocento* di maggior sapore bucolico[62] sono i *Versus ad gratiam Domini* attribuiti a Pomponio dal primo editore.[63] Il titolo attuale deriva dall'*inscriptio* del Pal. Lat. 1753,[64] l'unico testimone che ci conserva il testo, preceduto dal più noto *Cento Probae*; i *Versus* si compongono di 131 esametri interrotti alla prima parola del verso 132.[65] La datazione del testo è dibattuta, e oscilla tra il IV e il V secolo. Sembra tuttavia plausibile che l'opera non si collochi molti anni dopo la fine IV secolo, per il gusto e per l'affinità compositiva che lo legano al *Cento Probae*.[66]

61. «Quasi non leggerei i centoni di Omero o Virgilio; infatti non possiamo dire che Virgilio è stato Cristiano anche prima di Cristo perché scrisse: "già torna la vergine e torna il regno di Saturno" o "già una nuova progenie scende dal cielo". Sono sciocchezze che uno possa insegnare ciò che non sa o che possa sapere ciò che ignora», Hier., *Ep.* 53,7, PL 22, col. 544.

62. Di natura diversa il breve epigramma di papa Damaso *Versus ad fratrem corripiendum*, che può considerarsi un calco esemplato sul notissimo incipit della I *Ecloga*: «Tityre, tu fido recubans sub tegmine Christi/ divinos apices sacro modularis in ore, / non falsas fabulas studio meditaris inani. / Illis nam capitur felicis gloria vitae, /istis succedent poenae sine fine perennes. / Unde cave, frater,vanis te subducere curis, / inferni rapiant miserum ne tartara taetri. / Quin potius sacras animo spirare memento / scripturas, dapibus satiant quae pectora castis./ Te domini salvum conservet gratia semper» (le espressioni tratte dall'*Ecloga* sono sottolineate). Su questo testo cfr. Pricoco, *Valore letterario*, e Rocca, *Memoria incipitaria negli epigrammi di papa Damaso.*

63. Bursian, *Ein ungedruckter Cento*, fu il primo editore del centone e propose di identificare il Pomponio del passo isidoriano con l'autore dei *Versus*, pp. 29-37. I *Versus* entrarono l'anno successivo nel sedicesimo volume del *Corpus Vindobonense* curato da Schenkl, *Poetae Christiani minores*, pp. 609-627. I centoni sono inclusi nelle edizioni dell'*Anthologia Latina*, cfr. Riese 1884-1906 (frammento 719a, pp. 189-193); fa eccezione l'edizione Shackleton Bailey, del 1982. L'edizione più recente è quella già citata di Arcidiacono, *Il centone virgiliano.*

64. Il codice, databile alla fine dell'VIII secolo, proviene dall'abbazia di Lorsch.

65. Cfr. Vidal, *La technique de composition*, p. 234. Il testo si chiude con la parola «Omnipotens», la stessa con cui comincia il *De Verbi incarnatione*, tradito da un unico testimone, il Pal. lat. 13047 (*olim* S. Germani 841). Sul testo si veda anche Bažil, *Centones Christiani*, p. 206.

66. Per la complessa ricostruzione cronologica e biografica del personaggio cfr. Green, *Proba's cento*, pp. 551-554. Le analogie che legano il *Versus ad Gratiam Dei* con il *De Verbi*

I *Versus ad Gratiam Dei* non si compongono soltanto di luoghi tratti dalle *Eloghe*, anzi, la percentuale di citazioni (14,1% dalle *Bucoliche*; 17,6% dalle *Georgiche*; 68,3% dall'*Eneide*)[67] rende il carme debitore di tutta l'opera virgiliana. Quello che conferisce una forte intertestualità tra il centone e le ecloghe virgiliane è una serie di elementi compositivi:[68] il contrasto, l'onomastica, il clima politico, che però si sviluppa all'insegna di una nuova divinità ispiratrice del canto, che ha bandito i sacrifici.[69] Ma il rovesciamento del genere è attuato principalmente dalla nuova interpretazione delle figure pastorali, che mutano di senso, come i presagi,[70] tutti decifrabili alla luce[71] dell'Antico Testamento.

Nel corso dello sviluppo teorico e dottrinale del carme diminuiscono le citazioni bucoliche (con l'eccezione di qualche verso tratto dall'*ecl.* IV) e si intensificano quelle tratte dalla Bibbia, utilizzata come fonte indiretta attraverso la mediazione del *Cento Probae*.[72]

Incarnatione non aiutano sul piano cronologico: è incerta non solo la datazione dei due centoni, ma anche la priorità compositiva del primo sul secondo, cfr. Bursian, *Ein ungedruckter Cento*; Schmid, *Tityrus Christianus*; Vidal, *La technique de composition*; McGill, *Poeta arte christianus* e Fassina, *Alterazioni semantiche ed espedienti*. Per la datazione, Schmid (*Tityrus Christianus*, p. 155 n. 135) ritiene il centone posteriore al *De Mortibus Boum* di Endelechio; concorda con lo studioso tedesco Vidal, *La technique de composition*, ma senza motivare la posizione. Di parere diverso McGill, *Poeta arte christianus*, p. 17, n. 11.

67. Calcoli elaborati da Vidal, *La technique de composition*, p. 239 e parzialmente desunti dal lavoro di Schenkl che fa seguire la sua edizione da una lista di luoghi virgiliani (esametri o emistichi) rintracciabili nel centone. Il calcolo di Vidal, come spiegato nella nota 21, tiene conto talvolta anche di unità sintattiche più piccole, comprese le locuzioni comuni a più passi dell'opera di Virgilio.

68. Tale intertestualità si allenta leggermente nel corso dei versi, cfr. Vidal, *La technique de composition* e McGill, *Poeta arte christianus*, ma non scompare del tutto: si pensi alla menzione del personaggio di Stimichon al verso 23, tratto da *ecl.* V, 55. Il testo di Pomponio è indicato dai critici anche con il titolo di *Tityrus*; sulla scorta del passo sopra citato delle *Etim.* (I, 39, 25-26), McGill, *Poeta arte christianus*, p. 17, parla di «more radical early example of how an author could preserve features of classical bucolic while infusing the form with Christian content».

69. Molto spazio è dedicato al ruolo terreno di Cristo (vv. 9-20), all'escatologia cristiana (vv. 26-45; 60-74) e alla narrazione cosmogonica (vv. 83-132), elemento presente anche nel modello classico (soprattutto nella VI *Ecloga*).

70. *Ecl.* I, 16-18.

71. Vv. 103-104, alleanza di Dio col popolo d'Israele; vv. 105-119, fuga in Egitto e prevaricazione del popolo ebraico; v. 120 annuncio della Redenzione.

72. «Dans la fonction de l'horizon sémantique spécifique, une autre source intermédiaire entre son poème et la Bible, source qui présente le récit biblique sous une forme

Poiché il testo nasce dall'imitazione formale,[73] ma non dall'adesione al genere letterario, è stata rilevata da vari studiosi l'assenza di alcuni elementi pastorali importanti: non c'è idealizzazione edenica del *locus amoenus*,[74] mancano il canto, l'elemento erotico, gli animali.[75]

Schmid sosteneva che la sincresi tentata da Pomponio non fosse pienamente risolta sul piano letterario: «sie nicht so sehr bukolische als vielmehr elegische Züge aufweist»,[76] anche se gli tributava il ruolo di primo cristianizzatore della Bucolica.

4. *Endelechio,* De mortibus boum

Fu uno studioso[77] del XVII secolo, Sirmond, a proporre per primo l'identificazione – oggi concordemente accettata – dell'*orator Endelechius*,[78] attivo in Roma al tempo dei consoli Olibrio e Probino (395

déjà considérablemaent abrégée et adaptée aux buts d'un poème paraphrastique: le *Cento Probae*», Bažil, *Centones Christiani*, p. 212.

73. Arcidiacono individua tre livelli di risemantizzazione del testo classico in senso cristiano: mantenendo il significato dell'ipotesto originale ma adattandolo ad un diverso referente («aethere in alto» di *Aen.* 6, 436 e dei *Versus* 73); mutando il significato dell'ipotesto (*Aen.* 8, 155 «accipio agnoscoque» inteso in senso fisico che nei *Versus*, 82 assume un significato mentale) o agendovi in modo definitivo (*pietas* e *pastor* che assumono un senso completamente diverso).

74. Ricci, *Motivi arcadici in alcuni centoni.*

75. Mc Gill, *Poeta arte christianus*, p. 20.

76. Schmid, *Tityrus Christianus*, p. 110. Anche Curtius, *Letteratura medievale*, nello stesso anno riteneva il centone il primo esempio di *spiritual eclogue*. Di parere nettamente contrario è invece Alimonti, *Struttura, ideologia*: «Il carme, nonostante i nomi dei protagonisti, non ha alcun elemento che permetta di includerlo nel genere bucolico», p. 107 n. 34.

77. *Incipit carmen Severi Sancti, id est Endelechi rethoris de mortibus boum*: nel 1586 con questo titolo il carme fu pubblicato a stampa per la prima volta a Parigi da Pithou (*Veterum aliquot Galliae Theologorum scripta*, il testo è alle pp. 144-146. Lo stesso editore lo ripubblicò in *Epigrammata et poemata vetera*, Parisiis 1590, pp. 448-452 e Genevae 1596, pp. 573-576; ristampa anastatica Amsterdam 1964) riscuotendo una certa fortuna. Ne contiamo infatti diciassette edizioni prima di quella curata da Piper nel 1835. Fu edito e commentato da Riese nell'*Anthologia Latina*, Lipsia 1906, il testo è alle pp. 334-339, quindi da Korzeniewskj, *Hirtengedichte*, pp. 57-72. Si veda anche la scheda di White, *Poeti cristiani*, p. 70. Negli ultimi anni si contano molte edizioni, con traduzione del testo nelle varie lingue europee, per un censimento aggiornato si veda Petringa, *Il* signum crucis, p. 148 e n. 6.

78. La notizia dell'esistenza di questo personaggio ci perviene dalla *subscriptio* al libro IX dal ms. Laurenziano 68, 2, cfr. Schmid, *Reallexicon*, voce *Endelechius*, pp. 2-3 e Alimonti, *Struttura, ideologia*, pp. 21 nn. 4 e 5.

d.C.), con l'omonimo amico che Paolino da Nola menziona in varie epistole come «benedictus, id est christianus vir, Endelechius»[79] e a cui si attribuisce il carmen *De mortibus boum*.

Ormai accolto nelle edizioni, il titolo[80] *De mortibus boum* è stato confermato dal *codex Aurelianensis* 288 (242).[81] La datazione del carme è desunta sulla scorta di elementi interni ed esterni al testo: la grande pestilenza che distrugge le greggi dei due pastori pagani potrebbe essere quella che colpì la Pannonia, l'Illiria e le Gallie nel IV secolo; dai vv. 105-107 apprendiamo che il cristianesimo è ormai largamente diffuso nei centri urbani, mentre nelle campagne resistono i culti pagani;[82] anche l'identificazione

79. Ep. 28,6. Proprio dietro suggerimento di Endelechio, Paolino avrebbe composto il *Panegirico* in onore dell'imperatore Teodosio nel 394-395. Secondo Schmid Paolino parla sempre di Endelechio anche in altre due lettere, l'ep. 40 e la 41, quando nomina un *Sanctus*: se ha ragione, apprendiamo che *Benedictus Sanctus* doveva essere un poeta, in quanto viene ringraziato per alcuni suoi inni. Il tenore delle due epistole, inoltre, è tale da prevedere un destinatario all'altezza degli artifici retorici usati dal mittente (cfr. Schmid, *Panegirik und Bukolik*, p. 120). Accettano l'identificazione Moricca, *Endelechius*; Schmid, *Reallexicon*, voce *Endelechius*, pp. 1-3; Id., *Tityrus Christianus*. Alimonti, *Struttura, ideologia*, p. 22 n. 8; per la ricostruzione del dibattito si veda Corsaro, *L'autore del* De mortibus boum, pp. 20-26. L'identificazione è ormai concordemente accettata, come attestano gli studi recenti di Warburg, *El barocco teodosiano*, p. 512; Schierl, *A Preacher*, p. 241 e n. 4; Petringa, *Il* signum crucis, p. 148 e n. 5.

80. Lo studioso registra anche un'oscillazione nella tradizione del nome: *Endeleichus rethor* nell'edizione Pithou, *Endelicus* nel catalogo di Saint-Oyan, *Endeleichus –Endelichus* in un commento a Sidonio del 1599, cfr. Alimonti 1976 pp. 20-23. Le edizioni più recenti sono quella di Barton, *Spätantike Bukolik* (traduzione in tedesco) del 2000, quella di Comparelli, *Severo Santo Endelechio* del 2002, quella di Green, *Refinement*, del 2004.

81. Codice del XVI secolo conservato nella Biblioteca di Orléans. Del ms., già segnalato da Baherens, *Zur Lateinischen Anthologie* pp. 264-265, dà notizia Cock, *A propos de la tradition*. Il codice aurelianense è usato nell'edizione Korzeniewski, *Die Hirtengedichte*. Cfr. *Schulbücher im Trivium*, II, p. 881: «Item codex ubi sunt Claudiani poetae *in Rufinum libri duo*, Item Nemesiani *Cynegeticon*, Item *epigrammata* diversa inter quae versus Endeleci *de mortibus boum*» ("Il codice dove si trovano i due libri *In Rufino* di Claudiano, il *Cynegeticon* di Nemesiano, alcuni epigrammi tra cui i versi del *De mortibus boum* di Endelechio"). Nell'edizione Gallandi (PL XIX, col. 797-800), il carme è invece intitolato *De virtute Signi Crucis Domini.*

82. «Signum [...] crucis dei / Magnis qui colitur solus in urbibus / Christus» (« il segno della croce di Dio, venerato soltanto nelle grandi città »); la persistenza di riti di fecondità e purificazione dei campi è attestata fino al VI secolo, cfr. alcuni scritti di Agostino in cui l'autore rimprovera i cristiani di partecipare a cerimonie pagane (per esempio il sermone *In Ps.*LXII) e la lettera che papa Gelasio (ep. 2, 3) scrisse nel 494 contro i Lupercali. Il simbolismo salvifico del *signum crucis*, che ritroviamo in molti autori francesi in epoca altomedievale (sant'Ilario, san Martino), suggerisce allo studioso una plausibile localiz-

dell'autore del carme con l'amico di Paolino da Nola rimanda ad avvenimenti dei medesimi anni,[83] per cui il testo potrebbe datarsi al 394-395.

Il *De mortibus boum* è stato defino una *Zahlenkomposition* poiché è formato da 132 versi organizzati in trentatré strofe asclepiadee seconde, numero che coincide con gli anni di Cristo;[84] altri studiosi ne hanno rilevato la struttura circolare,[85] evidenziando di volta in volta elementi interni al testo che concorrono a definirne la contestualizzazione storico-letteraria.[86] L'opera narra la disperazione di due pastori pagani a cui la peste ha distrutto il gregge. Contrasta con il dolore dei due la serenità del terzo pastore, Titiro, i cui armenti sono stati risparmiati dal morbo:[87] la sua tranquillità

zazione del testo in Gallia, che ben si accorderebbe con il cristianesimo primitivo descritto nel testo, Warburg, *El barroco teodosiano*, pp. 523-524.

83. L'epistola XXVIII di Paolino a Sulpicio Severo, in cui viene menzionato Endelechio, fa parte di un gruppo di lettere datate tra il 401 e il 405 e contiene un riferimento piuttosto esplicito al *Panegirico* di Teodosio: «Alius libellus ex his est, quos ad benedictum, id est, christianum virum, amicum meum Endelechium scripsisse videor. [...] Fateor autem idcirco me libenter hunc ab amico laborem recepisse, ut in Theodosium non tam imperatorem quam Christi servum, [...] praedicarem» ("C'è un altro libello tra questi che mi sembra abbia scritto il mio amico Endelechio a Benedetto, cioè cristiano. [...] Confesso che volentieri ho accettato dall'amico l'incarico di esaltare in Teodosio non tanto l'imperatore quanto il servo di Dio", cfr. PL 61, col. 312b, ep. XXVIII, 6), cfr. Alimonti, *Struttura, ideologia*, pp. 42-43 e seguenti. La lettera LVIII di Girolamo (PL 22, col. 579) e alcune notizie inserite del *De viris illustribus* di Gennadio (cap. XLVIII) avvalorano l'ipotesi di un Endelechio mosso da motivi di ordine ideologico-politico, in linea con le direttive imperiali che avevano bandito i riti pagani residui (l'editto di Tessalonica fu promulgato l'8 novembre 392), sull'argomento si veda Comparelli, *Severo Santo Endelechio*, in part. pp. 130-131.

84. L'adozione di un metro lirico in un carme amebeo ha il suo precedente negli *Opuscula ruralia* di Settimio Sereno, cfr. Schmid, *Tityrus Christianus*, p. 123; Warburg, *El barroco teodosiano*, p. 514. Secondo Schierl, «The choice of a Horatian lyric meter [...] marks a clear departure from the bucolic tradition; [...] it is likely to be motivated by the attempt to give expression to the Christian message on a formal level», p. 247.

85. Petringa, *Il* signum crucis, p. 151 parla di *Ringkomposition* del carme: l'uso di simmetrie e parallelismi, secondo la studiosa, «rientrava nelle caratteristiche del genere bucolico».

86. Warburg, *El barocco teodosiano*, segue l'analisi degli elementi formali dell'alessandrinismo; Petringa, *Il* signum crucis, le rispondenze testuali che convergono verso il *signum crucis*. Entrambi gli studiosi concordano sulla centralità che assume la I ecloga virgiliana, cfr. ivi, pp. 158-159; Warburg, *El barocco teodosiano*, pp. 513-518.

87. «en tibi Tityrus / Saluo laetus agit grege! / Ipsum contueor. dic age, Tityre:/ Quis te subripuit cladibus his deus, / Vt pestis pecudum, quae populata sit / Vicinos, tibi nulla sit?» (vv. 99-104).

deriva dal segno della croce imposto sul capo delle sue bestie, simbolo del nuovo Dio che non richiede sacrifici cruenti ma la semplice purificazione dell'animo e protegge il suo gregge e lui stesso. Il carme termina con la conversione dei due pastori pagani (Buculo e Egone) che si recano con Titiro a rendere omaggio a Cristo nella vicina città.

Il testo mostra la consapevolezza autoriale nell'impiego del materiale classico; il netto parallelismo di situazioni con il modello virgiliano viene instaurato dall'imitazione contrastiva[88] della I *ecloga* virgiliana (che il nome Titiro basta ad evocare) e si sviluppa, rovesciandoli, su tre elementi tematici: *Deus*, *urbs*, *ara*, cioè il dio che protegge Titiro, il sacrificio fatto in onore del dio, la città dove ci si reca per rendere omaggio e ricevere i benefici del dio protettore. In Virgilio il *deus ille* era Augusto, in Endelechio è Cristo, in Virgilio si parla del sacrificio di un capretto (*ecl.* I, 42-44) mentre in Endelechio il nuovo dio non richiede sacrifici cruenti (*De mort.* vv. 114-120), in Virgilio c'è Roma (*ecl.* I, 20-25) mentre in Endelechio la città – qualunque essa sia – è il luogo in cui si venera il nuovo dio.[89] All'interno della vicenda generale, la morte degli animali è descritta attraverso scene di qualità alessandrina che guadagnano una certa autonomia narrativa[90] e che sarebbero, secondo Warburg, distintive proprio del barocco teodosiano. La maggior parte delle citazioni provengono dalle *Georgiche*, depurate dell'elemento didattico,[91] specialmente quelle sull'epizoozia e la peste del Norico (*Geor.* III, 440-566; *De mort.* 13-96),[92] ma ci sono anche

88. Cfr. Thraede, *Epos*; Herzog, *Die Bibelepik* e Stella, *Imitazione interculturale*, in part. pp. 11-14; in relazione al testo di Endelechio Warburg, *El barroco teodosiano*, pp. 514-518, par. *La renovación del género literario*.

89. «crucis dei, / Magnis qui colitur solus in urbibus, / Christus», *De mort.*, vv. 105-107.

90. Vv. 33-40 morte di due buoi da tiro; vv. 41-52 morte di due buoi da aratro; vv. 62-64 morte di una vitella; vv. 65-68 morte di una mucca; vv. 69-80 morte della madre col vitello; vv. 85-96 visione d'insieme della desolazione portata dalla peste, cfr. Warburg, *El barroco teodosiano*, p. 519. Le singole scene sono analizzate dal punto di vista tematico anche da Schierl, *A Preacher*, pp. 245-246.

91. Warburg, *El barroco teodosiano*, p. 519.

92. L'analisi dei singoli versi si legge in Schmid, *Tytirus Christianus* e in Alimonti, *Struttura, ideologia* che individua alcune citazioni: (*De Mortibus Boum* = MB; *Georgiche* = G) MB 21-G III,468-469 («serpant» / «serpere»); MB 27-28-GIII,455-456 («medicas manus»); MB 42-G I, 43-44 («putris liquoribus»); MB 45 – GIII 515-516 («bos», «tauro», «iuvencum»); MB51-52-GIII506-507 («longis pulsibus ilia» / «longo ilia singultu»); MB 65-GIII 498-499 («graminis immemor» / «immemor herbae»); MB 85-88-G II, 403-403 («gelidis aquilonibus» / «frigidus aquilo»); MB91-GIII 523 («albent lumina» / «oculos stupor urget»).

prestiti da Lucrezio,[93] Orazio, Ovidio, Seneca tragico,[94] secondo un *mélange* di generi tipico del formalismo tardoantico. Il pubblico a cui è rivolto il testo è colto, in grado di cogliere la *retractatio*[95] bucolico-georgica di Endelechio. Da un punto di vista narrativo, il testo mostra aspetti un po' naif – il gregge del pastore cristiano si salva, quello del pastore pagano muore –, ma non distanti dalla geometrica esemplarità di certi *miracula* o dalle agiografie che si vanno diffondendo nei primi secoli del Cristianesimo. Questo di Endelechio è il primo testo su cui tentare una verifica degli elementi bucolici individuati nel capitolo metodologico: l'onomastica è pastorale, anche se non esclusivamente virgiliana; l'ambiente è agreste, ma non c'è nessuna sintonia con la natura, che funge solo da sfondo; spazio inconsueto hanno invece gli animali malati, un elemento che tornerà, carico di significati allegorici, nella settima ecloga di Petrarca; sono assenti il canto (con tutta l'allegoria del pastore-poeta), il *certamen*, l'elemento erotico o amicale. A livello formale il metro è lontano dalla tradizione bucolica e la scansione vagamente dialogica, che secondo Alimonti[96] assicura «la struttura scenica tipica del genere bucolico», sarebbe un elemento troppo tenue per promuovere da solo l'inclusione del testo nel genere pastorale, se non fosse sorretto dalla fitta trama di allusioni al modello virgiliano.

Sono poche le costanti bucoliche presenti nel testo; Endelechio tuttavia sembra collocarsi deliberatamente entro il genere proprio grazie alla contrapposizione ideologica che mette in atto: ne usa pochi elementi distintivi e li rovescia completamente (città *vs.* campagna; Augusto *vs.* Dio; *locus amoenus* pagano = teatro dell'epidemia; offerta agreste pagana *vs.* purezza dell'animo). È stato Schmid nel suo articolo *Tytirus Christianus* del 1953[97] a fissare le coordinate del dibattito: opponendosi a Bruno Snell e alla sua interpretazione della bucolica come continuità tra il mondo virgiliano e l'epoca moderna, propone una lettura basata sull'opposizione e l'antagonismo tra mondo pagano e cristiano, di cui Endelechio rappresenterebbe un esempio

93. «Nell'esegesi virgiliana antica, da Servio agli *Scholia Bernensia*, a Macrobio [...] la descrizione della peste di Atene viene additata come il modello di Virgilio per l'analoga peste del Norico», Alimonti, *Struttura, ideologia*, pp. 82-83.

94. Cfr. Alimonti, *Struttura, ideologia*, p. 219.

95. Alimonti, *Struttura, ideologia*, p. 104. Sui destinatari del carme cfr. Petringa, *Il* signum crucis, p. 170.

96. Alimonti, *Struttura, ideologia*, p. 5.

97. L'articolo fu poi ampliato e confluì nel 1976 nel volume di Garber, *Europäische Bukolik*, più volte menzionato. Schmid torna sull'argomento anche in altri contributi, tra cui *Arkadien: Abendland und Antike* del 1975.

perfetto, con la sua «effimera» presenza in Arcadia che, per accogliere il pastore cristiano, è stata depauperata degli elementi che costituivano la sua appetibilità.[98] A questa interpretazione del carme, accolto nel genere bucolico solo nei termini di un rovesciamento agonistico del modello virgiliano, è allineata Monika Barton, nel suo *Spätantike Bukolik* del 2000; per Inés Warburg il testo classico opera a tutti i livelli del poema e identifica le costanti ancestrali della poesia pastorale, che sono predominanti: la I ecloga di Virgilio è indispensabile alla decifrazione della struttura binaria (una prima parte narra la natura perturbata; la seconda il soprannaturale) e antitetica del testo, basato sull'imitazione contrastiva propria della poesia cristiana virgiliana.[99] Il parere non è univoco: tra gli studi più recenti quello di Ferraro[100] gli nega qualsiasi statuto bucolico perché vede l'assoluta prevalenza dell'aspetto cristiano e biblico (Giobbe) su quello virgiliano. Petra Schierl[101] ha dedicato un contributo specifico al codice bucolico del carme di Endelechio: nel suo articolo del 2016 riparte dalla tesi di Schmid per discuterne l'assunto e rivederne le conclusioni. Inquadrando il problema dal punto di vista del *genus* – mostra anche alcune sottili analogie tematiche con Calpurnio e Nemesiano – storicizza i testi di Schmid nella riflessione sulla bucolica condotta a metà del Novecento, quando dominava l'interpretazione "in continuità" di Bruno Snell a cui Schmid aveva opposto una lettura segnata dal forte antagonismo tra cultura pagana e cultura cristiana.[102] L'elemento contrastivo è parte del modello virgiliano e la lotta – anche culturale – al paganesimo è un dato storicamente accertato; Schierl, tuttavia, è più orientata verso una lettura di compenetrazione tra le due culture cristiana e pagana, per cui ritiene la posizione di Schmid troppo drastica e non condivide la centralità assegnata alla tematica dell'amore-passione.[103] Il saggio prosegue distinguendo tra elementi

98. L'antagonismo tra pagani e cristiani ha un suo fondamento storico, testimoniato anche da molte pagine di Girolamo in cui, come abbiamo visto nel paragrafo precedente, l'elemento connotativo della bucolica è individuato nell'erotismo.

99. Warburg, *El barocco teodosiano*, pp. 517-518.

100. Ferraro, *Il* de mortibus boum, p. 753 (il saggio è del 2008).

101. *A Preacher*.

102. Schierl, *A preacher*, in part. pp. 242-3 e pp. 252-256.

103. «How could Christian bucolic poetry be attractive if cleansed of the very amatory words that constitute the appeal of bucolic poetry, according to Jerom? [...] an alternative understanding of Endelechius'bucolic becomes possible if [...] we examine [...] wath motivates the adaptations of Vergil», *A Preacher*, p. 256. In effetti il tema sentimentale non è centrale nella I ecloga, quella tenuta a modello da Endelechio.

del canone bucolico completamente assenti nel testo di Endelechio (il canto e l'Arcadia) e altri che sono presenti e funzionali al rovesciamento,[104] operato con la I ecloga di Virgilio in filigrana: il distacco maggiore consisterebbe nella sostituzione del salvatore (da Augusto a Cristo) e la scelta del metro oraziano servirebbe proprio a sottolineare l'allontanamento ideologico dal mondo pastorale virgiliano.

Il testo di Endelechio, anche se non soddifa pienamente i parametri bucolici, mostra la volontà di operare sul modello virgiliano in quanto pastorale, per cui acquisisce un peso determinante nella storia del canone. Andrebbe secondo me sottolineata, sul piano del contenuto, la componente storico-politica del testo, un elemento che, come il panegirico e la propaganda, fa parte del codice bucolico mediolatino e che non è stato valorizzato da nessun studioso in relazione al genere letterario. Altro dato rilevante, invece valorizzato concordemente, è l'intuizione di aver accolto la divinità cristiana in Arcadia, tema che verrà compiutamente sviluppato nel periodo carolino attraverso la più complessa simbologia del re-pastore-Cristo.[105]

Signum, quod perhibent esse crucis dei,
magnis qui colitur solus in urbibus,
Christus, perpetui gloria numinis,
cuius filius unicus,
hoc signum mediis frontibus additum
cunctarum pecudum certa salus fuit.
Sic vero deus hoc nomine praepotens
Salvator vocitatus est.
Fugit continuo saeva lues greges,
morbis nil licuit...
(vv. 105-114)

Il segno che dicono essere della croce di Dio,
che solo è onorato nelle grandi città,
Cristo, gloria dell'eterno nume,
di cui è unico figlio.

104. Per esempio la simmetria tra la perdita dei campi e la perdita del bestiame, *A Preacher*, p. 262.

105. La bucolica carolingia in questo senso opera un passaggio concettuale che in Endelechio manca, sfruttando in pieno le possibilità sincretiche ancora implicite nel *De mortibus*. Sull'assenza del "buon pastore" in Endelechio si veda Gindele, *Die Hirten und der Gute Hirten*, pp. 51-69.

Questo segno impresso in mezzo alla fronte
è stata la sicura salvezza di tutte le bestie.
Così il Dio molto potente con questo vero nome
è stato chiamato Salvatore.
Subito la crudele pestilenza
abbandonò le greggi.
Nulla poté il morbo
(vv. 105-114)[106]

106. La traduzione è tratta da Maria Rosaria Petringa, *Il* signum crucis, p. 157.

3. La bucolica carolingia

1. *La bucolica carolingia o la ricerca della conformità*

Nell'ambito degli studi di letteratura mediolatina, nella seconda metà del Novecento si è discusso anche della legittimità storiografica del concetto di «rinascenza carolingia».[1] Sono state così indagate le spinte culturali precedenti l'ascesa al trono di Carlo Magno e la matrice classicistica della letteratura carolingia, pur sempre considerata come una delle principali tensioni culturali del periodo – il cui ruolo sarebbe stato determinante soprattutto a livello linguistico e letterario – ha subito un parziale ridimensionamento. Tra gli studi più recenti, quelli di ambito storico tendono a valorizzare l'aspetto di organismo sociale della corte,[2] luogo in cui il potere centrale si manifesta ma viene anche negoziato: il rinnovamento culturale del periodo carolingio, che sarebbe controfattuale negare, non deve intendersi come un calco di quello augusteo, anche perché la produzione carolina non aveva come scopo la glorificazione personale di Carlo e della sua cerchia. Tuttavia la corte, se pure non esercitò il monopolio culturale – molti capolavori sono stati composti nei centri periferici –, rappresenta per la letteratura carolingia uno dei principali scenari[3] e costituisce il

1. Cfr. almeno Lehmann, *Das Problem*; Brunhölzl, *Geschichte der lateinischen Literatur*; Fichtenau, *L'impero carolingio*; von den Steinen, *Der Neubeginn*; Godman, *Poetry*; Contreni, *The Carolingian Renaissance*; una sintesi del dibattito in Stella *La poesia carolingia*, pp. 11-19.

2. Cfr. *Emulation and Innovation*, in particolare i saggi di Garryson, *The Emergence of Carolingian Latin Litterature*, pp. 111-140 e di Nelson, *Kingship and Empire*, pp. 52-87; Ead., *Was Charlemagne's Court a Courtly Society?*

3. Godman, *Il periodo carolingio*, rispettivamente p. 373 e p. 341.

centro di elaborazione del suo progetto culturale, ripensato fin dall'ambito formativo[4] e da quello della produzione libraria.[5] Come si evince anche dal numero dei manoscritti conservatici,[6] i testi virgiliani facevano parte della riforma scolastica ispirato da Alcuino espressa nell'*Admonitio generalis* del 789 e nell'*Epistola de litteris colendis* che ha, tra i suoi effetti, anche quello di creare «un potenziale pubblico, quale era venuto a mancare nei secoli precedenti [...] e una committenza [...], che è qualcosa di più efficace e durevole del mecenatismo estetizzante o curioso: a prescindere dai risultati poetici, un fenomeno più ampio e ambizioso del programma culturale augusteo».[7]

La bucolica è un settore minoritario della grandissima produzione poetica che ha caratterizzato l'epoca carolingia; tuttavia alcune delle considerazioni generali ne descrivono perfettamente certe sue caratteristiche: la poesia latina è in questo periodo uno strumento privilegiato di comunicazione; la produzione poetica è vivificata dall'eterogenea provenienza dei singoli autori e subisce l'influsso di elementi culturali classici, di forme popolari.[8] L'adozione del codice bucolico, inclusa la sua parziale distorsione, rappresenta l'autoaffermazione di una cultura diversa, che si muove nel solco di quella virgiliana ma è arricchita da elementi di sincretismo religioso e folklorico: l'importanza della bucolica carolingia consiste proprio nella sua emancipazione dal modello classico e nell'aver accolto al suo interno quei nuovi contenuti che connotano l'estetica carolina.

Vinay, con felicissima sintesi, scrive che l'élite carolina

> per la sua provenienza e per le ragioni stesse della sua assunzione [...] è antiepica, se mai bucolica, perché bucolico è il gioco proprio della conformità

4. Riché, *L'enseignement* e Rosso, *La scuola nel medioevo*. Si pensi alla *De litteris colendis, Capitularia Regum Francorum* (MGH Capit. I/IV, p. 79 oppure MGH LL I, pp. 52-53).

5. Si veda il censimento dei mss. con autori classici prodotti in epoca carolingia in Munk Olsens, *L'étude des auteurs classiques*.

6. Munk Olsen rubrica venti manoscritti delle *Bucoliche* (di cui cinque frammentari) per il IX secolo, due per il IX-X secolo e dieci (di cui due incompleti) per il X secolo. Lo studioso sottolinea comunque la provenienza francese dei manoscritti di questo periodo, osservazione condivisa anche da Alessio, *Virgilio*: *Tradizione Manoscritta*, pp. 432-443.

7. Cfr. *De emendatione librorum* (786-800), MGH Capit. I/IV, pp. 80-81; *Admonitio generalis* (MGH LL 1, p. 65 paragrafo 71); Stella, *La poesia carolingia*, pp. 20-21.

8. «L'adozione di un determinato stile poetico non è esclusivamente un problema di modello culturale (classicista o meno) ma di comunicazione», Stella *La poesia carolingia*, pp. 23-24.

che non ha bisogno di tradizioni, di etni e di eti. Ed essi sono insieme appunto per ricercare la conformità.[9]

Per l'ambito bucolico tale conformità sembra raggiunta, come si apprezzerà meglio dall'analisi dei testi; valutare quanto sia stata longeva forse ha poco senso: l'*imagerie* pastorale permette la fuga dalla storia perché è sempre ben radicata in essa, e come tale è transeunte.

1.1. *Forme e modelli: analisi del codice bucolico carolino*

Come ricorda Leonardi,[10] la tradizione bucolica mediolatina si riconosce in Virgilio come nel suo maestro, e in effetti si ha un ricorso costante degli autori carolingi alle ecloghe virgiliane; ma è sensibile anche la presenza di Calpurnio e Nemesiano, i due bucolici tardoantichi, specialmente per gi aspetti panegirici e laudativi. La comprensione delle dinamiche storiche in cui l'opera virgiliana era stata concepita suggerisce, forse per analogia di situazioni, una interpretazione di certi elementi autobiografici costitutivi del modello bucolico e legittima anche sul piano politico, oltre che su quello poetico, il ricorso carolingio al poeta augusteo. L'identificazione degli intellettuali di Carlo Magno con poeti della classicità, un sovrano amante delle lettere e della cultura, trae materia anche dai commenti alle opere di Virgilio in cui fin dai primi secoli si insiste sulla rappresentazione degli episodi autobiografici virgiliani.

L'uso del codice bucolico è diffuso tra i carolingi, per cui al fenomeno sono stati dedicati contributi specifici, già discussi brevemente nell'introduzione generale; il primo, anche in ordine cronologico, è il lavoro di Dietmar Korzeniewski, *Hirtengedichte aus spätrömischer und Karolingischer Zeit, Bucolica aetatis Romanae posterioris et aevi Carolini*, uscito a Darmstadt nel 1976. Come già esplicito nel titolo, lo studioso prende in esame i testi bucolici tardoantichi e carolingi, di cui fornisce una nuova edizione critica; le poesie incluse sono quelle di Nemesiano,[11] Endelechio e Modoi-

9. Vinay, *Alto medioevo*, p. 185.

10. Gualtiero di Spira (sec. X-XI) scrive che «omnibus excellens docuit nos musa Maronis / ocia pastorum celebrare modosque laborum» ("la grande musa di Virgilio ha insegnato a tutti noi a celebrare gli ozi dei pastori [sc. *Bucoliche*] e i lavori necessari [sc. *Georgiche*]"), cfr. Leonardi, *Tradizione letteraria*, p. 423.

11. Il *carmen Gaddianum* (dal ms. Firenze, Biblioteca Laurenziana, Gaddi plut. 90, 12 inf.) fa sempre parte della tradizione Nemesiano, cfr. Castagna, *I bucolici minori*, pp. 15-17.

no; l'introduzione è breve e non affronta discussioni sul *genus* letterario, che sarebbero state interessati per comprendere i motivi della selezione. Le ecloghe di Modoino, tra le caroline, sono quelle maggiormente connotate in senso pastorale, ma la scelta dello studioso credo sia stata orientata dal fatto che abbondano di rimandi intertestuali ai bucolici minori, specialmente Calpurnio. Molto importante per il nostro studio è il volume di Roger Green, *Seven Versions of Carolingian Pastoral*, pubblicato presso la St. Andrews University nel 1980; il titolo allude, probabilmente, al noto saggio di Empson (*Some Versions of Pastoral*) e per questo si colloca in una dimensione critica che opera all'interno del genere: la posizione dello studioso sarebbe stata perciò preziosa, ma la brevissima introduzione non la rende sufficientemente perspicua. I motivi che hanno ispirato il lavoro oscillano tra quelli più genericamente storico-letterari («the resugernce of medieval studies [...]; the importance of these and similary worsk for the study of the appreaciation of the classical tradition and for the cultural history of the Middle Age [...]; the authors [...] are conteminous with the reign of Charlemagne and offer a fascinating perspective of the Carolingian Renaissance o "Neubeginn"») e quelli che alludono al canone bucolico («Giovanni Boccaccio, in a letter to fra Martino da Signa, dismissed all eclogues written between Vergil's time and his own as insignificant»),[12] senza però entrare nel merito del dibatitto. Oltre all'incontestabile valore filologico, il volume di Green è il primo a individuare un *corpus* di bucoliche mediolatine, anche se non chiarisce i criteri selettivi, e i testi inclusi (il *De cuculo* e il *Conflictus* di Alcuino, le due ecloghe di Modoino, l'*Ad Karolum regem* di Angilberto, l'ecloga di Pascasio, l'*Ecloga Theoduli*) sono quelli che risultano più reattivi ad una verifica del canone pastorale condotta nelle pagine che seguono. Gli ultimi e più specifici saggi da ricordare in questa premessa sono di Francesco Mosetti Casaretto, uno studioso che si è occupato in modo approfondito dell'*Ecloga Theoduli* ma che ha poi contribuito a chiarire la fisionomia della pastorale carolingia all'interno del *genus* con due interventi mirati: *Il genere pastorale e la Bibbia: ambiguità dell'immaginario e ridefinizione cristiana del modulo narrativo in epoca carolingia*, un saggio raccolto nella miscellanea *La scrittura infinita. Bibbia e poesia in età medievale e umanistica* del 2001 e *L'ecloga medievale come falso genere pastorale? Il caso della bucolica carolingia*, una relazione presentata ad un convegno su copia, imitazione e falso svoltosi a Bressano-

12. Entrambe le citazioni provengono da *Seven Versions*, p. 1.

ne nel 2008. Nel primo si riflette sull'uso dei temi scritturali applicati alla struttura contrastiva dell'*Ecloga* e sulla fortuna carolingia di certe sovrapposizioni allegorico-sincretiche tra le figure del mondo bucolico e quelle bibliche; nel secondo si affronta più direttamente il problema del genere letterario, mostrando – anche sulla scorta di una bibliografia specifica (Todorov, Schäffer, Berrio-Calvo) – come l'operazione dei poeti carolingi sia legittima anche sul piano della teoria dei generi e non rappresenti affatto un tradimento della pastorale, ma una tappa nella storia della sua evoluzione. Ne elenchiamo di seguito alcune caratteristiche.

Molte delle bucoliche caroline sono poesie di cerchia, scritte e lette da appartenenti ad un medesimo *entourage*,[13] autoreferenziali e dialogiche in senso lato, perché rappresentano un messaggio comprensibile solo a precisi interlocutori.

I meccanismi di imitazione e allusione variano a seconda di autori e testi: ciò che è nuovo rispetto al modello classico è l'inserimento del motivo cristiano, facilitato dalla sovrapposizione di alcune figure cardine del mondo bucolico con immagini simboliche della tradizione biblica, come quella del gregge e soprattutto quella del pastore.[14] Da questo punto di vista la rielaborazione del testo classico è maggiore nei poeti carolingi rispetto a quella osservata in Endelechio, dove elementi cristiani venivano collocati in un contesto senza nessun ricorso alla trasposizione simbolica.[15] La rilettura in chiave cristiana delle figure bucoliche offre spazio ad un ulteriore

13. L'ambiente di corte non è sempre idealizzato; talvolta le poesie descrivono rivalità interne, come in Modoino o Teodulfo. Questo sarà uno dei motivi della fortuna del genere bucolico in età rinascimentale, un periodo storico in cui abbondano i letterati cortigiani: cfr. Carrai, *La poesia pastorale*.

14. Sono numerosi i passi scritturali in proposito: Abele *pastor ovium* (*Gn*. 4,2) Mosé e Aronne (*Ps*. 76,21; 7752-7753); Davide (*Ps*. 77, 70-72); Cristo (*Io*. 10,11-16 / Io 1, 29; *I Pt*. 1, 19; Ap. Cc. 5, 22); *Ps*. 22,23; *Cantico dei cantici*; *Is*. 40,11; *Ger*. 23, 1-4; *Ez*. 34; *Zac*. 9-14; *Mat*. 25, 31-46; *Io*. 10, 1-17; *Mt*. 18, 12-24; *Lc*. 15, 1-18. Si veda anche Mosetti Casaretto, *L'ecloga medievale*, p. 68.

15. Sui meccanismi di inserimento e imitazione dei classici in composizioni di argomento religioso cfr. le analisi di Stella, *La poesia carolingia a tema biblico*, pp. 220-223: dei tre tipi di meccanismo enucleati dallo studioso (imitazione di lemmi ormai facenti parte del vocabolario tardo-antico; imitazioni «già coonestate da precedenti poeti cristiani e da essi autorizzate e peculiarmente connotate in modo irreversibile»; «imitazioni primarie» intessute di elementi che possiedono già una storia nel mondo cristiano e che certamente sono in grado di trasmettere al lettore cristiano colto questo loro aspetto, «pure se coordinati nei modi previsti dalla stilistica [...] tradizionale») sarà soprattutto il terzo ad essere oggetto delle nostre analisi nel corso dei singoli paragrafi.

sfruttamento allusivo: l'identificazione di Carlo Magno con Augusto e con David,[16] che discende dall'ambizione di conciliare il progetto imperiale con la nuova eredità cristiana. Sarà proprio questa contaminazione a mostrare anche nella storia della bucolica la propria vitalità e la freschezza poetica dell'invenzione e non è un caso che proprio in questi motivi poetici innovativi innestati nella pastorale classica gli autori carolingi si dimostrino maggiormente autonomi rispetto a Virgilio: una delle *Bucoliche* meno imitate è proprio la IV, l'ecloga messianica, quella che sembrerebbe orientata in senso religioso-cristiano fin dal modello.[17]

Nella produzione carolingia vengono sfruttate varie potenzialità tematiche del modello virgiliano,[18] specialmente lo spazio autobiografico e il legame poeta-principe (si leggono numerose ecloghe encomiastiche); è molto fecondo anche il rapporto *puer/senex*,[19] che si esplica come tema dell'ammissione alla cerchia – quindi anche della *Bildung* – o nel motivo agonistico. Sempre legata all'aspetto formativo è la presenza di elementi didascalici, motivati dal sincretismo religioso, da cui derivano anche le interpretazioni anagogiche delle figure pastorali (Cristo-pastore; Carlo Magno-David) e del *locus amoenus*, che assume a volte connotazioni edeniche, a volte dà spazio a contaminazioni folkloriche. L'aspetto erotico e

16. Si veda il paragrafo dedicato all'*Ad Karolum regem* di Angilberto: *David amat vates, vatorum est gloria David.* Kegel-Brinkgrave, *The Echoing Woods*, commentando le lodi di Modoino per Aquisgrana, la nuova Roma, osserva giustamente «the memory of the glorious Roman past is evident in the echoes of, and reference to, the great representatives of Latin literature; yet it would be wrong to suppose that for the Carolingians this past is an ideal only to be followed from afair. For Charlemagne is not only Palemon, but also David», p. 210.

17. Cfr. le osservazioni di Leonardi, *Tradizione letteraria*, sulla fortuna virgiliana e la IV *Ecloga* citate nel cap. II. Anche Green, *Seven Versions*, p. 1, scrive: «their fidelity to Vergil is surprising in its detail and we find [...] use made of all his Eclogae, except the inimitable IV and the rather unpastoral VI». Questo tipo di procedimento sembra piuttosto diffuso da parte dei poeti medievali: già Stella, *La poesia carolingia a tema biblico*, notava come l'imitazione dei classici avvenisse su materiale che non era necessariamente connotato in senso cristiano.

18. Uno dei pochi temi trascurati dalla pastorale carolingia sembra quello cosmogonico. La cosmogonia è un tema ambizioso: questo elemento si trova nell'*Ecloga Theoduli* e nel *De fonte vitae* di Audrado.

19. Il tema era comunque già presente in Virgilio, per esempio nell'ecloga IX, dove si assisteva a dialoghi tra un pastore più maturo e uno più giovane; nel testo virgiliano questo scarto d'età assume i toni del dato realistico, in quanto il mondo pastorale si basa su un sapere trasmesso con l'esperienza. Si veda anche Green, *Seven Versions*, pp. 63-66.

sentimentale,[20] tra i temi che più hanno decretato la fortuna iconografica del genere, torna con frequenza anche nella produzione carolingia, sublimato spesso in sentimento amicale. Altro tema longevo della tradizione pastorale è l'epicedio,[21] usato da Virgilio nella V ecloga, che ispirerà nel periodo medievale una serie di componimenti trenodici di non trascurabile valore poetico, mentre all'ambito del *certamen* appartengono il dono simbolico e la polemica letteraria.[22] A livello stilistico da tali componimenti prende l'abbrivio la progressiva equivalenza tra egloga e forme dialogiche che avrà esiti tanto nella letteratura latina che in quella romanza con i *conflictus* e i contrasti. Sul piano metrico la fedeltà al modello classico è maggiore: le pastorali sono composte in esametri o in distici, confluiti nella produzione eglogistica grazie all'elegia e all'epistola ovidiana, suggestioni già rilevate anche nei bucolici tardoantichi. Gli elementi formali virgiliani, oltre alla ripresa di *specimina* linguistici, sono il *refrain* e il dialogo, avvertiti sempre più come elementi precipui del genere bucolico.

2. *Alcuino,* Versus de cuculo

Alcuino fu un poeta e un intellettuale; viene annoverato tra i principali collaboratori di Carlo Magno come uno dei massimi ispiratori della politica culturale carolina, dal suo arrivo a corte fino al ritiro a Tours.[23] Con i *Versus de cuculo* si inaugura una nuova stagione bucolica. Anche ad una semplice lettura appare netto il distacco rispetto ai centoni e a Endelechio: l'impiego di elementi pastorali formali e tematici si risolve in maniera personale e il filtro bucolico connota la struttura stessa della

20. Nella letteratura carolingia spesso la *filia* si risolve in sentimento amicale, cfr. Ziolkowski, *La poesia d'amore*, p. 60 e già Vinay, *Alto medioevo*, p. 250 notava che presso i carolingi «l'amicizia è quella di Cicerone e la nostra, ma è anche il surrogato di tutte le tenerezze a cui essi hanno dovuto rinunciare o non hanno avuto affatto, anche dell'amore»; sul tema si veda anche Mosetti Casaretto *Omoerotismo e letteratura latina altomedievale*, pp. 65-108.

21. Cfr. *Ecloga duarum sanctimonialium* di Pascasio Radberto. Sul tema si veda Mosetti Casaretto, *Medioevo lugens*, pp. 79-116.

22. Cfr. Virgilio, *ecl.* III e l'*Ad Corvinianum* di Teodulfo.

23. La data dell'arrivo a corte di Alcuino (782) è attualmente messa in discussione, cfr. Lohrmann, *Alcuin, Charlemagne et la réception de Lucrèce vers l'an 800* (relazione tenuta il 18 aprile 2019 in occasione del Convegno annuale Cisam dedicato nel 2019 alla scienza nell'alto medioevo.

composizione. Il testo dei *Versus* è conservato in vari manoscritti, coevi o poco più tardi rispetto all'autore: il ms. *Gandensis* 306 dell'VIII secolo, un perduto ms. *Ratisbonensis* (su cui si basa l'edizione di Forster del 1777) scritto tra l'836 e l'859 e due manoscritti del IX secolo, il ms. *Sangallensis* 899 e ms. *Valentianus* 405. Il ms. *Gandensis* ci restituisce il testo intero nei suoi cinquantadue versi, mentre i due manoscritti del IX secolo omettono il distico 9-10 e i versi finali (vv. 39-52). Dümmler, nell'edizione dei PLAC (I, 296-70), espunge questi versi che gli editori successivi tendono invece a reintegrare: il primo distico per non alterare la struttura amebea[24] del carme e i finali per garantire alla composizione una coerenza tematica. *Il Cuculo*, la cui paternità è stata oggetto di discussione,[25] presenta caratteristiche simili a quelle di altre poesie del *corpus* alcuiniano, tanto che in certi passaggi il ricorso a quelle risulta indispensabile alla comprensione piena della lettera del testo, soprattutto l'epistola 65 (in cui ritorna un'espressione simile a quella del v. 2)[26] e le due epistole 59 e 60 su cui si basa di solito l'identificazione del cuculo con Dodone, l'allievo di Alcuino. In questo carme composto in distici elegiaci troviamo temi alcuiniani che si prestano ad una trasposizione bucolica: il rimpianto per la scuola-nido la cui armonia è stata alterata dall'abbandono di uno dei membri e la rappresentazione ornitologica degli amici che realizza efficacemente la metafora dell'assenza.[27] Al dispiacere del distacco, amplificato dal contrasto tra l'ambiente protetto della

24. Nell'edizione Dümmler (PLAC I, pp. 269-270) i primi quattro versi vengono attribuiti al medesimo personaggio, mentre appare più coerente la distribuzione perfettamente simmetrica dei versi tra i due interlocutori accolta da Green, *Seven Versions*, p. 36 e Stella, *La poesia carolingia*, p. 402.

25. Soltanto il ms. *Valentianus* 405 l'attribuisce esplicitamente ad Alcuino. Cfr. Walsh, *Pastor and Pastoral*, p. 161 e Green, *Seven Versions*, p. 46. Secondo l'ipotesi di Walsh, valutata positivamente da Green, il carme sarebbe opera di un poeta, magari di statura inferiore rispetto ad Alcuino, ma sempre dello stesso *entourage*: forse un esercizio di stile composto da qualcuno comunque a conoscenza delle liriche alcuiniane.

26. «Inmitiorque noverca tam tenerum de paterno gremio per libidinum vortices caro rapuit», cfr. MGH *Epistole*, IV, 107. Il termine chiave è *noverca*: questo termine, che significa letteralmente *matrigna*, diventa simbolo della perdizione mondana e si lega metaforicamente alla sfera della sensualità. Ricorre con analogo significato simbolico in *Georgiche* II, 128, *Anthologia Latina* 688,7: cfr. anche Stella, *La poesia carolingia*, p. 402.

27. Cuculo, cigno (n. 60), usignolo (n. 65): la realtà naturale nel medioevo è interpretata in maniera simbolica ma Alcuino sa emanciparsi dal puro allegorismo attraverso «l'attacco nostalgico che configura tutto quanto segue come rappresentazione di un bene perduto e irrecuperabile», Stella, *La poesia carolingia*, p. 65.

scuola e il resto del mondo, si somma quello del pericolo rappresentato dalle tentazioni mondane da cui il cuculo rischia di venire sopraffatto.[28] Cantano due pastori virgiliani: Dafni e Menalca, alternando il lamento senza intento agonistico; non c'è identificazione autobiografica tra i protagonisti e le vicende dei pastori virgiliani di cui viene sfruttata l'onomastica.[29] Il carme è costruito su un gioco sottile di immagini e rimandi simbolici: l'allievo-cuculo esce dal nido-scuola attratto dai piaceri del mondo, rappresentato semanticamente dalla *noverca*, e non canta più per i suoi; Dafni e Menalca lo piangono morto (in controluce permane l'identificazione cristiana del peccato come morte), ma non è detto che il cuculo sia perduto per sempre, infatti Menalca spera che a primavera torni al nido che l'ha ricoverato e nutrito, sfuggendo alle insidie di Bacco e dei corvi.[30] Per questo Menalca e il giovane Dafni invitano il Cuculo a uscire dal sonno, metafora del letargo invernale e del silenzio poetico[31] e a correre di nuovo tra i prati dei libri.[32] La parte finale del carme è tutta incentrata sui lamenti e sulle immagini del pianto: anche se fino al v. 45 non subentra nessuno sviluppo nella vicenda, la tenue variazione su tema è tipica del canto bucolico, anzi è su questo che si basano le gare di canto tra pastori e più in generale il canto alternato, la cui struttura tipica viene in gran parte mantenuta anche in questo carme (il primo poeta comincia,

28. Il vecchio Menalca, probabile trasposizione poetica di Alcuino, corregge e blandisce la conclusione troppo dura di Dafni (v. 13) quando l'amico piange morto il cuculo e non si rassegna alla sua perdita (cfr. vv. 49-52).

29. Nel modello virgiliano Menalca compare nella *ecl.* III insieme a Dameta; nella stessa ecloga al v. 13 viene citato anche Dafni, ma senza la minima possibilità di comparazione tra i personaggi dei due testi. Godman, *Poetry*, p. 18, ricorda l'epistola VIII in cui Dodo è chiamato Coridone, trovando un modo raffinato e scherzoso per dare all'allievo del *rusticus*: «Eclogue II, on Alcuin's comic interpretation, prophesied the drunken misdemeanours of Dodo. [...] But the words of the contemporary Naso [...] cap this quotation from Virgil: presbyter es Corydon (v. 34) [...] explicit reminder of the duties his pupil neglected when he took to drink».

30. Il corvo, dal piumaggio nero, è sempre uccello associato al male e all'invidia; si veda infra l'*Ad Corvinianum* di Teodulfo.

31. «Il *sopor* è elemento simbolico: già nelle altre epistole metriche Alcuino invita gli amici ad uscire dal silenzio *destandosi dal sonno*», Scott, *Alcuin's Versus*, rimanda al carme 28, vv. 255-256 di Paolino da Nola, cfr. Stella, *La poesia carolingia*, p. 403. Il letargo del cuculo è una credenza diffusa e torna anche nel *Conflictus Veris et Hiemis* e in Alberto Magno (*De animalibus* XXIII, 1, 30).

32. La metafora prati-libri è usuale in epoca carolingia, ma si legge già in Isidoro *Versus de bibliotheca*, cfr. Stella, *La Poesia carolingia*, p. 403.

l'altro esegue la variante sullo stesso tema e così via).[33] Il distico, preferito all'esametro, è probabilmente indotto dall'elemento elegiaco che domina la poesia, tuttavia la forma dialogica e la lunghezza piuttosto contenuta sono coerenti con l'estetica pastorale, di cui si rispettano, anche sul piano tematico, alcune caratteristiche compositive: c'è il *locus amoenus* rappresentato dal nido-scuola e dai prati di libri; l'ambiente naturale è evocato anche dalla personificazione ornitologica e dai rimandi alla primavera cui si associa il ritorno del cuculo;[34] la componente erotica è sublimata in amicizia[35] e l'onomastica è bucolica. Un altro elemento presente è quello del rapporto padre-figlio o discepolo-maestro, che rientra nella tematica del *puer/senex* ma allude anche ai significati cristiani veicolati da queste figure, in un gioco di rifrazioni per cui il lamento del padre per il figlio è paragonabile a quello di Dio come buon pastore e evoca nella mente del lettore la parabola evangelica del figliuol prodigo.[36]

Assente è invece il motivo del *certamen*, perché il tema dolente fa evolvere il testo all'interno della struttura amebea con soluzioni non prive di grazia, che fin dall'*incipit* ricordano le selve virgiliane in cui riecheggiano i lamenti degli amanti; notevole è anche l'allitterazione in *-us* (*cuculus*, *plangamus*) che attraversa tutto il carme e conferisce un tono patetico non estraneo alla pastorale. L'uso sapiente dei termini in clausola rafforza le metafore dell'assenza e del distacco patito in termini viscerali (*Menalca pater / pascit eum*; *fugi / cuculus / vale*). Anche sul piano intertestuale Alcuino riesce ad intervenire sul modello in maniera personale: ai vv. 15-17 la ripresa di *undis* instaura un gioco verbale tra l'essere travolti dalle acque e dal vino (*sommersi / dimersit / vortice pestifero*). La stratificazione dei significati cristiani sulla lettera del testo continua coerentemente e chiude la poesia con un'immagine più complessa, già usata dal poeta in

33. Ai vv. 17, 21, 25, cfr. Green, *Seven Versions*, p. 46.

34. Secondo Stella, *La poesia carolingia*, pp. 402-404, «l'idillio alcuiniano mantiene una relazione con la realtà ancora più stretta che in Virgilio»; lo studioso commenta così l'oscillazione dei tempi verbali: «la mentalità tipologica incide sui rapporti cronologici dissolvendo la concatenazione temporale e causale: [...] la forte oscillazione dei tempi non contraddice il dominio linguistico dell'autore, ma conferisce alla poesia un carattere più indefinito di notevole effetto estetico».

35. Vv. 23-30; Su questo tema cfr. l'articolo di Lauletta, *Il cuculo e l'amicizia*, pp. 68-89.

36. *Lc.* 15, 11-32. L'affinità di situazione con questa parabola è segnalata anche da Mosetti Casaretto, *Il genere pastorale e la Bibbia*, p. 351.

un'epistola metrica (*Carme* 18): «tres olim fuimus, iunxit quos spiritus unus» ("eravamo i tre che lo spirito congiunse in uno solo") che deriva da un indovinello di Simfosio:[37] *spiritus unus* allude alla condivisione di intenti tipica dell'amicizia ma suggerisce anche un «implicito, audace paragone trinitario».[38] «Tres olim fuimus [...] vix duo nunc pariter, tertius ille fugit».[39]

Menalca:
Plangamus cuculum, Dafnin dulcissime, nostrum
Quem subito rapuit saeua nouerca suis
Dafni:
Plangamus pariter querulosis uocibus illum,
Incipe tu senior, quaeso, Menalca prior.
(vv.1-4)
[...]
Dafni:
Tempus adest ueris, cuculus modo rumpe soporem,
Te cupit, en, senior atque Menalca pater.
Menalca:
En tondent nostri librorum prata iuuenci,
Solus abest cuculus, quis, rogo, pascit eum?
(vv. 27-30)
[...]
Menalca:
Tres olim fuimus, iunxit quos spiritus unus,
Vix duo nunc pariter, tertius ille fugit.
Dafni:
Heu fugiet, fugiet, planctus quapropter amarus
Nunc nobis restat, carus abit cuculus.
Menalca:
Carmina post illum mittamus, carmina luctus,
Carmina deducunt forte, reor, cuculum.
Dafni:
Sis semper felix utinam, quocumque recedas,

37. *Anthologia Latina* 82, 1, p. 241. Cfr. Green, *Seven Versions*, e Stella, *La poesia carolingia.*

38. «La clausola si riferisce in Paolino da Nola, *carme* 27, 71, Prospero, *De ingratis* 38, Draconzio, *Laudes Dei*, 2, 68 [...]. La selezione formulare sovrappone così al livello denotativo una connotazione religiosa», Stella, *La poesia carolingia*, p. 404.

39. «Eravamo un tempo in tre [...], adesso a stento siamo in due, il terzo fuggì».

Sis memor et nostri semper ubique uale
(vv. 45-52)

Menalca:[40]
Piangiamo, Dafni dolcissimo, il nostro
Cuculo: vedi, la cruda matrigna
L'ha strappato ai suoi cari.
Dafni:
Piangiamo uniti, abbracciamo i lamenti.
Tu sei più vecchio, Menalca, comincia
Per primo, ti prego.
(vv. 1-4)
[...]
Dafni:
Primavera s'aderge: Cuculo,
squarcia i velami del sonno, lo vedi,
ti vuole Menalca, l'anziano tuo padre.
Menalca:
A pascolare fra i nostri giovenchi,
nei prati dei libri, manca solo
Cuculo: chi lo pasce, mi chiedo?
(vv. 27-30)
[...]
Menalca:
Tre fummo una volta, uno spirito solo:
due soli restiamo e il terzo è perduto.
Dafni:
Perduto, lo sai, e questo pianto
Amaro, questo solo ci resta, di lui.
Menalca:
Lamenti mandiamo, lamenti di lutto,
se Cuculo possono indietro chiamare.
Dafni:
Sii solo felice, ovunque tu vada,
ricorda di noi, sempre e dovunque. Addio!
(vv. 45-52)

40. La traduzione di Gianfranco Agosti è tratta da Stella, *La poesia carolingia*.

3. *Alcuino,* Conflictus Veris et Hiemis

Il *conflictus* attribuito ad Alcuino, testo tra i più noti qui analizzati, viene incluso all'interno del *corpus* bucolico carolingio da Green,[41] ma non da Kegel-Brinkgrave, che opera una selezione più severa. Lo statuto pastorale del testo è infatti da accogliersi con riserva: a fronte di alcune caratteristiche formali e tematiche scopertamente derivate dal mondo pastorale virgiliano, altri elementi presentano una matrice folklorica e popolareggiante, che tuttavia si pone proprio all'origine del tono bucolico del testo.

Il *Conflictus* è tradito da vari codici,[42] spesso senza l'indicazione dell'autore e non di rado all'interno di florilegi e antologie, per cui la paternità è stata a lungo dibattuta: tra i primi editori esiste addirittura una attribuzione poco attendibile a Virgilio e una ad Ovidio; altre volte il carme è tramandato con le opere di Milone o di Beda. Già Dümmler lo rivendicò ad Alcuino, tesi ormai accolta dagli studiosi, ma che non è stata scevra di riserve anche di natura stilistica: si è infatti notato l'uso di *hiems* come bisillabo (inconsueto in Alcuino) e una forte oscillazione della lunghezza sillabica nelle cesure.[43] Dopo gli studi di Green e McEnerney il carme viene ormai ascritto ad Alcuino e questa è l'attribuzione più plausibile, anche sulla scorta di alcune osservazioni linguistiche che sottolineano l'affinità di certe locuzioni del carme con altre contenute nel *corpus* alcuiniano.[44]

Altrettanto dibattuta è stata la struttura del carme e la sua rilevanza nella storia letteraria: secondo alcuni[45] il genere del *conflictus* si sviluppa

41. Green, *Seven Versions*, pp. 7-8, pp. 36-45. Anche Carrara, *La poesia pastorale*, p. 46 scrive: «Un'altra poesia che [...] disposa un motivo tradizionale germanico alla forma classica dell'ecloga è il *Conflictus Veris et Hiemis*»; indagini sui motivi germanici e folklorici di questo carme si leggono in Roling *Das bedrohliche Arkadien,* pp. 72-84.

42. Quindi quelli collazionati da Dümmler per l'edizione nei MGH, PLAC I, p. 270; Tremp, *Alkuin und das Kloster St. Gallen*, pp. 229-249 conferma la sua presenza tra testi alcuiniani censiti a San Gallo; Stella, *Alkuins Dichtung*, p. 257 segnala che il testo compare in 45 manoscritti.

43. Green, *Seven Versions*, p. 45 ha sottolineato che la locuzione «ad mulctra capellae» (Orazio, *Epodi* 16, 49), che von Winterfeld, *Wie sah der Codex Blandinus Vetustissimus des Horaz aus?*, pp. 31-37, in part. pp. 35-36 giudicava improbabile in Alcuino, si legge molto simile («mucltra capellas») nel *Commonitorium* 1, 149 di Orienzio.

44. Per esempio «Secum semper portare suescit» (v. 15); «ore feret» (v. 28); «respondit ovans» e «pastorum turba piorum» (vv. 43-44). Cfr. Green, *Seven Versions* e McEnerney, *Alcuin, carmen 58*, pp. 459-506.

45. Carrara, *La poesia pastorale* e Green, *Seven Versions*.

dalla contaminazione di forme colte e temi popolari insieme, così come avviene all'interno di questo testo in cui si notano elementi della tradizione classica, quale il contesto bucolico, mescolati con altri di derivazione chiaramente popolareggiante, quale l'arrivo della primavera, inscenato allegoricamente dalla sconfitta dell'inverno e sancito dal ritorno del cuculo, due temi frequenti nella produzione folklorica nordeuropea. Secondo altri,[46] invece, il *conflictus* sarebbe un prodotto derivato esclusivamente dalla cultura scolastica e, creato nella scuola e per la scuola, troverebbe i suoi paralleli e i suoi modelli in forme culte come le dispute didattiche[47] o la bucolica antica.[48] La vitalità di certi temi legati al ciclo delle stagioni e la fortuna della loro forma dialogico-teatrale,[49] che prosegue anche nei *contrasti* della letteratura in volgare,[50] sembra confermare l'importanza della

46. Hedberg, *The Bucolics and the Medieval Poetic Debate*, pp. 47-52, Godman, *Poetry*; Schmidt, *I* conflictus, pp. 157-169.

47. Per esempio due testi di Alcuino, il *De rhetorica et virtutibus* e la *Disputatio de vera philosophia.*

48. Anche Schmidt, *I* conflictus, sostiene che questo genere letterario, che si sviluppa a partire dall'età carolingia, sia legato all'insegnamento della retorica e tragga i suoi modelli dalle *declamationes* e dalle *controversiae* di origine classica. Proprio per la struttura basata sulla netta contrapposizione di due tesi opposte, il genere ebbe un grosso impulso al tempo delle crociate, periodo in cui abbondano gli scritti polemici antiislamici o antigiudaici e esiste tutto un filone di *conflictus* di argomento religioso che trae ispirazione dalla Bibbia o dai Padri della Chiesa. Schmitdt, *I* conflictus, p. 158 menziona le ecloghe virgiliane che «con i loro agones drammatici tra pastori devono essere state un modello di non trascurabile importanza». Il testo di Alcuino non viene citato dallo studioso, forse perché ancora ibrido, mentre si allude al carme di Sedulio Scoto; tra i componimenti bucolici si tratta solo dell'*Ecloga Theoduli* e della sua imitazione compiuta nell'XI secolo da Guarniero di Basilea; viene inoltre menzionata una *Altercatio hiemis et estatis* di argomento affine al carme alcuiniano, datata agli inizi del XIII secolo e rammentata da Giovanni di Garlandia nella sua *Parisiana Poetria.* Si veda anche Schäfer, *Vergils Eklogen 3 und 7 in der Tradition*, che indaga le origini dei *conflictus* con uno studio comparato esteso alla letteratura orientale (egiziana, sumera), cercando di stabilire reciproche influenze tra la cultura orale e popolare e quella scritta di ambito scolastico.

49. La forma del *conflictus* come quella del contrasto rende questi testi adatti anche ad una fruizione popolare nell'ambito di feste paesane. Sulla probabile declamazione nella scuola Cfr. Stella, *La poesia carolingia*, che imputa all'aspetto performativo l'oscillazione nella concordanza dei generi maschile e femminile relativi al termine *hiems* (vv. 23 e 39, 40, 45), cfr. *comm. ad loc.* p. 476.

50. Si veda il contrasto in volgare italiano di Bonvesin de la Riva (*Disputatio rosa cum viola*) e uno in antico francese di Froissart (*Plaidorie de la rose et de la violette*): in entrambi comincia la rosa ma vince la viola. Hanford, *Classical Eclogue* e Arveda, *Contrasti amorosi.*

componente folklorica: «la novità storica del *conflictus* alcuiniano consiste nel fissare la veste espressiva latina [...] di un contenuto popolare e già tradizionale, nel codificare i topoi bucolici come il linguaggio del contrasto, una scelta che avrà immensa fortuna in tutto il Medioevo».[51] Viceversa, la lunga tradizione di testi scolastici erotematici e l'importanza dell'oralità nel percorso formativo medievale suggeriscono che la scuola sia stata un ambiente adatto alla ricezione di questo genere di testi e che possa aver contribuito alla loro diffusione e produzione.

Alcuino usa infatti la struttura delle ecloghe amebee virgiliane, dove l'*altercatio* è incastonata tra il prologo narrativo e la sentenza finale, per inserire temi cari al folklore germanico e/o celtico, come il ritorno della primavera. Il testo mostra una costruzione studiata con una discreta armonia delle parti: nei primi 13 versi si narra che in un giorno di primavera i pastori scendono dai monti per cantare insieme le lodi del cuculo, simbolo della bella stagione; tra gli altri vi sono anche il giovane Dafni e il vecchio Palemone, già arbitro nella *ecl.* III di Virgilio.[52] La novità più evidente, dovuta alla fusione di elementi di eterogenea provenienza, sta nei cantori, personificazione[53] allegorica di Primavera e di Inverno: l'argomento della tenzone canora è il canto del cuculo. Il *certamen* vero e proprio occupa la parte centrale del carme (vv. 14-43) e si risolve con la vittoria finale della Primavera decretata da Palemone nei versi finali, permeati di lessico virgiliano;[54] tutto carme è comunque costellato di espressioni tratte dalle *Bucoliche*,[55] per cui il contesto semantico è pastorale e colto, così come la forma della contesa, anche se finisce per assumere connotati popola-

51. Stella, *La poesia carolingia*, p. 475.

52. Nella parola *senior* potrebbe esserci un'allusione a Carlo Magno; nella bucolica tarda si tende ad enfatizzare l'età dei personaggi (Green, *Seven Versions*, p. 40).

53. Mosetti Casaretto, *Il genere pastorale e la Bibbia*, p. 346, seguendo Kegel-Brinkgrave, sostiene che «in un periodo dove si registra un diffuso disprezzo per il rustico e la sua dimensione non è un caso che [la figura del pastore] venga, malgrado la sua tipicità, [...] spesso sostituita [...] da personaggi allegorici (la Primavera e l'Inverno, la Rosa e il Giglio, il Giovane e il Vecchio, la Verità e la Menzogna)». Lo studioso allude qui rispettivamente ai personaggi del *Conflictus Veris et Hiemis* di Alcuino, al *Certamen Rosae Liliique* di Sedulio Scoto, alle *Eclogae* di Modoino e all'*Ecloga Theoduli*. La disputa floreale aveva anche altri modelli, oltre a quello del *conflictus* pastorale inaugurato da Alcuino, per esempio in Venanzio Fortunato 8, 7 (cfr. Stella, *La poesia carolingia*, p. 477).

54. Espressioni come «Desine plura»; «dulcis arvis»; «umbracula fessis».

55. Come dimostrano i sintagmi «certamen erat de carmine grande»; «pocula Bacchi»; «montibus altis».

reggianti.[56] Sul piano poetico il testo è perfettamente riuscito, perché gli elementi più alti sono ben combinati con quelli popolari; per quanto attiene allo statuto bucolico, invece, l'analisi delle componenti motiva le riserve espresse in precedenza. Di seguito si enunciano le maggiori differenze tra i due ambiti letterari: la disputa si articola sul contrasto primavera/inverno, tema inconsueto nella bucolica tradizionale, dove per solito domina incontrastata la primavera inoltrata, stagione del canto e dell'amore.[57] Nel ritmo stagionale scandito dai lavori agricoli, ma non nella bucolica, la primavera è stagione di intensa attività e l'inverno è periodo di riposi e banchetti ma, poiché associata alla rinascita-risveglio della natura, la primavera è accolta coralmente dal mondo naturale, pastori e contadini compresi.

Certi elementi del testo, apparentemente comuni all'universo bucolico e al contesto agricolo, mostrano nello scarto che li divide la loro provenienza popolare: né l'alacrità primaverile, che la natura condivide con l'uomo, né la sconfitta pigrizia invernale del *certamen* hanno nulla dell'*otium* bucolico. I pastori di Virgilio svolgono soltanto alcune mansioni contadine (innestano peri, chiudono i canali per irrigare i campi, potano le viti), ma soprattutto ciò che li distingue è il ruolo: il pastore bucolico è comunque metafora del poeta, perciò canta nel suo riposo vigile a custodia del gregge, praticando un *otium* di natura diversissima rispetto a quello proposto da Inverno, in cui l'inattività appare subito incline al vizio;[58] riposo invernale

56. Si veda il contributo di Martin *Au confluent des traditions antique, germanique et chrétienne*, pp. 177-191 in cui l'autore segnala come ipotesto del *conflictus* una favola di Esopo arricchita di elementi della tradizione romana e della mitologia germanica. Zogg, *Palemon and Daphnis in a medieval poem*, pp. 125-140, osserva lo scarto che sussiste tra l'intelaiatura virgiliana e il corpo non-virgiliano del testo e ammette due ipotesi: l'autore 1) vuole dilatare la bucolica virgiliana; 2) vuole assicurare una diffusione al suo testo cercando di suggerire l'idea che l'abbia scritto Virgilio stesso (questo perché in alcuni mss. del IX secolo il testo si trova insieme alle opere virgiliane). Trascurando la seconda opzione, viziata da pregiudizi retrospettivi sulla volontà di falsificazione degli autori medievali, la prima ipotesi sembra corrispondere almeno parzialmente al vero: Alcuino era probabilmente consapevole della sua contaminazione letteraria, avendo elaborato un testo in cui struttura e lessico virgiliano accolgono temi germanici di tradizione popolareggiante.

57. Anche nella bucolica virgiliana la dimensione cronologica è quella ciclica del mondo agreste tuttavia la scansione temporale avviene di preferenza sull'alternanza giorno/notte piuttosto che sulla successione stagionale.

58. Nelle ecloghe virgiliane si allude all'inverno e agli *otia* della stagione fredda, che sono quelli convenzionali, affini a quelli alcuiniani, cioè fuoco e vino per mitigare i rigori, cfr. V, 69-70 («hilarans convivia Baccho / ante focum, si frigus erit") e in VII, 49-50 («Hic

e lavoro primaverile hanno connotati realistici, l'*otium* bucolico innalza il pastore al di sopra di una dimensione puramente materiale.

Alla fine del carme la «turba piorum pastorum»[59] dà ovviamente il benvenuto al cuculo, messaggero di primavera nel folklore germanico, ma inedita figura del mondo bucolico classico e tardoantico, popolato da altre specie di uccelli. A differenza delle gare tra pastori, qui non si decreta un vincitore sulla base dei meriti canori perché l'esito è segnato fin dall'inizio: nel prologo, infatti, è già primavera (*vernali luce*, v. 2). Questo è forse il punto di maggior distacco nei confronti dal genere bucolico: nella tradizione folklorica vince la bella stagione, mentre nella tradizione pastorale, che è elitaria poesia di cerchia, vince il poeta più bravo; i canti dei pastori bucolici, in Virgilio, sembrano rispondere a determinati criteri estetici, poiché cantori e ascoltatori mostrano di conoscere i capolavori del genere e di giudicare le nuove composizioni anche sulla base degli ascolti precedenti. Questo disegna una certa tradizione dei carmi all'interno del contesto pastorale; la fama raggiunta tra i pastori dai poeti più capaci viene evocata di continuo all'interno dei *certamina* bucolici, sottolineando l'origine di cerchia e la sua tradizione colta.

Conueniunt subito cuncti de montibus altis
Pastores pecudum uernali luce sub umbra
Arborea, pariter laetas celebrare Camenas.
Adfuit et iuuenis Dafnis seniorque Palemon;
Omnes hi cuculo laudes cantare parabant.
(vv. 1-5)
[...]
Veris
Opto meus ueniat cuculus cum germine laeto,
Frigora depellat, Phoebo comes almus in aeuum
(vv. 16-17)
[...]
Hiems
Non ueniat cuculus, generat quia forte labores,
Proelia congeminat, requiem disiungit amatam,
Omnia disturbat: pelagi terraeque laborant.
(vv. 19-21)

focus et taede pingues, hic plurimus ignis / semper et adsidua postes fuligine nigri; hic tantum Boreae curamus frigora, quantum / aut numerum lupus, aut torrentia flumina ripas»).

59. *Pius* è attributo di Enea, quindi precipuamente virgiliano, oltre che cristiano.

[...]
Tum respondit ouans sublimi e sede Palemon
Et Dafnis pariter, pastorum et turba piorum:
Palemon
Desine plura, Hiems; rerum tu prodigus, atrox.
Et ueniat cuculus, pastorum dulcis amicus.
Collibus in nostris erumpant germina laeta,
Pascua sint pecori, requies et dulcis in aruis,
Et uirides rami praestent umbracula fessis,
Vberibus plenis ueniantque ad mulctra capellae
(vv. 43-50)

Dagli[60] alti monti accorrono a un tratto
Tutti i pastori: un giorno in primavera
All'ombra degli alberi cantano insieme ridenti.
Venne il giovane Dafni, e Palemone il vecchio,
tutti pronti a cantre le lodi al cuculo.
(vv. 1-5)
[...]
Primavera:
Voglio che venga cuculo coi semi fecondi,
amico eterno di Febo, che cacci via il gelo.
(vv. 16-17)
[...]
Inverno:
Non venga cuculo: ché genera solo fatiche,
semina guerre, ci toglie alla nostra pace.
Tutto sconvolge: per mare e per terra è solo travaglio
(vv. 19-21)
[...]
Riponde contento dal suo scranno Palemone,
e Dafni con lui, e la folla dei buoni pastori:
Palemone
Basta, Inverno, tu sei un crapulone funesto.
Il cuculo verrà, lui vuole bene ai pastori!
Crescano sui nostri colli i semi fecondi,
abbia pascoli il gregge e dolce riposo nei campi,
verde frescura diano i rami a chi è stanco;
le caprette, con gonfie mammelle, si accostino ai secchi.
(vv. 43-50)

60. La traduzione di Gianfranco Agosti è tratta da Stella, *La poesia carolingia*

4. *Angilberto,* Ad Karolum regem

Angilberto, di nobili origini, fu uno dei fedelissimi di Carlo;[61] a lungo compagno di Berta, figlia del sovrano, una volta ritiratosi dalla vita politica, resse come abate laico il monastero di St. Riquier: dal 790 fino alla morte, avvenuta pochi mesi dopo quella di Carlo Magno (814). L'ecloga di Angilberto offre una nuova versione di bucolica carolingia, diversa per lo sviluppo tematico e per la scelta di alcuni elementi strutturali che avranno molta fortuna nella lirica successiva come il *refrain*[62] e l'apostrofe alla *cartula*, filiazione – secondo Carrara – dell'elegia latina e prodromo del congedo, molto usato nella letteratura provenzale e volgare.[63] Il componimento è particolarmente interessante per la sincresi di componenti classiche, specialmente formali, con altre di matrice cristiana. Angilberto venne ritenuto tra i contemporanei un poeta di grande levatura: detto "Omero" dai colleghi, come tale figura qui e in alcune poesie degli amici.[64] La forte autoreferenzialità del testo e la fruizione di cerchia caratterizzano il carme, che Schaller[65] ha definito una *Zirkulargedicht* dedicata alla corte carolina; l'argomento è principalmente encomiastico: vengono di volta in volta – e non si esclude una plausibile recitazione pubblica – cantate le lodi dei personaggi di corte, primo fra tutti il sovrano, cui spettano i versi inaugurali della poesia. Il titolo *Ad Karolum regem*, benché probabilmente non d'au-

61. Fu conte di Ponthieu, titolo poi ereditato dal figlio Nitardo che gli successe anche nell'abbaziato di St. Riquier; Nitardo, noto storico della seconda generazione, inserisce qualche notizia del padre nelle *Historiae*.

62. Questo elemento verrà avvertito come fondamentale per la forma eclogistica: la famosa *Ecloga de calvis* di Hucbaldo di Saint-Amand, per esempio, reca nel titolo il termine "ecloga" (Traube, PLAC, IV, p. 267) proprio per la presenza del *refrain* «carmina clarisonae calvis cantate camenae»; si cfr. Carrara, *La poesia da pastorale*, p. 59, che propone questa spiegazione; il testo è antologizzato anche in Stella, *La poesia carolingia*, p. 274, che però non commenta il titolo latino (ma lo traduce *Canto dei calvi*). Sulla distinzione tra ecloga e bucolica nel medioevo cfr. *supra*, cap. II. Carrara, *La poesia pastorale*.

63. Carrara, *La poesia pastorale*, p. 46.

64. Berta viene decritta anche in questa poesia ai vv. 48-50 e Green, *Seven Versions*, p. 57, sostiene che il poeta ne faccia il ritratto con notevole entusiasmo rispetto alle altre donne della famiglia. Angilberto è citato anche nell'*Ad Corvinianum* di Teodulfo. Aveva studiato con Alcuino: «Little of his learning shows in his verse: Vergil apart the main ispiration in Alcuin», Green, *Seven Versions*, p. 52.

65. Schaller, *Classical Influences,* pp. 151-157. La citazione di Green, *Seven Versions*, è a p. 52.

tore, viene solitamente mantenuto[66] perché trasmesso da un deperdito manoscritto di Ratisbona datato alla metà del IX secolo.[67] È possibile quindi che il carme sia circolato con questo titolo presso i contemporanei: si presume che l'ecloga risalga al 794-795.[68] Il ritratto poetico che Angilberto fa di Carlo, anche se basato sulla diffusa similitudine con David, il re cantore, si impone per la sintesi efficace delle relazioni tra principe, poeti e senso del sacro: «David amat vates, vatorum est gloria David».[69] Soprattutto nei versi iniziali le lodi del sovrano rendono esplicite le maggiori novità che riguardano la politica culturale da lui intrapresa: così al v. 15 si legge che David ama leggere i Padri della Chiesa, mentre al v. 20 si parla chiaramente di una ripresa degli antichi studi («ueterum renouet studiosa mente sophiam»).[70] Il travestimento di Carlo Magno in David è di particolare finezza, perché con questo *escamotage* Angilberto supera l'attribuzione surrettizia di connotati bucolici a pastori medievali che sono ideologicamente orientati al cristianesimo: questa identificazione costituisce il perno stesso della poesia perché «a differenza di quanto avveniva nei *Versus de cuculo* qui la prospettiva è speculare: maschera onomastica di un pastore cristiano, non quella di Dafni o Menalca, che recita contenuti cristiani; non c'è

66. Così fa anche Green, *Seven Versions*, p. 11.

67. Nel manoscritto si trovava anche il *De cuculo* di Alcuino. Si veda MGH *Poetae* I, pp. 165-166; una nota di Frobenio Forster, abate di sant'Emmeramo nel XVII secolo, ci informa che il codice fu fatto eseguire dall'arcivescovo di Salisburgo Liupramno tra l'836 e l'859. Il carme è tradito solo in un altro codice, il monacense clm. 6413, che deriva dallo stesso archetipo del codice ratisponense. In questo manoscritto il testo non ha titolo.

68. Si ritiene infatti composta prima di un carme simile, ma più sviluppato e complesso, scritto da Teodulfo (carme 25 Dümmler) nel 796, *terminus ante quem*. Se la datazione del carme è corretta, in questo di Angilberto compare per la prima volta l'identificazione tra David e Carlo, che ritroviamo anche nell'*Ad Corvinianum* di Teodulfo. Il carme teodulfiano potrebbe essere però stato scritto quattro anni più tardi per ironizzare sulle ecloghe panegiriche che evidentemente si sprecavano a corte: «Teodulfo aveva già dedicato all'ambiente di corte il carme 25, caratterizzato da un'iperbolicità cosciente e in parte ironica, forse contro le prove encomiastiche di Alcuino e Angilberto» cfr. Stella, *La poesia carolingia*, p. 391.

69. Green, *Seven Versions*, p. 54, avverte che *vatorum* è un solecismo che ricorre in vari autori (Alcuino, Prudenzio e Venanzio Fortunato), che Angilberto poteva avere letto.

70. La descrizione della famiglia di Carlo, benché elogiativa, è comunque di un certo interesse, perché aggiunge particolari dall'interno e anche dal semplice entusiasmo del poeta si possono arguire notizie preziose sulle relazioni interpersonali. Giustamente Green, *Seven Versions*, p. 55, chiosa che la parola «renovatio» non allude ad un aggiornamento della dottrina, ma ad un ritorno all'eredità patristica.

anacronismo ma tentativo di sintesi tra la convenzione del genere classico e l'urgenza ideologica medievale».[71] Ancora più dell'argomento cantato e dell'encomio, quindi, è importante il passaggio concettuale, abilmente trasposto nella forma, di un Carlo-re-pastore-cantore sintesi del pastore virgiliano e del re veterotestamentario. Il carme, al pari di quello alcuiniano, dimostra una certa maturità nella gestione sincretica delle culture cristiana e classica (qui virgiliana), a cui rimandano numerosi riferimenti scritturali e virgiliani,[72] per cui risultano pienamente emancipati da quella rigidità schematica che invece caratterizzava Endelechio quando sovrapponeva le due tradizioni. La verifica del codice bucolico, quindi, dovrà tenere conto di questo progresso formale compiuto nel *refrain* del carme che, pur non essendo ricco di elementi pastorali, viene incluso a pieno titolo nel *corpus* bucolico mediolatino sia da Green sia da Mosetti Casaretto. Alcuni termini alludono linguisticamente ad un contesto pastorale come «fistula» o «camoena», ma sono largamente utilizzati in senso metaforico per indicare l'atto poetico in tutta la poesia mediolatina; sul piano dei contenuti manca l'elemento erotico e quello amicale, non viene descritto nessun *locus amoenus* (se non la corte); l'onomastica non è bucolica (tranne l'appellativo di Carlo, che comunque non è canonico del genere). La lunghezza del componimento, l'esametro e il verso intercalare, derivato dall'ecloga VIII di Virgilio, sono invece perfettamente allineati al modello, anzi il ritornello diventerà una delle componenti tipiche del genere pastorale e anche qui, come nelle ecloghe virgiliane in cui il *refrain* muta con l'evolversi della situazione narrativa, osserviamo una certa *variatio*. L'appartenenza al genere bucolico, che può sembrare labile, è affidata esclusivamente alla sfera linguistica e semantica; l'ecloga tuttavia con una sintesi veramente felice trasmette la lettura anagogica della figura pastorale di Carlo-David, imboccando la strada che condurrà a Teodulo e legittimando per gli intellettuali palatini il libero accesso in Arcadia.

71. Mosetti Casaretto, *L'ecloga medievale*, p. 71.

72. Allusioni alla Bibbia (di tipo linguistico o tematico) si leggono nel v. 1 «surge», cfr. *Ps*. 107.3 («exurge gloria mea, exurge psalterium et cithara») + «fistula», strumento silvano; al v. 23 per «domus alma Deo» si cfr. *Lc*. 6.48 (forse con una reminiscenza giovenchiana, I, 724); al v. 59 Effoth personaggio di *Ex*. 28; *Ex*. 39; 1 *Re* 2.28; v. 60 per «poli clavem» si cfr. *Mat*. 16.19; v. 103 «flamma vorax» si cfr. *Giud*. 20,48. Allusioni a Virgilio (tutte di ambito linguistico o formale): il *refrain*; v. 80 *Iulo*, si cfr. *Aen*.; v. 93 «hortos amoenos». A questi si aggiunga un lessico bucolico virgiliano: «resonat»; «fistula»;«camena»; «gramine»; «modulamine»; «flores»…

Ad Karolum regem
Surge, meo domno dulces fac, fistula, uersus./
Dauid amat uersus, surge et fac, fistula, uersus.
Dauid amat uates, uatorum est gloria Dauid,/
Quapropter, uates cuncti, concurrite in unum,
Atque meo Dauid dulces cantate camenas.
(vv. 1-5)
[…]
Dauid habere cupit sapientes mente magistros, /
Ad decus, ad laudem cuiuscumque artis in aula,
Vt ueterum renouet studiosa mente sophiam. /
(vv. 19-21)

Al re Carlo
Vieni, flauto, suona dolci versi per il mio signore
David ama le poesie; vieni e suona versi, mio flauto
David ama i poeti, David è la gloria dei poeti
Perciò, o poeti, tutti insieme venite qui
E cantate al mio David dolci poesie.
(vv. 1-5)
[…]
David desidera avere alla corte uomini colti e maestri
Per l'onore, per la lode di ciascuna materia,
per rinnovare con mente dedita allo studio la sapienza degli antichi
(vv. 19-21)

5. *Modoino,* Eclogae *(*Nasonis Libri*)*

Modoino, detto Naso tra gli intellettuali della corte palatina, appartiene insieme a Eginardo, Teodulfo e Adalardo alla generazione carolingia che dovette affrontare la difficile successione al trono dopo la morte di Carlo. Fu legato al monastero di San Giorgio a Lione, ma giunse ancora giovane alla corte palatina – si pensa intorno all'800 – dove studiò con Alcuino, a cui dedica un carme. Sempre grazie a riferimenti testuali lo sappiamo amico di Teodulfo, a cui invia una lettera in cui lo consola dell'esilio (720), e di Angilberto, menzionato nella I ecloga. Dall'815 fu vescovo di Autun; per la fedeltà dimostrata a Carlo il Calvo dall'835 all'837 fu *missus dominicus* della diocesi di Lione, il cui vescovo Agobardo era stato destituito.

Il testo che commentiamo di seguito, tuttavia, è datato tra l'804 e l'814,[73] quando Carlo era ancora in vita; si compone di due ecloghe esametriche dialogate, lunghe rispettivamente 95 e 121 versi, introdotte da un prologo e chiuse da un breve congedo sotto forma di dedica al sovrano, entrambi in distici; Godman lo definisce un «debat-poem [...] composed in two books»,[74] mentre «ein zweiteiliges Werk» lo intende Ebenbauer[75] che vede nella seconda parte il superamento dei problemi letterari affrontati nella prima. La scelta del metro è classica, ma la sua gestione è piuttosto libera e non esente da deroghe prosodiche.[76] Le due ecloghe sono dedicate al sovrano, chiamato ora David, come il re pastore, ora Palemone, come l'*arbiter* virgiliano.[77] Nella prima ecloga i personaggi sono un *puer* e un *senex*, mentre nella seconda sono Micone[78] e Nectylus, anch'essi caratterizzati dalla differenza di età;[79] i temi affrontati nei due componimenti sono contigui,[80] ma non identici: nella prima si discute di poesia impegnata politicamente, del plauso del sovrano e dei favori che un poeta può conseguire con la poesia, nella seconda Nectylus invidia la pace e gli *otia* pastorali di Micone, il quale spiega che tutto ciò è possibile grazie a Carlo e al suo sag-

73. Vi si allude a Carlo come vivente (*ante* 814) e ad Alcuino come defunto (*post* 804). Il problema è però ancora dibattuto a livello testuale: abbiamo già visto proprio nei testi alcuiniani una certa oscillazione dei tempi verbali; qui il congiuntivo «tenuisset» al v. 88 potrebbe non indicare necessariamente il trapasso del poeta ma essere attratto dal congiuntivo «nosset» al verso precedente (cfr. Green, *Seven Versions*, p. 79).

74. Godman, *Poetry*, p. 25. Le due ecloghe sono tradite nei mss. come *libri* separati, cfr. Dümmler, MGH PLAC I, p. 382 (che usa solo il ms. London, Add. 11034) e Green, *Seven Versions*, pp. 66-67, n. 15 (che cita anche il ms. Darmstadt 3301)

75. Ebenbaur, *Nasos Ekloge*, pp. 13-27; Green, *Seven Versions*, p. 67 e n. 15, ricorda che nei mss. i due libri sono separati.

76. Cfr. Korzeniewski, *Hirtengedichte*, p. 137; Stella, *La poesia carolingia*, p. 387.

77. Per lo stesso motivo Palemone era il giudice del *Conflictus Veris et Hiemis* attribuito ad Alcuino.

78. Nome di tradizione bucolica che si trova già in Teocrito, *Idilli* V, 112, in Virgilio III, 10 e VII, 30 e in Calpurnio Siculo.

79. Nectylus è chiamato «gnare puer» al v. 63, mentre al v. 27 l'espressione «fortunate Micon» si sovrappone al virgiliano «fortunate senex» di I, 46, alludendo forse all'età del protagonista, cfr. anche Green, *Seven Versions*, p. 83.

80. C'è stato anche un certo dibattito critico per stabilire se il testo sia unitario o meno; Stella, *La poesia carolingia*, p. 386 avverte che la «consequenzialità contenutistica» è tipica della forma bucolica.

gio governo.[81] Il testo abbonda di riferimenti intertestuali a poeti classici e medievali,[82] ma la coloritura più calcata è quella bucolica, virgiliana nella prima ecloga e calpurniana – specie sul piano tematico – nella seconda.[83]

Il tema della poesia politica[84] si interseca a quello dell'apprendistato del giovane poeta, segnato anche da cadute: il testo potrebbe essere una sorta di apologia per un errore commesso, come i vv. I, 35-7 sembrano indicare, ma potrebbe anche semplicemente narrare il tentativo di un neofita di inserirsi

81. Si avverte l'eco del panegirico calpurniano della I ecloga; elogi del buon governo del signore caratterizzeranno le bucoliche rinascimentali.

82. Il già ricordato Ovidio, Lucano, Stazio, forse Orazio e Lucrezio, gli elegiaci latini, poeti cristiani come Prudenzio e Giovenco oltre ai bucolici minori, Green, *Seven Versions*, p. 65. Sui bucolici minori si veda *supra* il capitolo dedicato alla tradizione. Per i confronti testuali con Ovidio si veda Whitta, *Ille ego Naso*. La studiosa considera le ecloghe di Modoino un nuovo esempio di pastorale ovidiana in cui le potenzialità di critica sociale della bucolica sono rivitalizzate grazie ad Ovidio. Non del tutto convincente, a mio parere, sia il peso organante attribuito dalla studiosa alla lezione ovidiana (l'orizzonte semantico di riferimento è ancora bucolico), sia il fatto che solo l'identificazione col poeta esiliato permetterebbe a Modoino di esprimere il dissenso verso la politica culturale di Carlo (in part. pp. 719). Nella bucolica medievale, elaborata a partire dal modello virgiliano ma depauperato delle sue sfumature anfibologiche, si esprimerebbe solo la lode verso il sovrano; in Virgilio si legge sia il consenso sia il dissenso, ma i medievali si appiattirebbero sul modello antico semplificandolo: «Carolingian pastoral [...] is incapable of bearing the weight of sophisticated intertextual citation of irony»; «Vergil's eclogues appear [...] source-text for rhetorical imitation [...] with little sensibility to Virgil's ambivalent status towars the polical regime of Augustus», p. 709.

83. L'elenco generale dei loci paralleli è in Korzeniewski, *Hirtengedichte* (*ad loc.*); si cfr. anche Green, *Seven Versions*, pp. 63-92.

84. Ebenbauer, *Nasos Ekloge*, pp. 26-27, ritiene che le due ecloghe siano incentrate sul tema del *carmen publicum* e della possibilità, ammessa nel finale, che anche la poesia bucolica affronti argomenti politici costituendo una legittimazione della poesia bucolica e la sua accoglienza a corte; Stella, *La poesia carolingia*, pp. 386-387, è poco persuaso da questa lettura: pur ammettendo che l'interesse di Modoino sia di natura letteraria, non ideologico-politica, è complesso dimostrare che si realizzi in una discussione relativa al genere bucolico. Patterson, *Pastoral and Ideology*. Se il tema centrale del testo sembra (con Stella) l'accesso alla cerchia, questo viene declinato attraverso contrapposizioni canoniche del *genus* bucolico (carmen civile / rustica musa) che l'autore usa con una consapevolezza inedita nella letteratura medievale fino a Dante. I due assi concettuali del testo, inoltre, sono sollecitati all'interazione dal tema della corte e del potere (*hic* al v. I, 28 e v. I, 73) e dalla giustapposizione dei poeti dell'antica Roma con i contemporanei: la poesia bucolica è per Modoino strumento di legittimazione perché evidentemente adeguata al canone della corte palatina, forse grazie alla mediazione alcuiniana, come si legge nei vv. I, 86-90.

con fatica tra gli intellettuali carolini.[85] Quale che sia la verità biografica celata nei versi, il testo ci porta nel cuore della cerchia, ne descrive le dinamiche emotive e psicologiche e celebra l'importanza culturale della poesia, motivo per cui è stato definito un manifesto della letteratura carolingia.[86] Il legame del testo con il potere centrale è stato rilevato da vari studiosi, che ne hanno però dato letture diverse, interpretandolo sia come una celebrazione dell'esperienza poetica e del ruolo del letterato nella società carolingia,[87] sia come una critica alla politica culturale di Carlo Magno,[88] sia come lo sforzo di inserirsi nelle dinamiche culturali caroline descritto attraverso una forma letteraria adeguata ad esprimere questo tentativo, non a caso redatto in forma bucolica (l'agonismo tra *publica carmina* e *rustica musica* connota tutta la prima ecloga).[89]

L'analisi delle componenti bucoliche mostra la ricchezza di elementi pastorali: vi si rintracciano il senso di esclusione e l'agonismo (*ecl.* I, 45-60); temi allegorici (nell'interpretazione della I ecloga virgiliana diffusa nel commento serviano, *ecl.* I, 72-95) e encomiastici (*ecl.* II: 70-120); l'*otium* letterario. L'amore anche in Modoino è rappresentato dalla *sodalitas* – gli amici poeti sono inseriti coi rispettivi appellativi di cerchia,[90] a riprova di una forte quanto selettiva intimità. L'ambientazione pastorale è più accentuata nella seconda ecloga, evidenziata da espressioni virgiliane[91]

85. Il rimando fatto da Korzeniewski, *Hirtengedichte*, pp. 137 ss., alla II ecloga di Giovanni Quartario in cui il poeta sarebbe il *puer*, mentre il *senex* è Petrarca, sottolinea la vitalità di questo rapporto bucolico. Petrarca stesso aveva composto l'ecloga *Divortium* in cui, nel ruolo di *puer* ormai emancipato prendeva le distanze dal cardinale Colonna (cfr. *ecl.* VIII).

86. Godman, *Poetry*, p. 190.

87. «The most sophisticated expression of early Carolingian poet's sense of the literary past and the place [...] of poetry», Godman, *Poetry*, p. 190.

88. Whitta, *Ille ego Naso*.

89. Stella, *La poesia carolingia*, p. 387. Patterson, *Pastoral and Ideology*, p. 49, pp. 52 ss. osserva come il tema del *patronage* (che implica protezione ma anche l'essere soggetto) sia un elemento strutturale del genere, sviluppato dai poeti in maniera più o meno ambigua.

90. Modoino, il *puer* della prima parte, si appella «Naso loquax» al v. 63; al v. 85 troviamo Angilberto («meus facundus Homerus»), al v. 87 Alcuino («Flaccus»), al v. 89 Theodulfo, al v. 92 Eginardo («Nardo ovans»), il cui soprannome era però *Beseleel*, l'architetto del tempio (cfr. Alc. *Carm.* 26, 21). Nell'A*d Corvinianum* di Teodulfo (v. 155) è «Nardulus».

91. Ci sono molti punti di tangenza anche con le *Bucoliche* di Nemesiano e Calpurnio; l'elenco più dettagliato è in Korzeniewski, *Hirtengedichte* pp. 74-101, ma si veda anche

coerenti con l'immaginario del *locus amoenus* e della nuova età dell'oro. A livello stilistico Modoino utilizza la forma dialogica, rispetta la lunghezza del testo e il metro del modello virgiliano, in omaggio al quale ricorre all'*adynaton*, come Virgilio (*ecl.* I, vv. 59-63). Rispetto ad altre pastorali coeve il sincretismo pagano-cristiano è molto attenuato, indizio di una certa autonomia poetica, confermata dal modo in cui l'autore sviluppa alcune suggestioni legate al genere: l'età dell'oro è presente e non ventura, come già in Calpurnio; i dettagli biografici virgiliani allegorizzati nella I ecloga sono usati per mostrare il prestigio sociale – e quindi economico – che si consegue attraverso la poesia. È soprattutto il *certamen* poetico a mostrare due caratteristiche inedite: manca il duello canoro all'interno dell'ecloga, mancano l'arbitro e il pubblico, che connotano i *certamina* virgiliani, e l'agone verte sui contenuti invece che sulla forma, come accadeva in Virgilio, dove i pastori vincevano grazie alla melodia e non per il significato delle composizioni. Al *puer-Modoino*, pur rimproverato per l'imperizia formale («horrida [...] tua carmina David sprevit», v. I, 35), sono concessi i versi finali (vv. I, 71-96), ideologicamente rilevanti poiché rendono esplicito il parallelo culturale col modello classico e il suo dispiegamento allegorico:

> *Senex*
> Dic, quae causa, puer, haec te cantare coegit,
> Vnde tibi uenit modulandi tanta cupido?
> Carmine Naso loquax iamdudum lusit inani
> Dicta peregrinis cumulavit plurima biblis
> Cesaris invisam demens delapsus in iram
> (vv. 60-64)
> [...]
> *Puer*
> «Nosse senex nosti vates, post perdita rura
> Romam Vergilium quondam venisse poetam?
> Desperata suis hic dulcibus arua reduxit
> Carminibus; post haec opibus florebat opimis,
> Dux propriis uates generosus factus in oris.
> Depositis quondam miles crudelibus armis,
> Lucanus cecinit famosi Caesaris arma:
> Idcirco pollebat opum ditissimus heros.

Green, *Seven Versions* e Stella, *La poesia carolingia* rispettivamente *commentum ad loc.*; Hubbard, *Pipes of Pan*, pp. 215-223; Cooper, *Pastoral*, pp. 10-13.

Carmina lusit item uariis en maximus odis
Ennius, ingenuis scribens monimenta priorum;
(vv. 71-80)
[...]
Nam meus ecce solet magno facundus Homerus
Carminibus Carolo studiosis saepe placere.
Ni Flaccus calamo modulari carmina nosset,
Non tot presentis tenuisset premia uitae.
Theudulfus gracili iam dudum lusit auena:
Plurima cantando meruit commercia rerum.
Aonias uide solitus recitare camenas
Nardus ouans summo presenti pollet honore.
Cede, senex, uictus dudum puerilibus armis.
Crede, satis gratas dominis consistere musas,
Praecipuis meritis hinc esse memento poetas.
(vv. 85-95)

Vecchio:[92]
Ma chi ti indusse all'arte del poeta,
o figlio, e donde questa gran passione?
Nasone già il facondo i lievi versi
Si divertì a stipare in vaghe carte
E a Cesare, lui folle, venne in ira.
(vv. 60-64)
[...]
Fanciullo
Ignori, antico Vate, che Virgilio,
perso il potere, venne a Roma un giorno?
Riprese con le dolci poesie,
non più sperati, i fondi suoi; divenne
ricco padron del suo perché poeta.
Appese le armi al chiodo anche Lucano,
e, quelle del gran Cesare cantando,
l'eroe si incamerò ricchezze immense.
Ennio compose carmi in vario metro
E tramandò il ricordo degli antichi.
(vv. 71-80)
[...]
A Carlo Magno il mio facondo Omero

92. La traduzione di Walter Lapini è tratta da Stella, *La poesia carolingia*, pp. 133-135.

Piace e ripiace (è artista che si ingegna).
Se Flacco non sapeva scriver versi
Non otteneva quel che invece ottenne
Facili versi scrive anche Teodulfo
Da poco tempo, e ottiene già vantaggi.
Nardo compone aonii versi e vedi
Che ascende tripudiante ai sommi onori.
Or credi, vecchio, alle armi di un imberbe:
ricorda che i Signori amano il canto;
se stesso – sappi – a sé deve il poeta.
(vv. 85-95)

6. *Pascasio Radberto,* Ecloga duarum sanctimonialium

Terminata la serie dei poeti vissuti sotto Carlo Magno, analizziamo le liriche scritte nello stesso ambiente, ma nel momento delle lotte incipienti per la successione imperiale. Cambiando il momento storico (siamo dopo l'814), è mutato il pubblico potenziale, ma la pastorale della seconda generazione carolingia presuppone ancora una fruizione di cerchia. La bucolica è utilizzata spesso per veicolare contenuti politici: dopo le voci poetiche del consenso, con questo testo possiamo tangibilmente considerare quale divenne il ruolo degli intellettuali nel periodo delle lotte di successione dinastica dopo la morte di Carlo. Il carme esametrico si compone di 181 versi; inscena un dialogo tra due personaggi femminili, Fillide e Galatea, che piangono la morte dell'abate Adalardo. Lo svelamento allegorico dei personaggi è affidato ad una breve prefazione in prosa, a volte sacrificata nell'edizione del testo poetico,[93] in cui l'autore ci informa che le *sanctimo-*

93. Il testo integrale si può leggere nei PLAC III, 45. Green, *Seven Versions*, p. 95 sceglie di eliminare la parte prosastica perché «most dissimilar and disagreeable in style». Tuttavia essa fa parte della tradizione del testo, che Green avverte piuttosto travagliata, nonostante l'età e la provenienza dei codici. Il carme è conservato da tre testimoni: un manoscritto del IX secolo proveniente da Corbie (ms. BNF, Par. lat. 18296), che lo studioso dichiara piuttosto scorretto, un secondo manoscritto sempre proveniente da Corbie, ma del XIV secolo (ms. *Ambianensis* 461) e un manoscritto di Bruxelles 7569, allestito nel XVI o nel XVII secolo, esemplato su un codice originale di Corvey dell'XI secolo. Questo testimone mostra errori comuni all'*Ambianensis* 461. Cfr. Green, *Seven Versions*, pp. 94-96; cfr. Traube e Meyer in PLAC III, p. 44.

niales rappresentano rispettivamente le due abbazie di Corbie e di Corvey, la prima retta e la seconda fondata da Adalardo.

Pascasio Radberto fu monaco a Corbie sotto l'abate Adalardo, che aiutò a fondare l'abbazia di Corvey; successivamente divenne abate a Corbie egli stesso e guidò l'abbazia dall'843 all'851, mentre questa vedeva progressivamente accrescere l'importanza della propria biblioteca, che divenne uno dei più importanti *scriptoria* del tempo.[94] Non meravigliano quindi le numerose letture di Pascasio, che spaziano dai classici a Venanzio Fortunato,[95] a Beda[96] fino ad opere più specificatamente religiose e a carattere teologico,[97] alla cui stesura si dedicò egli stesso. L'ecloga di Pascasio merita un'attenzione particolare per due innovazioni di tipo tematico operate nel genere bucolico medievale: l'inserimento dell'epicedio e la presenza di figure femminili come interlocutori (pastore invece di pastori). La prima novità è comunque riconducibile al modello nel pianto per Dafni della V ecloga, a cui si aggiungano le suggestioni malinconiche della IX; il tema della morte in Arcadia sarà uno degli elementi più longevi della tradizione bucolica, anche a livello iconografico[98] e già nella produzione pastorale mediolatina le «ecloghe materiate di versi ploratori»[99] come questa[100] inaugurano un filone di epicedi e compianti eclogistici proseguito anche da Petrarca e Boccaccio. A differenza di quanto accadrà nelle letterature volgari, in cui l'elemento funebre insospettatamente viene a lacerare l'armonia del *locus amoenus*, nell'ecloga di Pascasio il sepolcro campestre

94. Sembra che proprio durante l'abbaziato di Pascasio si occupasse della biblioteca Adoardo. Il latino di Pascasio in questo testo è sembrato ad alcuni studiosi ancora un po' ingenuo rispetto alle opere più tarde e mature, cfr. Green, *Seven Versions*, p. 94. Sull'abbazia francese cfr. Ganz, *Corbie in the Renaissence*.

95. Nel testo che stiamo analizzando Radberto usa un lungo calco dal carme IX, 2 di Venanzio Fortunato. Per i *loci communes* cfr. Green, *Seven Versions*, in particolare la nota al v. 27, pp. 98-99.

96. Relativamente a questa ecloga i prestiti sono stati riconosciuti sopratutto dal *De Die Iudicii.*

97. Fu autore di *De corpore et sanguine Domini*, di *De fide, spe et caritate* e di un importantissimo commento al Vangelo di Matteo in dodici libri.

98. Si cfr. almeno il quadro di Poussin *Et in Arcadia ego*; in ambito letterario questo filone culmina con la poesia di Yeats, *Shepherd and Goatherd.*

99. Carrara, *La poesia pastorale*, p. 56.

100. Agio, monaco di Corvey, potrebbe essere stato influenzato da Pascasio quando scrisse l'*Epicedium Hatumodae*, tra i più alti esempi della letteratura funebre di questo periodo, cfr. anche Ermini, *Il dialogo di Agio* e Stella, *La poesia carolingia*, pp. 479 ss. Sulla letteratura luttuosa si veda von Moos, *Consolatio*.

di Adalardo su cui le due donne gettano fiori selvatici comunica un senso di pace e di serenità, allietata dalla melodia dell'alleluia che sigilla il carme con il *requiescat* dell'abate. Il tema della morte e della perdita, infatti, gestito nella prospettiva cristiana del componimento, stempera il lamento placandosi in un'immagine di quiete paradisiaca profumata di erbe: gigli, rose, viole e fiori di campo, la flora popolare della poesia pastorale[101] dotata di un sovrasenso allegorico. Questa è una delle prime bucoliche in cui si dà un certo spazio alla componente arborea e floreale, un elemento indissolubile dalla ricezione delle ecloghe virgiliane[102] e che avrà invece una certa rilevanza in Teodulo (dove abbiamo un tiglio invece del faggio) e in Petrarca. Nell'Arcadia che Radberto allestisce per il suo abate nascono pallide viole, i mirti, i pini,[103] gli abeti, gli olivi e poi l' albero da frutto per eccellenza legato alla tradizione bucolica e a quella cristiana, cioè la vite, oltre al giglio e alla rosa, come nel contrasto di Sedulio Scoto.[104]

Se l'epicedio costituisce lo sviluppo di un tema virgiliano, la seconda innovazione è tutta medievale e si basa sulla rappresentazione allegorica delle figure femminili dei dialoganti, che in questo caso simboleggiano le due abbazie rette dall'abate Adalardo di cui si piange e si annuncia la morte. In effetti già Traube[105] e Carrara sostenevano che questa ecloga si inserisse nella tradizione dei *rotuli*, cioè di elenchi in cui venivano annotati i decessi, talvolta accompagnati da epitaffi, che giravano da un monastero all'altro per tenere al corrente i confratelli delle varie scomparse: il testo poetico è stato composto da Radberto dopo la *Vita Adalhardi* in prosa, che probabilmente era servita a comunicare il decesso dell'abate.[106] Come si

101. Cfr. per esempio i fiori menzionati in *Ecl.* II, vv. 45-55 («lilia, pallentes violas, summa papavera, narcissus, flos anethi, casia, mollia luteola, vaccinia caltha»).

102. Proprio per l'*incipit* dell'*Ecloga* I, uno dei versi più noti di tutta la letteratura latina.

103. Nell'ecloga al Mussato, Del Virgilio (vv. 9-11) parla di un Titiro che riposa all'ombra dei pini: è Dante a Ravenna, in un'immagine poetica che Carducci giudicò tra le somme dedicate allo scrittore: «Tityrus olim / Lydius, Adriaco qui nunc in litore dormit, / qua pineta sacras praetexunt saltibus umbras».

104. Cfr. v. 93. Il giglio è anche fiore legato ai defunti, cfr. i notissimi versi di *Aen.* VI, 883, «manibus date lilia plenis». Nella simbologia cristiana il giglio è indice di purezza, il rosso della rosa allude al sacrificio di Cristo.

105. PLAC III, 372, ed. Traube.

106. Cfr. Green, *Seven Versions*, p. 93. Lo stesso Radberto compose una vita del cugino di Adalardo, Wala, anche lui abate di Corbie dall'826 all'836. La situazione politica in questo caso era ancora più complessa: Vala era stato consigliere di Carlo e Pipino, ma fu

vede, anche questa ecloga presuppone una fruizione di cerchia, che non è più la corte ma il monastero.

La scelta della forma bucolica da parte di Radberto, tuttavia, non sembra aliena da motivi più sottili e profondi, legati al genere letterario: Adalardo era stato un personaggio al centro di turbolenze politiche. Cugino di Carlo Magno, era stato avviato in giovane età alla vita monastica, ed era divenuto molto presto consigliere dell'imperatore nonché abate dal 780 all'814. Durante le lotte dinastiche successive all'814, Ludovico lo mandò in esilio per anni e solo nell'822 l'abate fu reintegrato nel proprio ruolo dove rimase fino all'anno della sua morte, avvenuta nell'826.

I dati biografici di Adalardo non solo ci soccorrono per la datazione del carme, ma ci informano sulla necessità, da parte di Radberto, di glissare quanto più possibile sulla storia personale dell'abate scomparso e sull'opportunità di tessere il lamento funebre concentrandosi sulla vita ultraterrena e sul bene compiuto dal defunto: lodare un personaggio pubblico facendo appello il meno possibile al ruolo e ai trascorsi con il potere imperiale e proprio in un caso come questo la finzione bucolica aiuta ad occultare le vicende politiche e biografiche, difficilmente eludibili in un lamento funebre tradizionale. La presenza delle due abbazie, raffigurate come donne,[107] garantisce al carme quella sottile sensualità delle ecloghe virgiliane che secondo un lettore medievale dell'*Ecloga*[108] la faceva sembrare

costretto a ritirarsi in monastero nell'814. Da questo momento divenne uno dei punti di riferimento nell'opposizione a Ludovico e per questo motivo morì in esilio in Italia al seguito di Lotario I. La *Vita Walae* fu comunque scritta in due tempi e nel secondo libro, la cui stesura risale all'852, quando Ludovico era già morto, l'autore contravviene a tutte le cautele usate precedentemente, lanciando accuse e lamenti contro l'imperatore ormai deceduto. Per redigere l'epitaffio dedicato a Wala, Radberto sceglie sempre la forma dialogica ma invece della tradizione pastorale si rifà a quella del dialogo filosofico di stampo ciceroniano.

107. Il fatto che Adalardo sia stato abate di Corbie e poi abbia fondato Corvey origina un gioco di trasposizioni allegoriche in cui Fillide è la madre (v. 113) Galatea è la figlia e Adalardo è il marito (v. 126). Questo dato, funzionale al tono vagamente amoroso del compianto, sembra a Green proseguire quella tendenza al dialogo tra un personaggio più giovane e uno più maturo già sottolineata per Alcuino e Modoino. Al v. 175 il poeta chiama le due interlocutrici sorelle, ma non c'è contraddizione con quanto detto prima: è come se i personaggi (consorelle già nel titolo) recitassero delle parti teatrali.

108. Si veda il commento del monaco Gerardo in MGH SS XV/2, p. 859, 25-30: «In cuius [Adhalardi] caritatis dilatatione tanta filii sui fervebant dilectione, ut a quodam eorum tanta sit composita prolixitas ipius vitae, tanta lamentationis plena amaritudine, tanto Cantici Canticorum amatorio languore ut magis epythalamium dici possit quam textus alicuius historiae» ("i suoi figli fervevano tanto nell'esaltazione della sua carità [di Adalardo] che

un epitalamio più che un epicedio. L'onomastica è un'altra componente particolarmente interessante di questo testo perché viene scelta dall'autore bucolica e parlante:[109] in riferimento alla tradizione pastorale Galatea e Fillide sono due ninfe amate dai pastori.[110] Pascasio mantiene l'onomastica classica, dandone però un'interpretazione simbolica di sapore cristiano: il nome Galatea è stato scelto per la bianchezza del viso (e rappresenta l'abbazia di Corvey) e Fillide per l'amore che ha portato ad Adalardo (e rappresenta l'abbazia di Corbie). Galatea e Fillide permettono a Pascasio di sublimare la componente erotica[111] della bucolica medievale attraverso l'immagine evangelica delle pie donne al sepolcro, contribuendo a quel perfetto sincretismo che tanto è stato apprezzato dai commentatori.[112] Il testo riesce ad armonizzare numerosi elementi: il *locus amoenus* che fa da sfondo alle parole di Fillide (vv. 86-95) e di Galatea (vv. 175-181) è descritto in termini virgiliani con suggestioni dal *Cantico dei Cantici*;[113] i personaggi e il tono malinconico tengono a modello la IX ecloga (compresa la sovrapposizione della figura di Adalardo con Menalca al v. 152); grazie alle due interlocutrici si mantiene la sfumatura sentimentale che si accorda perfettamente anche con l'onomastica pastorale. L'importazione di questi dati, tuttavia, non è pedissequa: le ninfe amanti dei pastori della vecchia tradizione pastorale divengono, conseguentemente al tipo di pastore,[114] le nuove ninfe cristiane, cioè le *sanctimoniales* (monache) del titolo, a loro volta personificazione di due abbazie, secondo il modello allegorico delle nozze mistiche di Cristo con la Chiesa.

uno di loro compose un testo sul suo passato così pieno di amari lamenti e del languore amatorio del *Cantico dei Cantici* che può definirsi più un epitalamio che una *vita*").

109. Sulla pratica dell'*interpretatio nominis* si veda l'omonimo saggio di Bisanti.

110. Galatea compare nelle *Bucoliche* virgiliane in *ecl.* I (vv. 30-31); III (v. 64 e v. 72), VII (v. 37) e IX (v. 39); Fillide in *ecl.* III (v. 78 e v. 107), X (v. 37 e v. 41). Adalardo è definito «sanctissimus pastor» al v. 59.

111. Cfr. Klopsch, *Mittelateinische Bukolik.*

112. Non ultimo Mosetti Casaretto, *L'ecloga medievale*, che la ritiene un passaggio decisivo verso quella che secondo lui è la forma più compiuta e perfettamente risolta di pastorale medievale, cioè l'*Ecloga Theoduli*, in cui gli elementi cristiani e quelli classici si fonderebbero nell' «interpretazione speculare di uno stesso archetipo», p. 73.

113. Cfr. la nota di Green, *Seven Versions*, al sintagma «hortus deliciarum», p. 103. Il *Cantico* rappresenta il modello linguistico della lirica d'amore medievale.

114. Sempre sulla scorta della lettura anagogica delle figure legate al mondo pastorale, in primis il custode di greggi.

A livello tematico strutturale quasi tutti i parametri individuati da Klopsch sono rispettati: scenario agreste, onomastica pastorale, elemento erotico, fruizione di cerchia e contenuti politici.

Il carme è interessante anche sotto il profilo stilistico e rispetta gran parte degli elementi costitutivi del genere: Pascasio utilizza alcuni sintagmi di memoria virgiliana accanto a numerosi prestiti scritturali e citazioni da Venanzio e Beda, di rado cedendo al gusto del tempo (cfr. l'insistita allitterazione del distico 68-69). La sintesi tra il *Cantico dei Cantici* e Virgilio[115] è riuscita anche sul piano linguistico, alcune soluzioni risultano veramente felici (cfr. il v. 10: «Et tumulum facite et tumulo superaddite carmen»), altre, storicamente connotate, sono molto interessanti: «Rustica concelebret Romana Latinaque lingua».[116] Pascasio mantiene la struttura dialogica amebea e il *refrain* del modello virgiliano, così come il tema del canto, centrale in tutta la poesia, mentre sacrifica l'aspetto agonistico, come è consuetudine nelle ecloghe di argomento più serio. La lunghezza del testo deroga leggermente dalla brevità dei componimenti virgiliani, ma a differenza di molti suoi contemporanei che preferiscono il distico, specialmente per tematiche elegiache, Pascasio si serve dell'esametro.[117]

Fillide:
Non me tu lacrimis uinces aut fletibus umquam,
    Non cantus resonare leues, non pandere uota.
Vnde uelim: tu misce fauos, ego floribus ornem;
    Tu quoque pallentes uiolas, ego lilia carpam
Et superaspergam tumulum quam suauibus herbis;
    Hic quoniam condignus erat muneribus istis,
Dilicias nobis qui multas prestitit ipse
    Et totam roseo te pinxit sanguine Christi.
(vv. 86-93)
[...]

115. «Quamvis nigra [...] sim et fusca venenis, / ut niveo vultu [...] flavescam, niteam, flagrem simul atque madescam» ("Sebbene sia nera [...] e più scura del veleno, / affinché con candido volto io biondeggi, splenda, arda e insieme sia bagnata" [*Ecl. duarum santimonialium*, vv. 80-83]). Il verbo *flavescere*, usato anche da Alcuino e poi da Dante, è un segnale inconfondibile di lessico bucolico.

116. Si cfr. v. 7. Al concilio di Tours dell'813 fu stabilito che i sermoni dovevano essere esposti in *rustica romana lingua*.

117. Pur con qualche indecisione metrica: «his feeling for quantity is poor (his false quantities of various kinds number nearly fifty), central *cesurae* are sometimes lacking», Green, *Seven Versions*, p. 94.

Galatea:
«Desine plura», soror tum, «mater», ait Galathea,
«Ista quidem inspecta melius tum forte canemus,
Cum paradysus ouans nobis quoque sorte uirebit.
Actenus agrorum flores et lilia carpe,
Donec alleluiatica circum gaudia stridant.
Sparge uiam uiolis, uirtutum floribus aruam,
Pinge rosis callem, plateis lilia sterne».
(vv. 175-181)

Fillide:
Non mi vincerai mai con le lacrime o coi pianti
Non (sento) risuonare di lievi canti, né fare voti
Perciò vorrei questo: tu predisponi le fiaccole, io ornerò con i fiori:
anche tu pallide viole, io coglierò gigli
e getteremo sul tumulo tutte le erbe più profumate.
Lui si merita questi doni,
lui che a noi offrì molte cose gradite
e tutta ti dipinse col rosso sangue di Cristo.
(vv. 86-93)
Galatea:
Allora la sorella Galatea disse: «basta, o madre»
Avendo considerato meglio queste cose, cantiamo, se per caso
pregando il paradiso a noi pure tocchi in sorte.
Subito raccogliamo fiori di campo e gigli
Finché i canti di Allelulia risuonino intorno.
Cospargi la via di viole, la strada della virtù con i fiori
Tingi il sentiero di rose, cospargi il cortile di gigli.
(vv. 175-81)

7. *«Pastoral mode»: Teodulfo di Orléans, Audrado di Sens, Sedulio Scoto*

Il titolo del paragrafo deriva da una definizione di Paul Alpers citata nella prefazione; con «pastoral mode» si intende l'uso di elementi bucolici in un contesto letterario più ampio rispetto a quello del genere letterario. Questa parziale deroga ai principi selettivi enunciati nella premessa metodologica si deve al fatto che, nella prima e seconda generazione carolingia, il ricorso al codice bucolico risulta così radicato e diffuso nell'immaginario poetico da costituire un fenomeno importante, anche nella canonizzazione del genere stesso. I motivi che portano a tale pervasività nell'uso di figure, scenari e lessico bucolico sono da ricercare nella fortuna riscossa dal testo virgiliano, nella reiterazione di certi stilemi avvenuta grazie a membri influenti della corte (Alcuino), nella cerchia dei poeti che si rappresenta volentieri come una comunità arcadica, nelle possibilità sincretiche offerte dalla simbologia bucolica. Il ricorso al «pastoral mode» è comunque un atto deliberato, funzionale alla poetica dell'autore con un suo ruolo nella tradizione del genere letterario.

7.1. *Theodulfo,* Ad Corvinianum

Come le altre poesie analizzate, anche questa proviene dalla corte carolina e alla corte è indirizzata. L'autore, di famiglia visigota, giunse alla corte di Carlo intorno al 790 e per il sovrano svolse incarichi importanti : fu *missus dominicus* in Provenza, fu abate a Fleury e in altri monasteri finché nel 798 divenne vescovo di Orléans. Dopo la morte di Carlo fu accusato di aver partecipato alla congiura di Bernardo contro Ludovico il Pio e nell'817-818 fu esiliato ad Angers – fu qui che ricevette la lettera di Modoino prima ricordata. Morì in esilio nell'821. Il carme 27 di Teodulfo mostra l'uso programmatico dell'allegoria, fino ad ora utilizzata per velare le vicende biografiche virgiliane, impiegata invece per scopi ludici. Il testo si basa sulla rappresentazione allegorico-ornitologica dei letterati della corte carolingia: in un fitto gioco enigmatico costruito su allusioni personali, rimandi alla letteratura classica e biblica, Teodulfo scrive un carme di cui, ad oggi, ci rimane parzialmente precluso il senso. Varie analisi testuali[118] sono state condotte nel tentativo di tradurre il senso chiuso dei versi: da queste è emerso, pur con qualche incertezza, l'argomento, cioè un ritratto autoreferenziale degli intellettuali di corte[119] e delle correnti presenti al suo interno, sotto forma di monito semiserio a Corviniano,[120] il bersaglio polemico che è anche il destinatario del carme, ancora non concordemente identificato. Com'è tipico delle liriche di cerchia, l'aspetto giocoso della

118. Si rimanda a Schaller, *Der junge Rabe*, pp. 123-141 e Stella, *La poesia carolingia*. Allegorie animali verranno sfruttate anche da Petrarca nell'ecloga VII *Grex infectus grex suffectus*; la presenza del cigno contrapposto all'anatra è frequente nel Del Virgilio.

119. Per il tentativo di identificazione dei vari personaggi si veda Schaller, *Der junge Rabe* e Stella, *La poesia carolingia*.

120. Secondo Schaller (cfr. *Der Junge Rabe*) il corvo non identifica una persona specifica: dietro l'appello diretto non c'è un destinatario preciso, ma la corte carolingia intera.

composizione consiste nel ritrarre i colleghi in maniera arguta, sapendo che i lettori si individueranno e riconosceranno gli altri;[121] infatti, anche in questa "barocca" corte ornitologica – dove alcuni sono melodiosi come cigni, altri gracchianti come corvi –, il poeta rappresenta tutti, incluso re Carlo e se stesso.[122]

Il carme si apre[123] con un riferimento esplicito al passo virgiliano in cui Dameta e Menalca stanno ingaggiando una schermaglia scherzosa, che nel giro di qualche verso sfocerà in una gara di canto. Il tenore bucolico del testo è quasi solo formale e linguistico – come conferma il lessico, tutto cosparso di «fistula», «silvae», «carmina», «camoena»... –, ma include però un inedito dileggio dell'atmosfera pastorale, le «putridas capellas» al v. 23, in linea con il tono provocatorio del carme.

Nell'ecloga III Virgilio ingaggia contro Bavio e Mevio un'ironica polemica letteraria, per cui lo spunto salace è già implicito nel modello; tuttavia l'importanza del testo teodulfiano non consiste nel recupero della dimensione ironica, ma nella scelta di agire sul codice bucolico, probabilmente perché quello di moda nell'arcadia palatina.[124]

7.2. *Audrado,* De fonte vitae

Audrado fu monaco a San Martino di Tours; fu ordinato corepiscopo nell'847, ma deposto due anni dopo per la battaglia che Incmaro di Reims, potente arcivescovo, condusse contro i corepiscopi. Per scongiurare la perdita del ruolo Audrado intraprese un viaggio a Roma da papa Leone IV, a cui donò un manoscritto con le proprie opere, che furono lodate ma che non cambiarono il corso degli avvenimenti. Il poeta usa alcune componenti

121. Le allusioni più pungenti sono verso gli irlandesi e la cerchia alcuiniana. Si veda il riferimento al cuculo (v. 13), quello a Flacco e alla sua scuola (al v. 35 e al distico 109-110); inoltre la metafora ornitologica usata da Teodulfo potrebbe deridere l'abitudine di Alcuino a raffigurare in veste di uccelli dei propri allievi-amici.

122. Il sovrano ai vv. 27, 41 e ai vv. 73-4; il poeta al v. 64, come «Gentilupus», latinizzazione di Teodulfo da «thiuda» (popolo) e «wulfus» (lupo), cfr. Stella, *La poesia carolingia*, p. 393.

123. «Quid cycni faciunt, resonant dum talia corvi», cfr. *ecl.* III, 16: «quid domini faciunt, audent cum talia fures».

124. Si cfr. l'edizione commentata di Andersson, Ommundsen, *Theodulf of Orléans*, *The Verse* e Andersson, *A Carolingian Pun and Charlemagne's Languages* in cui si insiste sull'importanza che rivestono la grammatica e gli studi anche nella rappresentazione teodulfiana della corte.

bucoliche all'interno di un poemetto dalla struttura narrativa complessa, il cui sviluppo è funzionale alla comprensione dei sovrasensi allegorici e all'individuazione delle numerose suggestioni culturali di cui il testo è costellato.[125] Vi si racconta la *quête* che il giovane Audrado deve intraprendere per abbeverarsi all'acqua della fonte richiamata nel titolo; nel corso di questa avventura compaiono l'aiutante (cioè Incmaro, all'inizio nel ruolo di antagonista) e alcuni oggetti "magici" come la fonte[126] e la coppa, elementi comuni al ciclo del Graal e alla letteratura fantastica, sia latina che romanza. La fitta rete simbolica è interpretabile ricorrendo alla dimensione sacra, ma molti elementi della storia sono condivisi dalla narrativa e dalla favolistica.[127] Questo carme dalla trama così insolita è il quinto di tredici libri che costituivano la silloge d'autore donata al pontefice Leone IV, non tutti conservatici.[128] L'argomento del poemetto, «un documento di

125. Audrado canta la propria ricerca del fonte della vita, intrapresa su invito di Incmaro, un tempo amico. Si fa sera e Audrado si trova davanti ad una montagna altissima, scoprendo che Incmaro l'ha lasciato. Una voce spiega al poeta che per attingere l'acqua deve avere con sé una coppa particolare, se non la possiede, gliela potrà fornire un giovane che ogni mattina viene a compiere cerimonie sull'altare, chiarendo l'enigma del fonte, della coppa e della Pasqua. Audrado trova il giovane, che è lo stesso Incmaro, il quale riconosce le parole di Dio e gli offre rifugio e cibo nella sua casa nella foresta. La mattina seguente rivela con il canto il mistero della Creazione, del peccato originale e della redenzione operata da Cristo col fonte della vita; il Demonio insorge armato di un bastone, ma viene sconfitto. In questo punto del testo Audrado inserisce l'enigma pasquale.

126. Cfr. la valenza simbolica della fonte, che è un archetipo del sacro (Cristo stesso è fonte, cfr. *Ioh.* 4, 14 e 7, 37-39) e del fantastico profano: si pensi al *Roman de la Rose* o alla letteratura fantastica in cui l'*apparitio* della fata avviene sempre nei pressi di sorgenti o polle (cfr. Walter Map, *De nugis curialium*). Altro elemento favolistico è la casa nella foresta in cui Incmaro ospita Audrado prima della rivelazione, un elemento che torna in molte fiabe. Per l'analisi della struttura in relazione alla morfologia proppiana cfr. Stella, *De fonte vitae*. Nel testo si possono agilmente individuare le componenti dei racconti fantastici medievali identificati da Le Goff, *Il meravigliso e il quotidiano*.

127. Propp, *Morfologia della fiaba*; Stella, *La poesia carolingia a tema biblico*, 697-706.

128. I libri IV e XIII sono perduti, rimangono frammenti del III e del XII. I primi quattro libri sono dedicati ad argomenti teologici (la trinità, la creazione degli angeli...), il sesto è una storia di Pietro, il settimo di san Martino. I libri VIII-XI sono dedicati ad alcuni santi come Giuliano e Basilissa, molto venerati in questo periodo in Francia, Spagna e a Tours (dove Audrado aveva studiato). Il XII conteneva le *Revelationes*, profezie composte dall'840 in poi probabilmente *post eventum* di cui ci restano solo citazioni indirette (cfr. Stella, *De fonte vitae*, pp. 32-33).

scuola, di amicizia, di primi passi teologici e di cultura poetica»,[129] si lega alle vicende biografiche dell'autore:[130] nella vita reale Incmaro, il deuteragonista, fu maestro di Audrado (contrapposizione *puer/senex*), l'eroe del racconto che sfoggia nel carme una serie di competenze necessarie per progredire nelle cariche ecclesiastiche.[131] Audrado attinge alcuni schemi narrativi dalla letteratura folklorica e li arricchisce di complessi rimandi al cristianesimo che possono perfino coincidere con elementi simbolici di altre culture (mistica islamica e induista, mitologia celtica); sul piano formale, invece, il poemetto mostra di tenere a modello l'ecloga VIII di Virgilio. Tra le componenti macrostrutturali, sul piano linguistico si trova il *refrain*,[132] variato in base all'evolversi della vicenda, proprio come nella bucolica virgiliana e in Angilberto. Il fatto, già rilevato in sede critica,[133] può spiegarsi con la presenza coincidente di rituali magici nel pometto e nell'ecloga, evocata da Audrado nel verso intercalare, che costituisce il momento cruciale dell'incantesimo. Ci sono poi ulteriori analogie che po-

129. Stella, *De fonte vitae*, p. 42.

130. I pochi dati a nostra disposizione sono desunti dai versi introduttivi che lo stesso Audrado ha premesso alla silloge prima ricordata e dalle cronache di Alberico delle tre Fontane e Chiaro di Sens. Studiò a Tours, venne ordinato coriepiscopo nel sinodo di Sens del 1 marzo 847 o 848. Nello stesso periodo Incmaro, che viene consacrato arcivescovo di Reims (845-882), dopo la morte di Rabano Mauro (856) diventa un uomo molto potente e polemizza contro i corepiscopi, inviando al papa il *De corepiscopali temeritate*. Nel concilio di Parigi dell'849 molti corepiscopi, tra cui anche Audrado, verranno destituiti. Pochi mesi prima Audrado, intuendo le intenzioni di Incmaro, aveva intrapreso un viaggio a Roma per offrire al pontefice Leone IV le proprie opere, che il papa apprezzò ma che non servirono a evitare la perdita della carica. Questi dati potrebbero spiegare i primi quaranta versi del carme in cui l'autore si lamenta dell'atteggiamento di Incmaro, una volta amico.

131. Quello presbiteriale, se si colloca il riferimento biografico agli anni giovanili o, più difficilmente, quello episcopale, se si immagina il contesto relativo ai fatti dell'847. Cfr. Stella, *De fonte vitae*, pp. 39-40. Per l'analisi numerologica del testo cfr. Haubrichs, *Ordo als Form-Strukturstudien*. Nessun dato biografico spiega la parte finale del carme, dove Incmaro è ritratto di nuovo benevolo.

132. Cfr. Stella, *De fonte vitae*, pp. 26-28, in particolare p. 27; Stella, *La poesia carolingia a tema biblico*, pp. 701-702 e soprattutto la lunga nota 4 a p. 935 di Lapini, *Per il testo*, in cui si argomenta che l'egloga VIII sia un modello costante e che Audrado agisca «con una logica di accorpamento e raddoppiamento: i versi intercalari, che in Virgilio vengono distribuiti in due canti separati, qui si uniscono per formare una coppia; le due variazioni virgiliane, una per "incipe Maenalios" e una per "ducite ab urbe", qui diventano (vv. 338 e 375) variazione dello stesso distico». Nel testo si osservano anche molte *iuncturae* virgiliane.

133. Lapini, *Per il testo*, p. 936.

trebbero suggerire un'azione più estesa del modello bucolico anche sul piano narrativo:[134] l'ambientazione del carme di Audrado condivide molti tratti del *locus amoenus* (si pensi alle case di Incmaro sui prati, nei pressi del fonte, ombreggiate da tende bianchissime); la flora è parzialmente bucolica, perche vi troviamo l'alloro, l'edera e l'olivo ma anche la palma,[135] tutti elementi comunque smaterializzati sul piano naturalistico, che assumono una prevalente funzione simbolica o fantastica. Anche la fonte e la coppa, presenti nel mondo pastorale, nel pometto sono carichi di sovrasensi simbolici che richiamano il contesto bucolico, senza appartenervi del tutto: Menalca (*ecl.* III, 35-42) offre come premio del *certamen* ingaggiato con Dameta due «pocula fagina», opera cesellata dal divino Alcimedonte (in Audrado è Incmaro a modellare la coppa), ma Dameta non apprezza, in quanto possiede già due coppe simili a quelle;[136] l'esclusività della coppa di Audrado è invece lungamente preparata nel pometto, anche dalle parole del *custos loci* che, descrivendo una tecnica artigianale comune, sembra mettere Audrado a parte di un'esperienza esoterica.[137] L'oggetto, inoltre, non ci viene mostrato: assunta la sua funzione narrativa, dissolve la propria consistenza materiale in quella puramente magico-simbolica. Il tema del *certamen*, che nel mondo pastorale è legato alla coppa, non è assente del tutto in Audrado e si svolge tra Cristo e il Diavolo; molta importanza assume la formazione dell'io poetante, come accade all'eroe negli schemi della fiaba, piuttosto che al pastore in Arcadia. L'aspetto prepotentemente autobiografico, nemmeno velato dalla pseudonimia, è un ulteriore elemento che distanzia l'esperienza di Audrado da quella dei pastori, per i quali il

134. La lettura bucolica è stata suggerita da Lapini, *Per il testo*; Stella, *La poesia carolingia*, p. 418, privilegiava altri serbatoi mitologico-simbolici per la coppa e la fonte.

135. La palma fa parte del paesaggio simbolico del poemetto audradiano, anche perché si parla del periodo pasquale (Stella, *De fonte vitae*, pp. 22-25).

136. «Et nobis idem Alcimedon duo pocula fecit, / et molli circum est ansas amplexus acantho [...]: / si ad vitulam spectas, nihil est quod pocula laudes» ("anche per me lo stesso Alcimedonte ha fatto due tazze, / e ne ha recinto le anse con flessibile acanto, [...] / se pensi alla vitella, hai poco da lodare le tazze" [trad. Luca Canali]) (*ecl.* III 44-48).

137. L'*ekfrasis* della coppa in Virgilio è funzionale alla descrizione della scena mitologica intagliata, mentre in Audrado non si descrive solo il calice, ma anche la sua complessa lavorazione. Vedere lavorare argilla e cera era una esperienza piuttosto diffusa, se anche nell'ecloga VIII, 80-81 Alfesibeo si augura che l'amore di Dafni si comporti in modo affine ai due materiali a contatto col fuoco: «Limus ut hic durescit, et haec ut cera liquescit / uno eodemque igni, sic nostro Daphnis amore» ("Come l'argilla si indurisce e la cera si liquefa a un unico / fuoco, così Dafni per il nostro amore" [trad. Luca Canali]).

travestimento onomastico è il primo passo verso la convenzione bucolica. In senso lato il *De fonte vitae* soddisfa molti parametri del genere bucolico: si tratta di una poesia di cerchia, perché gli interlocutori devono avere un *background* che permette loro di penetrare la cortina simbolica e i rimandi autobiografici, il contesto è naturalistico; la componente erotica,[138] anche qui, è sostituita dall'amicizia mentre la tematica cosmogonica trova nel canto di Sileno dell'ecloga VI un valido precedente. L'elemento bucolico più presente è senza dubbio quello del canto, che percorre tutto il carme: Incmaro, dopo aver lasciato solo Audrado, è a casa e riposa le tempie avvolte di fronde d'alloro, Audrado stesso veniva incitato dall'amico col canto (v.125) al tempo del loro sodalizio. Al v. 145 Incmaro intona la sua cosmogonia sciogliendo il triplice enigma col canto mentre addirittura la morte (v. 285) «revocet per carmina mundo». Infine, nel congedo canoro[139] di Incmaro, il monito a cantare e ricantare ancora «Haec, Audrade, tibi modulari carmine dulci / pignora cara satis, recinas quae saepius oro» (vv. 397-98), che presenta locuzioni virgilianamente bucoliche. Un confronto tra i personaggi del pometto e quelli virgiliani mette in luce ulteriori analogie e differenze: come nell'*ecl.* VIII, 73 anche il canto di Incmaro scioglie il triplice nodo della coppa, del fonte e della data pasquale; come Alfesibeo è privato di Dafni, perciò ricorre ai sortilegi (agli *incantesimi*), così Audrado è privato di Incmaro (ma i sortilegi li compie quest'ultimo). Come Melibeo, Audrado sarebbe «peregrino, sfrattato, tradito, destituito di *honor*» mentre Incmaro-Titiro sarebbe «giunto ad una sicurezza materiale ed esistenziale»:[140] ma in Virgilio i due pastori sono sullo stesso piano, la differente sorte di Titiro dipende da Augusto, un nume esterno alla coppia di dialoganti mentre in Audrado è chiara la sua soggezione verso Incmaro. La situazione dei personaggi virgiliani rispetto a quelli del poemetto appare specularmente rovesciata: nel finale, dopo che Audrado ha attinto al fonte, la sperequazione tra i due si appiana, perché il protagonista è stato iniziato e Incmaro si congeda augurando all'amico «nunc felicissimus esto»; nelle ecloghe virgiliane dell'esproprio il diverso destino dei pastori diventa preponderante e la malinconia di Melibeo, con il suo senso di esclusione, pervade i versi finali.

138. Cfr. Stella, *La poesia carolingia a tema biblico*, p. 700.

139. Cfr. Lapini, *Per il testo*, pp. 935-936 su cui cfr. anche Stella, *La poesia a tema biblico*, p. 706.

140. Stella, *La poesia carolingia a tema biblico*, p. 701.

Anche Audrado, come Teodulfo, utilizza alcuni elementi del mondo pastorale ma dall'esterno, senza nessuna intenzione di conformarsi al genere; non per scarso discernimento, ma in virtù di quella consapevole libertà letteraria che permette anche in epoca moderna l'uso del «pastoral mode». Nel *De fonte vitae* la bucolica è una delle suggestioni multiculturali che confluiscono nel testo e tra tutte è sicuramente quella che incide di più sul piano formale – come era immaginabile, vista l'impronta virgiliana. A livello allegorico e tematico, invece, le analogie mi sembrano più superficiali che sostanziali, se sottoposte a verifica, e più coerenti con altri tipi di interpretazione.

7.3. *Sedulio Scoto*, Carmina ad Hartgarium

Chiudiamo l'*excursus* dedicato al «pastoral mode» con due carmi di Sedulio Scoto, il II e il VI,[141] composti per Hartgar, vescovo di Liegi durante il periodo trascorso dall'autore nella scuola cattedrale di quella città, tra l'840 e l'851. Hartgar era stato per Sedulio un punto di riferimento a cui chiedere sostegno culturale e materiale, per cui le poesie contengono la deferenza che si deve al superiore ma anche l'affetto riconoscente verso l'amico, la cui mancanza lascia un vuoto emotivo reale. Sono dedicati entrambi alla lontananza del vescovo, che è figura pastorale e forse costituisce il motivo che ha spinto Sedulio ad usare il codice bucolico. Entrambi si aprono con un richiamo esplicito alle ecloghe virgiliane: nel II l'autore si lamenta «Tytirus in silvis ego tristis mente remansi: / absens pastor era, nulla quiesque fuit»,[142] nel VI ricorre ai sortilegi dell'ecloga VIII «Ducite ab urbe decus, Musae, venerabile nostro».

Tytirus in silvis è composto in distici, metro elegiaco scelto per il tema precipuo del carme, l'assenza. Meno articolato e più breve del VI, i trenta versi sono intessuti di metafore pastorali (Zefiro, selve, nettare ibleo, ovile) alternate a immagini mitologiche e allusioni scritturali. Anche il VI è un pometto in distici ed è stato incluso[143] nell'antologia di poesia caro-

141. I due testi si leggono in MGH, PLAC III, pp. 167-168 e pp. 170-172. I carmi sono traditi dal ms. Bruxelles, Bibliothèque Royale, 10615-10729, cfr. Meyers, *L'art de l'emprunt*, p. 33.

142. «Titiro triste sono rimasto da solo nei boschi; il pastore non c'era, non ci fu quiete»; «Riportate dalla città, o Muse, onore al nostro venerabile».

143. Il testo con traduzione italiana si legge in Stella, *La poesia carolingia*, alle pp. 173-177.

lingia allestita da Francesco Stella che, nell'introduzione al testo, segnala le numerose allusioni desunte da fonti disparate – scritturali, medievali e classiche – e spiega il ricorso al codice bucolico con il ruolo pastorale del destinatario dei versi.

I due carmi parlano dell'amicizia, dell'assenza e del rispetto-affetto verso il proprio benefattore, argomenti canonici per la poesia pastorale che, insieme all'immagine sincretica del pastore di anime, potrebbero aver suggerito al poeta la via dell'Arcadia, che Sedulio percorre solo in certi tratti. Se Audrado usava il codice bucolico ricorrendo principalmente ad allusioni formali (il *refrain*), Sedulio predilige l'onomastica e le suggestioni tematiche. La sicurezza con cui gli elementi pastorali vengono inglobati, usati o rovesciati negli autori di questo paragrafo dimostra che nella cultura carolingia la bucolica è un codice di comunicazione condiviso, che viene usato volentieri per trattare certi argomenti e che è connotato anche sul piano stilistico da richiami immediatamente riconoscibili; il suo impiego può avvenire all'interno delle norme del genere letterario oppure in maniera più libera, inserito in un testo grazie alla presenza di un elemento bucolico (tematico o formale), come fanno i tre autori di questo paragrafo, che si pongono deliberatamente in limine al genere perché esso risponde – si crede – solo parzialmente a quanto in quel momento volevano esprimere.

4. La bucolica tra X e XII secolo

1. *L'*Ecloga Theoduli

L'*Ecloga Theoduli* è un'opera più complessa rispetto a quelle analizzate fino a questo momento, un testo in cui il codice bucolico gioca un ruolo fondamentale perché ne permea la struttura in maniera evidente e ne condiziona parzialmente l'interpretazione, come testimonia il dibattito[1] scaturito nei primi anni Duemila tra chi intende gli elementi bucolici di questo testo come uno strumento eminentemente contrastivo e formale, usato dall'autore per veicolare il proprio messaggio ideologico, e chi invece legge l'opera come un canonico *ludus* tra pastori, in cui il *certamen* stesso, come nelle ecloghe virgiliane, costituisce il motivo del carme.

La data di composizione non è certa, ma l'opera si colloca probabilmente intorno al IX-X secolo in un contesto monastico, a cui sembrano rimandare anche le analitiche competenze autoriali relative alla storia sacra e alla mitologia pagana. L'*Ecloga* è stata oggetto di numerosi contributi

1. Il dibattito è ripercorso in dettaglio nell'articolo di Mosetti Casaretto, *Il caso controverso*. In estrema sintesi Francesco Mosetti Casaretto è convinto della centralità del messaggio ideologico che consisterebbe nella demonizzazione del paganesimo; sostengono la posizione contraria Peter Dronke (*Riuso di forme* e Id., *Forms and Imaginings*, pp. 63-85) e Jean Meyers (*Démonisation ou sacralisation)*, che vedono nell'*Ecloga* un *certamen* virgiliano, senza particolari implicazioni affidate alle repliche dei due contendenti. Jean Yves Tilliette, *Grecia mendax*, sostiene che Teodulo compia una sorta di riconciliazione tra mito e storia cristiana. Green, *Seven Versions*, p. 111, offre una lettura più cauta e ritiene che l'argomento del testo sia una contesa tra cristianesimo e paganesimo, che il verdetto dell'agone sia già segnato in partenza (si desume dal nome dei contendenti) e che così doveva apparire anche al lettore medievale, tuttavia valorizza il modo virgilianamente cortese con cui il *certamen* si svolge, nonostante l'importanza del tema trattato.

che hanno cercato di fare luce su aspetti ancora irrisolti, tra cui l'identificazione di Teodulo,[2] nome storicamente attestato ma ritenuto da alcuni studiosi uno pseudonimo parlante, inventato dall'autore come quelli dei suoi personaggi (Pseusti, che significa "Menzogna", Alithia, che significa "Verità" e Fronesis, che significa "Sapienza"). Poiché non disponiamo di notizie biografiche dirette, tranne i commenti all'*Ecloga* già discussi nei paragrafi I, 5 e I, 6, i pochi dettagli derivano dal testo, sulla base del quale sono state elaborate alcune congetture: secondo Osternacher[3] Teodulo fu un monaco formatosi in ambiente insulare continentale,[4] tesi accolta da Mosetti Casaretto che lo ipotizza «prossimo al centro di gravità del monastero di San Gallo».[5] La struttura e l'impostazione del testo sembrano confermare intenti di natura didascalica evidenziati dalla critica fin dalla prima metà del Novecento, da Frey[6] e successivamente da Curtius.[7] La probabile fruizione scolastica del testo si riflette sulla tradizione manoscritta, che consiste in 18 esemplari nei secoli IX-XII, con un incremento nei secoli XIII-XV che porta il censimento a 150 manoscritti e 96 pubblicazioni a stampa.[8] Tale frequentazione dell'*Ecloga* sembra confermarne la circo-

2. Winterfeld nel 1905 propose l'identificazione dell'autore con Gotescalco d'Orbais ("Gotescalco" in tedesco significa "servo di Dio" come "Theodulus" in greco); Strecker, *Studien zu karolingischen Dichtern*, nel 1924 ne dimostrò l'infondatezza; sulle varie fasi del dibattito cfr. Mosetti Casaretto, *Ecloga*, pp. XXI-VII. L'ipotesi della pseudonimia, avanzata solo dai commentatori moderni ma assente dalle fonti medievali, è sostenuta anche da Kegel-Brinkgreve, *The Echoing Woods*, p. 214, n. 90; è stata riproposta recentemente da Herren, *Reflexions on the Meaning*.

3. Johann Osternacher pubblicò nel 1902 la prima edizione moderna del testo consultando 24 manoscritti; una nuova edizione si legge in Green, *Seven Versions*, pp. 27-35 basata sul solo ms. Oxford, Bodleian Library Auct. F. 2, 14, ff. 53b-58. La traduzione commentata di Mosetti Casaretto si basa sull'edizione Osternacher rivista nel 1907 e successivamente normalizzata nel 1977 da Huygens.

4. Questo dato sarebbe desunto dalla variante di *Genesi* III, 19 usata da Teodulo: «quia cinis est et in cinerem reverteris», formula del rituale ambrosiano, cfr. Mosetti Casaretto, *Ecloga*, p. XXXVI.

5. Mosetti Casaretto, *Ecloga*, p.XXXVIII. Da questa pubblicazione derivano tutte le traduzioni italiane dell'*Ecloga* citate nel capitolo.

6. Frey, *Über das mittelalterliche Gedicht*, p. 6.

7. Curtius, *Letteratura europea*, pp. 289-290.

8. Osternacher, *Ecloga Theoduli*, p. 374. Anche in virtù della notorietà del testo, contrapposta alle scarse notizie sull'autore, Piacentini, *La lettera di Boccaccio*, avanza l'ipotesi che Boccaccio alluda a Teodulo nel noto passo della lettera a Fra Martino da Signa (convincente, a mio parere, se Boccaccio non usasse il plurale: «scripserunt alii [...] sed ignobiles»).

lazione in un contesto scolastico, che ne avrebbe garantito la tradizione, come sembra desumibile dai commenti e dagli *accessus* che lo menzionano tra il 1076 e il 1407,[9] tra cui quelli di Bernardo di Utrecht e Corrado di Hirsau. Il testo di Teodulo è inoltre citato in varie opere canoniche come il *Liber Catonianus*, gli *Octo auctores morales* (XV sec.) o il *Registrum multorum auctorum* (1280 ca.) di Ugo di Trimberg, che lo considera adatto a studenti già avanzati negli studi, perché richiede l'applicazione di più livelli di interpretazione.[10]

L'ecloga si compone di 340 esametri leonini organizzati dal v. 38 in doppie strofe tetrastiche amebee. I primi 15 versi fungono da prologo, inquadrando brevemente il contesto geografico della gara canora e i personaggi; al giudice (Fronesis) spettano il distico ai vv. 34-36,[11] in cui si enunciano le regole dello scontro, e la penultima quartina in cui si ratifica il verdetto, passi del testo in cui è palese l'attenzione alle ecloghe III e VII di Virgilio. Dal v. 16 al v. 336 il testo si sviluppa come un *certamen* tra Alithia (Verità)[12] e Pseusti (Menzogna) che ha per argomento fatti e personaggi ancestrali presenti nella storia cristiana e messi a confronto con i loro corrispondenti mitologici, secondo un procedimento non inedito nella letteratura patristica e medievale, basta pensare al *De civitate Dei* di Agostino, di cui Green segnala ulteriori plausibili precedenti.[13] Questi

9. Nel *Catalogus translationum et commentariorum*, II, ne vengono indicati cinque maggiori, più altri minori.

10. Così anche il commento del sec. XV detto dell'Anonimo Teutonico edito da Orbán nel 1973.

11. «Perge prior, Pseusti, quia masculus; illa sequaci / aequabit studio. Sit tetras in ordine vestro, / Phytagorae numerus. Sol augeat, obsecro, tempus». «Comincia tu Pseusti, perché sei un maschio; ella ti seguirà con eguale impegno. Sia il quattro, nella vostra esposizione, il numero di Pitagora. Scongiuro il sole di darci tempo», vv. 34-36.

12. L'onomastica (parlante) è grecizzante ma non bucolica. Alcuni studiosi hanno sottolineato una certa filoginia del componimento e si è giunti a sostenere che Teodulo fosse in realtà una donna.

13. Green, *Seven Versions*, pp. 112-113 sostiene che nessuno prima di Teodulo abbia messo insieme una messe così numerosa di paralleli sinottici tra storia pagana e cristiana; si allude a qualcosa del genere nell'ep. 53 di Girolamo a Paolino da Nola (PL 22 col. 540) o nella lettera di Floro a Modoino (PLAC III, 553), ma in generale nell'alto medioevo si preferiva evitare confronti di questo genere. Qualche suggestione in tal senso si legge nella pseudoagostiniana *Altercatio Ecclesie et Synagogae* o nel carme XVI di Rabano Mauro (PLAC II, pp. 178 ss.); Teodulo potrebbe aver tratto ispirazione dal confronto fra *Contra Symmacum* di Prudenzio e il *Carmen Paschale* di Sedulio, ma anche Draconzio (*Laudibus Dei* 3) talvolta ricorre al contrasto con materiali mitologici, come Aldelmo o Avito.

i principali argomenti trattati: il poeta rispetta la sequenza biblica, dalla caduta di Adamo fino alla redenzione operata da Cristo; ai vv. 37-52 si confronta l'età dell'oro e il Paradiso terrestre; quindi l'età dell'argento e l'esilio dall'Eden. I vv. 53-60 trattano il tema del sacrificio, in cui Cecrope rappresenta quello pagano e Caino e Abele quello biblico. Ai vv. 69-76 si parla del diluvio universale, Deucalione e Pirra sono messi a confronto con Noè; i vv. 85-92 paragonano due episodi di superbia contro la divinità: la gigantomachia e la costruzione della Torre di Babele. Nelle due successive quartine vengono avvicinate due relazioni tra padre e figlio: Dedalo e Icaro / Abramo e Isacco; le due strofe seguenti trattano di metamorfosi: Fillide mutata in albero per amore di Demofoonte e la moglie di Lot mutata in statua di sale. I vv. 117-124 narrano la lotta contro la divinità: i vv. 125-132 cantano la castità di Ippolito e di Giuseppe (figlio di Giacobbe). Le due quartine seguenti proseguono il ciclo di Mosè e paragonano il ratto d'Europa all'episodio del vitello d'oro. Nei vv. 165-172 si sviluppa la tematica dell'opposizione luce/ombra, una delle metafore fondamentali dell'*Ecloga*; i personaggi coinvolti sono Giove e Alcmena contrapposti a Giosuè al Gabaon: nel mito viene allungato il tempo notturno dell'oscurità, nel racconto biblico si prolunga il tempo del sole, con scoperta simbologia che associa alla tenebra il male e alla luce il bene. Dall'amplesso di Giove con Alcmena viene generato Ercole, che nelle quartine successive è opposto a Sansone. Con i vv. 189-196 si passa al periodo biblico della monarchia: Orfeo è contrapposto a Davide, due personaggi che hanno lo straordinario talento del canto. Nei vv. 197-200 si parla di Ermete psicopompo confrontato con Salomone sul piano della sapienza. Le quartine che seguono sono incentrate sul tema della carestia, quella pagana voluta da Cerere per ottenere la restituzione di Proserpina e quella di Elia che preannuncia il castigo divino conseguente all'apostasia di Ahab, adoratore di un falso culto – anche questo è tema strutturale del poema. Nei vv. 237-244 si parla ancora di idolatria, attraverso le figure di Salmoneo e di Nabuccodonosor; i vv. 253-260 narrano la purezza violata: Danae da Giove e Daniele in Babilonia, che non si lascia traviare nella perfezione della sua fede. L'esempio di Daniele salvato *in extremis* da Dio prosegue nelle quartine successive con un altro campione di verità che esce vittorioso dalle calunnie (Susanna). Proseguono nei vv. 269-276 vicende con protagoniste femminili: Procne e Medea, due donne colpevoli verso i propri mariti a cui viene contrapposta Giuditta. L'ultima coppia di quartine contrapposte è ai vv. 277-284: vi si raffronta Scilla pagana, Edissa cristiana e Ester. Seguono due quartine in cui Pseusti si rivolge all'Olimpo intero perché lo sostenga nella contesa, mentre Alithia spiega che l'errore pagano è dovuto a timore e voluttà (sulla scia di Prudenzio, *Symmacus* I, 450). Le ultime due quartine sono occupate da enigmi a cui l'autore non offre risposta: Pseusti chiede il nome del traditore di Proserpina (vv. 317-320) e il segreto troiano, Alithia chiede dove la terra sovrasta l'asse del cielo (in Paradiso) e sfoggia la conoscenza del tetragramma del nome di Dio.[14] Le numerose giustapposizioni degli episodi, elemento di riconosciuta novità dell'*Ecloga*, si susseguono in ordine cronologico sulla base di analogie tra paganesimo e storia sacra, intercalandosi fino alla quartina che segna l'esito dell'agone, in cui Alithia parla di Cristo ma Pseusti non trova un parallelo nella letteratura pagana, ammettendo così la sconfitta. L'*Ecloga* si chiude con la preghiera di Alithia, che sfrutta immagini piuttosto consolidate e svincolate dal contesto di gara: lode all'unico Dio onnipotente signore del cielo e della terra (il *leitmotiv* del componimento); l'unica – debole – allusione alla contesa può leggersi nell'invocazione ad innalzare gli umili e ad abbattere i superbi, vista l'iniziale baldanza di Pseusti.[15]

Sul piano delle fonti, oltre a Virgilio, Teodulo cita numerosi autori classici e medievali tra cui Giovenco, Aratore, Venanzio, Ovidio, Lucano, Stazio, Claudiano, Marziano Capella, il Primo Mitografo Vaticano; l'antologia di letture, che sembrano di prima mano, risulta abbastanza canonica, ma attenta e curata anche nelle citazioni.[16]

14. Per confronti testuali analitici e il loro commento si veda il puntuale studio di Mosetti Casaretto, *Ecloga*, pp. LXXIV ss.

15. Sulla demonizzazione o sacralizzazione della mitologia pagana cfr. Meyers, *Démonisation ou sacralisation*, pp. 452-453.

16. Green, *Seven Version*, p. 113. La lettura di prima mano confermerebbe la frequentazione di una biblioteca fornita, come certo era San Gallo. Green e Mosetti Casaretto evidenziano i debiti di Teodulo verso la letteratura antica e tardoantica (Prudenzio, Draconzio, Ovidio, Virgilio); questi autori sono presenti nella lingua del testo, che è comunque abbastanza originale (ci sono molte locuzioni di cui non si trovano paralleli). Tuttavia, uno spoglio sistematico dei *loci similes* con l'ausilio dei programmi digitali sembra auspicabile: da qualche sondaggio condotto su *Poetria Nova* emergono anche confronti interessanti che andrebbero approfonditi e verificati su tutto il testo, ma che sembrano indicare una certa vicinanza ad autori del XII secolo (periodo in cui si usano volentieri anche i tardoantichi). Certo questi dati possono indicare semplicemente la diffusione del testo di Teodulo, ma confronti mirati e incrociati coi codici dell'*Ecloga* potrebbero essere comunque eloquenti. Di seguito qualche esempio sui primi 50 versi: EG2 «volvitur aureus axis», Al. Neck., *Laud.* I, 256 «volvitur immotus axis»; EG9 «Virgo decora nimis» torna identico in *Carmina amatoria* 90 (X-XII sec.) ma «Virgo decora rudis» si legge in Drac., *Laud.* I, 384

L'analisi delle componenti bucoliche dimostra una certa autonomia dell'autore, che però rimane fedele al canone: la scelta di operare all'interno del genere pastorale potrebbe essere funzionale al progetto didattico, uno dei più plausibili motivi ispiratori del testo.

La ricezione medievale[17] ritiene che l'*intentio* del carme sia quella di mettere a confronto testi cristiani e pagani per dimostrare la superiorità del cristianesimo; così scrive Bernardo di Utrecht:

> quasdam de ecclesiasticis et paganis scriptis conferre sententias, ut tantum catholicam traditionem excellere ostendat ritum gentilem quantum excellit veritas falsitatem.[18]

Corrado di Hirsau fa un'ulteriore osservazione:

> intentio est sacrae paginae commendare et fabularum commenta dissuadere, non quidem ut non legantur, sed ne lecte credantur vel in actum transferantur. [...] Proprium quidem veritatem a falsitate discernere, ut [...] ab omni specie mala abstineat. Nec ratione caret quod altercationis materia pastores introducuntur, quia genus illud semper est litigiosum, contraria contrariis iaculando et alterna malitia vel dolo rixas excitando.[19]

e Eug. Tol., *Hex* 268; EG 19 «victa dabis» ha solo due paralleli su *Poetria Nova*: «Victa dabit» in inizio verso Rich., *Passio s. Cather*. 2, 286 (XII-XIII, che però potrebbe derivarlo da Teodulo) e in clausola Ov., *Fast*., 6, 378; EG20 «dicta movent» in Ov. *Trist*. I, 9, 36 e Cypr. Gall.,*Gen*. 649; EG27: «sors obtulit ultro» torna molto simile in Eber. Bethun., *Grecis*. 18,11«sors parat ultro»; EG28: «sufficit hora» non ha occorrenze nei classici e solo in quattro poeti medievali (Othlo, *Doctr*. 181; Hild. Cen., *Carm.min*.41,20; Nigell., *Spec*. 278); EG38 «saecula terras» torna molto simile in una *Chronica Hisp*. 328 (del XII secolo) «saecula plurima terram»; EG 49 «protoplastus» si legge solo in nove autori medievali e in clausola torna in Ales. Neck, *Laud*. 9,19 e Giovanni di Garl. *Epital* 6,5; «protoplastus erit»si legge nel *Graecism*. 8, 256.

17. I testi di Bernardo di Utrecht e di Corrado di Hirsau sono stati commentati in relazione al *genus* ai paragrafi I, 5 e I, 6.

18. «L'intenzione del testo è presentare alcuni episodi da testi pagani e cristiani per mostrare che la tradizione cattolica supera i riti pagani quanto la verità supera la menzogna», *Commentum*, pp. 64, 144-147.

19. «L'intenzione è raccomandare la lettura della Bibbia e dissuadere dalle favole, non perché non si leggano, ma perché, una volta lette, non si dia loro credito né si mettano in atto. [...] Proprio dell'uomo è discernere tra verità e menzogna, per astenersi da ogni male. Non sfugge perché sono introdotti a dibattere due pastori, in quanto persone litigiose che si ribattono contro cose reciprocamente contrarie e invitando con alterna malizia o con l'inganno alla rissa», *Dialogus super auctores*, pp. 94-95, lin. 695-698 e 715-718, che recupera la nozione della litigiosità proverbiale dei pastori dai commenti virgiliani, tra cui quello serviano.

Entrando nella sostanza dello scambio alternato, si nota che il dibattito rispetta le regole bucoliche e rimane nei toni della pastorale, non è un'invettiva, un libello polemico né una disputa; i due antagonisti non si esercitano su quanto detto dal contendente per mostrarne le falle, ciascuno procede virgilianamente col proprio canto.[20] La differenza sostanziale rispetto al modello è che in Virgilio l'argomento dei *certamina* è indifferente, mentre qui ha un peso specifico nell'economia del testo. Nelle *Bucoliche* la *variatio* del canto amebeo non interessa il contenuto, ma vale soprattutto per la forma e l'invenzione linguistica: nella bucolica tradizionale si discute di poesia, in cui il valore semantico e fonico del significante hanno un ruolo predominante, mentre in Teodulo è il significato ad essere decisivo, il contenuto è l'oggetto del contendere.

I personaggi mostrano innovazioni d'autore: grazie all'onomastica, ellenizzante e parlante ma non bucolica, i due cantori sono contrapposti nel nome e nel sesso, Alithia (fanciulla) *vs*. Pseusti (giovane). Assegnare alla donna[21] il ruolo – solitamente maschile – del cantore penalizza la componente erotica tipica della bucolica e infatti estranea a Teodulo, forse a causa del contesto monastico in cui ipotizziamo la composizione dell'*Ecloga* e della volontà didascalica che la sorregge.[22]

Anche sul piano dell'ambientazione intervengono cambiamenti significativi, che sono stati interpretati in modo più o meno allegorico dagli studiosi: il prologo ci proietta in un paesaggio naturale, ma invece del *locus amoenus* ci troviamo davanti ad un panorama torrido, benché mitigato dalla presenza di una fonte. Invece delle terre deputate all'Arcadia (Grecia o Sicilia) siamo in Etiopia;[23] invece dell'ombra del faggio il pastore gode

20. Anche in questo frangente gli studiosi hanno interpretato lo scambio tra i due contendenti come più o meno aggressivo, a seconda degli elementi valorizzati, se la matrice classica o quella biblica del testo; una sintesi delle posizioni si legge in Mosetti Casaretto, *Il caso controverso*, p. 350. In particolare Kegel-Brinkgrave, *The Echoing Woods*, p. 220 ricorda che Servio, nell'introduzione alla III ecloga, la qualifica come litigiosa e piena di rustiche invettive che cominciano appena i due pastori si incontrano.

21. Alithia non è connotata da caratteristiche femminili, anche Green, *Seven Versions*, nota «the facets of Pseusti's nature in contrast to Alithia's rather ungracious wariness», p. 111. Tuttavia, avverte lo studioso, non ci sono dettagli sessisti nel testo.

22. Questa rimozione dell'elemento sensuale che connotava la bucolica (si vedano *supra* i passi dal *Polycraticus* di Giovanni di Salisbury) sembra deliberata da parte dell'autore; la presenza di ninfe e luoghi che invitano ai conviti amorosi sarà risolta nel XIV secolo attraverso l'allegoria politica (ninfa = città, pastore = poeta).

23. Questo spostamento in un luogo poco consueto per la bucolica, anche se citato da Virgilio in *ecl*. X, 68, è stato interpretato in maniera naturalistica per indicare un luogo

del refrigerio offerto da un tiglio. I personaggi non sono autoctoni, perché Pseusti è di origine greca mentre di Alithia[24] si dice solo che è della stirpe di Davide, di cui possiede lo strumento (la cetra). La gara di canto inizia appena i due si incontrano, a causa della rabbia di Pseusti per la bravura della pastorella.[25] Solo uno degli strumenti musicali appartiene alla tradizione bucolica: il flauto di Pseusti,[26] che lo promette in pegno se perderà il *certamen*. Alithia, apostrofata come «stultissima» al v. 16, risponde brusca che non le interessano né i discorsi né i premi di Pseusti, solo la infastidisce che se Pseusti sarà sconfitto senza testimoni non lo ammetterà mai. Giunge provvidenziale Fronesi (l'arbitro) ad abbeverare il gregge.[27]

Per quanto attiene all'argomento, temi cosmogonici sono già contenuti nel modello virgiliano (*ecl.* VI), ma in Teodulo il contrasto tra cantori è legato al contrasto tra cosmologia pagana e cosmologia sacra, la cui gestione è stata variamente interpretata dalla critica nelle due direzioni più

caldo (Dronke, *Riuso*, pp. 319-320; Green, *Seven Verions*, p. 117 *ad loc.* che cita anche Venanzio I, 21, 29) oppure come assonanza biblica, in cui la terra etiope è connotato negativamente come idolatro (Mosetti Casaretto, *Ecloga*, pp. LIV-LVI). Analoghe interpretazioni sono state fatte per Atene, patria di Pseusti. Sarei orientata a pensare che le due spiegazioni, cioè l'allusione virgiliana e quella biblica contenute nella menzione dell'Etiopia, fossero entrambe recepite dai lettori, cariche dei loro sovrasensi, e che questa anfibologia costituisse un piccolo sfoggio di bravura da parte del poeta.

24. Pseusti pascola capre, Alithia agnelli: anche questo dato, già presente in Virgilio (*ecl.* VII), è stato interpretato alla luce di *Mt.* 25, 31-41, cfr. Kegel-Brinkgrave, *The Echoing Woods*, p. 219; Green, *The Genesis*, p. 53, Mosetti Casaretto, *Il caso controverso*, p. 355.

25. Difficile, in prospettiva diacronica, non pensare alle parole di Monico e Silvio nella I ecloga di Petrarca, in cui la situazione è completamente rovesciata in favore della poesia virgiliana (pagana): «Monicus: "Hunc igitur, dulci mulcentem sidera cantu, / illa tulit tellus, licet experiare, iuvabit". Silvius: "O ego novi hominem. Cives et moenia parve / Sepe Jerosolime memorat, nec vertitur inde: semper habet lacrimas et pectore raucus anelat"» ("Monico: 'Dunque quella terra generò il pastore che accarezza le stelle / con il suo dolce canto: prova ad ascoltarlo, ti piacerà'. Silvio: 'Oh, lo conosco! Ricorda spesso i cittadini e le mura / della piccola Gerusalemme, né mai distoglie da essi il pensiero. / Ha sempre lagrime e trae fiochi sospiri dal petto'" [trad. Luca Canali]), vv. 70-74. L'*explicit* dell'ecloga petrarchesca rivede i termini della questione.

26. Anche degli strumenti musicali si possono dare interpretazioni allegoriche, cfr. Mosetti Casaretto, *Ecloga*, p. XCIX.

27. Fronesi dice che i suoi genitori si sono raccomandati di abbeverare il gregge e rincasare: il ritardo le comporterà delle punizioni, ma il piacere della contesa tra così validi cantori la trattiene ad ascoltare (e questo è un *topos* bucolico, infatti è già in Virgilio VII, 17). Tuttavia non si capisce perché Fronesi sia definita madre al v. 30 e poi corra il rischio di essere punita da qualcuno: altro segnale del contesto monastico?

volte enunciate: come sostanziale messaggio del testo o come indifferente materia del contrasto.[28]

Le osservazioni fatte per le componenti tematiche della pastorale si possono estendere anche a quelle formali: c'è una sostanziale importazione di elementi bucolici ma la loro gestione non è mai assolutamente canonica, se pure il carme, accogliendo così tanti elementi pastorali, rimane intenzionalmente all'interno del genere.

Teodulo scrive nel metro della tradizione virgiliana, anche se usa gli esametri leonini. La lingua riproduce espressioni virgiliane come «fistula», «modulare», «carmine» e ricorre a sintagmi esplicitamente pastorali,[29] come il motivo del «trahit sua quemque voluptas» nella quartina 305-308: «Dulce viro mulier, pratis arentibus imber, / Mandragorae sterili, fons agricolae sitienti»,[30] che però si conclude con un distico di matrice estranea allo stile bucolico «Precellit cunctis, animae velamina carnis, / exuerint postquam, placari Iudicis iram». Non compare nessun tipo di *refrain*, solo nelle battute finali Alithia ripete due volte lo stesso verso;[31] è presente tuttavia uno degli elementi più connotativi della bucolica mediolatina, la struttura amebea. Teodulo è il primo poeta medievale, inoltre, ad inserire l'indovinello nella pastorale, proprio come aveva fatto Virgilio alla fine della III ecloga, una di quelle maggiormente presenti al poeta dell'*Ecloga*;[32] tra gli autori del *corpus* analizzato in questo volume gli indovinelli – che costituiscono un genere comunque molto praticato fin dall'alto medioevo, specie in ambito irlandese e carolingio – sono solo in Audrado, in Marco Valerio e Metello.

28. Per Mosetti Casaretto (si veda *Ecloga* e *Il caso controverso*) questa è la chiave ideologica del testo: il carme è apologetico (come lo definì Osternacher nella sua edizione) e, interpretato in senso scritturale, costituisce una demonizzazione del mito pagano. Dronke, *Riuso*, in part. pp. 303-304, valorizza l'aspetto formale e virgiliano del *certamen* per cui le menzogne di Pseusti e le verità di Alithia non hanno un peso diverso (perché importa solo il canto, non l'argomento); Meyers, *Démonisation ou sacralisation*, in part. pp. 345-347 ha visto la mitologia innalzata a una dignità senza pari da questo confronto serrato col testo biblico.

29. Per un confronto dei *loci communes* tra Teodulo e Virgilio cfr. Mosetti Casaretto, *Ecloga*, p. XLV.

30. «Dolce la donna all'uomo, la pioggia ai prati riarsi, le mandragore alla donna sterile, la fonte all'agricoltore assetato; e più di questo, il fatto che si plachi l'ira del Giudice, quando le anime si saranno spogliate dell'involucro della carne», vv. 305-308.

31. Vv. 296, 312 e con leggera variante al v. 300.

32. Cfr. Mosetti Casaretto, *Ecloga*, p. XLV.

Concludendo la verifica del canone, si osserva che il carme è fedele alla struttura contrastiva del *conflictus*, per cui elimina temi che hanno decretato la fortuna del genere pastorale in ambito medievale e che sono trattati anche nella lirica e nell'elegia come l'amicizia, l'elemento politico e quello autobiografico, che rappresentano componenti molto apprezzate perché permettono l'espressione del soggetto poetante. Altro elemento decisivo nella bucolica carolingia è la cerchia, qui sostituita – anche per mutate condizioni storiche – dal monastero e dalla scuola, il primo implicito nella composizione del testo, la seconda nell'ambiente di ricezione per cui il carme sembra prodotto.

Teodulo con l'*Ecloga* porta a compimento quel tentativo di cristianizzazione della bucolica già incontrato in Endelechio,[33] reso adesso maturo dalla gestione più sicura del codice bucolico, largamente utilizzato dai carolingi. L'ecloga mantiene la struttura pastorale, ne utilizza il lessico e i principali elementi (ambientazione, numero di personaggi, *certamen*, doni pastorali), sottraendone alcuni più legati all'espressione della soggettività poetica (autobiografia, amore/amicizia, rapporto col potere politico) e innestandovi tematiche cristiane.[34] La contesa tra Verità e Menzogna che si sfidano contrapponendo la storia sacra al mito ha un esito scontato, come il *certamen* tra inverno e primavera: chiaramente avrà la meglio Verità, sarà Menzogna stessa ad ammettere la sconfitta, senza bisogno del verdetto dell'arbitro. I sovrasensi allegorici e scritturali individuati dalla critica, probabilmente, erano voluti dall'autore e ben evidenti al lettore medievale, così come lo era la *littera* bucolica della struttura: da entrambi (letteratura virgiliana / letteratura biblica) si traeva insegnamento e diletto. A differenza di quanto accadeva con Endelechio, il confronto tra cultura pagana e cristiana qui non è meccanico e quasi totalmente affidato alla *Kontrastimitation*, anzi, è colto e didascalico: è l'intento didattico, a mio giudizio, il

33. Endelechio si limita a sottolineare la natura non cruenta del sacrificio richiesto da Cristo, per cui «Votum sola fides iuuat. / Non ullis madida est ara cruoribus / Nec morbus pecudum caede repellitur, / Sed simplex animi purificatio» ("L'unico voto richiesto è la fede. / La sua ara non gronda di sangue / né il morbo è respinto dal sacrificio di armenti, / ma solo dalla semplice purezza dell'animo" [vv. 116-118]), in Teodulo la doppia quartina è più sofisticata e compara il sacrificio di Cecrope a quello cristiano, mostrando però quello inadeguato di Caino e quello corretto di Abele.

34. La rivisitazione dell'ecloga da parte di Teodulo somiglia per certi versi all'operazione di Roswita su Terenzio; questa almeno può essere stata l'interpretazione che ne ha determinato la fortuna, si veda Mosetti Casaretto, *Il caso controverso*, p. 334.

motivo ispiratore del testo, quello che ne spiega molte delle caratteristiche inclusa quella elogiata da Green, «the value of restraint».[35]

Aethiopum terras iam feruida torruit aestas,
In Cancro solis dum uoluitur aureus axis,
Compuleratque suas tiliae sub amoena capellas
Natus ab Athenis pastor cognomine Pseustis,
Pellis pantherae corpus cui texit utrimque
Discolor et rigidas perflauit fistula buccas
Emittens sonitum per mille foramina uocum.
Ad fontem iuxta pascebat oues Alithia,
Virgo decora nimis Dauid de semine regis,
Cuius habens citharam fluuii percussit ad undam.
Substiterat fluuius tanta dulcedine captus
Auscultando quasi modulantis carmina plectri
Ipseque balantum grex obliuiscitur esum.
Non tulerat Pseustis
(vv. 1-14)
[...]
Pseusti:
Cur, Alithia, canis rebus stultissima mutis?
Si iuuat, ut uincas, mecum certare potestas:
Fistula nostra tuum cedet, si uincis, in usum;
Victa dabis citharam; legem coeamus in aequam.
(vv. 16-19)
Alithia:
Illa refert: «Nec dicta mouent nec praemia mulcent
Me tua nunc adeo, quia uulnere mordeor uno:
Quo res cumque cadit, testis nisi sedulus assit,
Si uictus fueris, non me uicisse fateris.
Sed quia mutari nescit sententia coepti,
En adaquare gregem, simul et releuare calorem
Nostra uenit Fronesis: sedeat pro iudice nobis».
Pseustis ad haec: «Video quod eam sors obtulit ultro.
Huc ades, o Fronesi! nam sufficit hora diei,
Vt tua iam nostro postponas seria ludo».
(vv. 20-30)

Già la torrida estate aveva brciato le terre degli Etiopi,
mentre l'aureo carro del sole volgeva nel segno del Cancro;

35. Green, *Seven Versions*, p. 112.

e un pastore ateniese di nome Pseusti,
coperto su entrambi i fianchi dalla pelle screziata di una pantera
aveva spinto le sue caprette sotto la dolce ombra di un tiglio;
una zampogna gli gonfiava le gote tumide,
mentre modulava le note da migliaia di fori.
E lì vicino, a una fonte, pascolava le pecore Alitia,
fanciulla bellissima della stirpe di Davide,
di cui suonava la cetra presso l'onda del fiume;
e il fiume sostava preso da tanta dolcezza,
come per ascoltare i versi che modulava il plettro;
perfino il gregge dei belanti dimenticava il cibo.
Pseusti non lo sopportava.
(vv. 1-14)
Pseusti:
Perché, stoltissima Alitia, canti a dei muti oggetti?
Se ti piace vincere, puoi gareggiare con me:
la nostra fistola sarà tua, se vincerai,
se sarai vinta, darai la cetra; mi sembra un patto equo.
(vv. 16-19)
Alitia:
Ella risponde: Le tue parole non mi toccano,
né mi allettano i tuoi premi;
solo una cosa mi infastidisce: qualunque sia l'esito,
a meno che non sia presente un attento testimone,
se sarai vinto, non lo ammetterai.
Ma dato che non si può mutare una decisione presa,
ecco la nostra Fronesi, che viene ad abbeverare il gregge
e a mitigare l'arsura: segga dunque arbitro tra noi.
Pseusti, a queste parole: il Fato l'ha condotta qui, spontaneamente:
vieni Fronesi! C'è abbastanza tempo, infatti,
perché tu possa posporre le tue cure severe al nostro gioco.
(vv. 20-30)

2. *Il* Synodus*: un* conflictus *di origine scolastica*

Tra il X e l'XI secolo comincia a circolare una letteratura alternativa – versioni cristianizzate dei testi classici quali i *Proverbia* di Otlone di Sankt'Emmeram oppure opere che mescolano elementi delle due culture come l'*Anticlaudianus* di Alano di Lilla o l'*Ecloga Theoduli*. Testimonianza del persistere di questo tipo di interessi è l'opera di Guarniero di Basilea,[36] il *Synodus*, che dipende direttamente dal testo di Teodulo ma lo priva quasi completamente degli elementi bucolici. Il *Synodus* (letteralmente "strade affiancate") prosegue il filone dei *conflictus* mettendo in scena due antagonisti molto particolari: l'Antico e il Nuovo Testamento.[37] Il testo è composto da 601 esametri leonini; consta di un breve prologo autoriale in cui il poeta dice di aver scritto «Non veteri more, sed eas scribendo canore / Et quasi certantes ponendo duos modulantes» (vv. 5-6),[38] forse alludendo alla trasformazione della disputa dialettica, che veniva redatta in forma prosastica, di cui il *Synodus* mantiene certi tratti: il tema che viene imposto inizialmente, la contrapposizione fittizia di due argomenti e l'aspetto didascalico. Il testo si sviluppa formalmente come un canto amebeo ma non è un *certamen* vero e proprio, come si ricorda più volte nel corso del testo, e prende le mosse a partire dalla richiesta di Sofia, che si rivolge ai due contendenti Neocosmo e Tlepsis invitandoli al canto con l'imperativo «dicite»,[39] che in questo caso è qualcosa più di un invito. Tlepsis risponde: «que precipis, iubes » (quindi riconosce implicitamente che la richiesta è

36. Larsen, nella voce a lui dedicata del *Lexicon des Mittelalters* (p. 2052) lo ritiene vissuto tra l'XI e il XII secolo e dice che fu probabilmente un chierico e un insegnante, come sembra confermare la lettura delle sue opere, il *Synodus* e il *Paraclitus*, due dialoghi didascalici con argomenti tratti dalle Sacre Scritture.

37. Hoogterp, nella sua edizione del *Synodus*, lo datava al 1050, mentre studi più recenti di Orbán, *Eine textkritische Bemerkungen*, lo collocano intorno alla metà del XII secolo. Il numero dei codici che ci hanno tradito l'opera (sette in tutto) sembra confermare la fruibilità scolastica del testo, apparentabile, anche se meno famoso, all'*Ecloga Theoduli*. Per quanto riguarda l'area geografica di composizione del testo, sembra potersi circoscrivere all'area francese (al v. 568 viene menzionata la Gallia e Carlo al v. 518; Orbán, *Eine textkritische Bemerkungen,* nota inoltre un uso ricorrente di *facere* più infinito.

38. «Non all'antica, ma scrivendo in modo rimato e presentando due che si sfidano cantando».

39. Se è vero che Guarniero riprende quasi per intero il passo di Virgilio (*ecl.* III, 55-57, «Dicite, quandoquidem in molli consedimus herba; /et nunc omnis ager nunc omnis parturit arbos, nunc frondent silvae, nunc formosior annus» ["Dite, ci sediamo un poco sull'erba fresca; adesso ogni campo e ogni albero producono frutti, adesso i boschi frondeggiano, adesso è il momento più bello dell'anno"]): «Nos quoque, letantes dum sustinet herba cubantes / Ramis protectos esca potuque refectos [...] / Dicite cantantes, que dicitis equiperantes» ("Anche noi in festa, adagiati sull'erba, protetti dall'ombra dopo aver buvuto e mangiato...[...] Dite cantando, le cose che vi rimandate vicendevolmente" [vv. 13-20]), nel testo classico, e anche in Teodulo, i pastori ingaggiano un contrasto che sfocia in *certamen* all'arrivo del giudice, mentre qui il clima è diverso, non c'è tensione contrastiva, ma recita parallela.

in realtà un "ordine") e invita il giovane Neocosmo a cantare con lui. Il giovane accetta l'invito, con il consueto complimento che il più anziano deve essere assecondato (tema virgiliano ma senza la forma, infatti non c'è citazione: «Seruo seni morem, minor expectans seniorem», v. 29). Questa alternanza *puer/senex* potrebbe essere uno dei pochi elementi bucolici di questi versi iniziali; ma nella scelta dei personaggi con età diverse, più che un adeguamento di genere, influisce l'argomento: i due interlocutori sono il Vecchio e il Nuovo Testamento. Sophia, il personaggio che sembrerebbe assumere il ruolo di giudice, in realtà è il *magister*. La stagione scelta da Guarniero nell'ambientazione della seconda strofa non è consueta, ma nemmeno in contrasto con la tradizione pastorale; siamo infatti alla fine dell'estate, i lavori dei campi sono finiti, i raccolti stipati per l'inverno e le viti cariche promettono vino: l'abbondanza è la vera regina di questo *locus amoenus* agricolo, più che pastorale, in cui i personaggi «esca potusque refectos» ("sazi di cibo e di vino": anche questa è una novità), seduti sull'erba si godono gli ultimi giorni di sole e decidono di ricrearsi ascoltando qualcosa di edificante. Il contesto naturalistico, però, rimane estrinseco rispetto al resto del poema, che si sviluppa senza più riprendere il tema o accennare all'ambiente, nemmeno alla fine. I personaggi non sono pastori, l'onomastica è grecizzante ma non bucolica (a imitazione di Teodulo). Alla fine i due allievi sono stanchi e chiedono a Sofia di riposare, mentre nelle ecloghe virgiliane tramonta il sole a chiudere l'agone:

> Si, regina, sinis, sit de certamine finis. [Sophia] Nollem sic dici; uos non certastis, amici, / Sed bene cantastis cantandoque nos recreastis / [...] Nec clamauistis, que consuetudo sophistis (vv 590 ss.)[40]

Viene meno in questo testo anche l'argomento autobiografico e il rapporto con la cerchia; manca qualsiasi allusione a temi d'amore o d'amicizia, la lingua non è virgiliana e, anche ammettendo la prevalenza dell'aspetto contrastivo, manca lo spirito bucolico, un qualunque elemento del *genus* che possa definirsi funzionale alla costruzione del testo. Per il *Synodus*, infatti, non si può parlare di codice bucolico ma nemmeno di «pastoral mode», che presuppone la volontà autoriale di usare uno o più elementi, anche se decontestualizzati da un punto di vista del genere letterario.

40. «Se, regina, lo permetti, termini l'agone. [Sophia] "Non vorrei dire così: non avete conteso, amici, ma avete cantato bene e cantando ci avete recato diletto. [...] Non avete alzato la voce, come è abitudine dei sofisti"».

Come già in Teodulo, ma in maniera più esplicita, nel testo di Guarniero l'interesse maggiore va al contenuto, più che alla forma. Questo carme è importante perché testimonia la presenza di testi, nati probabilmente in un contesto scolastico, di natura dialogico-contrastiva, elemento estremamente vitale del codice bucolico, ma la cui fortuna prescinde dal contesto pastorale.

5. La bucolica del XII secolo

1. *La bucolica del XII secolo: caratteristiche principali*

Gli studi dedicati alla tradizione dei classici rilevano nel XII secolo una straordinaria attenzione all'esercizio interpretativo: in questo periodo non si segnalano particolari riscoperte o importanti acquisizioni; sono piuttosto le glosse e i commenti, talvolta traditi privi del testo analizzato, a mostrare come si venga definendo un nuovo rapporto coi testi antichi. Questo tipo di apparato esegetico presuppone una conoscenza mnemonica dell'originale[1] e chiarisce che il momento ermeneutico viene considerato di prestigio non inferiore all'esercizio creativo: «sumus relatores et expositores veterum, non inventores novorum», sottolinea Guglielmo di Conches nelle sue glosse a Prisciano.[2]

Questo speculare sul testo comporta una definizione dei generi e uno studio teorico della letteratura di vasta portata, una costante ricerca normativa che emerge anche nella strutturazione delle ecloghe che analizzeremo, molto più virgiliane nella forma rispetto alle precedenti. La letteratura carolingia aveva prodotto testi dalla portata innovativa inimmaginabile, aveva sondato le possibilità del genere bucolico con un movimento che potremmo definire di espansione, approfondendo tutti gli spunti contenuti nel modello classico; adesso assistiamo ad una contrazione classicista non solo a livello linguistico. Anche per questa deferenza nei confronti dell'ar-

1. Cfr. Holtz, *La redécouverte de Virgile*, p. 151 e Villa, *I classici*, p. 502.
2. «Noi esploriamo e spieghiamo testi antichi, non ne inventiamo di nuovi», cfr. Villa, *I classici*, p. 503.

chetipo, probabilmente, gli autori bassomedievali si rifanno direttamente a Virgilio, ostentando una straordinaria fedeltà al modello.

In realtà la poesia pastorale bassomedievale mantiene alcune caratteristiche comuni a quella carolingia, ma ne perde altre sostanziali: permane il nesso tra bucolica e poesia di cerchia, anche se è meno immediato identificarla; rimane il contenuto politico-sociale e la forma autobiografica. Mutano le relazioni con l'élite intellettuale: se per i carolingi esiste una sola cerchia possibile e le voci dei poeti sono concordi, adesso il panorama è molto più articolato: Metello può descrivere la vita culturale come una serie di lotte sempre in atto e può chiamarsene fuori ricorrendo alla bucolica. Anche l'encomio al sovrano è più limitato, ma l'aspetto panegirico della bucolica è uno dei più tenaci nella storia del genere. Si recuperano adesso una struttura e una forma più aderente al modello, con ecloghe più brevi e organizzate in *corpora*, viene impiegato l'esametro anche nella versione leonina, si diffonde l'uso del *refrain* e dell'appello alla *cartula*. A livello tematico assistiamo a un ritorno della mitologia, soprattutto delle figure legate al canto, come Orfeo, e degli argomenti religiosi e cristiani. A questo proposito si registra un notevole disinteresse per le interpretazioni anagogiche delle figure pastorali, come quella del Cristo-pastore, onnipresente nel periodo carolingio, ma già assente dalla più compiuta delle ecloghe cristiane, quella di Teodulo.

Che la letteratura del XII secolo abbia una inclinazione normativa e metaletteraria influisce anche sulla bucolica: non è un caso che Marco Valerio, la cui datazione è ancora *sub iudice*, o Metello di Tegernsee sentano la necessità di redigere un prologo ad introduzione e chiosa delle loro ecloghe.

Se nel prologo di Metello leggiamo una situazione culturale simile a quella narrataci da Abelardo nella sua *Historia calamitatum*, in quello di Marco Valerio appare la professione di modestia, la volontà di collocarsi in una produzione di nicchia e di voler trattare di una materia umile in uno stile umile: nella piccola opera poetica l'autore distilla una perla di poesia, non reboante ma non priva di una sua intrinseca ambizione. L'aspetto linguistico è quello più rilevante: lo stile di Marco Valerio è piano e classicheggiante per la compostezza, armonioso e disteso, molto diverso dall'espressione preziosa, quasi manierista di Metello, che si distingue per la capacità di variazione rispetto ad tema narrativo sempre uguale a sé stesso.

Si sperimentano altre dimensioni della lirica pastorale: se per i carolingi era immediata l'autoimmedesimazione allegorica nei panni dei pastori e questo giustificava anche lo *stilus humile*, con Metello si cambia registro: il poeta, se compare, compare come *auctor* (cfr. ecloga II); il *patronage* è rappresentato dal santo protettore che veglia benevolo ma sanziona i torti subiti (in questo *do ut des* un po' meccanico Metello attribuisce caratteristiche quasi pagane a Quirino).

Pur essendo tutte prove di notevole livello qualitativo, le poesie che andiamo ad analizzare sono state penalizzate in fase di tradizione: abbiamo pochi testimoni e, per quanto ci è noto, l'impronta lasciata da questi poeti sui colleghi successivi è scarsa o assente (Franco Munari segnala tracce di Marco Valerio in Boccaccio, si veda *infra*). A questa carenza di manoscritti si accompagna la quasi totale assenza di informazioni biografiche, tanto che non abbiamo la certezza di identificare questi poeti con i loro nomi effettivi.

2. *Marco Valerio*, Ecloghe

Sono stati tramandati cinque testi poetici di carattere bucolico[3] attribuiti ad un Martius o Marcus Valerius,[4] autore collocato, anche se non concordemente, nel XII secolo.

I codici che li conservano sono due, il *Gothanus* II 125 (ff. 1r-8v), datato al XIII secolo e l'*Erlangensis* 633 (ff. 1r-11r), che è invece un codice umanistico del XVI secolo. La dipendenza del testimone più recente da

3. Amplonius Ratinck nel XV secolo fu il proprietario del più antico testimone, il ms. *Gothanus* II, 125, che risulta glossato e corretto proprio in quegli anni. Nella sua descrizione del manoscritto parla di «liber quinque bucolicorum Marcii Valerii Maximi», riferiti presumibilmente alle quattro ecloghe più il prologo. Dal momento però che il prologo è più breve e redatto in un metro diverso rispetto alle quattro *eclogae*, Lehmann, *Erforschung des Mittelaltes,* nel 1962 avanzò l'ipotesi che la quinta ecloga fosse andata dispersa. Munari nell'edizione avverte che la differenza di stile o metro tra testo e prologo è frequente in epoca medievale e ritiene che non ci siano elementi per ritenere che la raccolta abbia subito perdite, cfr. pp. XLIII (n. 16) e XLIV.

4. Non avendo nessuna ulteriore notizia dell'autore, stante la – pur minima – oscillazione onomastica tra i due testimoni manoscritti (il Gothanus ha «Martius» mentre l'Erlagensis ha «Marcus Valerius Maximus», cfr. Munari, *M. Valerio Bucoliche*, p. XLV) e il carattere arcaizzante sia del nome dell'autore che delle ecloghe, permane qualche dubbio tra gli studiosi che Martius Valerius sia uno pseudonimo.

quello più antico sembra piuttosto probabile, ma non del tutto acclarata: Franco Munari nel commento alla sua seconda edizione parla di «omissioni comuni e corruttele comuni», ma segnala anche «differenze nel testo dei componimenti e nell'attribuzione dei versi ai singoli interlocutori»[5] e non sempre il codice antico è il più corretto. Sostiene invece l'indipendenza dell'*Erlagensis* Orlandi nella recensione all'edizione di Munari; con lui concorda Salvatore, in un contributo dedicato all'imitazione virgiliana nelle ecloghe di Marco Valerio.[6] Stover non affronta direttamente il problema, ma da alcune affermazioni[7] sembra propendere per la dipendenza dell'Erlagensis dal Gothanus.

La collazione dei due codici, che l'editore non aveva potuto effettuare al tempo della prima edizione,[8] è stata possibile per la seconda edizione critica, sul cui testo si basa anche l'analisi delle pagine che seguono.

Molto poco sappiamo della data di composizione e dell'autore di queste ecloghe. Il *Gothanus* ne fissa un termine *ante quem*, essendo datato circa al XIII secolo, e Munari sottolinea vari fattori stilistici che fanno propendere per una datazione intorno alla seconda metà del XII secolo, tra cui «la notevole padronanza del latino e il carattere antichizzante».[9]

5. Munari, *M. Valerio Bucoliche*, p. XXXVII. L'editore non si pronuncia sull'onomastica dell'autore, che identifica con «M. Valerio».

6. Orlandi, *Recensione a Marco Valerio, Bucoliche*; Salvatore, *Le Bucoliche di Marco Valerio*.

7. Stover, *The Date*, p. 50: «The Gotha manuscript's origins are unknown: the first place it is mentioned is in Amplonius Ratink's library catalog of 1410-1412 [...]; it had made its way to Erfurt. A century later, someone went through and annotated the manuscript; around the same time it was copied, producing manuscript E, now in Erlangen». Secondo lo studioso la tradizione del testo sarebbe comunque bipartita: ad un ramo appartengono il Gothanus (e il suo *descriptus Erlagensis*) e ad un altro ramo i codici (deperditi) segnalati rispettivamente da Guido de Grana nel Bern 276 (Stagni, *Testi latini*, p. 259) e da Vernant (*Notice et extraits*, p. 34) in un ms. di Thorney 18.6.12 , adesso alla biblioteca di Cambridge (Vernant, *Notice et extraits*, p. 34). I lacerti di Marco Valerio citati da Guido de Grana riportano lezioni diverse e migliori, secondo Stover, che però rimane vago sull'ipotesi bipartita: «descending in two branches, one represented by the Gotha manuscript, the other by Guido and the Thorney manuscript. The second cannot be derived from the first, although there is no particular reason why the Gotha manuscript could not have been a copy of the other», *The Date*, pp. 49-50.

8. Cfr. Munari, *M. Valerio Bucoliche*, p. XLV. Il curatore non ha visto direttamente nessuno dei due testimoni ma utilizza fotografie del Gothanus II, 125 e il microfilm dell'Erlagensis 633.

9. Cfr. p. XLIV, su cui torneremo successivamente.

Motivi di ordine contenutistico o lessicale, coerenti con questa datazione, vengono avanzati da vari studiosi,[10] ma la collocazione cronologica di Marco Valerio ha sempre suscitato un certo dibattito e le proposte non sono tutte omogenee: Paul Lehmann[11] lo collocava nel XII secolo, così come altri studiosi tra cui Otto Skutsch, Paul Maas, Giuseppe Giangrande.[12] Nel 1987 Dolbeau propose di retrodatare il testo, ritenendo che Marco Valerio fosse vissuto intorno al III secolo – quindi contemporaneo di Nemesiano;[13] qualche anno dopo, nel 1992, Christine Ratkowitsch ha dedicato all'autore un saggio analitico in cui rifiutava la proposta dello studioso francese per tornare alla datazione bassomedievale (XII secolo).[14] Il dibattito è ancora aperto, come dimostra il denso contributo di Justin Stover[15] pubblicato nel

10. Concordano con la datazione al XII secolo Salvatore, *Le Bucoliche di Marco Valerio* e Salemme, *Ragguaglio su Marco Valerio*, che legge nel *Carmen Apollinis* l'influsso della scuola di Chartres, cfr. pp. 346-348.

11. Lehmann, *Bukolische Dichtungen*, pp. 58-59.

12. Skutsch, *Textual Studies*; Maas, *Konjekturen*, p. 321 e p. 157; Giangrande, *Eine umstrittene Stelle*; Witt, *In the Footsteps*, p. 39 e n. 15. Baligan, *Le Bucoliche di Marco Valerio*, nel 1967 aveva invece proposto di identificare Marco Valerio con Valerio, il poeta di cui parla Ovidio nella IV *Epistola ex Ponto*, 16, 33.

13. Dolbeau, *Les Bucoliques de Marcus Valerius*. Lo studioso non rileva nel testo nessun elemento squisitamente medievale; i *loci similes* individuati nell'edizione sarebbero attestati già a partire dal V secolo; sarebbe sospetto lo stato di corruzione del codice Gotano se fosse stato scritto solo un secolo dopo l'autore ma, soprattutto, peserebbe sulla datazione la notizia data da Jhon Leland, un bibliofilo che tra il 1534 e il 1543 scrive di aver trovato a Thorney un codice – adesso deperdito – che conteneva «Eclogae aliquot Marcii exquaestoris qui floruit tempore Justiniani» (su cui cfr. Vernet *Notice et extraits*, p. 34).

14. Ratkowitsch, *Interpretation und Datierung*; la studiosa sotiene che Dolbeau abbia frainteso alcuni elementi del testo che possono presuppore un'interpretazione cristiana e spirituale degli elementi pastorali; che la corruzione di un testo è possibile anche con una tradizione relativamente breve sul piano cronologico. Fa inoltre osservare indecisioni dell'autore sulla prosodia delle parole greche, più in linea con autori medievali che tardoantichi.

15. Il recente saggio di Stover, *The Date*, riprende l'ipotesi di François Dolbeau, *Les* Bucoliques *de Marcus Valerius*, e sostiene che Marco Valerio non sia un poeta medievale. Le numerose argomentazioni dello studioso, non tutte di eguale peso (per esempio il fatto che il ms. più antico sia molto corrotto anche se copiato meno di un secolo dopo l'autografo (p. 5); che si trovino molte citazioni dai bucolici minori [pp. 15 ss.], che lo studioso ritiene quasi assenti dalla circolazione dopo il periodo carolingio, ma la cui tradizione mostra una certa diffusione del testo – specie in aria francese – anche nei secoli X-XII]Bartoli, *Il ritorno*]; la conoscenza del greco da parte dell'autore dopo il «divorzio medievale tra Est e Ovest» [pp. 7 ss.], che però non fu assoluto perché in alcune zone, specialmente in Italia, si continua a leggere e tradurre il greco anche durante il medioevo;

2017 secondo cui le bucoliche di Marco Valerio sono state composte tra la fine del V e l'inizio del VI secolo.

Il codice più antico è vergato in scrittura francese e a quest'area va ricondotto, secondo Munari, anche il contesto geografico dell'autore: questo confermerebbe la «ben nota supremazia letteraria e culturale della Francia del XII secolo»,[16] ma anche la centralità franca nella produzione bucolica postclassica; infatti quasi tutti gli autori fin qui analizzati provengono dal territorio francese.[17]

L'opera, formata da quattro ecloghe più un «prologus bucolicorum», sembra tradire la volontà autoriale di comporre un ciclo in stile virgiliano, recuperando anche la struttura del modello e non solo i temi o gli elementi formali; questo rappresenta un'innovazione rispetto ai poeti precedentemente analizzati e lascia intendere anche una diversa ricezione del testo classico. Se per i poeti carolingi la caratterizzazione del genere era più aperta e i risultati poetici rafforzavano la sua plasticità, sfruttandone tutte le variazioni potenziali implicite nell'archetipo classico, Marco Valerio opera la restaurazione del modello, al cui esempio si adegua in forme più chiuse e rigorose. Virgilio è il codificatore della poesia bucolica come il medioevo l'ha conosciuta; è quindi normale che i testi bucolici siano ricalcati per lingua, stile e situazioni sulle ecloghe virgiliane; in queste bucoliche non solo la misura delle composizioni è decisamente improntata al modello, ma anche gli argomenti richiamano, imitandoli, quelli corrispondenti virgiliani. Il prologo comune introduce tutte le quattro ecloghe successive e consta di 22 distici elegiaci in cui l'autore fa la consueta professione di modestia tipica del genere letterario e, giocando come Virgilio in *ecl.* I

la differenza che si osserva rispetto a Metello di Tegernsee [p. 14], l'uso di certi termini [«patres», p. 10] o costrutti che secondo Stover sono tipici del latino tardo antico e l'assenza di locuzioni o citazioni che possano ascriversi solo a poeti medievali e che fungano da *post quem*) andranno sottoposte ad una verifica analitica, che si deve rimandare ad altra sede.

16. Munari, *M. Valerio Bucoliche*, p. XLIX. Vista l'oscillazione onomastica dei codici, «Martii» del Gothanus e «Marcii» dell'Erlagensis (cfr. ivi, p. XLV e n. 18), e il disaccordo tra gli studiosi, l'editore preferisce non scegliere e lasciare l'iniziale M.

17. Tranne Teodulo, cfr. il paragrafo dedicato all'*Ecloga Theoduli*. La provenienza franca di Marco Valerio non è però pacifica, anche se accettata dalla maggioranza degli studiosi. Guarducci, *I fiori di Marco Valerio*, con argomenti non del tutto convincenti, sostiene invece una collocazione geografica in area tedesca; si vedano le osservazioni mosse a questo intervento da Orlandi, *Recensione a M. Valerio Bucoliche*, p. 224.

sull'ossimoro *parvus/magnus*,[18] affida i piccoli carmi ad un severo giudizio, lasciando intendere – idea rafforzata anche dal distico finale – una presumibile fruizione di cerchia o almeno un potenziale pubblico colto a cui queste bucoliche sono virtualmente indirizzate, allineandosi perfettamente allo statuto pastorale che prevede sempre una circolazione mirata dei testi. La selezione lessicale operata dall'autore è tutta orientata verso termini della letteratura bucolica («agrestes sonos», «molli clivo», «avena», «tenui susurro»), rafforzati dall'immagine del suono sommesso del flauto di Titiro, che ha vinto trombe molto più rumorose: in questo il poeta mostra una volontaria coscienza di operare all'interno di un genere ben connotato, sia formalmente, sia sul piano dei contenuti. Come osservato già da Munari[19] il prologo è il brano meno classicheggiante di tutto il *corpus*, quello in cui l'autore fa sfoggio delle proprie doti retoriche allineandosi al gusto dell'epoca, se è stata correttamente identificata, come nel distico 15-16 «Commemoraverunt pretermittenda frequenter / pretermiserunt commemorabilia». Altro dato interessante è l'apostrofe al libro, già classica[20] ma con una sua tradizione anche medievale e bucolica, incontrata – nel nostro *corpus* – anche nell'*Ad Karolum regem*.

Prologus
Parua quidem arbitrio committo carmina magno:
Spes uenit ista michi de pietate patrum.
Audet ut humanas infringere pica loquelas,
Agrestes temptat sic mea musa sonos
(vv. 1-4)
[...]
Decantauerunt inconsummabiliora
Formidandorum prelia celicolum.
Excusabuntur natura pauperiores:
Dormitauerunt irreprehensibiles.
Ergo, parue liber, patres imposce[21] benignos:

18. «Sic parvis componere magna solebam» (*ecl.* I, 23); qui il gioco è reiterato nel v. 1 con chiasmo delle due locuzioni: «parva arbitrio carmina magno».

19. Munari definisce gli ardimentosi versi del prologo *acrobatici*, cfr. p. XLIII.

20. Uno degli esempi più noti è forse il Carme I di Catullo; a noi interessa rilevare come in ogni caso si resti sempre in esperienze poetiche di cerchia. L'argomento è molto vasto, cfr. per il periodo medievale cfr. Giunta, *Versi a un destinatario* e Stella, *La poesia carolingia* (in part. il commento al carme 4 di Alcuino).

21. «Imposce»: *apax*, Munari, *M. Valerio Bucoliche*, p. 4.

Affectumque probent iudiciumque vegan.[22]
(vv. 17-22)

Prologo
Affido ad un grande giudizio dei piccoli canti;
questa mia speranza deriva dalla benevolenza dei padri.[23]
Come la gazza osa balbettare i discorsi degli uomini;
così la mia musa prova a comporre versi agresti.
(vv. 1-4)
[...]
Hanno cantato più volte le inesauribili
battaglie dei terribili abitanti dei cieli
Quelli più modesti per natura saranno scusati
potranno sonnecchiare irreprensibili.
Libello, chiedi ai padri benevoli
che ti dimostrino il loro affetto e che ti nascondano il loro giudizio.[24]
(vv. 17-22)

Tutti i carmi, tranne il prologo, hanno un titolo tradito in entrambi i codici, una scelta stilistica che potrebbe essere legata alla tradizione manoscritta virgiliana e ai commenti alle ecloghe, in cui viene sempre indicato l'argomento del carme o il nome degli interlocutori; anche l'onomastica mostra adesione e insieme autonomia rispetto al modello: i nomi sono grecizzanti, quindi adeguati all'atmosfera bucolica, ma non virgiliani (Euphilis, Nicotis, Sistis);[25] alcuni sono tratti da poeti latini rari, altri non sono nemmeno attestati in letteratura; nella I e nella II ecloga i personaggi hanno nomi di fiume,[26] una scelta singolare, forse pensata per connotare geograficamente i testi.

22. Cfr. Petrus Bles. 4, 52 «Iudicio teget» (non segnalato nell'edizione Munari).

23. Il sintagma «pietas patrum» è stato interpretato come esempio di terminologia cristiana da Lehmann (*Bukolische Dichtungen*, p. 62) e Munari (*M. Valeri Bucoliche*, p. XXXIX); per Stover, *The Date*, p. 36, la dedica è intrisa del linguaggio usato nelle dediche ai senatori («patrum»). Ma nel linguaggio medievale *pater* è talvolta il maestro, considerando che nei monasteri le due figure – di padre spirituale e di insegnante – spesso coincludono.

24. Il passo estratto dal prologo contiene la topica dedica al libro e un esempio dei versi che Munari ha discusso nella sua edizione (pp. XXXVIII-XLIV) e che concorrono a datare stilisticamente il testo nel XII secolo.

25. Munari, *M. Valerio Bucoliche*, p. LV.

26. Ladon è il nome del protagonista dell'ecloga I ed è anche un fiume dell'Arcadia, che potrebbe essere il teatro dell'azione; la seconda, in cui c'è un personaggio di nome Nilo, potrebbe svolgersi in Egitto o genericamente in Africa. Cfr. Munari, *M. Valerio Bucoliche*,

L'ecloga I, *Ladon et Cidnus pastores*, è un dialogo ispirato a quello di Titiro e Melibeo, ma l'argomento del carme non consiste nell'esproprio delle terre bensì nell'amore di Cidno per Sisti. Nella scena iniziale Cidno è ritratto all'ombra mentre il suo gregge avrebbe bisogno di cambiare il pascolo e di abbeverarsi; Ladone, il suo interlocutore, chiede il motivo di tanto abbandono e l'altro risponde che la fiamma d'amore lo ha privato di qualsiasi interesse per gli armenti e per sé stesso. Parlando dell'amata, Cidno narra di un colle detto degli «Alti allori»[27] dove i pastori portano i doni e dove si trova una cittadella fortificata («arces», v. 51): là si trova la dimora di Sisti, che è la sua vita e la sua speranza. Secondo l'editore il brano arieggia una «lontanissima atmosfera di amor cortese e i vv. 53-54 contengono forse un'allusione a una curtis».[28] Coerentemente con le narrazioni pastorali, Cidno teme che la sua assenza abbia indebolito l'amore della donna, che già qualcuno tenta di sottrargli. A questi lamenti Ladone ribatte che non si sfugge ai nefasti presagi degli avi, secondo i quali Cidno sarebbe stato vittima di un amore crudele; lo invita a resistere alla sorte avversa o, almeno, ad abbandonare il pensiero dell'amata finché non siano giunti in città. Con una serie di *adynata* a tema stagionale Cidno afferma che non può smettere di pensare a lei, mentre Ladone, dispiaciuto per l'amico che non sa più godere dell'*otium* bucolico, lo invita a raggiungerlo

pp. XLVIII-XLIX e nota 33; la cosa è rilevata anche da Mariotti nella recensione alla prima edizione delle ecloghe di Marco Valerio, pp. 122-123. Baligan, *Le bucoliche di Marco Valerio*, identifica Marco Valerio con Marco Valerio Messalla, a cui alluderebbe Ovidio in *Ep. ex Ponto* IV, 16, 33. Commenta l'onomastica relativamente alla nuova proposta di datazione Stover, *The Date*, pp. 11 ss.

27. Il toponimo è glossato dall'editore a p. XLIX; toponimi che abbiano legami etimologici con la parola *alloro* si trovano in tutta l'area mediterranea in cui la pianta è diffusa; permane tra gli studiosi il dubbio che l'allusione sia un'altra invenzione poetica. Verdière nella sua recensione all'edizione Munari identificò il luogo con il *Lauretum* sull'Aventino, Guarducci, *I fiori di Marco Valerio* (cfr. nota successiva) con Laurenburg in Germania.

28. Munari, *M. Valerio Bucoliche*, p. XLIX si riferisce ai «dona lactea» offerti ai signori del luogo; a rafforzare questa suggestione concorrono anche i vv. 65-66 in cui viene descritto il momento in cui la donna contraccambia l'amore, incentrati sul tema dello sguardo: [Cidnus] «Dum stupeo, blandos non dedignata reflexit / in me oculos magnumque aliquid promittere visa» ("Mentre mi stupisco, non sdegnosa ricambia verso me benevoli sguardi e sembra promettere qualcosa di grande"). Concorda Walsh, *Pastor and Pastoral*, che congettura la collocazione della II bucolica in una corte come quella di Poitiers. Sempre in un ambito curtense la colloca il poeta Guarducci, *I fiori di Marco Valerio*, che dedica un contributo alla soluzione degli enigmi della *ecl.* III 123-26 proposta da Mariotti e suggerisce di identificare Marco Valerio con il conte Dudo di Laurenburg.

presso una fonte vicina: il sole tramonta e l'idillio finale ha una sua gradevolezza, nonostante l'altezza del modello, evocato nell'*incipit* («et iam») e nell'*explicit*, con il termine «umbras» in clausola: «et iam sol rapidus totis incanduit agris: / cernis ut arboreum crescens subducat apricum[29] / Phebus et extensas ramorum traxerit umbras». Più incerta rimane invece la meccanica dell'azione: al verso 79 apprendiamo che i due si stanno recando in città, mentre tutta la vicenda fino a quel momento è assolutamente statica. Come nella corrispondente virgiliana, l'ecloga II, intitolata *Versus Iarbae pastoris de amica*, tratta di pene d'amore: il pastore Iarba «ardebat superbam Eufilen»[30] ma ha un temibile rivale, Nicote, che è già padrone del suo gregge, mentre Iarba deve ancora renderne conto al padre (cfr. una situazione simile in Virgilio III, 33-35). La prima parte dell'ecloga è tutta incentrata sul lamento di Iarba che invoca l'amata rimproverandola di trarre in lungo i suoi desideri: vuole forse, crudele,[31] ucciderlo? I canti di Iarba sono interrotti dal pianto e da lunghi sospiri. I versi successivi descrivono con abile consapevolezza pastorale l'arrivo della primavera e la distonia con lo stato d'animo di Iarba che soffre; la situazione si capovolgerebbe se la donna accettasse l'amore del pastore ma Eufile, tanto bella da superare tutte le ninfe, è incostante come le onde del mare e presta orecchio ai vaniloqui di Nicote. Seguono (vv. 38-46) una serie di *adynata* ispirati al mondo campestre, dove tutto è sovvertito rispetto alle leggi di natura. Nei versi successivi, Iarba si rivolge all'amata ripercorrendo i momenti dell'amore felice e tanta è la disperazione che il pastore è tentato di uccidersi: prima scolpirà nella corteccia queste parole, affinché non si perda la memoria del suo grande dolore «Eufilis ipsa suum fallens consumpsit Iarbam».[32] Iarba

29. «Vedi come già rapido il sole fiammeggia su tutti i campi / come Febo fa crescere le ombre degli alberi / e rende più vasto l'ombreggiare dei rami»; Munari, *M. Valerio Bucoliche*, p. L n. 34, insiste molto su questo termine per tentare una localizzazione geografica delle ecloghe; sostiene infatti che «apricum» sia un francesismo usato dall'autore, testimoniato nel *Mittellateinisches Wörterbuch* (I col. 823, 40 ss.) come attributo e censito in Papias, dove però è segnalato esclusivamente come sostantivo; il lemma è in uso già dall'XI secolo.

30. Cfr. Ver. *ecl.* II, 1. Nella flessione dei nomi greci Munari registra una certa oscillazione tipica del latino medievale, cfr. p. LV; il fenomeno era statao interpretato come segno della collocazione medievale di Marco Valerio anche da Ratkowitsch, *Interpretation und Datierung*.

31. *Sevus-a-um* è aggettivo vigiliano; Marco Valerio lo usa 15 volte nelle *eclogae*. Anche questa descrizione dell'amore sembra assumere toni già vagamente romanzi (gareggiare per la donna amata; il rifiuto della donna che provoca la morte).

32. V. 103. Il motivo dell'*inscriptio corticis*, già in Verg. *ecl.* V, 13-14 e VI, 9-11 e Calp. I, 20-25, sarà particolarmente caro a Sannazzaro, cfr. Danzi, *Tra Virgilio e Petrarca*, pp. 206 ss.

esasperato non sa più godere dell'*otium* e dei piaceri della vita bucolica; è allusa l'idea del suicidio – come nell'VIII di Virgilio – ma nel distico finale Iarba riceve un presagio: la bella Eufile[33] sarà sua.

Sed prius infaustam uiridi de crimine rupem
Signabo, tanti pereat ne fama doloris:
EUFILIS IPSA SUUM FALLENS CONSUMPSIT IARBAM.
Hoc satis est, legat hec pallenti carmina uultu
Pastor et ad nostrum suspiret flebile nomen.
Cepit, Iarba, furor quantus te? Nonne relicti
Gramine contempto rumpuntur questibus agni
Teque uocant errando greges – heu non pudet! – omnes?
Quin potius ceptas uallis include nouales,
Duc pecus ad mulctram[34] aut uiridi lac imprime iunco!
Eufilis[35] ipsa tua est, omen dedit ecce palumbes:[36]
Causa furoris abest, rapuerunt fata Nicotem.
(vv. 101-112)

Ma prima dell'infausta rupe scriverò sopra un tronco,
perché non scompaia il ricordo di un così grande dolore:
EUFILE STESSA COL SUO ERRORE HA ROVINATO IARBA
Basta così. Il pastore, pallido in volto,
legga questi versi e sospiri sottovoce al mio lacrimoso nome.

33. È stato osservato che Marco Valerio sostituisce l'amore omosessuale cantato da Virgilio con quello tra un uomo e una donna, ma concordiamo con Munari (p. LXXX, n. 88): probabilmente non è una scelta da imputare al moralismo bensì all'indipendenza di Marco Valerio e al tentativo di variare la situazione poetica.

34. Cfr. Munari, *M. Valeri Bucoliche*, p. LIII

35. Nell'edizione Munari l'ultimo distico è attribuito ad un interlocutore («Iudex»), figura però inspiegabile sul piano narrativo (nella bucolica il giudice è figura presente nelle ecloghe amebee, ma non è questo il caso) e in contrasto con il titolo, che dobbiamo presumere autoriale: *Versus Iarbae pastoris de amica*: è Iarba che canta. L'editore avvisa in apparato (p. 16, *ad loc.*) che quella è la congettura di Lehmann, da lui accolta, in base alla *lectio* del Gothanus, «Iud»; l'Erlagensis lo omette. L'indicazione del personaggio che parla in un'ecloga diegetica è singolare: potrebbe essere un'aggiunta in fase di tradizione; la parola non fa parte del verso ed è pleonastica anche sul piano del significato. La figura del giudice, infatti (che compare nella III ecloga dove pronuncia la battuta finale e potrebbe aver così indotto in errore il copista), non ha qui un ruolo plausibile. Il testo guadagna in intensità se immaginiamo il distico finale pronunciato dallo stesso Iarba che, in preda alla disperazione, prima cerca di farsi animo richiamando sé stesso ai propri doveri, infine cerca una risposta confortante nell'ornitomanzia.

36. Per «palumbes» come nome collettivo soggetto di «dedit» si veda Munari, *M. Valerio Bucoliche*, p. 16, *ad loc.*

Che grande follia ti ha preso, Iarba? Vedi gli agnelli
lasciati soli, che disprezzano l'erba, come sono distrutti dai lamenti,
e te chiamano vagando tutte le greggi, ahimé, non ti vergogni!
Piuttosto recinta i campi della valle che hai avuto da poco,
conduci le pecore alla mungitura o pressa il latte nei verdi canestri.
Eufile sarà tua, le colombe hanno espresso il presagio:
scompare la causa della tua follia, il fato ha rapito Nicote.
(vv. 101-112)

L'ecloga III,[37] *Meris Mopsus Licurgus*, ha per titolo i nomi dei tre interlocutori del contrasto. Mopso e Meri, che si chiamano come i due pastori virgiliani rispettivamente della V e della IX ecloga, si alternano nel canto amebeo mentre Licurgo, che porta il nome del mitico legislatore, funge da giudice.

Meri chiede cosa l'amico metta in palio («pignora si ponas – aliter certare recuso», «metti un pegno, altrimenti non faccio gare», v. 27) ma già dalle prime schermaglie si comprende che l'oggetto della contesa è solo un pretesto per cantare. Lo scenario agreste, la stagione e l'ora del giorno sono propizi al canto («favet en tempus et hora (...) et locus ipse favet vernanti floribus herba», vv. 64-66). I due cantanti dai nomi virgiliani, gli unici protagonisti per cui Marco Valerio ha sfruttato l'onomastica del modello,[38] non si risparmiano battute ironiche e indovinelli, come nella migliore tradizione bucolica. I due contendenti deridono vicendevolmente le abilità canore: Meris: «Ut soleo errantes cantu revocare capellas, / nunc audita meum proludit fistula caprum» ("Come sempre richiamo le mie caprette sparse col canto / e adesso, sentito il flauto, si prepara il mio caprone", vv. 18-19). Mopso: «Tu revocas cantando caprum? Concurrite, silvae: / Orpheus en redit, finis sic omnia felix» ("Tu richiami il caprone col canto? Venite o selve, è tornato Orfeo, tutto finisce in gloria!", vv. 20-21), non disdegnando neppure motteggi o allusioni più colorite, recuperando una vena latente in epoca medievale. Gli indovinelli sono i brani rimasti più oscuri alla comprensione dei moderni, anche a causa dello stato del manoscritto,

37. Questa è l'ecloga più dibattuta sul piano testuale, come dimostrano gli *excursus* che Munari vi dedica in calce all'edizione. Uno dei problemi discussi è la ripartizione delle battute tra i personaggi, evidentemente non sempre indicati a margine del testo.

38. Mopso e Meris compaiono rispettivamente in Virgilio *ecl.* V in coppia con Menalca e in Virgilio *ecl.* IX in coppia con Licida. Nel corso dell'ecloga vengono nominati anche Amarillide e Hilax. Nomi di personaggi virgiliani ritornano anche in altre ecloghe di Marco Valerio, come Coridone nella II.

come attestano le *cruces* inserite dall'editore e gli *excursus* posti in calce al testo, in cui Munari aggiorna i lettori sul dibattito intercorso tra gli studiosi. Il loro senso[39] doveva essere piuttosto accessibile ai contemporanei; ma, come nella tradizione classica, prevale la trovata formale, non contenutistica del contendente. L'esito della gara è pari, ma il giudice avverte che se l'uno e l'altro non soccombono davanti all'avversario («vincere uterque potest», v. 128), dovranno entrambi cedere all'amore (e il verbo *cedo* è di nuovo virgiliano), sia che lo inseguano sia che già ne godano per averlo raggiunto: «quique suo fruitur vel adhuc iactatur[40] amore».

Marco Valerio nella IV ecloga si misura con la cosmogonia, come Virgilio nella VI ecloga. Il titolo del componimento, come sempre trasmesso dai due manoscritti, è *Carmen Apollinis*. In Virgilio cantava Sileno, scelta più coerente con il contesto pastorale, qui la figura di Apollo è sicuramente attratta nel mondo bucolico per via del canto. L'ecloga si apre su una scena tipicamente bucolica: Febo aveva condotto i tori pasciuti ad abbeverarsi al fiume tessalo e, stancatosi, riposava all'ombra intonando un carme. Arrivano per caso Pan e la ninfa Nepea, intenti nei giochi amorosi; sentendo la melodia si fermano ad ascoltare e chiedono al pastore che continui, promettendogli in cambio dei doni. Febo arrossisce e si duole di essere stato

39. Gli enigmi sono piuttosto complessi, per un tentativo di risoluzione cfr. Munari, *M. Valerio Bucoliche*, *excursus* III, pp. 34-35. Indovinelli si leggono in Teodulo, Audrado e Metello. Il primo indovinello dovrebbe avere come soluzione la primula o la margherita, mentre il secondo è più complesso e ancora manca una soluzione plausibile. Come Munari ricorda nella n. 6, p. XXXVIII, l'allusione cristiana che Mariotti sospetta in III, 126 («alludit ad nomen Mariae Virginis, cuius nota M. nam cum quibusdam formis huius litterae media aetate usitatis bisulcorum vestigia aliquam similitudinem habere») non è del tutto sicura. Zicari, *Nota a Marco Valerio*, p. 258 e n. 7, scrive «Per l'altro indovinello credo da accettare senz'altro come punto di partenza la spiegazione di Mariotti. Le orme della capra e dell'agnello sono quelle che più si avvicinano alla lettera M» (simbolo di Maria in alfabeti medievali).

40. Questa è la lezione a testo nell'edizione Munari (si veda *comm. ad loc.* p. 125); il Gothanus ha «lactatur»; l'Erlagensis ha «lactari». Timpanaro difendeva la lezione dei manoscritti, che anche io manterrei: «chi gode già il possesso del suo amore, chi ne è ancora allettato, chi si pasce di lusinghe e di speranze». L'editore, nella stessa nota, spiega che il verbo *lactandi* in senso traslato piace ai poeti del XII secolo e cita Matt. Vind. *Epist.* 2, 4, 7. Una ricerca eseguita con *Poetria Nova* permette di aggiungere Hild. Cen. («Res nova lactatur», *Inscr.* 1, 11, 1) e Walter Map («virginis lactatur ubere», *Carmina* 40, 174). La ricerca con lact* (che include le forme attive e passive) mostra risultati comunque interessanti, perché ne attesta l'uso in 5 poeti classici (Plauto, Cecilio, Pacuvio, Prudenzio, Cipriano) contro 35 medievali.

scoperto, sebbene da divinità boscherecce;[41] non ha nulla dei suoi attributi divini, tuttavia intona lo stesso il suo carme assecondando la richiesta. A quel suono la cima dell'Olimpo si addolcisce, il bosco si tace, le fiere si fermano come i pesci nei fiumi, perfino l'usignolo interrompe i suoi lamenti. Apollo narra la suddivisione delle specie in animali, vegetali e umane e termina il suo canto esprimendo il concetto della sofferenza che è prerogativa degli uomini, in quanto soli esseri sensibili.

Con l'invenzione narrativa del travestimento pastorale di Apollo il tono rimane bucolico, ma la materia e la forma si innalzano, proprio come aveva fatto Virgilio nella IV ecloga: esemplari i versi 45-53 in cui si narra come siano stati dati nomi alle cose («ad placitum cunctis ut nomina rebus / mens dedit, absentes oculis ut cernere formas / possit»)[42] e successivamente come il semplice discorso poetico venga regolato da leggi e scandito da numeri (la nascita della metrica). Apollo si rivolge a Pan dicendo che può bastare: si dedicherà adesso a Napea offrendole qualcosa di più adatto a lei. Il carme si fa più tenue[43] e Febo narra per la ninfa le vicende di Ero e Leandro, di Leda e il cigno, di Eridano e Fetonte, poi quello di Cipresso. Seguono il mito di Danae e la metamorfosi di Dafne: la fine del canto e dell'ecloga, che coincide con l'indurirsi delle membra della ninfa in alloro, provoca un clima di malinconia che nella bucolica virgiliana si associava al paesaggio, al distacco da un luogo amato. Qui con felice variante Marco Valerio accomuna la mestizia per la sorte del personaggio mitico cantato al dispiacere per la fine stessa del canto; essendo poi Apollo il cantore della metamorfosi di Dafne, viene introdotto, con una *variatio*, un ulteriore racconto d'amore.

Sul piano formale le ecloghe sono perfettamente allineate allo stile pastorale, con una lingua semplice e solerte alle lezioni di Virgilio e dei bucolici minori.[44] Si incontrano forme lessicali ormai connotate come pasto-

41. «Numina [...] quamvis sint rustica», v. 13, che ricorda Ovidio (*Metamorfosi* I, 192), come segnalato da Munari in apparato, ma rammenta, secondo noi, anche «Pollio amat nostram, quamvis est rustica, musam» di Virgilio III, 84.

42. «la mente dette a tutte le cose i nomi che preferiva, affinché anche se non viste, si potessero distingure le forme», Marco Valerio, *Carmen Apollinis*, vv. 46-48. Il tema potrebbe collocarsi all'interno della disputa sugli universali.

43. Munari, *M. Valerio Bucoliche*, p. LXXIX. In Virgilio VI, 25,26 Pan promette *carmina* ai fanciulli e qualche altra cosa, con allusione sessuale, a Egle.

44. Gli apparati redatti da Munari mostrano numerose reminiscenze classiche; ricerche attente mettono in luce sintagmi di sapore più medievale, il cui peso sarà da valutare

rali («antrum», «arista», «calamo», «bucolica»,«cano», «captare»), si registrano oscillazioni dei tempi verbali e certi vezzi metrici come l'uso delle interiezioni (Heu, p. LXI) o dei pleonasmi, forse introdotti a salvaguardia dell'esametro (*denique* e soprattutto *simul*, p. LV), anche se la prosodia, più audace nel prologo, nelle ecloghe rispetta la metrica classica, con poco ricorso alla dieresi bucolica. La lunghezza dei testi è virgiliana, così come il metro utilizzato nelle ecloghe; sempre desunta dal modello è l'alternanza tra ecloghe diegetiche e amebee, uno degli elementi centrali nella ricezione del genere pastorale nel medioevo.

Marco Valerio si serve con parsimonia delle figure retoriche e dei neologismi (p. L), tende ad attingere a poeti classici (Virgilio e Ovidio) e a quelli della tarda antichità come Venanzio Fortunato, Sedulio e Aratore, ma sempre mantenendosi in uno stile *humilis*, come si conviene nella poesia bucolica. Questo probabilmente più in ossequio al genere letterario che alle nozioni impartite nelle *poetriae* (p. LXIII), rispetto alle quali Munari ammette una certa autonomia dell'autore, che lo studioso spiega con la scelta di comporre poesia pastorale, meno adatta dell'epica allo sfoggio retorico. Anche sul piano dei contenuti le ecloghe di Marco Valerio sono tra le più fedeli al modello, per la struttura e per lo sviluppo narrativo delle vicende raccontate. I temi più frequentati sono l'amicizia, l'amore e il canto, mentre la fruizione di cerchia si può intravedere solo nel prologo. Il tema del *certamen*, così rilevante nella tradizione bucolica, è ampiamente trattato nella III ecloga. La grande aderenza all'archetipo virgiliano, osservata anche sul piano stilistico, comporta l'indipendenza delle ecloghe da temi morali o religiosi: è assente qualunque forma di sincretismo religioso, se si esclude la dedica del prologo e il secondo indovinello dell'ecloga III, entrambi non concordemente interpretati dagli studiosi in chiave cristiana.

Mancano due elementi importanti per la bucolica medievale: la componente politica e quella autobiografica, ma quest'ultima potrebbe essere

nell'economia generale della lingua e della sintassi, integrando il lavoro notevole già compiuto dall'editore. Kegel-Brinkgrave, *The Echoing Woods*, p. 230 nota in Modoino e in Marco Valerio una maggiore aderenza al modello nei patterns narrativi e nelle atmosfere virgiliane e la mette in relazione con la conoscenza dei bucolici minori. La lettura di Calpurnio e Nemesiano è ormai accertata presso la corte carolina e nella valle della Loira nel X-XII secolo, ma il modello ha agito in modo diverso sugli autori, in base alla rispettiva individualità poetica.

un'allusione alle vicende di uno dei due pastori e la nostra scarsa conoscenza della biografia dell'autore non ci soccorre a trovare paralleli.[45]

3. *Metello di Tegernsee,* Quirinalia

Il *corpus* eclogistico di Metello è stato composto a Tegernsee, in Baviera. Il monastero di Tegernsee fu fondato intorno al 746 da monaci benedettini provenienti dall'abbazia di San Gallo e conobbe fasi alterne della sua fortuna, ma ebbe un notevole impulso durante il XII secolo, quando tornò di nuovo ad essere un punto di riferimento culturale oltre che spirituale grazie alla sua prestigiosa biblioteca e ad uno dei più importanti *scriptoria* del tempo: intorno al 1160 si colloca l'attività dell'autore, ricostruita sulla base di scarse informazioni biografiche. L'*inscriptio* dei codici che ci conservano i *Quirinalia*, di cui le ecloghe fanno parte, li assegna ad un poeta di nome Metellus,[46] che però non risulta nei registri o nei necrologi del monastero.[47] Qualche ulteriore notizia indiretta si desume da alcuni versi autobiografici: sembra che per amore della poesia Metello avesse rinunciato alla possibilità di fare carriera ecclesiastica: «Non eburnea sella me / nec anulus remuneravit aureus / ut poeta prodeam»,[48] ma i versi po-

45. Laconico in proposito anche Munari, pp. XLVIII. Il passo più ambiguo a questo livello è in II, 75 «festosque dies violabo labore» ("e ho violato lavorando i giorni festivi"), che tuttavia non si riferisce ad una carriera religiosa dell'autore ma deriva da *Georgiche*, I, 268-269, cfr. Munari, *M. Valerio Bucoliche*, n. 6, p.XXXVIII.

46. Nel ms. monacense clm. 1036 f. 4 si legge: «Si queritis de auctore seu scriptore Hystorie, non habemus nomina scriptorum. Nam habemus sex Hystorias in sensu omnino concordantes, sed in verbis discordantes et cum nullus illorum autorum se nominat, una illarum intitulatur Quirinale Metelli». Nel codice clm. 19487 si legge: «Quirinalia Metelli monachi hic professi», cfr. Jacobsen, *Die Quirinialien*, p. 116 n. 2.

47. Schmeidler, *Studien zur Geschichtschreibung*, pp. 81-85; Bauerreiss, *Studien zu Metellus*, pp. 96-100. Secondo Fink, *Abt Erbo II*, pp. 53-75, "Metellus" era un anagramma risultante da una specie di acrostico del seguente dimetro giambico catalettico «Magister Erbo Tegriensis / Erat iLLius Vitae Scriba». In questo caso l'autore si identificherebbe con l'abate Erbo II di Prüfening. Le prove raccolte dallo studioso non sono tuttavia del tutto convincenti: cfr. Jacobsen, *Die Quirinialien*, p. 115 n. 2; sul nome dell'autore si veda anche Kahl, *Der sog. Ludus*, pp. 105-107.

48. «Nessuna sella di avorio, nessun anello d'oro mi remunerò tanto che potessi giovarmene come poeta», Ode 12, vv. 11 ss.

trebbero corrispondere ad un topos letterario.[49] Sempre nella stessa lirica, l'autore ci informa di essere giunto a Tegernsee come «hospes»: «hospes introiveram / amabilis sacram domum Quirini» (vv. 15-6); nell'ode 66 abbiamo il racconto di una manifestazione miracolosa avvenuta nell'anniversario del santo.

I *Quirinalia*[50] sono una raccolta composta da cinque sezioni, tutte dedicate a san Quirino, patrono del monastero: le prime quattro contengono odi in stile oraziano, la quinta è occupata dalle dieci ecloghe di ispirazione virgiliana. I *Quirinalia* ci sono pervenuti in due redazioni, la prima delle quali si è conservata da quattro codici.[51] La seconda redazione è tràdita solo dal codice Admont, Stiftsbibliothek 267, è autografa e contiene una serie di varianti e aggiunte, ma conserva anche errori di trascrizione.

Il *corpus* pastorale è redatto in esametri leonini, una forma metrica molto utilizzata fino al secolo XII, ed è formato da dieci ecloghe più un prologo. La maggiore novità dei *Quirinalia* consiste nell'aver coniugato agiografia e varietà metrica,[52] offrendo ai lettori la narrazione suddivisa in liriche separate le une dalle altre – le odi e le ecloghe – invece che all'interno di un solo testo, come avveniva di solito. La sequenza dei materiali,

49. Ripresa da Orazio II, 18, 1: «Non ebur neque aureum / ea renidet in domo lacunar» ("Nella mia casa non splendono soffitti d'oro o d'avorio").

50. Viene attribuita a Metello anche un'altra opera, l'*Expeditio Ierosolimitana.* Si tratta di una versificazione in circa 3000 esametri leonini dell'*Historia Ierosolimitana* di Roberto di Reims. Il testo è tradito dal codice Admond, Stiftsbibliothek 267, l'attribuzione a Metello è ormai accettata dagli studiosi sulla scorta delle prove fornite dall'edizione di Jacobsen del 1982; cfr. Sivo, *Il Mezzogiorno*, pp. 357-359; Delle Donne, *Le fonti letterarie latine su Boemondo*, pp. 176-177; p. 182.

51. Ms. Admont, Stiftsbibliothek 267, in parte autografo, della seconda metà del XII secolo (le *Bucoliche* sono trascritte nel terzo quaderno ai ff. 25v-31v) e clm 19487 (Teg. 1487), un codice miscellaneo della biblioteca di Tegernsee del XV secolo (le *Eclogae*, sono ai ff. 9-54); ms. 3353 della Biblioteca Comunale di Trento, un codice miscellaneo del XV secolo che ci conserva i *Quirinalia* ai ff. 181r-221r con una nota che ci informa della trascrizione avvenuta intorno al 1475 per ordine del Vescovo Giovanni Hinderbach; ms. Wilhering, Stiftsbibliothek VI, 3 datato 1507, ai ff. 1r-48r. Per la descrizione puntuale dei testimoni cfr. l'edizione curata da Jacobsen nel 1965, pp. 140-155, che menziona come testimone anche l'*editio princeps* dei *Quirinalia* eseguita da Henricus Canisius in *Antiquae lectionis*, I, Ingolstadt 1601. Esiste un ulteriore testimone manoscritto che deriva dalla stampa, il Göttweig, Stiftsbibliothek 972, del XVII secolo. Si veda Orlandi, *Pluralità di redazioni*, pp. 79-115.

52. Il ricorso sistematico ad Orazio lirico indica un percorso autoriale non troppo consueto, cfr. Orlandi, *Metello*, p. 355.

invece, è piuttosto convenzionale e segue la canonica successione *vita, translatio, miracula.*[53] Come poeta Metello dà prova di notevole abilità tecnica: cambia spesso metro, scegliendo tra quelli oraziani, l'esametro virgiliano e le versificazioni di Prudenzio e Boezio. Il metodo usato nella stesura dei testi è sostanzialmente simile per tutte le cinque parti dei *Quirinalia*[54] e prevede l'adesione metrica al modello classico e lo sviluppo autonomo di forma e contenuto; questo procedimento è costante nella sezione eclogistica, mentre nelle odi il testo può svilupparsi da una citazione *ad litteram* della fonte. Nella prima parte del lavoro si osserva una maggiore fedeltà alla fonte: Jacobsen e Orlandi[55] notano che le occorrenze oraziane sono maggiori per il racconto della vita e della passione del santo, le parti in cui, evidentemente, c'era più carenza di argomenti, mentre nelle narrazioni dei miracoli c'è più emancipazione. Analoga caratteristica si osserva nelle ecloghe,[56] in cui a partire dalla V si assiste ad una crescente indipendenza dai versi virgiliani, che è sempre marcata, se di recente la riscrittura delle *Bucoliche* di Metello è stata apparentata ad un'operazione centonaria.[57] La materia cantata nella bucolica, una scelta stilistica su cui potrebbe aver inciso la paretimologia diffusa con la vita serviana,[58] è sintetizzata dall'autore nell'*explicit* del prologo: «Curas multimodis humanas diximus

53. La parte I della raccolta (ode 1-10) è dedicata alla vita e al martirio del santo; la parte II (ode 11-18) verte sulla traslazione delle reliquie a Tegernsee; la parte III (ode 19-42) e IV (ode 43-70) narrano i miracoli. La quinta parte, che è costituita dalle *Bucoliche*, può considerarsi una ulteriore aggiunta alla sezione *de miraculis*.

54. «Le capacità linguistiche e metriche di Metello emergono dal fatto che i tratti dove Orazio è ricalcato più da vicino [...] non si distinguono dal resto se non per chi conosca Orazio a memoria», Orlandi, *Metello*, p. 355.

55. Rispettivamente Jacobsen, *Die Quirinalien*, pp. 97-99 e Orlandi, *Metello*, p. 355.

56. Pegenaute Rubijo, *Ecos Virgilianos*, sottolinea che la maggioranza delle occorrenze virgiliane si registra nelle prime cinque ecloghe: su un totale di 75 versi virgiliani citati, 55 (cioè il 75% dei totali) si incontrano nelle prime cinque ecloghe e solo 18 (che corrispondono al 25%), si trovano disseminati dalla VI alla X ecloga.

57. Bažil, *Les quatre sens de l'écriture centonisée*, pp. 45-56: nella griglia tipologica elaborata dall'autore l'uso che Metello fa del testo virgiliano viene definito un centone-adattamento, una formula centonaria che caratterizza i testi medievali.

58. «The influence of [...] Servius, seems evident. Metellus' unprecedented idea of taking the term "bucolica" at its face value may have originated [...] from Servius' introduction: [...] the bucolica are so named after the neatherds», Kegel-Brinkgrave, *The Echoing Woods*, p. 224. L'allusione implicita al commento serviano sembra indicare una competenza scolastica da parte di Metello.

odis / hinc bucolica, cura boum nobis canitura, / fraudes cum poena referet subeunte camena».[59]

Tutte le ecloghe sono precedute da una rubrica redatta in prosa, in cui l'autore sintetizza l'argomento,[60] e seguono uno schema comune: un bue viene votato al santo e la mancata osservanza del voto, per motivi dipendenti o indipendenti dalla volontà di chi aveva contratto l'impegno, provoca l'intervento miracoloso; il teatro dell'azione[61] consiste nel monastero e nei suoi dintorni campestri, non sempre ritratti come *locus amoenus*. Il prologo è forse la composizione più interessante di tutto il *corpus* perché in esso l'autore tratta del rapporto che vige tra il potere politico e i poeti.[62] Con un paragone non inedito, Metello contrappone l'*olim* della cultura augustea al *nunc* del suo tempo, un periodo dominato dall'ambizione personale in cui la vita culturale è ammorbata dalla dialettica e i letterati ingaggiano dispute per fare soldi: «ut capiant spernendo quod amisere studendo» (v. 40). Il panorama intellettuale descritto è diverso rispetto al contesto altomedievale in cui operavano i poeti carolini. Anche Metello esibisce la consapevolezza di chi è all'interno della cerchia intellettuale e la bucolica funge ancora da codice condiviso, ma ben presto sarà un espediente che permette l'evasione del soggetto lirico dalla realtà storica contingente. Problemi di integrazione all'interno dell'entourage dei poeti di corte trasparivano nelle ecloghe di Modoino, nelle allusioni polemiche di Teodulfo, erano adombrati nella narrazione di Audrado; adesso la situazione storica è mutata e con

59. Vv. 46-49: «Ho cantato le cure umane con poesie multiformi, / da adesso si dovrà cantare bucolica, poesia sulla cura dei buoi; la Musa che viene canta gli inganni e le pene». Il testo seguito è quello Jacobsen, *Die Quirinalien*, pp. 304-336.

60. *Ecl.* I: *De vitula elegante*; *ecl.* II: *De bucula formosa*; *ecl.* III: *De bove*; *ecl.* IV: *De bucula prestante*; *ecl.* V: *De vacca*; *ecl.* VI: *De bove pestilente*; *ecl.* VII: *De bove*; *ecl.* VIII: *De bove*; *ecl.* IX: *De bove*; *ecl.* X: *De bucula*.

61. Cfr. Roling, *Das bedrohliche Arkadien*, pp. 80-84. Ci sono anche scene di pestilenza (cfr. ecloga II), come in Endelechio.

62. Metello scrive che anche ai tempi di Virgilio la poesia veniva ricompensata e dove esiste denaro sorgono immediatamente rivalità, ma gli antagonismi personali venivano superati grazie all'amore per la poesia (vv. 1-12). Adesso invece le persone tramano di nascosto solo in vista di guadagni futuri «sudant obscuro relique lucroque futuro», tanto che il poeta si chiede a cosa possa giovare la poesia in questo mercimonio («carmina quid possint, quid in hec commercia prosint», vv. 26-27). La risposta non è più incoraggiante: «non satis apparet, nisi Musa domum remearet» ("non è sufficiente se non perché la Musa se ne torni a casa", v. 28). Quello del mecenatismo è un *topos* letterario che spesso viene richiamato nella poesia bucolica; stando al prologo l'idea di comporre ecloghe potrebbe essere stata suggerita dal confronto tra l'ambiente di corte e la competitività degli *studia*.

essa le strutture formative e i centri di irradiazione culturale: Metello, abile versificatore, fine conoscitore dei classici, edotto in materia giuridica, sembra desiderare l'isolamento del chiostro per esercitare la propria attività di letterato lontano dalle dispute della vita protouniversitaria. L'insofferenza verso le liti dialettiche diventa motivo topico in questa stagione culturale,[63] ma non si può escludere che l'*hospes* Metello fosse anche un *magister* che, di passaggio a Tegernsee, scrive un divertissement bucolico in onore del santo locale, il beato Quirino. Le ecloghe si collocano nell'ambito del sincretismo pastorale ma senza sfruttarne le potenzialità simboliche messe a frutto dai carolingi e procedono secondo uno schema un po' meccanico – come quello di Endelechio – con scarso approfondimento psicologico dei personaggi, standardizzati sulla base di pulsioni univoche (la devozione, la generosità, la blasfemia, la furbizia, l'avidità etc.). L'onomastica è virgiliana, ma completamente desemantizzata perché gli interlocutori di Metello non hanno niente in comune con i personaggi eponimi.[64] Nonostante la tipizzazione dei caratteri e una vena ironica che traspare in alcune situazioni, non sarebbe corretto parlare di satira del villano, sia perché i personaggi sono quasi tutti umili, in ottemperanza al genere, sia perché i ruoli variano sulla base dell'etica e il contadino può essere dileggiato o uscire vincitore

63. Il tema arriva anche nell'epistolografia dove si raccomanda di inviare all'amata «tot salutes quot estas fert flores vel quot mare fert pisces vel quot habent dialectica lites et similia his» ("tanti saluti quanti sono i fiori che sbocciano d'estate, i pesci nel mare, le liti dialettiche e così via"), *Modi dictaminum*, VII, 2 in Maestro Guido, *Trattati e raccolte*, p. 145.

64. Nella II, per esempio, a parlare è lo stesso Metello: «Coridon est voti debitor, de quo loquitur auctor» ("Coridone ha fatto un voto, di cui l'autore parla"), mentre nella IX, che ha per protagonisti due coniugi (e un bove), l'autore spiega: «Hic agunt Meris et Lycida, quod nomen alibi masculinum hic pro qualitate personę femininum ponitur» ("Qui recitano Meri e Licida, che ha un nome altrove usato al maschile ma qui impiegato al femminile per la qualità del personaggio"). Il chiarimento di chi *allegorice* si celi dietro i vari pastori è offerto per tutte le ecloghe dialogate. Nel prologo della VIII e della IX si legge rispettivamente: «Hic Dammon et Alphesibeus agunt e Hic agunt Meris et Lycida» ("Qui recitano Damone e Alfesibeo. Qui recitano Meri e Licida"); in entrambi i casi il verbo *ago*, difficilmente equivocabile, rafforza l'aspetto teatrale delle composizioni, cfr. Jacobsen, *Die Quirinialien*, p. 104 e n. 1 e p. 105 e Korzeniewski, *Die Anordnung*, pp. 290-293. Un'eccezione è rappresentata dall'*ecl.* II, vv. 35-36: «Rusticus est Coridon, nec munera providet are; / Rusticus est qui non votum studet accelerare» ("Coridone è rustico, non si cura di portare doni sull'altare. Rustico è colui che non cerca di portare a compimento quanto prima il proprio voto"). A Coridone è ormai associata quasi in maniera antonomastica la connotazione virgiliana di «rusticus», cfr. il *Carmen de cuculo* di Alcuino e il relativo commento.

dalla contesa verbale, così come l'abate può incorrere nel castigo divino.[65] Le rubriche in prosa possono essere state redatte alla fine o aggiunte in un secondo momento, ma rimane l'impressione che l'autore avesse concepito un progetto dell'opera, perché si rintracciano una serie di rimandi interni che danno un senso di coesione dell'insieme. La fruizione del testo – probabilmente letto ad alta voce o recitato[66] – dovrà immaginarsi, almeno in fase iniziale, legata alla cerchia dei monaci di Tegernsee, i soli che potevano godere appieno di questo testo colto e autoreferenziale.

L'ecloga I narra di una «vitula elegans» che viene promessa da Titiro al santo. Melibeo, l'interlocutore, denigra Quirino sostenendo che non abbia debitamente protetto il gregge, ora decimato dalla peste.[67] Titiro mantiene la propria fede e racconta il miracolo da cui scaturisce tutta l'ecloga: egli aveva votato al santo una bellissima mucca, che il feudatario volle tenere per sé. Il giorno dopo tutti gli animali del gregge morirono tranne lei, che è stata restituita al santo a cui spettava. Nell'ecloga II la voce narrante è quella dell'autore, come apprendiamo dalla rubrica; l'ecloga parla di una «bucula formosa» promessa da Coridone, la cui *rusticitas* consiste proprio nel venire meno al voto. L'ecloga, che si apre su uno scenario di peste e malattia, narra il castigo dell'avido proprietario: approssimandosi l'anniversario del santo, mentre il gregge se ne va sui prati, due lupi sbranano la bellissima mucca senza toccare altro: questo episodio sia d'ammonimento per il popolo («correptio plebi», II, 54). Come la corrispondente virgiliana, la III è un'ecloga amebea. L'animale conteso è un bue, come sempre vo-

65. Carrara, *La poesia pastorale*, pp. 63-67 interpreta i *Quirinalia* come opera di sincretismo religioso; Jacobsen, *Die Quirinalien*, p. 104 insiste sugli elementi realistici di queste pastorali, a cominciare dai personaggi storici come l'abate Roberto (*ecl.* I e *ecl.* X) o il custode degli animali di Tegernsee della I o ancora gli abati di Tegernsee e di San Giorgio della V. Le vicende di questi personaggi storici costituiscono una specie di ossatura narrativa che percorre tutto il *corpus* in maniera circolare: nel prologo della I ecloga Metello chiarisce che Melibeo è «olim detractor beati Quirini, qui in ultima ecloga paralysi percussus et curatur, inducitur» ("si parla di uno che un tempo detrattore del beato Quirino nell'ultima ecloga è colpito da paralisi ma poi risanato").

66. Qualche passo dialogato potrebbe essere stato recitato anche in occasioni liturgiche festive, ma lo scopo della composizione non è questo, altrimenti il poeta avrebbe composto un *ludus*. La bucolica, se pur giustificata etimologicamente, tradisce un intento selettivo; i monaci, non certo il popolo, potevano godere delle allusioni al testo classico.

67. «et quae causa tibi suberat loca sacra videndi, /numquid ut offerres magis aut oblata referres?» ("che motivo avevi di visitare i luoghi sacri se non per fare ulteriori offerte o per portare le cose votate?" [vv. I, 32]).

tato a Quirino. I personaggi sono Dameta, compratore del bue, Menalca, che aveva fatto il voto e Egone, servo di Dameta. Palemone deve arbitrare la lite/*certamen*. La rubrica iniziale inquadra la vicenda: Dameta ruba un bue che era stato votato a Quirino ma non riesce ad aggiogarlo, per cui lo riscatta pagandolo. Menalca, il venditore, offre il denaro al santo, ma il bue si libera e corre al monastero. La disputa è gestita con una terminologia legale piuttosto appropriata («ius coemendi», «culpam non sivit inultam», «crimen», «excusamina» «diritto di acquisto»; «colpa che non sarà lasciata impunita»; «crimine»; «scusa») e questo potrebbe suggerire che Metello abbia compiuto studi di legge. I due si scambiano battute alternate opponendo ragioni contrarie, che Palemone è invitato ad arbitrare. La sfida consiste nel canto di vicende bibliche: se Teodulo aveva giustapposto episodi pagani e cristiani e Guarniero aveva scelto di confrontare storie dell'Antico e del Nuovo Testamento, Metello deriva i suoi argomenti prevalentemente dalla tradizione veterotestamentaria.[68] Terminata la serie di episodi scritturali, tutti legati all'ambito della Legge, si passa ad argomenti propriamente bucolici come fiori e primavera, prati e ruscelli per terminare con gli indovinelli. Palemone esprime il verdetto: la contesa è pari, ma il bue appartiene al santo.

Nella IV ecloga si narra di una bellissima mucca, offerta in voto, che partorisce un vitello altrettanto bello. Tutto il villaggio guardava speranzoso il parto che pareva annunciare solo buoni presagi. Tornerà l'età dell'oro, la cui descrizione è modellata su quella virgiliana.[69] Trattenuta dal proprietario per le sue qualità, alla fine la mucca si reca col vitello al monastero senza che nessuno ve la conduca. Qui Metello compie un esperimento in-

68. Alcuni argomenti del canto: Cristo giudice giusto, il peccato originale, il diluvio universale, Mosé e le leggi sul Sinai, Amalech, la ripartizione di terre tra le tribù, Salomone, David.

69. La descrizione dell'età dell'oro è modellata su quella virgiliana: «Nec simplum reddent, quod reddunt, sed superaddent, / semina queque cadent in terram, centupla surgent. / Quin sine cultura fruges, vinum sine cura/ per silvas et prata feret tellus inarata» ("Né renderanno per uno, come di solito, ma molto di più, i semi che cadono in terra saranno centuplicati"), vv. 47-52; «omnis feret omnia tellus» ("la terra produrrà tutto spontaneamente"), Ver. IV, 39; «mollim paulatim flavescet campus arista, / incultisque rubens pendebit sentibus uva / et durae quercus sudabunt roscida mella» ("imbiondirà a poco a poco la campagna di ondeggianti spighe, da selvaggi roveti penderanno rossi grappoli d'uva e le dure querce stilleranno una rugiada di miele"), Ver. IV, 28-30; traduzioni di Luca Canali. Per ulteriori rimandi testuali cfr. Jacobsen, *Die Quirinalien*, p. 317.

teressante perché traspone i contenuti dell'ecloga messianica[70] adattandoli all'argomento che gli è caro. Così le Muse siciliane invocate da Virgilio sono pregate di unirsi alle laziali per solcare il Tegrinus e cantare degnamente le lodi del beato Quirino e i suoi miracoli.

Nella V ecloga Metello introduce una variante: la bestia votata a Quirino viene portata nel monastero di San Giorgio, perché Tegernsee è troppo lontano; ma la mucca, da sola, raggiungerà la sua meta. Parlano Mopso, il giovane ospite, e Menalca, l'abate di Tegernsee. La VI ecloga tratta di un bue che si ammala di epizoozia ed è quindi destinato all'abbattimento, ma viene donato al santo e subito si ristabilisce. L'ecloga si apre con un'invocazione alle Muse siracusane perché si uniscano al canto del poeta e Talia non si vergogni della poesia silvana, similmente a quanto aveva fatto Virgilio nell'*incipit* della ecloga corrispondente. I versi successivi sono occupati da citazioni bibliche e anche in questo caso Metello mantiene il tenore "mitologico" del testo virgiliano. Dal v. 32 comincia la narrazione vera e propria, come nel modello Sileno intraprende il monologo cosmogonico. I passi veterotestamentari sono tratti dall'*Esodo* e dai *Numeri*, compare anche una citazione da Agostino.[71] Dopo la storia di un animale guarito e del corretto atteggiamento del pio proprietario, che riconosce la grazia e mantiene il voto promesso, nella VII ecloga si parla di una bestia ammalata e del malvagio comportamento del suo padrone. Come la corrispondente virgiliana, anche questa è un'egloga amebea: Coridone è un contadino che si accorge che un suo bue è malato di peste e invoca Quirino promettendogli l'animale, se fosse guarito. L'animale viene risanato, ma Coridone lo tiene per sé per altri sei anni, fino a quando è costretto ad abbatterlo per un incidente. Il padrone se la prende con il servo, Tirsi: da questo punto della vicenda comincia il canto alternato in strofe tetrastiche. La gestione narrativa

70. «De bucula prestante, quę voto destinata, dum ob elegantiam diu retinetur, enixa est vitulum ęque formosum, que adulto sine preduce ad templum martyris cum prole decurrit. Hic virgiliana seculi novi interpretatio ad materiam presentem transformata inseritur» ("Di una bella mucca che, destinata con un voto, viene trattenuta troppo a lungo per la sua bellezza e del vitello da lei partorito, ugualmente bellissimo, che da adulto, senza esservi condotto, va da solo al tempio del santo con la propria progenie. Qui si inserisce l'annuncio virgiliano del secolo nuovo, adeguandolo alla materia di questo libro"). Jacobsen, *Die Quirinalien*, p. 101, parla di sviluppo simmetrico di certi elementi nelle due ecloghe, ma non accenna a intenti parodici.

71. Per i passi citati rimandiamo all'edizione Jacobsen, *Die Quirinalien*, pp. 321-322.

di Metello varia di continuo, pur operando entro la griglia chiusa della struttura virgiliana e delle offerte votive al santo. Talvolta la vicenda miracolosa è raccontata alla fine (*ecl.* I), talvolta, come qui, rappresenta l'antefatto del canto. Le strofe finali dell'ecloga sono giocate sull'invocazione di elementi bucolici: «muscosi fontes» (v. 55), «vivi fontis» e «ulmus» (v. 63), «silva virens» (v. 67). Dal v. 70, gli elementi costitutivi del *locus amoenus* cedono il posto a citazioni bibliche sempre veterotestamentarie. Tirsi vince l'agone, con sintomatica inversione rispetto al testo virgiliano, dovuta alla connotazione morale dei personaggi. Nell'ecloga VIII l'autore, costretto a minime ma necessarie variazioni narrative, esplora un altro caso di empietà nei confronti del santo. Come nel modello, anche qui i due cantori si susseguono; l'ecloga non è amebea ma compare il *refrain*: «Credo Quirinalis res est mihi iudicialis», per Damone e «Ducite condigno votis pia dona Quirino» per Alfesibeo (nell'ultima ripresa compare la *variatio* come nel modello virgiliano: «Solvite condigno...»). Il primo a parlare è Damone, che ha rubato la bestia, mentre Alfesibeo è colui che aveva fatto il voto. Damone prova ad uccidere il bue, ma non riesce nemmeno a ferirlo, così decide di venderlo immediatamente, per ricavare comunque qualche soldo. Ma al mercato non c'è nessuno, né venditori né compratori. Progressivamente Alfesibeo sente incombere la vendetta divina e decide di restituire il bue. Comincia il canto di Alfesibeo. La scena descrive il personaggio che predispone tutto per il sacrificio rituale del bue, preceduto da un rito di purificazione (una *lustratio*?), con acqua benedetta e incenso – la sincresi tra sacrificio pagano e cristiano qui è totale. Il giorno festivo volge al termine, la folla radunata per la cerimonia solenne si allontana; intanto il ladro ha riportato il bue e Alfesibeo ne è rientrato in possesso. Nell'ecloga VIII di Virgilio, che narra due vicende in parallelo, una termina in modo tragico (il protagonista del canto di Damone muore), mentre nell'altra c'è un lieto fine (la protagonista del canto di Alfesibeo ottiene l'amore di Dafni): in Virgilio è il caso a decretare chi sarà scontento e chi felice, qui la colpa grava su uno dei due protagonisti, che è quindi destinato alla sconfitta, secondo l'etica sempre un po' *facilior* di Metello. L'ecloga IX è dedicata ad un atto di mancata riconoscenza: un bue si ammala di peste, il proprietario e la moglie fanno voto a Quirino. Il bue guarisce, ma i due si dimenticano del voto; il santo fa ammalare di nuovo l'animale, che questa volta gli viene donato. I due coniugi si chiamano come i personaggi di Virgilio: il marito Meris e Licida è la moglie. La situazione sembra usare uno schema già visto, ma l'ecloga è ravvivata da alcune scene di sapore teatrale che movimentano il miracolo reso poco spettacolare dalla ripetitività, come accade nella discussione finale tra moglie e marito[72] su come condurre il bue al monastero. Il dialogo serrato tra i coniugi, che si svolge per tutta l'ecloga, offre uno scenario linguistico fino ad ora inedito: la caratterizzazione decisamente teatrale dei due personaggi, anche se un po' schematica, comporta un'apertura imprevista del registro linguistico.[73] Lo scambio è più articolato e frammentario, più vicino al parlato; le battute della donna, portavoce di una ideologia un po' gretta e popolana, importano nel latino classicista di Metello uno stile vivace e realistico, aperto a espressioni proverbiali di una certa freschezza – con funzione analoga a quella di alcuni inserti di parlato nella III. Sono evidenti quelle contaminazioni letterarie sia con gli *exempla* usati per la predicazione, sia con il teatro medievale, quest'ultimo un aspetto che è stato valorizzato anche nelle corrispondenze epistolari del virgiliane.[74] L'ecloga conclusiva narra due episodi miracolosi, correlati fra sé: il primo ha per protagonista un animale, il secondo un personaggio reale, l'abate Robertus Altensis, cioè di Monaco,[75] già menzionato nella ecloga I. La stanchezza del poeta si avverte in facili assonanze ai vv. 3-4 («pauxilla», «cantianilla», «villa», «muliercula», «illa»), solo in parte dovute al leonino. Quirino, protettore dei buoi, è molto venerato nei paesi limitrofi e questo genera antagonismo con la pieve degli Altani, il cui abate Roberto volle scherzare su un miracolo compiuto dal santo e fu subito colpito da paralisi, salvo poi pentirsi ed essere risanato. Questa ecloga, meno brillante a livello stilistico, è molto interessante a livello storico, perché ci mostra due monasteri vicini contendersi le decime e le offerte votive dei sottoposti. Al di là degli aspetti più superficiali – cioè il fatto che si canti la *cura boum* –, Metello utilizza mol-

72. Licida lo farebbe anche subito, ma come spostare l'animale che non cammina spingendolo per sentieri boschivi e strade impervie? Alla fine decidono di affidarlo all'economo del monastero (l'unico di tutta la raccolta ad avere un nome non virgiliano) e così consegnano per il beato Quirino il bue «bis devotatum, bis morte gravi revocatum» (due, due volte votato e due volte da grave morbo risanato).

73. Ribatte la donna rimprovera al marito «Tu nimium curas res auguriando futuras!» ("sei sempre ad augurare sciagure!") e qui intravediamo uno squarcio di *sermo* veramente *humilis*. Notevole è anche il buon senso femminile, in forma quasi di sententia: «Quando deus parcit curis, nec tunc homo parcit» (v. 33), cioè: "quando Dio risparmia all'uomo gli affanni, è l'uomo che non risparmia a sé stesso".

74. Bisanti, *Suggestioni classiche*.

75. Altense monasterium = Bayern, cfr. Graesse, *Orbis Latinus* (http://www.columbia.edu/acis/ets/Graesse/orblata.html, ultima visita 25 aprile 2019).

ti elementi del canone bucolico medievale. Fin dal prologo si parla del rapporto con il potere politico, di poesia e di autobiografia, che nelle ecloghe consiste nella narrazione di miracoli avvenuti nei territori del monastero e nella conoscenza a volte diretta delle persone coinvolte nelle vicende narrate. Che questa sia poesia di cerchia non sussistono dubbi: è colta e destinata ad un pubblico istruito, probabilmente i confratelli del monastero o comunque dei chierici, in grado di condividere il gusto della riscrittura e la componente ironica – già virgiliana, ma di solito latente nella tradizione pastorale più incline all'elegia –, che nella produzione pastorale mediolatina si rintraccia solo in Teodulfo. Il tema del canto è molto presente, spesso associato a quello della lode a Quirino, che investe anche l'ambito del *patronage*. Nelle ecloghe amebee il *certamen* è esemplato sul modello classico, non su quello medievale dell'*Ecloga Theoduli:* l'argomento non decide l'esito della contesa, anche se – diversamente da Virgilio – il comportamento morale dei personaggi può incidere sul risultato, a prescindere dalle doti canore. Altro elemento presente del codice bucolico medievale è il rapporto *puer/senex*, ben visibile nell'ecloga III. Mancano invece la componente erotica e quella dell'amicizia, entrambe attratte nella sfera dell'amore religioso che Quirino rappresenta. La dimensione allegorica, su cui si basa gran parte della riflessione medievale sulla pastorale, non rappresenta un elemento centrale della composizione, la cui novità si colloca principalmente nell'aver calato la materia di un *de miraculis* nell'involucro della bucolica virgiliana. Proprio per questo i *Quirinalia* sono la prima raccolta attenta a ricalcare l'archetipo classico nel numero delle composizioni, nella lunghezza dei testi e nell'onomastica, che viene però svuotata delle sue implicazioni allegorico-biografiche. Non si tratta di un impiego parodico del modello, come confermano il linguaggio, sempre sorvegliatissimo, e l'ironia assolutamente circoscritta, ma della fedeltà alla struttura eclogistica virgiliana che garantisce la riuscita del reimpiego.

Lo stile di Metello è fluido e consapevole, la metrica è corretta e il leonino piuttosto scorrevole. Se la mimesi con il testo oraziano era completa, anche questa con la bucolica virgiliana raggiunge dei buoni risultati, salvo qualche parte più meccanica da imputarsi alla reiterazione dell'argomento. Sul piano formale l'attenzione al modello non si limita al lessico bucolico, è anche sonora,[76] come viene confermato anche dalla presenza di alcuni

76. La sovrapposizione del lessico virgiliano con quello di Metello è alta; il maggior numero di frequenze comuni si registra nell'ambito del canto (da «carmen» al verbo

termini trisillabi virgiliani come «vestigia», «quicumque», «sequentis», «numerumque», «modulans», «linquimus», «experiamur», «extremum», «decedere» che restituiscono la scansione virgiliana dell'esametro.

Le ecloghe mantengono una assoluta fedeltà al genere pastorale per la presenza del *refrain* e del verso intercalare. Particolarmente vivace risulta l'aspetto teatrale, che appartiene alla ricezione medievale dell'ecloga; qui, diversamente da quanto avveniva nel *conflictus* alcuiniano, l'elemento dialogico non altera la struttura formale dell'ecloga ma è virgilianamente circoscritto al suo interno.

> Egloga prima Bucolicorum Quirinalium.
> De vitula elegante, que a rustico promissa voto beato Quirino, sed a domino illius sublata armentis iuncta est, ubi una nocte omne preter eam armentum deperiit. Allegorice Tytirus hic Tegriensis receptor est animalium, qui voto deferuntur. Melibeus quidam olim detractor beati Quirini, qui ultima egloga paralysi percussus et curatus inducitur.
>
> *Melibeus*
> Tytire, tu magni recubans in margine stagni,
> Silvestri tenuique fide pete iura peculii:
> Nos patrie fines et dulcia linquimus arva
> Et nostri pecoris tua dura replebimus arva.
> Expectes frustra nos, Tytire, lentus in umbra.
> *Tytirus*
> O Melibee, Deus nobis hec otia fecit,
> Qui curas hominum prope nos pecorum quoque fecit.
> Nobis nempe bonus semper fuit ille patronus,
> Votivum munus cui felix adtulit annus.
> Ille boves superare luem permisit.
>
> Prima ecloga delle bucoliche Quirinali.
> Si canta di una bella vitella che, promessa da un contadino in dono al beato Quirino, fu sottratta al santo dal feudatario e messa insieme al resto del bestiame che, in una sola notte, morì tutto tranne lei. Nell'allegoria Titiro Te-

«cano») e della cura del bestiame («cura», «custos», «munus», «pecus». Rilevante anche la dialogicità confermata da molte forme verbali e da pronomi alla prima e alla seconda persona singolare («te», «tibi», «tua», «ego», «me», «mea», oppure imperativi come «dic»), e il ricorso alle relative, confermato dalle numerose occorrenze dei pronomi relativi, alle finali e ai periodi ipotetici. La cosa più interessante è che la parte più numerosa di prestiti non coinvolge il senso ma il suono: vi è una straordinaria consonanza nell'uso delle particelle (le parole vuote) a cui in effetti si affida il ritmo fraseologico: ««da», «de», «a», «ab», «non», «dum», «satis», «sed», «num», «cum».

griensis è un pastore di animali che ha fatto il voto. Melibeo è un detrattore di Quirino che nell'ultima ecloga è colpito da paralisi ma poi viene risanato.

Melibeo: Titiro, che ti riposi sulla riva di un grande lago
vanta pure per la tua tenue fede silvestre il diritto sui beni:
noi abbiamo lasciato la nostra patria e i dolci campi
e con il nostro bestiame riempiremo i tuoi pascoli sassosi.
Ci aspetti invano, Titiro, mentre ti riposi all'ombra.
Titiro: O Melibeo, Dio ci ha concesso questa pace
Lui che si prende cura delle afflizioni degli uomini e del bestiame.
Con noi è sempre stato un ottimo padrone
al quale ogni anno volentieri offre un dono votivo.
Lui ha permesso al bestiame di superare la pestilenza.

6. Verso il «club bucolico»

Con Metello di Tegernsee si chiude il medioevo bucolico; quello che viene dopo, illustrato brevemente nelle pagine che seguono, costituisce una lunga fase di transizione inaugurata dalla *Corrispondenza* di Dante, connotata dalla mediazione di Boccaccio e chiusa dal *Bucolicum carmen* di Petrarca. I mutamenti che interessano la poesia pastorale del XIV secolo, anche se dovuti al genio personale dei tre autori, non sono avulsi dal clima culturale del periodo, anzi, vi trovano terreno fertile per la sua diffusione; analogamente la scelta del codice bucolico investe ambiti rilevanti del dibattito letterario preumanistico, che cercheremo di ricostruire attraverso le testimonianze autoriali. Gli autori discussi nei capitoli VII e VIII, tra i maggiori della nostra letteratura, sono celebrati da studi, edizioni, traduzioni che permettono a chi scrive qualche licenza rispetto al metodo seguito fin qui: non verranno trattati gli aspetti filologici dei testi e i contenuti generali delle opere, se non quando strettamente funzionali a questo studio, rinviando per i dettagli alla pregressa bibliografia specifica (anch'essa, di necessità, selettiva).

Confidando inoltre nella notorietà dei testi e nella loro diffusa circolazione, anche in traduzione italiana, si omettono nei prossimi capitoli i passi antologici che hanno accompagnato gli autori analizzati fin qui.

1. *Le corrispondenze bucoliche*

Il *corpus* pastorale mediolatino ha in Endelechio e in Petrarca i suoi limiti cronologici estremi, poiché in entrambi la letteratura scientifica ravvisa un mutamento forte del canone bucolico, che va ad incidere sulla storia del genere e che possiamo identificare nei due elementi qualificanti del sincretismo di Endelechio e dell'allegorismo di Petrarca.[1] Tra questi due poli, anche cronologici, sono racchiuse esperienze molto diverse e quasi tutte irrelate tra loro, con l'eccezione della bucolica carolina e della stagione delle cosiddette corrispondenze bucoliche. Con questa definizione, coniata da Carrara agli inizi del secolo scorso, si intendono quei carteggi a carattere bucolico che, sull'esempio della *Corrispondenza*[2] tra Dante e il Del Virgilio (1319-1321), furono scambiati in Romagna: l'ecloga che Giovanni Del Virgilio inviò al Mussato nel 1327 (ma la cui gestazione lo occupava già dal 124)[3] e il carteggio tra Checco Rossi e Boccaccio (1347-1384).[4] In un mutato clima bucolico, quando già circolavano le prime ecloghe di Petrarca e Boccaccio, sembrano invece collocarsi due ulteriori prove di Checco Rossi, il cui statuto bucolico sarà da valutare:[5] la *Fons sedet*,[6] inviata a un destinatario rimasto ignoto, e l'epistola *Laurea si incinctos*, inviata nel 1354 al Petrarca dopo il suo trasferimento a Milano.

1. Utilizzo per i capitoli finali alcuni stralci dai miei contributi preparatori a questo volume: *La poetrie e la bucolica mediolatina*; *Il Bucolicum carmen di Petrarca e la tradizione pastorale mediolatina*; *Corrispondenze edite e inedite*.

2. La *Corrispondenza* di Dante-Del Virgilio vanta tre recenti quanto ottime edizioni: Albanese, *Ecloghe*, in Dante Alighieri, *Opere*, II; Pastore Stocchi nel suo volume *Epistole, Ecloghe, Questio*; Petoletti in *Nuova edizione commentata delle opere di Dante*, V. Sulla tradizione della *Corrispondenza* si veda: Brown, *Boccaccio in Naples* e Ead., *A Twlfth-Century Virgilian*; il saggio di Zamponi, Pantarotto, Tomiello, *Stratigrafia dello Zibaldone*, Lord, *Boccaccio's Virgiliana*; Tanturli, *La corrispondenza*; Albanese, *Un nuovo manoscritto; Boccaccio autore e copista*, in part. Petoletti, *Gli Zibaldoni*, schede 46-57, pp. 300-329).

3. Si vedano le introduzioni alle due recenti edizioni del testo, curate rispettivamente da Lorenzini, *La corrispondenza bucolica*, pp.175-177 e Pastore Stocchi, *Egloga missa*, pp. V-XI.

4. Il carteggio completo è stato pubblicato da Lorenzini, *La corrispondenza bucolica*.

5. Stoppacci, *Due componimenti inediti di Checco di Meletto*, p. 15; cfr. Rossi (*Cecco di Meletto Rossi fra gli Ordelaffi e i Malatesta*), Feo (*Codici latini del Petrarca nelle biblioteche fiorentine*, pp. 189-190 e p. 418) e Fera (*Lectiones collectae a Feo iuxta consilium Vincenzo Fera*). Stoppacci aveva dedicato a Checco anche un *Contributo per la ricostruzione dell'opera di Checco di* Meletto, in partic. pp. 277-281 (ecloga *de morte*) e 268-277 (ecloga a Petrarca).

6. Il testo *Fons sedet* è collocato dall'editrice alla metà degli anni Cinquanta («Nel complesso, è ipotizzabile che la stesura del carme sia da collocarsi tra il 1354 e il 1357», cfr. Stoppacci, *Due componimenti inediti di Checco di Meletto*, p. 15), piú tardi rispetto alla datazione indicata da Michele Feo (primi anni Quaranta). La studiosa avverte infatti echi di alcune ecloghe di Petrarca e di Boccaccio oltre a citazioni dal frammento dell'*Africa*, diffuso da Barbato da Sulmona dopo il 1343, cfr. *Sen.* II, 1.

2. *La* Corrispondenza *tra Giovanni Del Virgilio e Dante*

La *Corrispondenza* tra Giovanni Del Virgilio e Dante consta di quattro epistole, che ci sono state conservate da otto manoscritti (ma si hanno notizie certe di almeno altri tre codici deperditi). La tradizione è bipartita: un ramo, a cui afferisce la maggioranza dei codici, è legato a Boccaccio, l'altro ramo, a cui appartengono solo due manoscritti, rimanda all'ambiente emiliano, forse proprio a Bologna, nel cui *studium* i maestri praticano *lecture ad auctores* che includono ben presto, come è noto, anche questo carteggio poetico.

La *Corrispondenza* comincia per iniziativa del maestro bolognese che invia la prima lettera a Dante e si sviluppa tra il 1319 e la primavera-agosto del 1321: la seconda responsiva di Dante è l'ultimo testo scritto dal poeta. Nelle prime due epistole del carteggio, la discussione verte eminentemente su questioni di poetica,[7] non senza investire la personale biografia dantesca (la laurea, l'esilio, il volgare, l'epica latina).

La responsiva consta di 68 versi; al v. 3 si entra esplicitamente nella finzione bucolica, gestita in ottemperanza al canone virgiliano: al modello si ispira l'onomastica, assegnata agli interlocutori sulla base delle interpretazioni allegorico-biografiche del commento serviano; il *locus amoenus* è intessuto di elementi bucolici, che però non costituiscono la scenografia naturale del testo, piuttosto evocano continuamente l'equivalenza simbolica tra mondo pastorale e mondo poetico; la vicenda è dinamizzata dallo scambio con i due interlocutori e segue lo schema virgiliano dell'*ecl.* I, a cui si ispira anche la chiusa.[8]

Il maestro bolognese risponde indossando a sua volta panni bucolici e intesse l'*incipit* di virtuosistici richiami virgiliani, tra cui emergono quelli alla settima ecloga.[9]

7. V. 15: «carmine sed laico, clerus vulgaria tempnit» ("[hai scritto] in metro di popolo: il dotto sdegna loquele volgari", trad. Brugnoli). Il verso riassume adeguatamente la posizione delvirgiliana. Si veda l'interessante suggestione di Pastore Stocchi, *Ecloga missa*, Appendice II, pp. 77-83 secondo cui il Del Virgilio compie nell'ecloga al Mussato un deliberato omaggio ad un testo del Lovato che canta in latino le gesta del ciclo di Bretagna. Se l'identificazione del testo alluso è corretta, sostiene lo studioso, il Del Virgilio non ha cambiato opinione, dopo il carteggio con Dante, sul rapporto tra materia epico-storica e lingua latina.

8. Per cui si rimanda a Sirignano, *L'esametro di Dante e la tradizione bucolica latina*. Il modello virgiliano peserebbe soprattutto sulla scelta dei patterns trocaici o dattilici (p. 858) e delle cesure, p. 881.

9. Nell'*incipit* il Del Virgilio palesa una consapevolezza espressiva capace di fondere insieme più sollecitazioni, anche distanti: nel suo «Forte sub inriguos colles» al v. III, 1

L'adesione delvirgiliana al suo eroe eponimo, da un punto di vista stilistico, è perfino superiore a quella di Dante:[10] l'uso del codice bucolico, assunto per amore del poeta fiorentino,[11] è connotato dalla dialettica del *puer/senex*, da numerosi termini del linguaggio tecnico musicale (*gravitate*, *firmus*, *insinuans*, *leves*, *graves*) e dal confronto, che costituisce un motivo concettualmente forte dell'ecloga, tra *carmen civile*[12] *vs. bucolicum*, rafforzato da quello topico *civitas/silva-antrum*. L'elemento erotico, che avrà una sua rilevanza nelle prime pastorali di Boccaccio e nell'ecloga al Mussato, viene qui sublimato attraverso l'allegoria ninfa-città.[13] Il tono dell'ecloga IV è diverso fin dall'*incipit* rispetto alla prima spedita da Dante al maestro bolognese: il carme è pervaso sia da un senso di spossatezza e di abbandono dei personaggi sia da una forte tensione, visibile anche nel

usa l'espressione di Dante al v. II, 3 («Forte recentes pastas de more capellas»). Velli, *Il linguaggio letterario*, pp. 156-157, n. 30, avverte un ricordo lovatiano del carme a Bellino Bissolo: «*Fontibus irriguam* spatiabar *forte* per urbem», *Epistole inedite* (ed. Foligno), p. 49, confermato dai commenti alle ecloghe di Albanese, p. 1728 e soprattutto Petoletti, che valorizza la scelta della citazione in quanto tratta da «una sorta di *ars* poetica [...] con la sua polemica contro il cantastorie che va deformando versi [...] tra l'ammirazione del popolino», p. 570. Si veda anche la nota di Pastore Stocchi al v. 265 dell'*Ecloga* al Mussato (*ad loc.* e Appendice II, pp. 75-76).

10. Velli, *Il linguaggio letterario*, pp. 150-151.

11. «Si cantat oves et Tityrus [...] / [...] quinam civile canebas / urbe sedens carmen? [...] audiat in silvis et te cantare bubulcum», vv. 26-27 ("Se canta le pecore [...] Titiro, perché tu cantavi dalle urbane dimore un canto civile? [...] Ascolti te pure cantare tra le selve bucolici carmi", traduzione Brugno, Scarcia). Per il termine "bubulcum", strettamente relato alla tradizione bucolica, giustamente Brugnoli, Scarcia segnala la *Vita donatiana* (per cui cfr. cap. II, 1), Isidoro (*Etymologiae*) e Dante stesso (*Par.* XXIII, 132 *bobolce*). L'aggettivo verrà usato da Boccaccio ben 12 volte nel suo *Buccolicum carmen* (più una volta con la variante *bufulci*).

12. Esplicita in questo senso l'interpretazione di Albanese, p. 1730. Il tema del *carmen civile* (cfr. «publica carmina» Ov., *Tristia*, V, 1,23) qui contrapposto alla poesia bucolica aveva una sua urgenza pastorale in Modoino I, 31-33: «Quae fuit alta nouae cernendi moenia Romae? [...] Publica nulla canis, nulli tua carmina digna» ("Che motivo avevi di vedere le alte mura di Roma? [...] non canti argomenti civili, i tuoi carmi non valgono niente").

13. Giovanni veste Firenze nei panni della ninfa, come già Verg. *ecl.* I, 5 e Calp. IV, 38. Velli, *Il linguaggio letterario*, p. 154 sottolinea come il Del Virgilio operi una sintesi dei motivi calpurniani e virgiliani (cfr. v. 6 «fistula non posthac...», erg. *ecl.* VI, 2: «Prima Syracosio dignata est ludere versu» e Calp. IV, 56 «Tityrus hanc habuit»). Il travestimento allegorico delle ninfe/città avrà una certa fortuna nelle bucoliche del XIV secolo e verrà usato anche da Boccaccio nell'ecloga XIII.

linguaggio, che ricorre molto più spesso a perifrasi e allegorie mitologiche non sempre di immediata attingibilità. L'epistola non verte più su problemi letterari, ma politici evocati da una sapiente *variatio* nella rappresentazione del paesaggio: la Sicilia arsa dalla calura, le inospitali rupi dei Ciclopi sotto l'Etna (Bologna), dimora di Polifemo. Nell'ultimo periodo il poeta irrompe sulla scena come figura reale, oltre che come maschera bucolica: l'intersecarsi dei due piani, Arcadia e presente storico, rimane un elemento estrinseco rispetto alla poesia pastorale e alle sue convenzioni, da dosarsi con estrema parsimonia; usato con maestria da Modoino (*Ecloge*, v. 118), ne abuserà il Del Virgilio nell'ecloga al Mussato.

3. *La bucolica riscoperta (cenni di storia della critica)*

Nella storia della critica relativa alla *Corrispondenza* vige un giudizio pressoché concorde e condiviso anche nelle edizioni più recenti: la riscoperta del genere bucolico, che avrà tanta fortuna nel periodo umanistico, è da attribuire a Dante,[14] che ha inviato al Del Virgilio una responsiva sotto forma di ecloga: «la novità comincia dunque con la prima risposta di Dante: ed è novità non solo in quanto rappresenta un ritorno della musa bucolica latina nella letteratura italiana, ma anche perché ciò che ne risulta è cosa senza precedenti nella storia del genere».[15] Così Guido Martellotti in un contributo del 1964 che è ancora un punto di riferimento ineludibile per la storia del genere bucolico. Con slancio sostiene questa tesi Michele Feo,[16] tracciando un affascinante percorso bucolico che inizia con Dante e termina, mutato nella forma ma non nella sostanza, in Petrarca: «la risposta dell'Alighieri non si fece attendere e fu [...] geniale, naturalmente. Invece che un'ovvia epistola metrica, Giovanni si vide pervenire un'ecloga drammatica. [...] L'arrivo dell'ecloga mandò Giovanni al settimo cielo, sia per la gioia [...] di riprendere un dialogo poetico, sia perché intese bene che

14. Così Martellotti nell'*Enciclopedia dantesca* (voce *Ecloghe*); stesso concetto maggiormente argomentato in Id., *Dalla tenzone al carme bucolico* e in Id., *Dante e la riscoperta*. Condividono Battisti, *Le egloghe dantesche*, pp. 61-111, Albini, Pighi nella loro edizione del 1964, Cecchini nella sua del 1975.

15. Martellotti, *Dalla tenzone*, p. 329.

16. Feo, *Tradizione latina*, in cui ripercorre lo sviluppo diacronico della letteratura latina dopo l'affermazione del volgare. La parte che tratta della *Corrispondenza* è alle pp. 311-326.

Dante richiamava in vita un nobile genere letterario da secoli desueto: e dunque restava ben aperta la possibilità della laurea».[17] Giorgio Brugnoli[18] rimane fedele alla propria linea interpretativa, già enunciata nell'*Enciclopedia virgiliana* alla voce *Bucoliche*: non esiste fino al pieno rinascimento nessuna poesia bucolica; la trovata pastorale di Dante si spiega sulla base di una

> grossa involuzione a destra [...] conseguente il crollo della propria utopia politica. È questa, e non una coscienza innovatrice umanistica qualsiasi, che provoca in Dante la proposta di una tenzone bucolica, una tenzone per modo di dire, dove gli interlocutori non contendono, e specialmente Dante sembra parlare per sé e non voler vedere sotto la cifra allegorica l'invito pedestre al ricovero. [...] Oltre a questo, poco è dato da valutare in questa corrispondenza [...] se non che l'inesperienza dei corrispondenti involontariamente scavalca i modelli bucolici.

Il problema viene affrontato anche in contributi dedicati più specificamente alla storia del genere bucolico. Konrad Krautter, nel suo saggio del 1983 focalizzato sulla rinascenza della poesia bucolica nella letteratura latina del XIV secolo, distingue due fasi di questo ritorno: la prima inaugurata dalla risposta di Dante, la cui corrispondenza bucolica fu imitata e proseguita da Boccaccio fino a Petrarca,[19] la seconda da collocarsi intorno al 1460 con la nascita dell'Arcadia. Lo studioso sottolinea come la scelta dantesca sia strettamente legata al dibattito sulla lingua (latino *vs.* volgare;

17. Feo, *Tradizione latina*, p. 315. Secondo lo studioso, Boccaccio raccolse l'eredità dantesca e compose i versi della corrispondenza con Checco Rossi, «versi impacciati che lungo l'itinerario di approssimazione alla ricreazione archeologica del genere possono apparire un passo falso, e così dovette considerarli l'autore stesso soggiogato dal magistero petrarchesco» (ivi, p. 319). Boccaccio avrebbe forzato l'intuizione dantesca della bucolica, ma è Petrarca che «ha portato agli estremi esiti le propensioni allegoriche della bucolica virgiliana, trasformando le allusioni in sistematica crittografia», ivi, p. 322.

18. Edizione Brugnoli, Scarcia, pp. XX; si vedano tutte le pp. XV-XXI. Lo studioso ammette il peso che opera la riflessione dantesca su Virgilio compositore dell'ecloga messianica (pp. XVIII-XIX), ma la intende come un'involuzione del giudizio dantesco a vecchie categorie medievali.

19. «Die Entstehung einer neuen Tradition lateinischer Bukolik im XIV. Jahrhundert [...] Sie begann zwischen Herbst 1319 und Frühjahr 1320 mit dem Einfall Dantes, die Antwoert auf eine Versepistel des Bologneser Literaturprofessors Giovanni Del Virgilio in die Form eines vergilischen Hirtendialogs zu Kleiden. Der Adressat antwortete seinerseits im bukolischen Stil», Krautter, *Die Renaissance*, p. 23, ma si cfr. ivi, pp. 11-23.

stile alto *vs*. stile umile) che la neonata letteratura italiana e la I epistola delvigiliana imponevano. Dante difende la sua decisione di comporre la *Commedia* e non un'opera epica e di scriverla in volgare. I concetti relativi alla forma e al contenuto della *Commedia*, maggiormente argomentati, vengono espressi chiaramente nella lettera a Cangrande poche righe prima di citare la poesia bucolica e rientrano coerentemente nel progetto dantesco; viceversa per il Del Virgilio[20] l'adesione bucolica, suggerita da Dante, si tingerà di colori arcadici preannunciando quei motivi – che noi abbiamo definito "di cerchia" – che saranno alla base della moda pastorale del Quattrocento e del Cinquecento. Analoga opinione esprime Kegel-Brinkgreve nel suo volume *The Echoing Woods*, dedicato alla bucolica da Teocrito a Wordsworth,[21] in cui si rivaluta anche il ruolo delvirgiliano: «if Dante's initiative to write an eclogue in imitation of Vergil in to be regarded as the first decisive moment in the genere's Italian revival, the second one is in Giovanni del Virgilio's decision to imitate Dante in his turn, using the same form of the epistolary eclogue».[22] Da qui si svilupperebbe una specie di cenacolo fittizio tra letterati, che porterà progressivamente all'Arcadia.

4. *Dante tra commedia e bucolica*

La *Corrispondenza* si inserisce nel vivo della poetica dantesca e in una fase avanzata della composizione della *Commedia*. I passi teorici in cui Dante parla esplicitamente delle *Bucoliche*, com'è noto, sono pochi: il primo è in *Purgatorio* XXII, 57, dove Virgilio è definito «cantor de' bucolici carmi», a cui andranno aggiunti il passo di *Monarchia* I, XI, 1:

> Preterea, mundus optime dispositus est cum iustitia in eo potissima est. Unde Virgilius commendare volens illud seculum quod suo tempore surgere videbatur, in suis *Buccolicis* cantabat: "Iam redit et Virgo redeunt Saturnia regna". "Virgo" namque vocabatur iustitia, quam etiam "Astream" vocabant; "Saturnia regna" dicebant optima tempora, que etiam "aurea" nuncupabant;[23]

20. Sempre in relazione a motivi formali Krautter, *Die Renaissance*, p. 53.
21. Kegel-Brinkgreve, *The Echoing Woods*.
22. Cfr. Kegel-Brinkgreve, *The Echoing Woods*, pp. 246-247.
23. "Inoltre il mondo è nella sua migliore disposizione quando vi domina la giustizia. Per cui Virgilio, volendo celebrare la nuova età che al suo tempo si vedeva sorgere, nelle sue *Bucoliche* cantava: Ritornano la Vergine ed i Saturni regni", trad. Diego Quaglioni.

dell'epistola VII, 6 datata 17 aprile 1311:

> Tunc plerique sua vota prevenientes in iubilo tam Saturnia regna quam Virginem redeuntem cum Marone cantabat[24]

e la citazione, per bocca di Stazio,[25] di *Purgatorio* XXII, 70-73, in cui Virgilio compare come autore dell'ecloga messianica

> quando dicesti: "Secol si rinnova /torna giustizia e primo tempo umano, / e progenie scende dal ciel nova". / Per te poeta fui, per te cristiano.

Questi ultimi versi hanno una forte rilevanza perché giustificano, attraverso il modello virgiliano della IV ecloga, l'uso di uno stile umile (*sc.* pastorale) per una materia sublime, innovazione compiuta con la *Commedia*: la legittimità di questa operazione, come abbiamo visto, è argomento della II ecloga della *Corrispondenza*.

Conduce direttamente al carteggio bucolico l'accenno dei «decem vascula» dell'ecloga II, 64 che sono però un luogo assai travagliato e non concordemente interpretato dalla critica.[26]

C'è poi la lettera a Cangrande[27] in cui, spiegando il significato del titolo del suo poema (la *Commedia*), Dante sottolinea la materia e lo stile

24. "Allora molti, anticipando i loro desideri, nel giubilo, celebravano con Virgilio sia i Saturni regni, sia il ritorno della Vergine", trad. Claudia Villa.

25. Il noto luogo dantesco è valorizzato da Albanese (*Egloge*, pp. 1606-1608): secondo la studiosa questo è un passaggio cruciale per l'investitura della poesia bucolica al rango della tragedia, sulla scorta di *Bucoliche* VI, 1-8 e di *De Vulg.* II, IV, 10 messo in relazione con *Eneide* VI.

26. L'identificazione dei «decem vascula» con dieci ecloghe è suggerita dalla glossa laurenziana. «I più vogliono, sulle orme dello Scolari e del Ponta, che i dieci secchielli rappresentino canti del Paradiso; altri, affiancandosi al Dionisi, al Novati [...] affermano trattarsi di egloghe latine. [...] La prima tesi appare più credibile», così Cecchini nella sua edizione, p. 669; analoga interpretazione era stata sostenuta da Albini, Pighi nella loro (p. 94). Brugnoli si schiera invece a favore delle dieci ecloghe sulla scorta dell'*accessus* serviano, cfr. la sua edizione a p. 48. Nettamente contraria all'identificazione con i canti bucolici Albanese, *Ecloghe*, pp. 1719-1720.

27. Per i legami della *Corrispondenza* con la *Divina Commedia* cfr. Sarteschi, *L'Epistola a Cangrande della Scala*, pp. 25-77, che studia le informazioni contenute nella lettera a Cangrande alla luce della produzione coeva all'epistola, quindi alle *Ecloghe* e al *Paradiso*. Si veda anche Drusi, *Comica nonne vides*, p. 11 che attribuisce alla storiografia tedesca il merito di aver sottolineato per prima i legami tra bucolica e commedia cfr. Krauss (*Über die Stellung der Bukolik in der ästetischen Theorie des Humanismus*, pp. 100-164, p. 144)

che il genere della commedia prevede, mostrando come l'argomento sia coerente con quanto previsto dalle norme retoriche:

> si ad modum loquendi, remissus est modus et humilis, quia locutio vulgaris in qua et mulierculae communicant. Et sic patet quare comedia dicitur.[28]

Il passo è stato messo in relazione con l'incipit di *De vulgari eloquentia*:

> Cum neminem ante nos de vulgaris eloquentie doctrina quicquam inveniamus tractasse, atque talem scilicet eloquentiam penitus omnibus necessariam videamus, cum ad eam non tantum viri sed etiam mulieres et parvuli nitantur;[29]

con *Vita Nova* 16,6:[30]

> e lo primo che cominciò a dire sì come poeta volgare si mosse però che volle fare intendere sue parole a donna, alla quale era malagevole d'intendere li versi latini;

e con *ecloga* II, 52-53, nel passo in cui Dante riassume le critiche mosse al suo uso del volgare nella *Commedia*:

> Comica nonne vides ipsum reprehendere verba / tum quia femineo resonant ut trita labello.[31]

La risposta delvirgiliana di III, 29 («detrivit fistula labrum») chiarisce che il *magister* ha ben compreso l'allusione dantesca a Verg. II; 34[32] in cui Coridone invita Alessi ad apprezzare le bellezze della vita pastorale e, rispondendo a sua volta con una bucolica, accetta l'invito in Arcadia.

La questione, all'apparenza, è tutta interna alla teoria medievale degli stili, argomento centrale nella riflessione artigrafica fino al XIV secolo.

nella miscellanea di Klaus Garber citata nell'introduzione a questo volume. Alla segnalazione dello studioso si può aggiungere Krautter, *Die Renaissance der Bukolik*, pp. 33-35.

28. *Epistola* XIII, X, 31: «Per quel che concerne il linguaggio, è dimesso e umile perché è la lingua volgare, con cui comunicano anche le donnette», trad. Claudia Villa.

29. *De vulg.* I, 1. Tra i primi a suggerire l'affinità dei passi Pastore Stocchi, *Dante, Mussato e la tragedia*, p. 260. «Poiché non ci risulta che nessuno prima di noi abbia minimamente coltivato la dottrina dell'eloquenza volgare, e poiché vediamo proprio che tale eloquenza è necessaria a tutti, dato che ad essa tendono non solo gli uomini, ma anche, per quanto consente loro la natura, le donne e i bambini», trad. Mirko Tavoni.

30. Si cfr. Villa, *Epistole*, *comm. ad loc. Epistola* XIII, 12.

31. «Ma non vedi che proprio lui critica la lingua volgare della commedia, sia perché risuona logora fin sulle labbra delle donnette», trad. Gabriella Albanese.

32. *Ver. ecl.* II, 34 «nec te peniteat calamo trivisse labellum».

Ma Dante con il volgare e la *Commedia* era già un passo oltre, sia per lo stile, sia per l'argomento: sul terreno dello *stilus* e dell'allegoria si gioca il parallelismo con le ecloghe.[33] Sempre nell'*Epistola* a Cangrande (XIII, X, 13)[34] procede la discussione sugli stili, ma in modo desultorio, perché la lettera si concentra sulla definizione di tragedia e insiste sull'opposizione al modello mussatiano – altro tema cruciale per Dante poiché investe la tanto desiderata laurea poetica:[35]

> sunt et alia genera narrationum poeticarum, scilicet carmen bucolicum, elegia, satira et sententia votiva, ut etiam per Horatium patere potest in sua *poetria*; sed de istis ad presens nil dicendum est.[36]

In un passo del *De vulgari eloquentia* (II,4, 3-7), richiamandosi esplicitamente a Orazio,[37] Dante discute il problema dell'adeguamento di ma-

33. «Nella poesia bucolica di Virgilio Dante vedeva opportunità infinite che si aprivano [...] alla sua ispirata e profetica concezione della poesia come allegoria e metafora: vedeva un campo di applicazioni della poesia scritturale, che dello stile umile si era materiata per raggiungere le vette del sublime», Albanese, *Ecloghe*, p. 1608.

34. Cfr. Villa, *Epistole*; Villa, *Il problema dello stile umile*; Azzetta, commento all'epistola a Cangrande in *Nuova edizione delle opere di Dante*; Pastore Stocchi, *Epistole*.

35. Si vedano i già ricordati contributi di Mengaldo, quelli di Ricklin, *Indagine su un disguido epistolare* e di Casadei, *Essential Issues* e i suoi saggi in *Dante oltre la Commedia.* Si cfr. anche l'ampio commento alla lettera a Cangrande di Villa che discute il testo in relazione a questioni di poetica (*Epistole*, in part. pp. 1570-1578 sul rapporto tra commedia e tragedia) e il commento di Azzetta all'*Epistola* XIII, con ricostruzione del dibattito sull'autenticità.

36. «Ci sono altri generi di narrazione poetica, cioè il carme bucolico, l'elegia, la satira e anche il carme votivo, come si può verificare nella Poetica di Orazio: ma di questi, ora, non dovrò dire nulla», trad. Claudia Villa.

37. Brunetto Latini mostra di conoscere sia il testo di Goffredo sia l'*ars dictandi* ma questo non basta a garantire che anche l'allievo ne fosse stato messo a parte: informazioni di prima mano dei testi artigrafici coevi da parte di Dante sono ancora *sub iudice*. Dante usa il termine *poetria* in *Vita Nova*, XXV 9; *Conv.*, II XIII, 10; *Ep*, XIII, 29-30. Favorevoli a pensare che Dante possa essere entrato in contatto con le *poetrie* attraverso il magistero di Brunetto Latini o la circolazione libraria della zona bolognese Mengaldo, *De vulgari eloquentia,* p. 46 e Tilliette, *Des mots à la parole*, p. 177. Scettica Villa, *Dante lettore di Orazio*; Ead., *La protervia di Beatrice* (tra cui *Il canone poetico mediolatino* sul ruolo di Orazio e *Rileggere gli archetipi* che tratta della lettura di Terenzio e discute della biblioteca di Dante) e Fenzi, nella sua edizione del *De vulgari eloquentia*, p. 165 e pp. XXII-XXIV. Su Brunetto Latini si veda Bertini, *Da Cicerone alla* Poetria Nova, in partic. p. 22 e n. 6. Su ipotetici contatti scolastici tra Bene da Firenze e Brunetto Latini cfr. Alessio, *Brunetto Latini e Cicerone*, pp. 16-17 e n. 15; su coincidenze tra il *Candelabrum* e l'*Ars Versificatoria* cfr. Alessio, *Brunetto Latini e Cicerone*, p. 17 n. 20. Sulle analogie tra Bene e la

teria e stile e propone, una volta scelto l'argomento, una triplice alternativa per affrontarlo:[38] *tragice, comice elegiace*. L'interesse e la complessità del luogo dantesco hanno già suscitato tentativi ermeneutici che rendano conto dell'accostamento – comunque non inedito nella retorica medievale[39] – di commedia, tragedia ed elegia. Villa e Mengaldo,[40] anche se discordi sul-

Poetria Nova si veda l'edizione del *Candelabrum* a cura di Alessio e Camargo, *Toward*, pp. 180-181. Per l'*Ars versificatoria* di Matteo di Vendôme si vedano i numerosi *loci similes* segnalati nella recente edizione delle opere di Dante coordinata da Santagata, *ad indicem* s.n. *Matteo di Vendôme*. Gargan, *Per la biblioteca di Dante*; *Frontières des savoirs en Italie*; Zanni, *Una ricognizione per la biblioteca di Dante*; Tomazzoli, *Nova quaedam insita*, in partic. pp. 264-267 (con precisa ricostruzione del dibattito).

38. «[...] deinde in hiis que dicenda occurrunt debemus discretione potiri, utrum tragice, sive comice, sive elegiace sint canenda. Per tragediam superiorem stilum inducimus, per comediam inferiorem, per elegiam stilum intelligimus miserorum. Si tragice canenda videntur, tunc assumendum est vulgare illustre, et perconsequens cantionem [oportet] ligare. Si vero comice, tunc quandoque mediocrequandoque humile vulgare sumatur; et huius discretionem in quarto huiusreservamus ostendere. Si autem elegiace, solum humile oportet nos sumere.7. Sed ommittamus alios, et nunc, ut conveniens est, de stilo tragico pertractemus» ("Nelle cose poi che ci presentano da dire, dobbiamo saper distinguere se siano da cantare in modo tragico, o comico, o elegiaco. Per tragedia intendiamo lo stile superiore, per commedia quello inferiore, e per elegia lo stile degli infelici. Se si tratta di argomenti da cantare in modo tragico, allora bisogna assumere il volgare illustre, e di conseguenza comporre una canzone. Se si tratta di argomenti da cantare in modo comico, allora si assumerà talvolta il volgare mediocre talvolta quello umile: il criterio con cui operare questa distinzione ci riserviamo di mostrarlo nel IV libro. Se infine si tratta di cantare argomenti in modo elegiaco, dobbiamo assumere solo il volgare umile. Ma lasciamo da parte gli altri e ora, com'è opportuno, trattiamo esaurientemente lo stile tragico", trad. Mirko Tavoni).

39. Si veda anche la glossa al v. 5 del *Laborintus* citata da Faral, *Les Arts poétiques*, p. 337, dal ms. Paris, BNF, lat. 18570: «Elegia est descritio carminum tractantium de miseris et versu pentamentro et exametro scribitur. Comedia est secundus modus scribendi et est descriptio carminum de conviviis. Tragedia est tertius modus et est descriptio carminum de gestibus regum ut in Alexandro» ("L'elegia descrive i canti che hanno che per argomento le cose tristi,e si compone con un esametro e un pentametro [= distico elegiaco]; la commedia è il secondo modo in cui si può scrivere e indica i canti dei convivi [l'osservazione deriva dall'etimologia del termine commedia = cum edere]; il terzo è la tragedia e consiste nei carmi sulle imprese dei re, come Alessandro").

40. Cfr. Mengaldo, *L'elegia «umile»* e Id., *Dottrina degli Stili,* in cui percorre in maniera sintetica ma esaustiva le fonti medievali sugli stili, soffermandosi principalmente sui problemi posti dai testi danteschi. Si vedano le osservazioni di Villa, *Dante lettore di Orazio* e il commento *ad loc.* dell'*Epistola* XIII a Cangrande (XIII, 12) e i paragrafi *Comedia laus: la commedia come lode* (pp. 1568 ss.) e *Commedia e tragedia*, pp. 1570 ss. in cui la commedia viene messa in relazione ai commenti medievali sul *Cantico dei*

la conoscenza dantesca delle *poetrie*, valorizzano l'estensione dei termini commedia e tragedia ad ambiti non esclusivamente teatrali e sottolineano l'oscillazione, che abbiamo più volte rilevato nella prima parte del volume, delle definizioni stilistiche che si basano ora sull'*ornatus* e ora sul contenuto (come accadrebbe qui anche per l'elegia). Si nota nel passo una sostanziale bipolarità tragedia/commedia, una forte attenzione per lo stile tragico, pertinente al volgare illustre, e l'estraneità dantesca all'elegia.[41]

È verosimile che anche la bucolica, come la commedia in volgare, rappresentasse per Dante l'alternativa stilistica forte alla tragedia lucanea in latino, ma l'argomento non ha avuto una sistemazione teorica esplicita da parte dell'autore, forse a causa della morte.[42] Il tema – che è precipuamente dantesco – non ha investito il dibattito sugli stili che animò gli *studia* padani tra la fine del XIII e i primi del XIV secolo, più impegnati nell'attività glossatoria dei nuovi testi che giungevano d'Oltralpe.[43]

Cantici. Su Dante e le poetrie si veda il già ricordato contributo della studiosa *Il canone poetico mediolatino*.

41. Tavoni, *De vulgari eloquentia*, p. 1111 e p. 1105, si chiede «se lo stile elegiaco, allotrio com'è rispetto al tragico e al comico [...] non stia a rappresentare, nel *De vulgari*, il rischio di una caduta stilistica. [...] Dante potrebbe avere introdotto e usato questo concetto per scrollare da sé la critica che gli era venuta dall'ambiente bolognese», Carrai, *Dante elegiaco*; Fenzi, *De vulgari eloquentia*, in particolare le pp. XXXVII-XXXIX collega l'elemento elegiaco al modello boeziano della *Consolatio* e richiama all'attenzione un passo del trattato in cui il poeta sembra contrapporre tragedia ed elegia nel trattamento dei *magnalia* (*De Vulg*. II, 12, 6).

42. «[La morte] non gli lasciò il tempo per dettare [...] le sue ultime riflessioni: quelle nuove prospettive che ormai si venivano delineando [...] proprio nel dialogo con Giovanni Del Virgilio», così Albanese, *Ecloghe*, p. 1616, che insiste molto sulla volontà programmatica di Dante e sul ruolo delle ecloghe nella poetica dantesca. L'ecloga sarebbe una risposta avanguardistica da parte del poeta che «tendeva a ripensare più liberamente l'ordinata e diligente organizzazione della teoria dei tre stili rappresentati proprio dalle opere virgiliane nella *Rota Vergilii*; [...] Dante allargava gli orizzonti della poesia: riconosceva e denunziava la crisi dell'epica latina», pp. 1609-1610. Secondo la suggestiva tesi della studiosa la *Corrispondenza* rappresenterebbe «il testamento politico e spirituale di Dante lasciato al suo tempo», p. 1615.

43. Curry Woods, *Classroom Commentaries*, p. 95, conferma la precoce diffusione della *Poetria Nova* in Italia, con almeno dieci codici del XIII secolo; sulla diffusione della *Poetria Nova* presso i circoli preumanistici cfr. anche il precedente contributo di Curry Woods, *A Medieval Rhetoric*. Nelle zone dell'esilio dantesco, tra la fine del XIII e i primi del XIV secolo, si colloca l'attivà dei primi commentatori della *Poetria Nova* come Guizzardo da Bologna, Pace da Ferrara, Bartolomeo di San Concordio, Benedetto da Cividale o

Sia che Dante che muovesse dalle moderne *poetrie*, sia che si basasse sull'*ars* oraziana, che nel medioevo era stato il principale testo normativo per la composizione in versi, il silenzio dantesco su una riclassificazione dell'epistola bucolica all'interno della teoria degli stili si riflette nella circolazione delle sue ecloghe, che fu precoce ma svincolata dalle scelte di poetica dantesche: l'impulso dato al genere bucolico fu scevro di polemiche letterarie e guidato unicamente dall'*imitatio* e dalla *memoria Dantis*.

L'assenza di una sistemazione teorica chiara, sia del genere pastorale in sé, sia di cosa esso eventualmente rappresentasse per Dante, permane nella ricezione della *Corrispondenza* e sembra confermare ancora una volta la fluidità dei generi letterari nel medioevo, come la glossa che si legge nel codice Oratoriano alla prima epistola delvirgiliana del carteggio, definita secondo i canoni moderni un'epistola metrica:

> Verumtamen pro parte immerito dicitur ecloga: ubi scilicet non buccolice scribit, sicut usque ad illam partem *et iam iusta tuis* [v. I 25]. Abinde autem citra buccolice loquitur. Est autem ista quasi epistola, quae quinque partes continet. Non enim abdicatur ut epistola buccolicum carmen scribi possit.[44]

Dal v. I, 25 vengono enumerati gli argomenti di attualità che Dante potrebbe trattare in latino: a questi il glossatore attribuisce connotazione bucolica. Possiamo scorgere nel passo citato sia i segni della avvertita disomogeneità del carteggio (che comincia con l'epistola metrica e poi volge al bucolico), sia il peso della tradizione degli scambi epistolari in versi, sia i prodromi della lezione petrarchesca – la pastorale come un testo di forte impronta allegorica e radicata nell'attualità politica – che si imporrà nella seconda metà del secolo XIV. La discussione teorica sul genere, come si nota anche da questa glossa, sarà sempre più legata all'esercizio ermeneu-

Bichilino da Spello, *magister* a Padova, cfr. Licitra, *Il Pomerium rethorice*, p. 3 e Losappio, *Guizzardo da Bologna*, p. 55.

44. «In effetti per una [prima] parte il testo è definito ecloga impropriamente: non scrive infatti bucolica fino al punto "et iam iusta tuis". Da lì in poi si parla in modo bucolico. Questo testo, tuttavia, è quasi un'epistola, che contiene le cinque parti. Non si può infatti rifiutare che un carme bucolico sia scritto in forma di lettera». La scansione classica delle *partes epistolarum*, derivate dall'orazione ciceroniana e teorizzate dai testi dittaminali del XII, secolo è: *salutatio*, *captatio*, *narratio*, *petitio*, *conclusio*. La glossa, attribuita a Pietro da Moglio, allievo di Petrarca, ma derivata da insegnamenti antichi, si legge nel ms. Napoli, Biblioteca Oratoriana dei Gerolamini, MCF I, 16 (Pil. 10 n. XVI), anno 1489, si veda Tanturli, *La corrispondenza poetica*, p. 820.

tico; le altre corrispondenze bucoliche del periodo verranno composte dai fedeli cultori di Dante, i quali sembrano apprezzare anche quegli elementi del genere che ne sanciscono ancora oggi la fortuna, primi fra tutti l'allegoria, l'autobiografismo e una forte autoreferenzialità (poesia di cerchia).

5. *Il Del Virgilio tra Dante e Mussato (e Boccaccio)*

Giovanni Del Virgilio[45] durante la sua attività nello *studium* bolognese si era a lungo impegnato nell'arte del commento ai testi classici; sappiamo che si dedicò ai testi virgiliani, anche se ci rimangono solo le glosse alle opere ovidiane.[46] Al modello ovidiano si rifà una delle sue prime opere poetiche, il *Diaffonus*, un dialogo epistolare con ser Nunzio da Tolentino che narra una vicenda d'amore a lieto fine e potrebbe alludere fin dal titolo al carattere di canto amebeo.[47]

45. A lui vengono infatti ascritti due trattati grammaticali, ed. Alessio, *Trattati grammaticali*, e un'*ars dictandi* edita da Kristeller. Per i legami con l'ambiente preumanista cfr. Billanovich, *Il preumanesimo padovano*; Velli, *Sul linguaggio letterario*, p. 158. Alessio, *I trattati grammaticali*, p. 160 parla di una «cultura curiale non del tutto estranea all'università ma formatasi in prevalenza fuori di essa e fatta di laici, di notai, giudici, cancellieri, dai cosiddetti preumanisti veneti ai Giovanni Del Virgilio, dai Geri d'Arezzo ai Convenevole da Prato e cosi via, secondo una trama di rapporti interpersonali e di trasmigrazioni di persone e di libri». Cfr. Petrucci, *Il libro manoscritto*, pp. 499-526. Ai rapporti tra questi letterati si può solo accennare, su Geri d'Arezzo cfr. Cenni, Stoppacci *Lettere e Dialogo d'amore*. Sui legami emersi tra Geri e Lovato cfr. lo studio sui *dictamina* del Lovati di Petoletti, *Sistemi di produzione poetica ed epistolare*; Id., *I carmina di Lovato Lovati*, pp. 1-50.

46. Albanese, *Ecloghe*, p. 1666. Coulson, *A checklist*, segnala 8 nuovi codici delle *Allegorie*. L'edizione del testo è di Ghisalberti, *Giovanni Del Virgilio espositore delle* Metamorfosi; Cotza, *Le* Allegorie *ovidiane*. Per ulteriori riferimenti bibliografici cfr. Indizio, *Giovanni del Virgilio maestro*; Bisanti, *Suggestioni*, p. 5 e n. 12; Ferretti, *Boccaccio, Paolo da Perugia e i Commentari*. Sull'attività esegetica delvirgiliana si veda il già citato contributo di Alessio, *I trattati grammaticali*, in partic. pp. 160-163.

47. Martellotti, *Dalla tenzone*, p. 327. È interessante la discussione sul significato di *Diaffonus*: se ha ragione Martellotti, *Dalla tenzone*, p. 328 (*diaphonia* = "canto a due voci") abiamo una prima testimonianza in cui il Del Virgilio usa un tecnicismo musicale, come farà poi nella *Corrispondenza* (III, 48-50). Il *Diaffonus* esibisce già tendenze pastorali (soprattutto nelle parti delvirgiliane), per esempio nella *invitatio* bucolica (Bisanti, *Suggestioni classiche*, p. 129) e nella descrizione del *locus amoenus*, con piante, fiori e fonte (in cui si mescolano influssi anche romanzi). Sul *Diaffonus* e i suoi legami con la tradizione ovidiana e properziana, romanza e mediolatina (soprattutto relativa all'*ars dictandi*) si cfr. Bisanti, *Suggestioni classiche*.

Assecondando la moda del tempo,[48] il Del Virgilio intratteneva carteggi poetici,[49] come quello con il medico ravennate Guido Vacchetta conservato nello Zibaldone laurenziano;[50] in questo filone si colloca anche la genesi della *Corrispondenza*[51] e la successiva ecloga al Mussato. Questi carteggi "amebei", che non avevano intenti contrastivi, se pure non erano del tutto privi di tensioni agonistiche,[52] derivano dalla commistione di epistola e poesia che trovava nelle *Heroides* e nelle *Bucoliche* i suoi principali modelli. Gli scambi poetici, che nel Del Virgilio erano arricchiti da travestimenti zo-

48. Il *magister* sembra occupato su tutti i fronti che le nuove istanze culturali suggerivano: oltre all'attività esegetica legata al ruolo nello *studium* e ai carteggi letterari, si veda l'allusione al *civile carmen* di *Eg.* III 27-28, su cui cfr. Feo, *Tradizione latina*, pp. 316-317 e Cecchini, *Il frammento epico di Giovanni Del Virgilio*, pp. 285-293. Carteggi poetici in versi latini videro impegnati vari letterati del tempo, tra cui il Lovati, Giambono di Andrea, Guizzardo da Bologna e Giovannino da Mantova (ep. Muss. 4, 7 e 18 a), tutti corrispondenti del Mussato.

49. La copia dell'*Ecloga* al Mussato e dei testi poetici minori di Giovanni Del Virgilio (il frammento epico [f. 75v], il breve carteggio con un anonimo [f. 75v] e quello col Vacchetta [f. 76r], conservati esclusivamente dallo Zibaldone Laurenziano [Laur. Plut. 29, 8]) risale alla Romagna degli anni 1345-1348; si cfr. Cotza, *Sulle orme di Dante tra Napoli e la Romagna*, pp. 207-225, che ripercorre i momenti in cui Boccaccio venne a conoscenza dei testi minori delvirgiliani.

Il *Diaffonus* sopravvive invece in un solo testimone, il Vat. Ross. 1007, una miscellanea di testi scolastici datata Rimini 1386. Nel deperdito ms. Vat. Lat. 2868 36 la corrispondenza Dante Del Virgilio era tradita insieme al *Diaffonus*.

50. Campana, *Guido Vacchetta e Giovanni Del Virgilio*: si tratta di «due minuscole corrispondenze poetiche, pubblicate per la prima volta molto imperfettamente nel 1889 (Macrì-Leone). Tutte e due sono di argomento virgiliano. «La prima è un'epistola metrica anonima di 13 esametri alla quale Giovanni risponde con un'altra di 15 (f. 75vb). La seconda comprende 4 distici di un maestro Guido Vacchetta, a cui questi risponde con 5 distici (f. 76ra)», p. 252. Il solo testimone delle brevi corrispondenze è il mmanoscritto di Boccaccio detto Zibaldone laurenziano 29,8.

51. Si veda Albanese, *Ecloghe*, pp. 1600-1602, che evidenzia le allusioni delvirgiliane al *De vulgari eloquentia* (in particolare circa la preminenza assegnata al latino in virtù della sua stabilità grammaticale; Tavoni ricorda però il superamento di questa concezione. Sul problema, approfondito sul piano retorico e inquadrato nelle teorie coeve, si veda Alessio, *La grammatica speculativa e Dante*, in partic. pp. 133 e pp. 137-142. Sull'uso dell'*ars poetica* di Orazio come terreno comune e sul Mussato cfr. Albanese, *Ecloghe*, p. 1602 e Villa, *Il canone poetico mediolatino*.

52. Sulla tenzone cfr. Arveda, *Contrasti amorosi*; Martellotti, *Dalla tenzone al carme bucolico*, p. 127, sostiene che il tema della gara doveva essere uno dei motivi ispiratori delle composizioni che venivano scambiate tra letterati, come mostra anche la *Corrispondenza*, in cui egli ravvisa una «trasposizione umanistica della tenzone».

omorfi e da ambientazioni agresti, svolgono quella funzione dialogica associata nel periodo medievale sia alla lettera[53] che al termine "ecloga", e forse proprio a questi trascorsi epistolari si riferisce la glossa dell'Oratoriano che ci informa:

> Scripsit enim iste Virgilianus multas eclogas ad diversas personas de diversis locis et ad diversa loca.[54]

Fu Martellotti nei suoi studi[55] sulla *Corrispondenza* a sottolineare il carattere misto e semi-bucolico di queste corrispondenze letterarie abituali tra letterati del XIII e XIV secolo:

> chi volesse trovare un corrispondente classico alla tenzone della poesia volgare, penserebbe naturalmente alla bucolica, in quanto essa si risolve nella sua forma più tipica in un canto amebeo [...] ed è possibile che tale analogia abbia influito in qualche modo su Dante, quando egli pensò di nobilitare classicamente la sua risposta.[56]

I passi danteschi precedentemente commentati fanno pensare che l'elezione del codice bucolico da parte del poeta fiorentino non sia dovuta allo spirito del tempo ma all'urgenza della propria poetica. Il propagarsi della moda bucolica nei suoi epigoni, tuttavia, fu favorito anche dal contesto culturale[57] della prima metà del XIV secolo, in cui la memoria dantesca si coniuga con l'attitudine al carteggio poetico e con la creazione di una co-

53. Si cfr. almeno Krautter, *Ac si ore ad os. Eine mittelalteriche Theorie des Briefs*, pp. 155-168.

54. Il primo a studiare e trascrivere le glosse dell'Oratoriano fu Billanovich, *Giovanni Del Virgilio, Pietro da Moglio*, p. 228, «Il Del Virgilio scrisse infatti molte ecloghe a varie persone da diversi luoghi verso svariate località».

55. In particolare *Dante e la riscoperta*; *Dalla tenzone al carme bucolico*.

56. Martellotti, *Dante e la riscoperta*, p. 332. Sulla tenzone cfr. *Il genere tenzone nelle letterature romanze*.

57. Le prime letture italiane delle *poetrie* sono attestate nel circolo padovano e in Bologna. Pace da Ferrara e Bichilino da Spello, docenti nello *Studium* padovano, glossano la *Poetria Nova* mentre i loro colleghi di Bologna usano ancora l'*Ad Herennium*. Losappio, introduzione a Guizzardo da Bologna, *Recollecte*, pp. 57-58. Sul clima culturale di Padova e Bologna cfr. Witt, *The two Latin Cultures*, pp. 462-471: «The marked interest in scientific literature evident both in Rolandino of Padua's history and in Lovato's early poetry reflects the more interdisciplinary character of the city's intellectual life when compared with that of Bologna», p. 470. Si veda anche Curry Woods, *A Medieval Rhetoric*, e Ead., *Classroom Commentaries*, p. 137 e Alessio, *Brunetto*, p. 17.

munità intellettuale a cui si riconoscono i tratti del preumanesimo. Il punto di tangenza tra le nuove istanze culturali e la bucolica sembra dunque collocarsi tra Bologna, Ravenna e Padova.[58] È Bologna il contesto culturale dell'epistola delvirgiliana spedita a Dante, così come la risposta del poeta sembrerebbe diretta agli intellettuali gravitanti nel prestigioso *studium*; negli anni immediatamente successivi alla morte di Dante, la *Corrispondenza* aveva una diffusione bolognese, come dimostrano la glossa dell'Oratoriano, l'attività di Pietro da Moglio,[59] commentatore delle ecloghe di Dante e Petrarca[60] e della *Poetria Nova*.[61]

Sempre a Bologna il Del Virgilio vede, nell'estate del 1319,[62] Albertino Mussato, ma senza poterlo avvicinare. Analogamente a quanto era accaduto con Dante, anche Del Virgilio e Mussato non si incontrarono mai: i due però erano al corrente delle reciproche attività e delle nuove che animavano Padova e Bologna grazie ad amici comuni, come Rainaldo dei Cinzi o Rolando da Piazzola, nipote del Lovati.[63] Lo spostamento delvirgiliano a Cesena nel 1324, le date della lunga gestazione dell'ecloga al Mussato, che si protrasse dal 1324 al 1327, i mutamenti storici intercorsi, che vedono Rainaldo dei Cinzi raffigurato nella prima parte dell'ecloga come un uomo affabile e nella seconda come un tiranno meritatamente giustiziato, sono dati noti e ripercorsi accuratamente nelle due recenti edizioni del testo.[64] Più interessante è perciò soffermarci sugli aspetti qualificanti per questo studio: la gestione delvirgiliana del codice

58. Tavoni, *De vulg.* pp. 1113-1116; Albanese, *Ecloghe*, p. 1602.

59. Billanovich, *Giovanni Del Virgilio,* in partic. pp. 205-211. Benvenuto da Imola commentò la *Commedia* e le ecloghe di Petrarca.

60. A Pietro da Moglio si devono alcune letture pubbliche della *Corrispondenza* di cui è rimasta traccia nel ms. Wien Öesterreichische Nationalbibl., Lat. 124; commentò anche il *Bucolicum Carmen* di Petrarca, come apprendiamo dal ms. Marciano latino XII, 8, c. 12v, si veda Billanovich, *Giovanni Del Virgilio.*

61. «Il ms. di Pietro da Moglio: Genoa, Biblioteca Durazzo Giustiniani, B II 1, 14th cent., Italian (Bologna [Puncuh, *I manoscritti,*191]), fols. 1r-41v. *Commentary*: interlinear and marginal glosses naming Pietro da Muglio on fols. 1r and 41v», Curry Woods, *Classroom Commentaries*, p. 295, pp. 146-148. Losappio, *Recollecte*, p. 80, e Quaquarelli, *Per un profilo aggiornato.* L'esercizio compiuto dai maestri bolognesi sul carteggio tra Dante e il Del Virgilio pare confermato dal già ricordato ms. Vaticano Latino 2868.

62. Vv. 115-127.

63. Pastore Stocchi, *Egloga missa*, p. VII.

64. Lorenzini, *La Corrispondenza*, pp. 175-184 e Pastore Stocchi, *Egloga missa*, pp. IX-XII che parla giustamente «di sovrapponibilità della cronologia storica e della cronolo-

bucolico e la scelta di utilizzarlo per rivolgersi proprio al Mussato, il campione dello *stilus sublimis* che invece prediligeva modi oraziani per le sue missive poetiche. Per quanto attiene alla qualità del carme, i giudizi degli editori non sono perfettamente allineati: Lorenzini, largamente debitrice di Velli, ne elogia la maturità compositiva, apprezzabile soprattutto nella strutturazione,[65] che risulta dinamica grazie alla soluzione dialogica (solo l'alternarsi degli interlocutori è ancora segnalato da «fastidiosi *verba dicendi*», p. 181), ne loda il latino fluido, gli esametri garbati e il lessico fortemente connotato in senso virgilianamente bucolico, anche se ricco di suggestioni medievali; Pastore Stocchi rileva un certo impaccio nella gestione dello «stilus mixtum» ma soprattutto ritiene che la strategia compositiva – in cui due momenti storici lontani e due stati emotivi diversi sono meccanicamente giustapposti – imprima al carme «squilibrato e contradditorio [...] una struttura sbilenca e instabile».[66] Un ulteriore rilievo dello studioso riguarda il trattamento della materia pastorale, che risulterebbe ben congegnato nella responsiva a Dante, mentre qui è messo a rischio dall'irrompere della storia nella finzione bucolica: il componimento infatti, nella prima parte, è ilare e disteso, rievoca la memoria dantesca e invita Mussato a cimentarsi nel canto bucolico; nei versi finali (vv. 253-280) le difficoltà storico-autobiografiche diventano preponderanti e l'ecloga si chiude malinconica sul rimpianto della passata serenità, constatando che ai pastori resta solo il canto.

Il testo si colloca scientemente all'interno del genere bucolico, di cui il Del Virgilio ha ben presente l'archetipo e questo implica la familiarità metrica e lessicale elogiata da Velli e assolutamente condivisibile. Sul piano strutturale, si deve convenire con Pastore Stocchi che, nei versi finali, l'irrompere del personaggio reale (Giovanni) sulla scena bucolica è un'operazione ibrida: che sia una sorta di congedo al testo, pur non avendone i connotati formali, o un'iniziativa condotta sull'esempio di Dante,[67] risulta maldestra per la lunghezza dell'inserto, finendo col mettere in risalto solo l'aspetto fittizio dell'idillio pastorale (onomastica e scenario inclusi), ormai depauperati dell'allegoria. Nella prima parte del testo, invece, l'ele-

gia compositiva, per cui giudizi, etopee, propositi risultano nel carme incoerenti e contraddittorii, via via che il quadro muta e si ribalta».

65. Lorenzini, *La Corrispondenza*, p. 181 e Velli, *Il linguaggio letterario.*

66. Pastore Stocchi, *Egloga missa*, pp. IX-XII.

67. Si vedano i versi finali dell'ecloga IV della *Corrispondenza*; su entrambi i poeti pesa anche Verg. *ecl.* III.

mento bucolico è gestito con una certa sapienza: l'onomastica è coerente, ricorre il tema del canto, che – abbiamo visto – è caro al Del Virgilio; il paesaggio è perfettamente conforme al modello virgiliano[68] e l'atmosfera di quiete pervade anche i versi dedicati al sepolcro di Dante, tema non più frequentato dall'epicedio di Pascasio, presto battuto anche da Boccaccio e Petrarca. La canzone d'amore di Melibeo per Egle accoglie suggestioni virgiliane e ovidiane, ma la sua importanza consiste nel tema d'amore, che torna al centro della scena pastorale qui e nelle prime bucoliche di Boccaccio, che condividono con l'ecloga delvirgiliana anche la struttura amebea.[69] Già la scelta di inviare al Mussato un'epistola bucolica rientra nella celebrazione di Dante, allusa ai vv. 9-10 dell'ecloga stessa: «Fistula non post hac nostris inflata poetis / donec ea mecum certaret Tytirus olim»,[70] tramite i quali si rende esplicito che l'adesione al genere pastorale, non del tutto allineata ai gusti di Mussato, è stata scelta in quanto omaggio alla memoria del poeta. La centralità dell'esperienza bucolica nella produzione dantesca, anche per il ruolo attivo che vi aveva svolto, viene messa in evidenza dal Del Virgilio dell'epitaffio composto per il poeta – secondo le notizie del *Trattatello*[71] – in cui le ecloghe assumono un'insospettata centralità, a fianco della *Commedia* e della *Monarchia*.[72]

68. Si veda la ripresa di Verg. *ecl.* III, 39 attraverso i corimbi, che evocano l'incoronazione poetica perché Bacco si cinge le tempie con l'edera (il dato non sfugge al glossatore laurenziano). Lorenzini, p. 183 e n. 27 osserva che il nesso corimbi-incoronazione si trova nei due bucolici minori, in Mussato e in Boccaccio. Pastore Stocchi (*ad loc.*) preferisce circoscrivere il dato a Servio (in Buc. III, 39) e Uguccio Pisano, dove si legge la paretimologia (*corymbus a coronare*).

69. Kegel-Brinkgrave, *The Echoing Woods*, p. 146 e n. 24; Krautter, *Die Renaissance*, pp. 69-72.

70. «La siringa non più insufflata dai nostri poeti fino al tempo in cui con essa gareggiò meco il toscano Titiro», trad. Pastore Stocchi, *Ecloga missa*, p. 9.

71. In Giovanni Boccaccio, *Opere in versi* (ed. Ricci); si cfr. Cursi, *Cronologia e stratigrafia nelle sillogi dantesche di Giovanni Boccaccio*, in part. pp. 102-109; *Boccaccio autore e copista*. L'epitaffio, di cui resta traccia solo nel *Trattatello*, si legge con traduzione e commento in Piacentini, *Hic claudor Dantes*; si veda anche Id., *Dante tra Virgilio e Scipione*, in part. pp. 361-366. Kegel-Brinkgrave, *The Echoing Woods*, p. 246.

72. Vv. 3-7: «[…] gloria musarum, vuglo gratissimus auctor / hic iacet et fama pulsat utrumque polum: / qui loca defuntis gladis regnumque gemellis / disribuit laycis rethoricisque modis / pasqua Pyeriis demum resonabat avenis» ("gloria delle Muse, autore amatissimo dal volgo, qui giace e per fama tocca l'uno e l'altro /cielo; egli, che le sedi assegnate ai defunti e il potere dalla duplice spada ordino secondo /lo stile del volgo e della retorica, da

6. *La corrispondenza tra Boccaccio e Checco di Meletto Rossi*

La tradizione manoscritta dei testi poetici delvirgiliani ci conduce nell'officina di Boccaccio durante il soggiorno emiliano (1345-48). Boccaccio[73] possedeva (ff. 67v-72v del suo Zibaldone) la corrispondenza con Dante,[74] che circolava anche in Firenze, dove probabilmente l'aveva copiata al rientro da Napoli (1341-1344), mentre più tarda è la copia dei testi poetici minori di Giovanni Del Virgilio e dell'*Ecloga* al Mussato, che risale agli stessi anni (1347-1348) e allo stesso ambiente in cui ingaggiò la corrispondenza bucolica col Meletto, in questo periodo notaio e cancelliere presso gli Ordelaffi a Forlì.[75]

Il ciclo epistolare, edito da Lorenzini che ne ha giustamente ripristinato la *facies* del carteggio, alterata nella tradizione manoscritta,[76] è composto da quattro testi, sul modello della *Corrispondenza* di Dante-Del Virgilio.

ultimo faceva risuonare i pascoli con gli zufoli /delle Pieridi"), cito il testo e la traduzione da Piacentini, *Dante tra Virgilio e Scipione*, p. 362.

73. Il ruolo di Boccaccio editore della tradizione bucolica trecentesca è stato indagato a fondo a partire dagli anni Sessanta da Billanovich, tra cui si cfr. *Testi bucolici*; questi studi sono stati affiancati negli ultimi decenni da analisi di natura paleografica: Brown, *Boccaccio in Naples*; Zamponi *et al.*, *Stratigrafia dello Zibaldone*, in partic. pp. 233-240, che hanno definito con chiarezza tempi e modi di acquisizione nonché l'orientamento degli interessi di Boccaccio. Si veda ora Petoletti, *Gli Zibaldoni di Giovanni Boccaccio*, pp. 291-299; tavole rispettivamente alle pp. 305-313 e pp. 316-326; e Zamponi, *Nell'officina di Boccaccio* e Id., *Lo Zibaldone Magliabechiano*.

74. Zamponi *et al.*, *Stratigrafia dello Zibaldone* propende per fissare agli anni fiorentini del rientro da Napoli e precedenti il soggiorno romagnolo la trascrizione della *Corrispondenza*, quindi tra il 1341 e il 1344. Questa datazione viene accolta anche nel già citato studio di Tanturli e confermata da Zamponi, *Nell'officina*, p. 304.

75. Per le notizie biografiche, comunque scarne, si rimanda a Stoppacci, *Contributo*, pp. 257-259; Ead., *Due componimenti inediti*, pp. 1-2. Checco si allontanò da Forlì alla fine degli anni Cinquanta per recarsi a Bologna. Cfr. anche Campana, *Checco di Meletto*, pp. 1044-1045; Weiss, *Il primo secolo dell'Umanesimo*; Rossi, *Filologia, grammatica e retorica*, pp. 11 ss.

76. Lorenzini, *La corrispondenza*, pp. 131-166. Nello Zibaldone manca la II di Checco, pervenuta a Boccaccio anche se in un secondo momento, cfr. Lorenzini, *La corrispondenza*, p. 109, n. 21. Nel Firenze Laurenziano Mediceo 39, 26 e nel Kynžvart, Biblioteca del Castello Metternich, 2 D 4 le due di Checco sono associate a formare il «Viri conspicui Checchi de Milete forlivensis Buccolicum breve carmen» (ivi, pp. 109-110), la prima di Boccaccio (*Postquam fata sinunt*) viene soppressa, mentre *Faunus* viene tradito nella redazione definitiva all'interno del *Buccolicum Carmen* come ecloga III.

La consistenza quadripartita dello scambio poetico è stata messa in discussione nei primi del Novecento da Massera,[77] che esprime riserve sull'appartenenza al gruppo del secondo componimento di Checco; il dibattito non è del tutto concluso, ma i contributi più recenti propendono per l'inclusione del testo nello scambio, inserito anche nell'edizione Lorenzini.[78] Lo *status* di carteggio, quindi, non è in discussione, pur essendo negato *in re* dai manoscritti (tutti legati a Boccaccio), in cui le ecloghe vengono associate agli autori, senza tener conto dei rapporti epistolari alla base della loro genesi; tutto ciò costituisce un ulteriore motivo di interesse perché attesta in concreto i mutamenti del canone bucolico – ben visibili anche nelle due redazioni della III ecloga[79] – che conducono, nel volgere di qualche anno, dalle corrispondenze bucoliche ai libri di ecloghe di Boccaccio e Petrarca. L'iniziativa epistolare è di Boccaccio, che aveva incontrato il Meletto a Forlì quando era stato ospite di Francesco II Ordelaffi; l'invito spedito a Checco mette subito al centro un tema decisivo per la fortuna umanistica della pastorale: mentre la guerra imperversa, i poeti possono rifugiarsi in Arcadia con i propri simili, in questo caso Meri (= Checco) e Mopso (= Petrarca); Boccaccio sarà Menalca. Oltre all'onomastica virgiliana e al rapporto *puer/senex*, suggerito dal v. I, 27,[80] i dati salienti del carme sono la fuga dal presente, presto sussunto in Arcadia ma commutato in forme allegoriche, e il senso della cerchia, caro anche alla sensibilità umanistica. La risposta di Checco indugia sullo scenario di guerra che turba anche il *locus* reso *inamoenus* dalle negazioni dei vv. 5-10 «non frondes capris, ovibus non gramina leta, non puros [...] rivos [...] monstrarat pastor» e poi dalle descrizioni del vv. 30 ss.: «uritur omnis ager [...] mirtus cum lauris, edera [...] solitum posuere decorem» in cui si decreta, allegoricamente,

77. Massera, *Il preteso epicedio*.

78. Lorenzini, *La corrispondenza*, p. 16 nota 32 ripercorre il dibattito critico, sviluppatosi agli inizi del secolo scorso. Le posizioni più recenti sono favorevoli all'inclusione del testo nel carteggio, cfr. Velli, in Boccaccio, *Carmina*, pp. 379-386 e Battaglia Ricci, *Boccaccio*, p. 212.

79. *Tempus erat placidum*, la III ecloga del carteggio col Meletto, viene rivista da Boccaccio e come *Faunus* diventa la III ecloga del *Buccolicum carmen*. L'analisi sinottica delle due redazioni si legge in Lorenzini, *La corrispondenza*, pp. 30-43.

80. Si veda il v. 27: «hominumque deumque labores / Mopos relinquamus» ("lasciamo a Mopso le fatiche degli dei e degli uomini") che cela forse un riferimento all'*Africa*; secondo Lorenzini, *La corrispondenza*, p. 12, Boccaccio assocerebbe alla *iunctura* il genere epico. Il rapporto tra Mopso impegnato in argomenti alti e Meri-Menalca dediti agli amori pastorii sembra assumere le consuete dinamiche di quello *puer/senex*.

la morte della poesia. Solo negli ultimi versi (49-58) l'arrivo di Menalca allenta la tensione: riproposta la fuga in Arcadia, Meri acconsente: «cedamus, saltusque repetamus amenos».[81] La risposta di Boccaccio si apre sul *locus amoenus* descritto al passato («Tempus era placidum») ma la dolce stagione, al v. 10, è turbata dal lamento di Testili-Forlì, con cui il presente storico irrompe nell'ecloga, attraverso le vicende legate all'uccisione di Andrea di Ungheria, succeduto con la moglie Giovanna I a Roberto d'Angiò sul trono di Napoli. Quando nel 1347, due anni dopo l'omicidio, il fratello di Andrea (Luigi d'Ungheria-Titiro) scese in Italia per vendicarlo, molti signori si unirono a lui tra cui l'Ordelaffi – ben presto, però, costretto a riparare nei propri domini forlivesi. Lo sfondo è dunque storico, ma nell'ecloga Boccaccio affronta anche temi più strettamente pastorali: la difesa della poesia, anche in momenti storicamente avversi, e l'epicedio di Roberto d'Angiò-Argo. Il carme si ispira fin dalla maschera pastorale del re di Napoli all'omonima ecloga di Petrarca, la seconda del *Bucolicum Carmen* composta nel 1346. La lezione petrarchesca è tangibile, sul piano tematico, nella gestione allegorica della materia storica, mentre sul piano strutturale si apprezza meglio nella rielaborazione del testo per il *Buccolicum*, quando Boccaccio abbandona la soluzione epistolare e mantiene i *collocutores* solo all'interno del carme. Per la seconda responsiva Checco opta per la forma diegetica, si sottrae all'argomento storico preferendo trattare ancora argomenti letterari: l'importanza della poesia, i cattivi poeti, la bravura di Menalca-Boccaccio. Questa scelta tematica, su cui si basano le riserve di quanti non includono il carme nel carteggio in quanto avulso dalla missiva precedente, è giustificata da Lorenzini[82] con l'imperizia di Checco, che non saprebbe affrontare fatti tanto complessi in poesia. Il testo non solo rimane distante dall'ecloga di Boccaccio sul piano dei contenuti, ma risulta anche un po' faticoso alla lettura: pur cosparso di locuzioni pastorali[83] e pur fedele a modelli classici (*in primis* Virgilio, Ovidio, Stazio,

81. «Il pastore non mostra fronda alle capre, né erba gradita agli agnelli, non limpidi ruscelli»; «brucia ogni campo, l'edera, il mirto e l'alloro hanno perso il loro prestigio»; «e sia, torniamo nelle amene balze».

82. Lorenzini, *La corrispondenza*, p. 17 parla di «inadeguate capacità linguistico-stilistiche di Checco [...] che sembra quasi scusare la propria inadeguatezza all'invito boccacciano di comporre *carmina alterna*».

83. «carmina pastorum» v. 9; «colles» v. 7; «dulci resonante cicuta» v. 14; «cecinit sub umbra tectus» v. 26 etc. Per i rimandi intertestuali si vedano gli apparati dell'edizione Lorenzini.

Orazio) e bucolici (Giovanni Del Virgilio, Petrarca), non riesce ad evocare correttamente l'atmosfera arcadica, che Meletto non sembra mai abbracciare completamente.

7. *Due componimenti latini di Checco di Meletto*

Qualche anno dopo la corrispondenza bucolica con Boccaccio, Checco invia un'epistola a Petrarca, che si è appena trasferito presso i Visconti. La missiva, composta da un breve biglietto in prosa e da un carme esametrico di 81 versi, si data all'aprile del 1354 e verte sulla necessaria indipendenza del poeta da qualunque tipo di potere, condizione imprescindibilie all'esercizio delle lettere.[84] Con questo carme Checco si univa al coro degli amici di Petrarca sorpresi dallo spostamento del poeta a Milano nel 1353. Il testo, che non sembra abbia ricevuto risposta, fu verosimilmente composto a Forlì e la sua tradizione avviene, secondo l'editore,[85] negli ambienti della cancelleria malatestiana. Nulla sul piano tematico può essere definito propriamente bucolico e la vaga atmosfera pastorale che vi si rintraccia è imputabile esclusivamente al lessico (connotato in senso mitologico-agreste) e ai rimandi intertestuali, tra cui affiorano, insieme a molti classici, riferimenti alle prove bucoliche di Boccaccio, Petrarca e Del Virgilio (evidentemente più per deferenza verso gli autori che per ottemperanza al gusto pastorale). Il carme si mantiene *in limine* rispetto al *genus* bucolico, proseguendo sullo stile che caratterizzava già la seconda responsiva al Boccaccio. Se al tempo di quel carteggio Meletto poteva non aver recepito la direzione intrapresa dalla pastorale di stampo petrarchesco, che Boccaccio aveva invece sapientemente individuato, adesso – intorno al 1354 – con le ecloghe di Boccaccio e Petrarca che cominciano a circolare e che Meletto pure mostra di conoscere,[86] la sua "indifferenza" rispetto ai mutamenti impressi al genere dimostra, a mio avviso, scarsa sensibilità verso il codice bucolico, assunto su invito di Boccaccio al tempo del carteggio ma ben presto stemperato in senso più genericamente mitologico.

84. Il testo è tradito dal ms. Milano, Biblioteca Ambrosiana P 256 sup. e da Roma, Biblioteca Corsiniana 33 E 27 che conserva anche il carme *Fons sedet*.

85. Stoppacci, *Due componimenti*, p. 9.

86. Si vedano gli apparati dell'edizione Stoppacci.

Osservazioni più complesse investono il tenore pastorale di *Fons sedet*, il carme esametrico di 110 versi tradito da due manoscritti[87] in cui Checco mette a frutto i prestiti testuali dalle bucoliche di Petrarca e Boccaccio, contestualizzandoli in una struttura maggiormente bucolica (paesaggio agreste, dialogo alternato) e – attraverso la ripresa del lamento di Magone – imboccando forse la strada della pastorale allegorico-storica di stampo petrarchesco. Così parve a Michele Feo,[88] in virtù delle allusioni all'*Africa*; lo studioso data il carme intorno al 1141 e, benché trascriva il testo del gaddiano (la versione depauperata dei primi versi più pastorali), lo interpreta come una delle più antiche prove bucoliche di questo periodo, che preludono all'affermazione delle ecloghe di Petrarca. La datazione proposta, infatti, collocando il testo prima della corrispondenza col Boccaccio, fa sì che sia Checco a suggerire il tenore bucolico del carteggio stesso. Patrizia Stoppacci,[89] sulla scorta di riferimenti intertestuali, ne propone una datazione più bassa (tra il 1147 e il 1157), ricollocandolo più vicino al carme precedentemente analizzato (del 1154) – con cui, a mio parere, condivide anche la gestione non troppo convinta del codice bucolico – e sottraendolo così a progettualità poetiche più adatte alla penna di Boccaccio. Protagonisti del carme sono una ninfa e un giovane, di nome Daniele; la creatura silvestre – ispirandosi a Magone – esprime il suo dolore per la vanità delle cose umane e sarà il ragazzo, nella parte finale, a rammentarle gli insegnamenti dei maestri del passato, secondo cui la vita è una specie di morte e la dipartita finale libera l'uomo dal peso del corpo, azzerando finalmente il dolore e tutte le differenze materiali in senso lato (ricchezza, fama, cultura...). Il carme, col suo tenore morale, non può dirsi propriamente centrato su argomenti bucolici, così come l'onomastica;[90] l'escussione delle fonti condotta dall'editore conferma la presenza di molti

87. Il ms. Roma, Biblioteca Corsiniana 33 E 27 (completo) e Firenze, Biblioteca Medicea Laurenziana, Gaddi 101 (parziale, solo 55 esametri). Secondo l'editore le lacune del gaddiano potrebbero corrispondere «ad una selezione testuale [...] del copista poco interessato alle suggestioni bucoliche del componimento, che si dispiegano soprattutto nella parte iniziale del testo (vv. 1-27), ricca di richiami al mondo agreste», maggiormente attratto «dai contenuti moraleggianti, contemplati nella parte centrale e finale del carme», Stoppacci, *Due componimenti*, p. 12.

88. Feo, *Codici latini del Petrarca*, pp. 189-190.

89. *Due componimenti*, p. 14.

90. La Ninfa rimane anomina, il giovane porta un nome biblico, in ottemperanza al tenore morale del carme. La cosa ha un suo peso, vista la tendenza a conservare l'nomasrica virgiliana del carteggio col Boccaccio.

autori classici (Virgilio epico, Orazio, Ovidio e, forse non di prima mano, i più rari elegiaci come Tibullo e Properzio),[91] ma scarsi apporti dei bucolici antichi, dato interessante visto che l'esercizio pastorale passa sempre attraverso la mediazione virgiliana. Maggior peso hanno le esperienze bucoliche coeve al Meletto,[92] tra cui è stranamente assente il Del Virgilio, influente nel carme inviato a Petrarca.[93] Il *locus amoenus* che caratterizza i primi 27 versi presenta alcune caratteristiche bucoliche (la fonte, la quercia sotto cui riparano i due protagonisti, la stagione), che vanno a diminuire nella parte successiva (alcuni accenni ai vv. 44-50 in cui si parla di armenti che vagano per i capi spaziosi «latos errent armenta per agros»). L'amore – una caratteristica che Kegel-Brinkgrave[94] rileva tanto nell'ecloga al Mussato che nel carteggio di Boccaccio con Checco – è alluso al v. 24 («dulcis amor hos iunxit», "un dolce amore li legava"), privato completamente di qualsiasi suggestione erotica. Anche il dialogo tra i due personaggi non può dirsi gestito nei termini bucolici: non è uno scambio amebeo, non è un'ecloga diegetica né "mixta"; lo stesso lamento della ninfa, in ambito pastorale, sarebbe stato argomento di un canto, piuttosto che del pianto, riservato in Arcadia all'amore deluso e alla morte. Nel testo, quindi, si ravvisano alcuni elementi afferenti all'ambito bucolico, suggeriti – forse – dalla moda epistolare del tempo, che anche Meletto captava, pur senza coglierne tutta la novità letteraria che conteneva; manca insomma la deliberata adesione dell'autore al codice bucolico, che evidentemente non era del tutto congeniale all'autore.

91. Cfr. Stoppacci, *Due componimenti*, p. 18.

92. Stoppacci, *Due componimenti*, p. 20, segnala alcune *iuncture* boccacciane: «in medio nemoris» (*Gen. deorum gent.* 113 e *Bucc. Carm.* VII, 11), «grata Lyeo» (*Bucc. Carm.* VIII, 67), «longa silentia» (*Bucc. Carm.* XVI, 51), «nondum viderat etas» (*Bucc. Carm.* XI, 85), «pone metum» *Carm.* V, 64 e IX, 151 e 154). Si rilevano echi della corrispondenza con Boccaccio: il «vultus suspiria» di v. 65 rievoca il «suspiria vultu» dell'*ecl.* I, 23 di Boccaccio a Checco. Grande tradizione bucolica hanno «modulamen» e il sintagma «mente levis», per cui Stoppacci segnala *ecl.* I *ad Bocc.* 14 (ma si veda anche «mens non leva fuisset» in Verg. *Buc.* I, 16 e *Aen.*, II, 54). Il sintagma «mors est vivere» (v. 76) potrebbe venire dall'*Argus* (*Buc.* 9, 91- 2), si vedano altre «inequivocabili citazioni dal *Bucolicum Carmen* circoscrivibili ai vv. 2, 15, 24, 26-7, 37, 48, 55, 57», ivi, p. 18.

93. Cfr. Stoppacci, *Due componimenti*, p. 11 e apparati al testo.

94. *The Echoing Woods*, p. 246, n. 24.

7. Boccaccio-Petrarca

La fase di passaggio dalla bucolica medievale latina a quella umanistica si conclude con due testi ponderosi e importanti, caratterizzati da innovazioni strutturali, tematiche e stilistiche destinate a segnare la successiva produzione bucolica. Il portato dei due libri di ecloghe, il *Buccolicum carmen* di Boccaccio[1] e il *Bucolicum carmen* di Petrarca,[2] non sarà

1. La bibliografia indicata qui sull'argomento è di necessità molto sintetica: il testo del *Buccolicum* si legge, con traduzione italiana, note e commento a cura di Giorgio Bernardi Perini nel volume VII delle opere di Boccaccio, edizione coordinata da Vittore Branca negli anni Ottanta del secolo scorso. Oltre ai contributi già segnalati (*Boccaccio autore e copista*; Zamponi *et al.*, *La stratigrafia*) si ricordano qui le indagini in corso di Angelo Piacentini in vista della nuova edizione critica del testo, preceduta da validi saggi preparatori tra cui *Aldo Francesco Massera editore*, in part. pp. 213-241 in cui lo studioso ripercorre alcuni problemi dell'edizione Massera; Id., *Buccolicum carmen*, pp. 203-208; Id., Dal *Bucolicum carmen di Petrarca al Buccolicum carmen di Boccaccio*. Molto importante anche il saggio di Albanese, *Boccaccio bucolico e Dante*, in cui la studiosa ripercorre la genesi degli interessi e delle sperimentazioni bucoliche di Boccaccio a partire dal periodo napoletano fino ai contatti con l'area romagnola e le avanguardie preumanistiche settentrionali, che intensificarono i suoi interessi retorici ed eruditi. Albanese valorizza le molteplici e articolate fonti di ispirazione (Dante, Giovanni Del Virgilio e Petrarca), le vicende di storia romagnola allegorizzate fin nel carteggio col Meletto e le cosiddette antologie bucoliche (Billanovich, *Testi bucolici*, p. 216) costituite dai suoi manoscritti.

2. Il testo critico del *Bucolicum Carmen* è quello a cura di Avena del 1906, a cui si affianca l'edizione diplomatica dell'autografo Vat. Lat. 3358 a cura di De Venuto del 1990. Una nuova edizione commentata e tradotta del *Bucolicum carmen* di Petrarca a cura di Enrico Fenzi è annunciata per il 2020. Lo studioso ne ha pubblicato alcune anticipazioni: *Sull'ordine di tempi e vicende nel* Bucolicum carmen; *Verso il* Secretum*:* Bucolicum Carmen I, Parthenias; Id., *Dedalus (Buc. Carmen VI)*; Id., *Per Petrarca politico: Cola di Rienzo e la questione romana*; Id., *Note di lettura all'egloga di Petrarca* Pastorum pathos; Id., *L'egloga* Divortium; Id., Bucolicum carmen *XII;* Id., *Bucolicum Carmen XI*. Il *Bucolicum*

da valutarsi solo nella prospettiva del *Fortleben* ma anche in quella delle osservazioni sul genere bucolico lasciate dai due autori, che ne motivano la scelta conciliando caratteristiche del *genus* ad esigenze della propria poetica: esplicitando, insomma, il ruolo della poesia pastorale nella letteratura del XIV secolo, come Dante non aveva fatto. Per tutto il medioevo abbiamo osservato un sostanziale scollamento tra la produzione pastorale, che si dimostra anche molto innovativa, e la trattatistica sui generi letterari, in cui la bucolica, a dispetto della sua fortuna in ambito creativo, viene discussa in termini sostanzialmente statici e tradizionali, secondo due grandi filoni, quello dell'esegesi virgiliana e quello della teoria dei livelli stilistici, con le relative difficoltà classificatorie. Petrarca e Boccaccio spostano la discussione su un piano diverso; questo distacco dalle precedenti categorie interpretative ci viene testimoniato in fieri nei loro epistolari, nelle postille, nei *marginalia*, nell'attività editoriale: tutte fasi di un percorso, ampiamente battuto dagli studi, che conduce alla codifica umanistica del genere bucolico e che verrà affrontato qui solo nelle sue tappe salienti. L'analisi testuale, per la complessità e la lunghezza dei due *carmina bucolica*, deve essere necessariamente circoscritta ad alcuni elementi forti, che mettano in rilevo l'uso del codice in continuità o discontinuità rispetto alle stagioni precedenti, per testimoniare i mutamenti intercorsi nel canone durante il periodo medievale.

Alla luce del percorso compiuto, i nuclei tematici individuati su cui concentrare lo scavo coincidono con i principali elementi connotativi del genere elencati nella premessa metodologica quali l'amore, l'onomastica dei personaggi, l'epicedio, l'autobiografismo; l'autoreferenzialità di cerchia; l'allegoria; il carattere dialogico o diegetico e il livello stilistico adeguato.

Carmen di Petrarca è disponibile in versione integrale con testo italiano a fronte nella versione poetica di Canali, uscita nel 2005, e nella precedente versione prosastica di Mattucci del 1971. Si veda anche l'edizione commentata e tradotta a cura di François-Bachmann uscita nel 2001. Sulle vicende compositive del testo: Billanovich, *Petrarca letterato*; Mann, *The Making of Petrarch's* Bucolicum carmen; Id., *L'edizione critica del* Bucolicum carmen. Tra gli studi più recenti si segnalano i saggi della sezione dedicata al *Bucolicum Carmen* nel Convegno Internazionale Due Scrittoi di Petrarca (Arezzo, 29 novembre-1 dicembre 2018), i cui atti sono in corso di stampa su «Studi Petrarcheschi». Tra questi si evidenziano, perché pertinenti all'argomento del capitolo, Albanese, *Petrarca bucolico tra Dante e Boccaccio*; Paolino, *Eccezioni stilistiche ed ermeneutiche*; Chines, *Stupore e finzione nella terza ecloga*; Garbini, Pocula minima. *L'ingaggio bucolico di Moggio.* Sull'accoglienza quattrocentesca del *Bucolicum carmen* si vedano gli studi di Mann e quelli di Severi tra cui *Sulla ricezione del* Bucolicum carmen *petrarchesco*, sempre negli Atti sopra citati.

1. *Boccaccio e la tradizione della poesia bucolica*

La figura di Boccaccio *auctor* fondamentale della tradizione bucolica trecentesca è un tema molto frequentato dagli studi degli ultimi settant'anni; come è stato messo in luce da numerosi contributi, al certaldese si deve non solo la copia di quasi tutta la produzione pastorale del XIV secolo, ma anche la sua organizzazione orientata (le "antologie bucoliche") che sancisce il passaggio dalle corrispondenze al libro di ecloghe. Questa transizione non è solo formale, quindi limitata all'eliminazione dell'aspetto epistolare, che ha connotato la cultura medievale dei secoli XII-XIV, e alla diversa gestione dei dialoghi che, virgilianamente, vengono circoscritti di nuovo all'interno delle singole ecloghe: è un passaggio tematico e strutturale, perché canonizza gli argomenti da trattare sotto il velame pastorio (storia e autobiografia) e sancisce l'architettura che li contiene. Sintesi applicativa di questo nuovo codice pastorale sono le sedici ecloghe del *Buccolicum* e la loro autoesegesi compiuta *in extremis* nella lettera a Fra Martino da Signa.[3]

3. L'epistola, com'è noto, si apre tracciando un sintetico panorama di storia della poesia pastorale che non include Dante e, tra i moderni, cita solo Petrarca. Non entro deliberatamente nel dibatitto sugli "ignobiles" bucolici che Boccaccio trascura con una secca preterizione («scripserunt alii, sed ignobiles, de quibus nil curandum est») e mi limito a sottolineare che il senso medievale del termine «ignobiles» è quello di «poco noti» (quindi non necessariamente spregiativo, cfr. le *Derivationes* di Uguccio Pisano, II, p. 845). Ancora valida per l'identificazione di questi autori "sconosciuti" mi sembra l'idea di Resta, *Codice bucolico*, pp. 63-64 e nota 6, che suggerisce Calpurnio e Nemesiano. Molto interessante mi sembra anche, poiché le ipotesi non si escludono, l'identificazione con Teodulo suggerita da Piacentini, *La lettera di Boccaccio*, pp. 171 ss., che osserva sia la grade diffusione dell'*Ecloga*, sia la scarsa fama del suo autore. Lo studioso sottolinea inoltre la ricerca di un canone che traspare dalla lettera a Martino da Signa (e su questa base si spiegherebbe anche la mancata presenza di Dante). Con molte cautele suggerirei di aggiungere anche Marco Valerio, la cui tradizione si collega ai bucolici tardoantichi e a Guido de Grana. Boccaccio condivide con Marco Valerio (anch'esso autore poco noto) la passione per i nomi dei fiumi, la locuzione «crudescit amor» e l'uso di *apricum* (BC XV, 24; XV, 132; XIV, 126; Marco Valerio: I, 93) nell'accezione romanza della parola (come *abri*): non più *solatio*, ma *protetto*. Il dato è in Bernardi Perini, Boccaccio, *Buccolicum carmen*, p. 382, che però ritiene che Giovanni la adotti sull'esempio di Petrarca X, 19 (dietro al suo soggiorno francese). Lo studioso richiama l'attenzione sul termine perché stupito dalla presenza di "tale gallicismo, assente nel vocabolario volgare sia del Boccaccio che di altri autori italiani" (ivi, p. 383).

2. *«Iuveniles lasciviae»*

La tematica amorosa è costitutiva del genere pastorale, anche se nel medioevo di rado viene trattata nei termini sensuali del modello, ricondotta di preferenza alla più vasta categoria della *filia* (bucolica carolina) o allegorizzata nelle figure delle ninfe-città. Nelle opere volgari del periodo giovanile, Boccaccio mostra una certa predilezione per la materia d'amore calata in un contesto agreste, che colora anche i primi tentativi bucolici latini di Boccaccio, cioè il carteggio col Meletto:

> Nobis quoque cognita Paphos / et Veneris flammas, sevosque Cupidinis ictus; / Nam placido Galatea mihi suspiria vultu / lasciviens prestat nec diros opprimit ignes,

in cui l'amore è avvertito come elemento così qualificante della poesia bucolica da opporsi, nel verso successivo, all'epica

> hominumque deumque labores / [...] relinquamus,[4]

e le due ecloghe giovanili, in cui l'amore è un sentimento fisico, dirompente, fatto di passione e gelosia

> fac semper amores / effugias volucres [...] indignor memorans – quercus mihi testis amorum est - / amplexus centum cui iunximus, oscula centum. / Nunc alios, oblita mei, si temperat ignes / ut moriar: permitte mori; moriemur amando.[5]

Negli anni delle prove bucoliche più mature, Boccaccio rifiuterà perentoriamente queste ecloghe giovanili intessute di materia amorosa, così descritte nella lettera a Fra Martino da Signa:

4. Vv. 21-24 con omissioni. «Conosciamo Pafo e le fiamme d'amore e i crudeli colpi di Cupido; la sensuale Galatea col bel volto vince i miei sospiri, né la opprimono i fuochi d'amore»; sul senso di *placidus* come piacevole cfr. Martellotti, *L'aggettivo* placidus, p. 117; Pafo è città sacra a Venere. Su Galatea si cfr. Verg. *ecl.* III, 64: «Galatea lasciva puella». Galatea tornerà nel *Buccolicum* I, 34, IV, 31; VII, 44; XII, 39 e XIV, 68: secondo Ricci, Boccaccio, *Opere in versi*, p. 665, nella XII e nella XVI Galatea rappresenta di nuovo un amore alto e irraggiungibile, ma specialmente la XII, *Saphos*, mostra il peso della lezione petrarchesca e la sublimazione dell'elemento erotico. Sul legame tra epica e «hominumque [...] labores» ("i travagli degli dei e degli uomini lasciamo"), cfr. Lorenzini, *La corrispondenza, ad loc.*.

5. Vv. I, 19-20 e 44-46. «Rifuggi sempre le ali d'amore»; «Se ci penso, mi sdegno! La querce mi è testimone dei nostri amori. Cento abbracci ci avvinsero, cento baci. Adesso mi ha dimenticato e un'altra fiamma alimenta: ne morirò. Lasciami morire, morirò d'amore!». Si vedano anche i vv. 70-82 in cui Damone spia l'amplesso di Galatea col rivale, in una scena densa di allusiva sensualità.

> De primis duabus eglogis [*sc.*Galla et Pampinea] seu earum titulis vel collocutoribus nolo *cures*: nullius enim momenti sunt, et fere iuveniles lascivias meas in cortice pandunt.[6]

Nella maturità, sia per la mediazione petrarchesca, sia per l'aumento dell'interesse umanistico, prevale nel certaldese l'esigenza di una dimensione etica della letteratura: nell'ecloga XV del *Buccolicum* sarà Petrarca-Phylostropos (l'amante della conversione, «a *phylos*, quod est "amor", et *tropos*, quod est "conversio"»)[7] a richiamare Boccaccio-«Thyplus» («orbus», cioè il cieco) verso le cose superne. Ammette Boccaccio che il suo precettore

> monitis sepissime mihi persuasum est ut, omissa rerum temporalium oblectatione, mentem ad eterna dirigerem, et sic amores meos, etsi non plene, satis tamen vertit in melius.[8]

L'elemento erotico della pastorale viene infatti completamente eluso o allegorizzato da Petrarca[9] e tornerà solo successivamente, nella bucolica rinascimentale. Nell'ecloga *Amor pastorius*, in cui Petrarca canta l'amore per Laura-lauro-laurea, descrive Danae come una donna bellissima e altera, ieratica e inavvicinabile (vv. 10-15):

> Totum non nostro lumine corpus / fulgebat (vv. 17-18); Vultu indignate locuta, /effugis, incessus decuit (vv. 20-21); Unam ego te dominam, teque hostem affusus adoro (v. 75).[10]

6. «Delle prime due ecloghe, dei loro titoli o degli interlocutori vorrei che non ti curassi: sono infatti di nessun momento e mostrano anche nella scorza i miei giovanili interessi amorosi». Il testo della lettera a Fra Martino da Signa, datata al 1374, è tratto da Giovanni Boccaccio, *Opere latine minori*, a cura di Massera, pp. 216-221.

7. Lettera a Fra Martino da Signa, p. 220.

8. « [...] continuamente mi ammoniva affinché, trascurata la cura delle cose temporali, volgessi la mente a quelle eterne; così i miei amori, anche se non del tutto, in buona parte ha indirizzato in meglio», Boccaccio, Lettera a Fra Martino da Signa, p. 220.

9. Si cfr. la postilla 31 a «palumbes» di *Buc.*, I 57, in cui Petrarca allude alla castità di Mecenate e Terenzia: («*palumbes*: Mecenas et uxor propter castitatem»). Anche in altri luoghi del testo virgiliano in cui si parla d'amore Petrarca si sofferma sugli aspetti linguistici o allegorici, cfr. le postille a Servio *In Buc.*, II, 47, p. 485; II 65, p. 487. Un'allusione piú diretta si legge nella postilla 69 a «mitia poma» (*Buc.*, I 80), glossato «materia de amoribus», Petrarca, *Le Postille*, p. 206

10. «L'intero tuo corpo risplendeva di luce sovrumana»; «Severa e sdegnata in volto mi parli e fuggi prima che possa parlarti. Anche il tuo incedere mi piacque» ("piacque" non rende a mio parere il senso del latino *decuit* = "era adeguato a te, alla tua fierezza" e

Ai vv. 90 ss. il poeta inscena in un *locus amoenus* l'incontro con alcune fanciulle (le Muse), descritte come dee, caste e distanti, immuni dal coinvolgimento dei sensi:

> Quin vos mihi parcite, dive; / Error amorque trahunt (vv. 96-97); Ibis, ait, dicesque novem vidisse sorores / quas vulgus spectare nequit (vv. 105-106).[11]

Il poeta innesta sullo scenario silvano (la radura nel bosco, la fonte, il prato) e sul cammino tra balze scoscese ("confraga", v. 100)[12] – tema che gli è caro – alcuni topoi della retorica cortese (la domina, il rapporto di inferiorità verso l'oggetto d'amore, la sua distanza, l'omaggio), ma le analogie sono finite: l'amore allegorico per la poesia prevede qui solo il coinvolgimento intellettuale e non si esplica nelle forme del *servitium amoris*, estranee a Petrarca.[13]

3. «*Pastorum scenici ludus*»

Nell'*Amorosa visione*, (V, 5-7), descrivendo le opere di Virgilio, Boccaccio ricorre alla sintesi «il ruinar di Troia ed i suoi mali; / di Dido, di Cartagine e d'Enea; / lavorar terre e pascere animali», nel cui verso finale si allude insieme a *Georgiche* e *Bucoliche*. Nella *Vita Petracchi* (datata 1341-1342), di poco precedente all'*Amorosa visione*, Boccaccio si era espresso in modo per noi più interessante: «Maro, divino dotatus ingenio, <u>pastorum scenicos ludos</u>, arvorum necessarios cultus, Troadum clades et

ha il limite di spostare sul soggetto poetante l'azione); «Te sola, mia signora e mia nemica, prostrato ai tuoi piedi, io adoro», trad. Luca Canali.

11. «Perdonatemi, o dee, mi trascina qui l'amoroso errare»; «Andrai, andrai e dirai di aver visto le nove sorelle / che il volgo non può vedere», trad. Luca Canali.

12. Luoghi boscosi e solitari sono topici della poesia di Petrarca; in relazione alle ecloghe si veda l'analisi di Monti, *Il Casentino di Petrarca*, che analizza la descrizione paesaggistica (e letteraria) di *Dedalus* mettendola in relazione con alcune epistole.

13. Si veda *Rer. Mem. Libri* III, 50: «In illa etenim horrenda nocte troiani excidii [...] Eneam ipse suum per hostes ac flammas errantem facit; sed donec lateri genitrix Venus affixa est [...]at ubi primum illa digreditur [...] iratas deorum facies apparuisse subiungit. Qua in re more poetico [...] ab aspectu divinitatis nichil magis abstrahere quam usus Veneris» ("In quella terribile notte dell'eccidio troiano [...] [Virgilio] fa vagare Enea tra i nemici e le fiamme finché la madre Venere gli sta accanto; appena lei si allonatana [...] narra che gli apparirono i volti irati degli dei. [...] Questo, in poesia, significa che nulla distoglie dalla visione divina quanto l'amore"); si cfr. anche la postilla al II libro dell'*Eneide* (f. 84v del Virgilio Ambrosiano) e si ricordino in proposito le letture allegoriche dell'*Eneide* di stampo chartrense.

arma victosque Penates».[14] L'elemento amebeo delle *Bucoliche* virgiliane collocato in evidenza da Boccaccio aveva originato nel medioevo una serie di rifrazioni: era stato messo in relazione col termine "ecloga" (che a sua volta era vincolato alla poesia pastorale nell'accezione moderna del vocabolo), aveva influito sulla ricezione della poesia pastorale come genere teatrale (commedia) e, infine, era stato compromesso con l'epistola, concepita come dialogo *in absentia*, il che aveva comportato l'esondare dello scambio fuori della singola composizione, dando vita al carteggio pastorale. Proprio l'invito al canto alternato spedito a Checco (I, 15-20)

> I, sequar, et raucum solvet mea fistula carmen, / dum tua cantando primos det tibia versus. / Nosti equidem, mi Meris: amant alterna Camene (vv. 16-18)[15]

viene messo in relazione[16] con lo schema dialogico, se non propriamente amebeo, dell'ecloga al Mussato. Non il dialogo, tuttavia, ma il *ludus* (nell'accezione latina connessa al teatro) è forse l'elemento più sacrificato nella versione pastorale petrarchesca: le ecloghe di Petrarca,[17] intellettuali, alte nello stile e vincolate dall'allegoria, diventano anche irrimediabilmente più statiche e i dialoghi non sempre sono spartiti equamente tra i *collocutores* (si pensi alla X o alla XII). I personaggi, ammantati di sovrasenso, perdono quella vivacità ironica che traspariva da alcuni inserti virgiliani (cfr. *ecl.* III) e che torna anche nel medioevo: in Teodulfo e ancora di più in Metello, che offre momenti di freschezza dialogica adeguati anche all'ambito performativo (specialmente nelle ecloghe IX e X).

4. Arcadia lugens

Il tema consolatorio è archetipico nella poesia pastorale; nel medioevo verrà sviluppato in forma eclogistica da Pascasio Ratberto in una delle prove

14. «Virgilio, dotato di ingegno divino, [ha cantato] scenette teatrali di pastori, necessari culti dei campi, le stragi di Troia, le armi e gli sconfitti penati»

15. «Comincia, ti seguo! Il mio flauto intoni un rauco carme, / mentre la tua siringa emette cantando i primi versi. / Lo sai, mio Meri, le muse amano i canti alternati».

16. Kegel-Brinkgrave, *The Echoing Woods*, p. 246.

17. Cfr. Chines, *Il magma*, p. 4: «prendendo le mosse dal genus dramaticum di modello virgiliano, pure volontariamente se ne distacca a partire dalla scelta della sequenza in 12 componimenti». Anche Danzi, *Tra Virgilio e Petrarca*, p. 200, parlando però nella prospettiva della letteratura italiana, colloca «Virgilio e Petrarca prima che quel mondo [*sc.* pastorale] imbocchi la strada dell'egloga rappresentativa, cioè della variante scenica della bucolica».

migliori, a mio parere, di tutta la bucolica mediolatina. Tornerà con la delicata allusione di Titiro che riposa tra i pini ravennati nell'ecloga al Mussato, quindi nella quattordicesima ecloga di Boccaccio,[18] *Olympia*, a cui le dure esperienze personali conferiscono un tono di elegiaca sincerità che la rese molto apprezzata anche da Petrarca. In Boccaccio l'ecloga è dettata dall'urgenza del motivo autobiografico, mentre le tre ecloghe del *Bucolicum carmen* di Petrarca[19] dedicate al tema della morte si inseriscono in modo strutturante nell'architettura del testo. Trascurando *Argus*, in cui si narrano le turbolenze politiche dopo la morte di Roberto d'Angiò, il breve ciclo poetico a tema funebre è posto quasi a chiusura del libro: nella IX (*Querulus*) si descrive l'arrivo della peste, nella X (*Laurea Occidens*) la morte di Laura e nella XI (*Galatea*) si legge il *planctus* per la morte della donna, con tutti i suoi paralleli allegorici. Morte, *planctus* e *consolatio* sono argomenti centrali della riflessione petrarchesca, già ampiamente studiati e messi in relazione con il *Canzoniere*[20] e con l'epistolario. Di rilievo, per la pregnanza che vi assume la scelta del codice bucolico, sono le note di Loredana Chines all'ecloga X:[21] oltre a collegare l'immagine del lauro sradicato a Claudiano, la studiosa osserva la prospettiva salvifica suggerita proprio dal contesto arcadico, in cui «la verità poetica e la parabola del senso hanno uno sviluppo simbolico coerente», con la pianta posta in salvo nei campi Elisi. Usciti dalla favola pastorale – a cui la studiosa associa un carattere di forte esemplarità – la stessa immagine dell'alloro divelto non è più sorretta da analoga consolazione, come si vede nel sonetto 318 e, in modo più palese, nei versi 25-30 della canzone 323, composta nel 1368:

> folgorando 'l percosse, et da radice / quella pianta felice / subito svelse: onde mia vita è trista, / ché simile ombra mai non si racquista

dove l'inviolabilità del lauro è venuta meno. A distanza di vent'anni dall'ecloga X, in cui Petrarca aveva ricomposto «lo strazio della perdita»

18. Carrara, *Un oltretomba bucolico; Epistola consolatoria a Pino de Rossi*, cfr. Chiecchi, *La parola del dolore*, pp. 264-308. Sul giudizio di Petrarca cfr. il codice Par. Lat. 8631, e l'indicazione di Chiecchi, *La parola del dolore*, pp. 309-310 e n. 1. Trascuro la *Fons sedet* di Checco che parla di morte, ma non è un epicedio.

19. Sul tema della morte e della consolazione, applicato di preferenza all'epistolario e ai *Rvf* di Petrarca, si vedano i numerosi studi di Stroppa, tra cui *Petrarca e la morte tra* Familiari *e* Canzoniere.

20. Si cfr. Fenzi, *Sull'ordine nel* Bucolicum carmen, pp. 15-16; Stroppa, *Quel che Dio non può fare*, in part. pp. 76-78.

21. Chines, *Il magma*, pp. 9-10.

trapiantando l'alloro nei campi Elisi, «si depone ogni ricerca di un senso finale degli eventi».

5. *«Pro bobus carmen bucolicum accipimus»*

Fin dalla prima postilla all'Ambrosiano,[22] Petrarca dichiara la natura eminentemente allegorica della bucolica, come ripeterà in modo più argomentato anche nei *Rerum Memorandarum* III, 50 e nella *Sen.* IV, 5, in cui si precisa che il sovrasenso non ha una corrispondenza univoca che lo interpreti. L'esegesi tradoantica e medievale ricorreva a interpretazioni allegoriche, anche se Servio aveva esplicitamente invitato i lettori a non cercare costantemente il doppio senso della lettera[23] nei versi virgiliani. Il fatto che la bucolica sia un *genus ambiguum* costituisce per Petrarca il motivo della sua elezione, ed è tema ben radicato nella poetica autoriale, come attestano i rimandi che cogliamo nelle epistole, nelle postille e nella notissima *prefatio* alle *Sine nomine*:

> Ea me pridem cogitatio induxit ut *Bucolicum Carmen*, poematis genus ambigui, scriberem quod paucis intellectum plures forsitan delectaret. Est enim nonnullis corruptus adeo gustus ingenii ut eos notus sapor, quamvis idem suavissimus, offendat, ignota omnia, licet asperiora, permulceant. Sic, mirum dictu, difficultas rerum sepe etiam fragilibus humeris grata est.[24]

Il primo nucleo di ecloghe, *Argus, Amor Pastorius* e *Dedalus*, risale al 1346, gli stessi in cui Boccaccio intratteneva carteggi bucolici di altro tenore con Checco – il quale continuò, anche nel decennio successivo, a

22. I, 9 (*Le Postille*, p. 195): «boves: pro bobus carmen bucolicum accipimus, duo cornua, idest geminum sensum, habens: licteralem scilicet et allegoricum» ("buoi: per bue intendiamo il carme bucolico, che ha due corna, cioè un doppio significato: il senso letterale e l'allegorico"). Sono numerose le postille che recano aggiunto nel margine «allegoria», per esempio la 186 (in *Serv.* III, 93) o la 175 (in *Serv.* III, 71).

23. Servius, *In Buc.* I, 1-2. Si veda la postilla di Petrarca a questo passo di Servio, *Le Postille*, p. 455.

24. «Questa considerazione mi ha spinto da tempo a scrivere il *Bucolicum carmen*, un genere poetico ambiguo che, compreso da pochi, potrebbe forse piacere a parecchi. Ché infatti in alcuni il gusto dell'intelletto è talmente corrotto, che un sapore noto, per quanto soavissimo in sé, li offende, mentre tutto ciò che è singolare, per quanto particolarmente aspro, li lusinga, e così, mirabile a dirsi, questioni gravi e complesse riescono gradite anche a deboli spalle», traduzione di Ugo Dotti.

produrre testi ibridamente pastorali, ma non in senso petrarchesco –; le bucoliche di Petrarca, quindi, si collocano deliberatamente fuori dal filone delle corrispondenze, pure nobilitato dall'esperienza dantesca. L'allegoria, da subito cifra stilistica della nuova pastorale, è presente nella bucolica fin dall'archetipo, ma è il suo peso nella poetica di Petrarca ad imporla come l'elemento qualificante del *genus* in questa stagione pastorale. La centralità del sovrasenso imprime un drastico mutamento strutturale operato sui *collocutores*, segnando la fine delle corrispondenze bucoliche. L'esperienza di Boccaccio,[25] inclusa la riscrittura del *Faunus*, attesta il passaggio al nuovo canone pastorale, in cui i personaggi, onomastica inclusa, sono veicoli dell'*alieniloquium*, come dichiarato nella lettera a Fra Martino da Signa:

> Francisco Petrarca [...] secundum eglogarum suarum materias continue collocutorum nomina aliquid significantia posuit. Ex his ego Virgilium secutus sum, quapropter non curavi in omnibus colloquentium nominibus sensum abscondere.[26]

Nel XIV libro delle *Genealogie*, spiegando che la poesia nasconde sempre un senso altro più profondo, Boccaccio aveva portato ad esempio proprio le ecloghe di Petrarca e le sue:[27]

> «Quis enim tam demens erit qui, legens in *Buccolicis* Virgilii [...] in *Georgicis* [...] et in *Eneida* non videat liquido Virgilium fuisse phylosophum [...]. Quis insuper adeo insanus erit ut putet Franciscum Petrarcam [...] expendisse tot vigilias si *Buccolici* sui *carminis* gravitatem, si ornatum [...]si pensemus

25. Sulla produzione eclogistica volgare di Boccaccio si veda una sintesi in Danzi, *Tra Virgilio e Petrarca*, p. 205.

26. ("Francesco Petrarca [...] ha costantemente attribuito un significato ai nomi dei personaggi, sulla base dell'argomento trattato nelle sue ecloghe. Io su questo ho seguito Virgilio, perché non mi sono preoccupato di celare un senso in tutti i nomi degli interlocutori"), Boccaccio, *Opere latine minori*, a cura di Massera, p. 216.

27. X, par. 2-6: «Stultum credere poetas nil sensisse sub cortice fabularum», «Chi potrebbe essere così sciocco che, leggendo nelle *Bucoliche* di Virgilio, nelle *Georgiche* o nell'*Eneide* non veda chiaramente che Virgilio fu un filosofo? Chi inoltre potrebbe essere così folle da pensare che Petrarca abbia speso tante notti, se guardiamo alla forma e alla serietà del *Bucolicum carmen*, per mettere in scena Panfilo e Milone che litigano tra sé o altri pastori? Potrei anche, del resto, citare il mio *Buccolicum carmen*, del cui senso sono ben consapevole». Boccaccio, *Genealogie*, ed. Zaccaria. Si veda anche *Geneal.* XIV, 22,8, in cui Boccaccio ricorda che Petrarca ha trattato in poesia bucolica le lodi della Trinità e la corruzione della chiesa: «Et illustris atque novissimus poeta Franciscus Petrarca in suis *Buccolicis* sub velamine pastoralis eloquii veri Dei et inclite Trinitatis laudes irasque eius in calcantes ignavia Petri naviculam mira descriptione notavit».

[...] ut [...] fingeret iurgantes invicem Panphylum et Mitionem et alios [...] pastores? [...] Possem preterea et meum *Buccolicum carmen* inducere, cuius sensus ego sum conscius [...]».

L'allusione costante al sovrasenso implica che la ricezione del testo avvenga all'interno di un gruppo in grado di decrittare i messaggi: la bucolica è destinata ad una fruizione di cerchia,[28] all'altezza dell'oscurità del messaggio; d'altra parte secoli di esegesi virgiliana e biblica dimostrano che, nelle opere allegoriche, l'ermeneutica è parte integrante del testo. Petrarca e Boccaccio, a differenza dei poeti medievali, compongono epistole autoesegetiche alle proprie bucoliche: rispettivamente la *Fam.* X, 4 (del 1349) al fratello Gherardo, in cui si affronta anche il tema della poesia allegorica; la *Var.* 49 a Barbato da Sulmona, la *Var.* 42 a Cola di Rienzo[29](entrambe del 1347) e la lettera a Fra Martino da Signa (del 1374). La condivisione del significato allegorico, resa necessaria dalla sua complessità anche tra potenziali destinatari, investe sia l'ambito pubblico che privato, poiché nella bucolica la storia del soggetto – l'autobiografismo è un elemento connotativo della pastorale – è calata nella storia generale.[30] I due piani si intersecano di continuo, nella vocazione pubblica assunta dagli epistolari di Petrarca – ma le due *Varie* autoesegetiche furono escluse dalle raccolte organizzate – e nella tendenza suggerita dal genere a trasfigurare la vicenda secondo i canoni di un'esemplarità acronica,[31] pure se solo tre ecloghe furono glossate dall'autore.[32] La connotazione esemplare del testo bucolico, originariamente implicita nel modello (Titiro = poeta), non è stato un elemento particolarmente sfruttato in ambito medievale, quando gli è stato preferito l'autobiografismo, se pure nelle forme "collettive" della bucolica ca-

28. Si veda la prefazione alle *Sine nomine* in cui Petrarca dichiara che l'oscurità del *Bucolicum carmen* lo ha protetto («in pastorio opusculo [...] obscuritate quadam tutus sim»), il che implica una diversificazione tra i potenziali destinatari e i lettori indesiderati. Sulla "cerchia bucolica" petrarchesca si veda la parte finale del saggio di Garbini, Pocula minima. *L'ingaggio bucolico di Moggio*.

29. Le due *Varie* si leggono in Petrarca, *Lettere disperse* 7 e 11, pp. 34-38, pp. 94-102.

30. Il problema è ampiamente discusso in modo articolato nel saggio di Paolino, *Eccezioni stilistiche*, a cui si rimanada.

31. Chines, *Il magma*, p. 8: «D'altra parte, il codice conchiuso delle egloghe permetteva al racconto di diventare mitopoiesi [...] Ma se osserviamo la declinazione dello stesso tema in un altro genere, non controllato dalla perfezione esemplare della favola bucolica, ma aperto alle aporie del racconto dell'io sull'asse orizzontale della storia, ecco che le cose stanno diversamente».

32. A differenza di Boccaccio, che nell'epistola XXIII offre una rapida ma completa chiave per intendere le allegorie di tutte le sedici ecloghe.

rolina, e la lettura contingente del presente storico; nessuna ecloga medievale può essere paragonata all'operazione petrarchesca che, nelle bucoliche, alla vigilia della grande svolta degli anni Cinquanta, tenta di proiettare sul piano della storia la propria vicenda personale.

La fama di Petrarca, l'interesse per la poesia pastorale latina, viva nelle *lecture ad auctores* grazie a Virgilio e poi alla *Corrispondenza* di Dante-Del Virgilio,[33] comportarono, già negli anni Sessanta del Trecento, l'inclusione del *Bucolicum Carmen* tra i testi commentati nei corsi universitari; non più solo esegesi epistolare "privata", se pure di ampio respiro: Pietro da Moglio,[34] Francesco da Fiano, Francesco Piendibeni, Donato degli Albanzani e Benvenuto da Imola tennero lezioni sulle ecloghe di Petrarca; gli *accessus* di Benvenuto, meno impegnati del *commentum* a decrittare la lettera del testo, dimostrano l'approccio ancora tradizionale di queste *lecture ad auctores* ma, contemporaneamente, l'accoglienza di Petrarca bucolico nel canone scolastico, inclusione ratificata proprio all'interno di quel ricettivo ambiente accademico in cui l'esegesi degli *auctores* si alternava con l'esercizio glossatorio sulle *poetrie* e sui testi dittaminali, dove, insomma, la poetica degli stili era ancora il cardine della riflessione artigrafica.

6. *«Altior in bucolicis»*

Le critiche mosse allo stile del *Bucolicum carmen* non provennero però dall'accademia padana, benché dedita alla speculazione retorica sugli stili, bensì – sembra – dall'ambente fiorentino; Petrarca se ne lamenta nella celebre *Sen*. II:

> Altior in Bucolicis, ut aiunt, stilus est meus quam pastorii carminis poscat humilitas. [...] non ignarus tamen tres poetis atque oratoribus stilos esse, nec culpa vacare si unius in locum alius transferatur.[35]

33. Sulla ipotizzata conoscenza della *Corrispondenza* da parte di Petrarca si rimanda a Paolino, *Eccezioni stilistiche*, in particolare la nota 13, in cui viene ricostruito il dibattito e a Garbini, Pocula minima. *L'ingaggio bucolico di Moggio*, in particolare la nota 7.

34. Si cfr. il ms. Venezia, Biblioteca nazionale Marciana, lat. cl. XII 18. I commenti furono pubblicati da Avena, *Il* Bucolicum carmen, nel 1906 e successivamente studiati in particolare da Billanovich in molti saggi, tra cui *Giovanni del Virglio*; Id., *Petrarca, Pietro da Moglio*; gli *accessus* di Benvenuto sono stati editi e studiati da Rossi, *Dittico per Benvenuto*, il testo è alle pp. 158-159.

35. «Dicono che nelle *Bucoliche* il mio stile è più alto di quel che richiede l'umiltà di un carme pastorale. [...] non sono ignaro che i poeti e oratori hanno tre stili e che è un

Altrettanto celebre è la difesa, con il ricorso alla classificazione relativa e non assoluta degli stili:

> videbar inde aliquid scripturus, iamque inceperam, quod sperabam nec despero altum adeo evasurum, ut aliud sibi adiunctum humile satis ostenderet ac depressum.

L'innalzamento dello stile, in effetti, era dovuto anche all'innalzamento della materia, né era alieno dal modello. Alla nota serviana che funge da proemio al testo virgiliano:

> hic in tribus a bucolico carmine, sed cum excusatione discessit, ut in genetliaco Salonini et in Sileni theologia, vel ut ex insertis altioribus rebus posset placere, vel quia tot varietates implere non poterat.[36]

Petrarca aggiunge a «posset placere» la postilla «hanc sequor», cioè «seguo questa versione dei fatti». Sia perché non nutriva dubbi sulla capacità di Virgilio nel modulare lo stile, sia perché gli era funzionale che, fin dall'archetipo, si ammettessero inserti di argomento più alto rispetto a quelli concessi dalla *Rota Vergilii* alla poesia dei pastori.

difetto usarne uno in luogo di un altro. [...] In seguito avevo deciso di scrivere, e avevo già cominciato a farlo, qualcosa che speravo – e non dispero – riuscisse così alto che accostato alla altra opera l'avrebbe fatta apparire umile e bassa a sufficienza», trad. Rizzo, Berté. Similmente Boccaccio, nell'epistola XXIII, sintetizza le critiche mosse al maestro: l'allegorismo costante e lo stile che «paululum sublimavit».

36. «Si distaccò tre volte dal carme bucolico, ma se ne scusò sempre: per il compleanno di Salonino [*sc. ecl.* IV] e nella teologia di Sileno o per creare diletto con inserti di materia più alta o perché non aveva saputo trovare altri argomenti».

Fonti e bibliografia

Abbreviazioni

AL	*Anthologia latina*, a cura di A. Riese, Leipzig 1964 (I ed. 1906)
ALMA	*Archivium latinitatis medii aevi (Bulletin Du Cange)*, Bruxelles.
Aph	*Année philologique*, Paris 1926-.
Blaise	Blaise A., *Dictionnaire Latin-Français des auteurs du Moyen Age*, Brepols 1975.
BS	*Bibliotheca sanctorum*, 13 voll. Roma 1961-70, suppl. 1987.
CCSL	*Corpus christianorum series latina*, Turnhout, 1953-.
CEI	*La sacra Bibbia. Edizione ufficiale della Conferenza episcopale italiana*, Roma 1974.
CGL	*Corpus grammaticorum latinorum* (on line).
CSEL	*Corpus scriptorum ecclesiasticorum latinorum*, Wien 1864-.
ED	*Enciclopedia dantesca*, 6 voll., Roma 1970-1978.
EO	*Enciclopedia oraziana*, 3 voll., Roma 1996-1998.
EV	*Enciclopedia virgiliana*, Roma 1984-1991.
MEL	*Medioevo latino. Bollettino bibliografico della cultura europea dal secolo VI al XIV*, Spoleto 1979-.
MGH	*Monumenta Germaniae Historica*, Hannover 1826-.
MGH SS	*Monumenta Germaniae Historica*, *Series scriptores*, Hannover-Berlin 1877-.
MI	J. Mabillon, *Museum italicum*, 2 voll., Paris 1687-1689.
MW	*Mittelateinisches Wörterbuch*, a cura di Bayerische Akademie der Wissenschaften München 1967-
PL	*Patrologiae cursus completus*, *Series latina*, a cura di J. B. Migne, Paris 1841 ss. (*Supplementa* 1958-1970).
PLAC	*Poetae latini aevi carolini*, in MGH, *Auctores antiquissimi*, Berlin 1891 (vol. I-II, 1891, a cura di E. Dümmler; vol. III, 1906, a cura

	di L. Traube; vol. IV/1, 1909, a cura di P. von Winterfeld; vol. IV/2, 1914, a cura di K. Strecker; vol. IV/3, 1923, a cura di Id.; vol. V, 1937-1939, a cura di Id.; vol. VI/1, 1953, a cura di K. Strecker, N. Fickermann).
PLM	*Poetae latini minores*, a cura di A. Baehrens, Leipzig 1979-1883.
RAC	*Realllexicon für Antike und Christentum*, Stuttgar 1950 ss.
RBB	*Répertoire bio-bibliographique des auteurs latins, patristiques et médiévaux*, Paris 1987.
REA	*Revue des études augustiniennes*, Paris.
RFH	*Repertorium fontium historiae medii aevii*, Roma 1962 ss.
SLM	*Lo spazio letterario del Medioevo*, a cura di G. Cavallo, C. Leonardi, E. Menestò, Roma 1990-.
TLL	*Thesaurus linguae latinae*, Leipzig 1900 ss.

Fonti

Aelii Donati praef. Comm. in Verg. Eclogas, in *Vitae Vergilianae antiquae*, recc. G. Brugnoli, F. Stok, Romae 1997, pp. 41-56.

Agio di Corbie, *Epicedium Hatumodae*, PLAC III, pp. 372-388.

Alberico di Montecassino, *Breviarium de dictamine*, a cura di F. Bognini, Firenze 2008.

Alcuino di York, *Carmen de cuculo*, MGH PLAC I, pp. 269-270.

Alcuino di York, *Conflictus veris et hiemis*, MGH PLAC I, pp. 270-272.

Alessandro di Neckam, *De Naturis Rerum* e *De laudibus divinae sapientiae*, a cura di T. Wright, in «Rolls Series», 34 (1863).

Alighieri, Dante, *De vulgari eloquentia*, a cura di E. Fenzi, in *Nuova edizione delle opere di Dante*, III, Roma 2012.

Alighieri, Dante, *De vulgari eloquentia*, a cura di M. Tavoni, in Dante Alighieri, *Opere*, I, dir. da M. Santagata, Milano 2011, pp. 1065-1547.

Alighieri, Dante, *Egloghe*, a cura di M. Petoletti, in *Nuova edizione delle opere di Dante*, V, Roma 2016.

Alighieri, Dante, *Egloghe*, a cura di G. Albanese, in Id., *Opere* II, *Il convivio, Monarchia, Epistole, Egloghe*, Milano 2014.

Alighieri, Dante, *Le Ecloghe*, a cura di G. Brugnoli, R. Scarcia, Milano-Napoli 1980.

Alighieri, Dante, *Ecloge* (estratto), a cura di E. Cecchini, in «La letteratura italiana Storia e testi», 5 (1975), 2, pp. 647-689.

Alighieri, Dante, *Ecloghe*, in E. Bolisani, M. Valgimigli, *La corrispondenza poetica di Dante Alighieri e Giovanni del Virgilio*, Firenze 1963.

Alighieri, Dante, *Ecloghe*, in Ph. H. Wicksteed, E. G. Gardner, *Giovanni Del Virgilio and Dante*, Westminster 1902.
Alighieri, Dante, *Epistola a Cangrande*, a cura di L. Azzetta, in *Nuova edizione delle opere di Dante*, V, *Epistole, Egloghe, Questio de aqua et terra*, Roma 2016.
Alighieri, Dante, *Epistole*, a cura di C. Villa, in Id., *Opere*, II, dir. da M. Santagata, Milano 2014.
Alighieri, Dante, *Epistole, Ecloge, Questio de situ et forma aque et terre*, a cura di M. Pastore Stocchi, Roma-Padova 2012.
Alighieri, Dante, *Opere*, dir. da M. Santagata, 2 voll., Milano 2011-2014.
Alighieri, Dante, *Le opere latine*, a cura di L. Coglievina, R. J. Lokaj, G. Savino, introduzione di M. Pastore- Stocchi, Roma 2005, pp. 739-740.
Alighieri, Dante, *Tutte le opere*, a cura di G. Barberi Squarotti (*Corrispondenza*, a cura di M. G. Stassi, trad. I. Lana), Milano 1980.
Die altochdeutschen Glossen, a cura di E. Steinmeyer, E. Sievers, II, Berlin 1882 e IV, Berlin 1889.
Angilberto, *Ad Karolum regem*, PLAC I, 1881.
Anthologia Latina, I, *Carmina in codicibus scripta*, 1-2, Leipzig 1894-1906[2].
Audrado di Sens, *De fonte vitae*, a cura di F. Stella, Firenze 1991.

Bandini, Domenico, *Liber inferni*, trascrizione a cura di M. Gambineri con la supervisione di F. Stella, http://www.alim.unisi.it.
Bernardo di Utrecht, *Accessus ad auctores*, a cura di R. B.C. Huygens, Leiden 1970.
Bichilino da Spello, *Il Pomerium rethorice*, a cura di V. Licitra, Firenze 1979.
Boccaccio, Giovanni, *Amorosa visione*, a cura di V. Branca, Firenze 1944.
Boccaccio, Giovanni, *Bucolicum carmen*, a cura di G. Bernardi Perini, in Id., *Opere*, dir. da V. Branca, V/2, Torino 1992.
Boccaccio, Giovanni, *Carmina*, a cura di G. Velli, in Id., *Tutte le opere*, Milano 1992, V/1, pp. 375-492.
Boccaccio, Giovanni, *Genealogie deorum gentilium*, a cura di V. Zaccaria, in Id., *Tutte le opere*, dir. V. Branca, VII-VIII, Milano 1988
Boccaccio, Giovanni, *Opere latine minori*, a cura di F. Massera, Bari 1928.
Boccaccio, Giovanni, *Opere in versi* (*Corbaccio, Trattatello in laude di Dante, Prose latine, Epistole*), a cura di P. G. Ricci, Milano-Napoli 1965.
Boccaccio, Giovanni, *Trattati*, a cura di V. Romano, Bari 1951.

Calpurnii et Nemesianii Bucolica, a cura di G. Giarratano, Napoli 1910.
Calpurnii et Nemesiani Bucolica, a cura di H. Schenkl, Leipzig-Praga 1885 (nuova ed. London 1905).
Calpurnio Siculo, *Eclogae* edizione critica e traduzione a cura di M. A. Vinchesi, Firenze 2014.

Calpurnio Siculo, *Eclogae*, cura e traduzione di M. A. Vinchesi, Milano 1994.

Calpurnio e Nemesiano, *Poetae latini minores*, I, a cura di P. Burman, Leiden 1731.

Calpurnio e Nemesiano, *Poetae latini minores*, II, a cura di I. C. Wernsdorf, Altenburg 1780.

Calpurnio e Nemesiano, *Poetae latini minores*, III, a cura di E. Baehrens, Leipzig 1980.

Carmina Centulensia, PLAC III, pp. 279-368.

Corrado di Hirsau, *Dialogus super autore*, a cura di R. B.C. Huygens, Leiden 1970.

La corrispondenza bucolica tra Giovanni Boccaccio e Checco di Meletto Rossi. L'ecloga di Giovanni del Virgilio ad Albertino Mussato, edizione critica, commento e introduzione a cura di S. Lorenzini, Firenze 2011.

La corrispondenza poetica di Dante e Giovanni del Virgilio e l'Ecloga di Giovanni al Mussato, a cura di G. Albini, G.B. Pighi, Bologna 1965.

Cronica di Partenope, in *Raccolta di varii libri, overo opusculi d'historie del Regno di Napoli,* Napoli 1680.

De carminibus bucolicis Calpurnii et Nemesiani, a cura di M. Haupt, Berlin 1954.

Del Virgilio, Giovanni, *Ars dictaminis*, a cura di P. O. Kristeller, in «Italia Medievale e Umanistica», IV (1961), pp. 181-200.

Del Virgilio, Giovanni, *Diaffonus* a cura di E. Carrara in «Atti e Memorie della R. Deputazione di Storia Patria per le provincie di Romagna», serie IV, XV (1925), pp. 1-50.

Del Virgilio, Giovanni, *Ecloga al Mussato*, a cura di G. Albini, G.B. Pighi, Bologna 1965.

Del Virgilio, Giovanni, *Ecloga al Mussato*, in *La corrispondenza bucolica. La corrispondenza bucolica tra Giovanni Boccaccio e Checco di Meletto Rossi. L'ecloga di Giovanni del Virgilio ad Albertino Mussato*, edizione critica, commento e introduzione a cura di S. Lorenzini, Firenze 2011, pp. 175-211.

Del Virgilio, Giovanni, *Ecloga inviata ad Albertino Mussato*, a cura di M. Pastore Stocchi, Roma 2019.

Del Virgilio, Giovanni, *I trattati grammaticali*, a cura di G.C. Alessio, in «Italia Medievale e Umanistica», XXIV (1981), pp. 159-215 (anche in Id., *Lucidissima dictandi peritia. Studi di grammatica e retorica medievale*, a cura di F. Bognini, Venezia 2015, pp. 77-108).

Del Virgilio, Giovanni, Ser Nuccio da Tolentino, *Diaffonus*, a cura di E. Cecchini, in *Kontinuität und Wandel. Lateinische Poesie von Naevius bis Baudelaire. Franco Munari zum 65*, Hildesheim 1986, pp. 570-597.

Eberardo di Béthune, *Laborintus*, a cura di I. Wrobel, in *Corpus Grammaticorum Medii Aevi*, I, Vratislavia 1887.

Endelechio, *De Mortibus Boum*, *PL* XIX, 795.

Endelechio, *De mortibus boum*, ed. P. Pithou, *Veterum aliquot Galliae Theologorum scripta seu peregrius,* Paris 1586.

Ermoldo Nigello, *Carmen in laudem Pippini Regis*, PLAC II, pp. 75-79.

Expositio Vergilianae continentiae, Fabii Planciadis Fulgentii Opera, a cura di R. Helm, Leipzig 1898.

Fo A., *Bucoliche al telescopio*, Roma 1996.

Fulgence, *Mythologies*, a cura di E. Wolff, Ph. Dain, Villeneuve d'Ascq, 2013.

Fulgenzio, *Commento all'Eneide*, a cura di F. Rosa, Milano-Trento 1997.

Gerardus (monacus), *Ex miraculis s. Adalhardi Corbeiensibus*, a cura di O. Holder-Egger, MGH SS XV/2.

Gervasio di Tilbury, *Il libro delle meraviglie,* a cura di E. Bartoli, Pisa 2009.

Giovanni di Garlandia, *The* Parisiana Poetria *of John of Garland*, a cura di T. Lawler, New Haven-London 1974.

Grammatici latini, ed. H. Keil, 7 voll., Leipzig 1855-1880.

Hucbaldo di Saint Amand, *Ecloga de calvis*, PLAC IV, 268.

Iunius Philargyrius Explanatio in Bucolica Vergilii, in *Servii* Grammatici in qui feruntur in Vergilii Bucolica et Georgica commentarii, ed. G. Thilo, Leipzig 1887, III/2, pp. 80-87.

Macrobius, Ambrosius Aurelius Theodosius, *Saturnalia*, a cura di J. Willis, M. T. Cicero, Leipzig 1970

Marco Valerio, *Bucoliche*, a cura di F. Munari, Firenze 1970^{2}.

Mathei Vindocinensis, *Opera*, a cura di F. Munari, III, *Ars versificatoria*, Roma 1988.

Metello di Tegernsee, *Die Quirinalien*, a cura di P. C. Jakobsen, Leiden-Köln 1965.

Modoino, *Eclogae*, PLAC I, pp. 384-387.

Modoino, *Eclogae*, a cura di R.P.H. Green, in *Seven Version of Carolingian Pastoral*, Reading 1980, pp. 14-20.

Modoino, *Eclogae*, a cura di D. Korzeniewski, in *Hirtengedichte aus spätrömischer und Karolingischer Zeit, Bucolica aetatis Romanae posterioris et aevi Carolini*, Darmstatd 1976, pp. 74-87.

Mussato, Albertino, *Écérinide, épîtres métrique sul la poésie, Songe*, a cura di J. F. Chevalier, Paris 2000.

Nemesiano, Marco Aurelio Olimpio, *Eclogae*, a cura di G. Cupaiuolo, Napoli 1997.
Nemesiano, Marco Aurelio Olimpio, *The Eclogues and Cynegetica of Nemesianus*, a cura di H. Williams, Leiden 1986.
Nicolas Trevet Anglico, *Comentario a las Bucolicas de Virgilio*, a cura di A.A. Nascimento, J.M. Dìaz de Bustamante, Santiago de Compostela 1984.

Petrarca, Francesco, *Antologia delle opere latine e volgari*, a cura di L. Ramat, Milano-Messina 1940.
Petrarca, Francesco, *Bucolicum Carmen*, a cura di L. Canali, Lecce 2005.
Petrarca, Francesco, *Bucolicum Carmen*, a cura di M. François, P. Bachmann, con la collaborazione di F. Roudaut, Paris 2001.
Petrarca, Francesco, *Il* Bucolicum Carmen*. Edizione diplomatica dell'autografo Vat. Lat. 3358*, a cura di D. De Venuto, Pisa 1990.
Petrarca, Francesco, *Il* Bucolicum Carmen, a cura di T. T. Mattucci, Pisa 1971.
Petrarca, Francesco, *Il* Bucolicum Carmen*: Das Bucolicum Carmen des Petrarca. Ein Beitrag zur Wirkungsgeschichte von Vergils Eclogen*, a cura di M. Berghoff-Bürer, Bern-Berlin 1991.
Petrarca, Francesco, *Dalle* Rime *e dai* Trionfi *e dalle opere minori latine*, a cura di N. Sapegno, Firenze 1936.
Petrarca, Francesco, *Lettere disperse*, a cura di A. Pancheri, Parma 1994.
Petrarca, Francesco, *Lettere familiari*, a cura di U. Dotti, Bari 1974.
Petrarca, Francesco, *Opere*, a cura di G. Ponte, Milano 1968.
Petrarca, Francesco, *Opere latine*, a cura di A. Bufano, con la collaborazione di Basile Aracri e Clara Kraus Reggiani, introduzione di M. Pastore Stocchi, Torino 1975.
Petrarca, Francesco, *Poesie latine*, a cura di G. Martellotti, E. Bianchi, introduzione di N. Sapegno, Torino 1976.
Petrarca, Francesco, *Le postille al Virgilio Ambrosiano*, a cura di M. Baglio, A. Nebuloni Testa, M. Petoletti, Padova 2006 (le postille alle *Bucoliche* sono a cura di M. Petoletti).
Petrarca, Francesco, *Rerum memorandarum libri*, a cura di M. Petoletti, Firenze 2014.
Petrarca, Francesco, *Res seniles*, a cura di S. Rizzo, con la collaborazione di M. Berté, Firenze 2006-2018.
Petrarca, Francesco, *Sine Nomine*, a cura di U. Dotti, Bari 1974.
Pomponio, *Versus ad Gratiam Domini*, a cura di A. Riese, *AL* 1,2 n. 719, p. 189.
Probus Marcus Valerius, *In Vergilii Bucolica et Georgica commentarius*, a cura di H. Keil, Halis 1848

Radberto Pascasio, *Ecloga duarum sanctimonialium*, MGH PLAC III, p. 45.
Radberto Pascasio, *Ecloga duarum sanctimonialium*, in R.P.H. Green, *Seven Version of Carolingian Pastoral*, St. Andrews 1980, pp. 21-25.

Ratbodo di Utrecht, *Ecloga ecclesiastica et sermo de virtutibus Beati Lebuini*, *PL* CXXXIII, pp. 559-560.

Scholia Bernensia in Vergilii Bucolica et Georgica, a cura di L. Cadili, D. Daintree, M. Geymonat, Amsterdam 2003.

Scholia Bernensia in Vergilii Bucolica et Georgica, a cura di T. Hagen, Leipzig 1867.

Sedulio Scoto, *Carmina ad Hartgarium*, PLAC III, pp. 167-168 e pp. 170-172.

Sedulio Scoto, *De rosae liliique certamine*, MGH PLAC III, pp. 230 ss.

Sedulio Scoto *De rosae liliique certamine*, a cura di J. Meyers, in L'*Art de l'emprunt dans la poésie de Sedulius Scottus*, Paris 1986, pp. 127 ss.

Servii Grammatici qui feruntur in Vergilii carmina commentarii, a cura di G.Thilo, H. Hagen, 3 voll., Leipzig 1881-1902 (rist. Hildesheim 1986).

Teodulo, *Ecloga Il canto della verità e della menzogna*, a cura di F. Mosetti Casaretto, Firenze 1997.

Teodulfo di Orléans, *Ad Corvinianum*, MGH PLAC I, pp. 490-493.

Tufano V., *Le ecloghe di Pontano e la bucolica in volgare di Sannazaro*, Ginevra 2017.

Uguccio Pisano, *Derivationes*, *editio princeps* a cura di E. Cecchini *et al.*, Firenze 2004.

Valafrido Strabone, *De Imagine Tetrici*, MGH PLAC II, p. 370.

Virgilio, Marone Publio, *Bucolicae*, a cura di J. Conington, H. Nettleschip, J.P. Postgate, London 1912.

Vitae Virgilianae, a cura di I. Brummer, Leipzig 1933

Vitae Vergilianae antiquae, a cura di G. Brugnoli, F. Stok, Roma 1997, pp. 41-56.

Warnerii Basiliensis Paraclitus et Synodus, a cura di P. W. Hoogterp, in «Archive d'Histoire doctrinale et littéraire du Moyen Age», 8 (1933), pp. 261-434.

Wipo, *Tetralogus*, *PL*, CXLII, 49.

Zanzotto A., *Poesie e prose scelte*, a cura di S. Dal Bianco, G.M. Villalta, con due saggi di S. Agosti e F. Bandini, Milano 1999.

Studi

Albanese G., *Boccaccio bucolico e Dante: da Napoli a Forlì*, in *Boccaccio e la Romagna*, Atti del convegno di studi (Forlì, 22-23 settembre 2013), a cura di G. Albanese, P. Pontari, Ravenna 2015, pp. 260, 67-118.

Albanese G., *Un nuovo manoscritto della corrispondenza poetica di Dante e Giovanni del Virgilio e i libri danteschi di Fernando Colombo*, in *Il mondo e la storia. Studi in onore di Claudia Villa*, a cura di F. Lo Monaco, L.C. Rossi, Firenze 2014, pp. 3-34.

Albanese G., *«Poeta et historicus». La laurea di Mussato e Dante*, in *Moribus antiquis sibi me fecere poetam». Albertino Mussato nel VII centenario dell'incoronazione poetica (Padova 1315-2015)*, a cura di R. Modonutti, E. Zucchi, Firenze 2017, pp. 3-45.

Alessio G.C., *Brunetto Latini e Cicerone (e i dettatori)*, in «Italia Medioevale e Umanistica», 22 (1979), pp. 123-169, ora in Id., *Lucidissima dictandi peritia. Studi di grammatica e retorica medievale*, a cura di F. Bognini, Venezia 2015, pp. 13-76.

Alessio G.C., *La grammatica speculativa e Dante*, in Id., *Lucidissima dictandi peritia. Studi di grammatica e retorica medievale*, a cura di F. Bognini, Venezia 2015, pp. 127-144.

Alessio G.C., *Recensione a L.Castagna, I bucolici latini minori, Firenze 1976,* in «Medioevo Romanzo», 4 (1977), pp. 421-426.

Alessio G.C., *Virgilio*: *Tradizione Manoscritta*, in *Encicpledia virgiliana*, Roma 1987, III, pp. 432-443.

Alfonsi L., *Tityrus christianus. Una piccola aggiunta*, in «Sileno», 1 (1977), pp. 79-80.

Alimonti T., *Endelechio*, in EV, I, pp. 219-220.

Alimonti T., *Struttura, ideologia ed imitazione virgiliana nel* De Mortibus Boum *di Endelechio*, Torino 1976.

Allmen J., *Vocabulaire biblique*, Paris 1956.

Alpers P., *The Philoctetes Problem and the Poetics of Pastoral*, *Pastoral and the Humanities: Arcadia Re-inscribed*, Exeter 2006.

Alpers P., Recensione a *Some Versions of Pastoral*, apparsa in «*New Literary History*», 10 (1978), 1, pp. 101-122.

Alpers P., *What is Pastoral?*, Chicago 1996.

Andersson T.M., *A Carolingian Pun and Charlemagne's Languages*, in *Along the Oral-Written Continuum: Types of Texts, Relations and Their Implications*, a cura di S. Rankovic, L. Melve, E. Mundal, Turnhout 2010, pp. 357-369.

Arcidiacono C., *Il centone virgiliano cristiano* Versus ad gratiam domini, Alessandria 2011.

Arveda A., *Contrasti amorosi nella poesia italiana antica*, Roma 1992.

Audano S., *Le molte strade del centone virgiliano cristiano*, in «Sileno», 38 (2012), pp. 225-257

Autografi dei letterati italiani, I, *Le origini e il Trecento*, a cura di G. Brunetti, M. Fiorilla, M. Petoletti, Roma 2013.

Auzzas G., *I codici autografi*, in «Studi sul Boccaccio», 11 (1973), pp. 19-38.

Avena A., *Il* Bucolicum Carmen *e i suoi commenti inediti*, Padova 1906.

Avena A., *I libri del notaio veronese Bartolomeo Squarceti da Cavajon*, in «Bibliofilia», 13 (1911-1912), pp. 241-252.

Baherens A., *Zur Lateinischen Anthologie VI. Zu dem Gedichte des Endelechius*, in «Rheinisches Museum», 31 (1876), pp. 254-75.

Baligan G., *Le* Bucoliche *di Marco Valerio*, in «Vichiana», 4 (1967), pp. 47-55.

Bartoli E., *La bucolica mediolatina e la ricezione dell'elegia classica*, in *Bukolik und Liebeselegie zwischen Antike und Barock / Bucólica y elegía erótica entre la Antigüedad y el Barroco,* a cura di A. R. Álvarez Hernández, I. M. Weiss, Würzburg 2017, pp. 183-202.

Bartoli E., *Il* Bucolicum carmen *di Petrarca e la tradizione pastorale mediolatina*, in *Per il Petrarca latino. Opere e traduzioni nel tempo*, Atti del Convegno internazionale (Siena, 6-8 aprile 2016), a cura di N. Tonelli, A. Valenti, Padova 2018, pp. 57-72.

Bartoli E., *Le poetrie e la bucolica medievale latina*, in *Le poetriae del medioevo latino. Modelli, fortuna, commenti*, a cura di G. C. Alessio, D. Losappio, Venezia 2017, pp. 1-30.

Bartoli E., Stoppacci P., *Corrispondenze edite e inedite. A margine di una recente edizione*, in «Studi Medievali», 55 (2014), pp. 229-297.

Bartoloni F., *I cataloghi delle biblioteche medievali*, in Atti del congresso internazionale di scienze storiche, Roma 1955, I, pp. 422-433.

Barton M., *Spätantike Bukolik zwischen paganer Tradition und christlicher Verkündigung: Da Carmen* De mortibus bous *des Endelechius*, Trier 2000.

Baswell C., *A Hight Medieval Commentary on the Aeneid*, in *Sixty Bokes Olde and Newe. Manuscripts and Early Printed Books from Libraries in and near Philadelphia Illustrating Chaucer's Sources, His Works and Their Influence*, a cura di D. Anderson, Knoxville 1986, pp. 60-63.

Baswell C., *Virgil in Medieval England: Figuring the Eneid from the Twelfth Century to Chaucer*, Cambridge 1995.

Batany J., *Le "Bonheur des Paysans"; des Georgiques au Bas Moyen Age*, in *Présence de Virgil*, Atti del colloquio (Paris-Tours, 9-12 dicembre), a cura di P. Chevallier, Paris 1978, pp. 233-248.

Battaglia Ricci L., *Boccaccio*, Roma 2000.

Battisti C., *Le ecloghe dantesche*, in «Studi Danteschi», 33 (1956), 2, pp. 61-111.

Bauerreiss L., *Studien zu Metellus von Tegernsee*, in «Studien und Mitteilungen zur Geschichte des Benediktinerordens», 59 (1941), pp. 96-100.

Bažil M., *Centones Christiani. Métamorphoses d'une forme intertextuelle dans la poésie latine chrétienne de l'Antiquité tardive*, Paris 2009.

Bažil M., *Les quatre sens de l'écriture centonisée. A propos de l'usage spécifique de la technique du centon au Moyen Age*, in *Auctor et auctoritas in Latinis medii aevi litteris. Author and Authorship in Medieval Latin Literature. Pro-*

ceedings of the VI Congress of the International Medieval Latin Committee (Benevento-Naples, November 9-13, 2010), a cura di E. D'Angelo, J. Ziolkowski, Firenze 2014, pp. 45-56.

Bellomo S., *Il sorriso di Ilaro e la prima redazione in latino della* Commedia, in «Studi sul Boccaccio», 32 (2004), pp. 201-235.

Bernardi Perini G., *Note esegetiche e testuali al* Buccolicum Carmen *del Boccaccio*, in «Studi sul Boccaccio», 18 (1989), pp. 367-388.

Bernt G., *Bukolik*, in *Lexicon des Mittelalters*, Binding-Zeitler-Abresch 1997.

Bertini F., *Da Cicerone alla* Poetria Nova *di Geoffroy de Vinsauf*, in *Papers on Rhetoric*, Atti del Convegno internazionale *Dictamen, Poetria and Cicero: Coherence and Diversification* (Bologna, 10-11 maggio 2002), a cura di L. Calboli Montefusco, Roma 2003.

Billanovich G., *Giovanni Del Virgilio, Pietro da Moglio, Francesco da Fiano*, in «Italia Medievale e Umanistica», 6 (1963), pp. 203-234.

Billanovich G., *La leggenda dantesca del Boccaccio*, in «Studi Danteschi», 28 (1949), pp. 45-144.

Billanovich G., *Petrarca letterato. Lo scrittoio del Petrarca*, Roma 1947.

Billanovich G., *Il preumanesimo padovano*, in *Storia della cultura Veneta*, II, *Il Trecento*, Vicenza 1976, pp. 19-110.

Billanovich G., *Il Virgilio del giovane Petrarca*, in *Lectures médievales de Virgile*, Atti del colloquio (Roma, 25-28 ottobre 1982), Roma 1958, pp. 49-64.

Billanovich G., *Testi bucolici nella biblioteca del Boccaccio*, in «Italia Medievale e Umanistica», 4 (1961), pp. 201-221.

Billanovich G., *Tra Dante e Petrarca*, in «Italia Medievale e Umanistica», 8 (1965), pp. 1-44.

Bisanti A., *L'Interpretatio nominis nelle commedie elegiache latine sec. XII e XIII*, Spoleto 2009.

Bisanti A., *Suggestioni classiche, mediolatine e romanze nel* Diaffonus *di Giovanni Del Virgilio e di ser Nuccio da Tolentino*, in «Schede Medievali», 46 (2008), pp. 119-168, ora in Id., *Quattro studi sulla poesia d'amore mediolatina*, Spoleto 2011, pp. 157-236.

Bischoff B., *Scriptoria e manoscritti mediatori di civiltà dal VI secolo alla riforma di Carlo Magno*, in «Mittelalterliche Studien», 2 (1967), pp. 312-327.

Boccaccio autore e copista, Catalogo della mostra (Firenze, Biblioteca Medieca Laurenziana, 11 ottobre 2013-11 gennaio 2014), a cura di T. De Robertis, C.M. Monti, M. Petoletti, G. Tanturli, S. Zamponi, Firenze 2013.

Bognini F., *Per il commento virgiliano ascritto a Ilario di Orléans: a proposito delle "glose" al VI libro dell'*Eneide, in «Acme. Annali della Facoltà di Lettere e filosofia dell'Università degli studi di Milano», 58 (2005), pp. 129-173.

Bologna C., *Tradizione dei classici*, in *Letteratura italiana*, a cura di A. Asor Rosa, VI, *Teatro, musica, tradizione dei classici*, Torino 1986, pp. 445-537.

Bourgain P., *Entre verse et prose. L'expressivité dans l'Ecriture latine médiévale*, Paris 2015.

Bourgain P., *Théorie littéraire. Le Moyen Âge latin*, in *Histoire des poétiques*, a cura di J. Bessière *et al.*, Paris 1997, pp. 35-55.

Branca V., *Boccaccio Medioevale*, Firenze 1970².

Branca V., *Motivi preumanistici nell'opera di Boccaccio*, in «Études Italiennes», 30 (1950), pp. 73-85.

Brown V., *Boccaccio in Naples: the Beneventan Liturgical Palimsest of Laurentian Autographs (Mss. 29,8 and 33,31)*, in «Italia Medioevale e Umanistica», 34 (1991), pp. 41-126.

Brown V., *A Twelfth -Century Virgilian Miscellany-Commentary of German Origin*, Munich 1988.

Brugnoli G., *Ecloghe, tradizione medievale*, in EV, I, pp. 576-580.

Brunhölzl F., *Geschichte der lateinischen Literatur des Mittelalters*, I, *Von Cassiodor bis zum Ausklang karolinzischen Erneuerung*, München 1975.

Bruni F., *Modelli in contrasto e modelli settoriali nella cultura medievale*, in «Strumenti critici», 14 (1980), pp. 1-59.

Bursian C., *Ein ungedruckter Cento Vergilianus*, in «Staatsbibliothek der Münch. Akad. Philos.- Philol.-Histor.- Cl.», 2 (1878), 1, pp. 29-37.

Burton R.J., *Classical Authors in Florilegium Gallicum and related manuscripts*, Toronto 1981.

Camargo M., *La déclamation épistolaire. Lettres modèles et performance dans les écoles anglaises médiévales*, in *Le* dictamen *dans tous ses états. Perspectives de recherche sur la théorie et la pratique de l'*ars dictaminis*(XIe-XVe siècles)*, a cura di B. Grévin, A.-M. Turcan-Verkerk, Turnhout 2015, pp. 287-308.

Camargo M., *Essays on Medieval Rhetoric*, Ashgate 2012.

Camargo M., *In Search of Geoffrey of Vinsauf's Lost* Long Documentum, in «The Journal of Medieval Latin», 22 (2012), pp. 149-183.

Camargo M., *Introduction*, in R. Copeland, I. Sluiter, *Medieval Grammar and Rhetoric. Language Arts and Literary Theory, AD 300-1475,* Oxford 2009, pp. 670-671.

Camargo M., Tria sunt*: The Long and the Short of Geoffrey of Vinsauf's* Documentum de modo et arte dictandi et versificandi, in «Speculum», 74 (1999), pp. 935-955.

Camargo M., *Toward a Comprehensive Art of Written Discourse: Geoffrey of Vinsauf and the* Ars dictaminis, in «Rhetorica», 6 (1988), pp. 167-194, ora in Id., *Essays on Medieval Rhetoric*, Ashgate 2012, pp. 169-194.

Camargo M., *The Varieties of Prose* Dictamen *as Defined by the Dictatores*, in «Vichiana», 1 (1990), pp. 61-73.

Campana A., *Cecco di Meletto Rossi*, in ED, IV, pp. 1044-1045.

Campana A., *Guido Vacchetta e Giovanni Del Virgilio (e Dante)*, in «Rivista di cultura classica e medievale», 7 (1965), pp. 252-265.

Carrai S., *Dante elegiaco. Una chiave di lettura per la* Vita Nova, Firenze 2006.

Carrai S., *La poesia pastorale nel Rinascimento*, Padova 1998.

Carrara E., *Cecco da Mileto e Boccaccio*, in «Giornale Storico della Letteratura Italiana», 43 (1904), pp. 286-293.

Carrara E., *La poesia pastorale*, Milano 1908.

Carrara E., *Un oltretomba bucolico*, Bologna 1899.

Casadei A., *Dante oltre la Commedia*, Bologna 2013.

Casadei A., *Essential Issues Concerning the* Epistle to Cangrande. *Medieval Letters between Fiction and Document*, Convegno internazionale (Siena, 9-11 settembre 2013), a cura di C. Høgel, E. Bartoli, prefazione di F. Stella, L. Boje Mortensen, Turnhout 2015, pp. 381-392

Castagna L., *I bucolici minori. Una ricerca testuale*, Firenze 1976.

Castagna L., *L'esametro di Marco Valerio*, in «Studi medievali», 22 (1981), pp. 805-819.

Cecchini E., *La congettura: esperienze e riflessioni*, in *La critica del testo mediolatino*, Atti del Convegno (Firenze, 6-8 dicembre 1990), a cura di C. Leonardi, Spoleto 1994, pp. 127-145.

Cecchini E., *Note su testi medievali e umanistici*, in Id., *Scritti minori di filologia testuale*, a cura di S. Lanciotti, R.Raffaelli, A.Tontini, Urbino 2008, pp. 69-78.

Chiecchi G., *La parola del dolore*, Roma-Padova 2005.

Chevalier J., Gheerbrant A., *Dictionnaire des Symboles*, Paris 1969 (trad. it. a cura di M. G. Margheri Pieroni, L. Mori, R. Vigevani, Milano 1986).

Chines L., *Il* Bucolicum carmen *e la verità della finzione poetica*, in *Petrarca, l'Italia, l'Europa. Sulla varia fortuna di Petrarca*, Atti del Convegno (Bari, 20-22 maggio 2015), a cura di E. Tinelli, Bari 2016, pp. 106-116.

Chines L., *Il magma e la zampogna: verità e finzione nella poesia bucolica petrarchesca*, in «Griseldaonline», 17 (2018), pp. 1-11.

Cock M., *Á propos de la tradition manuscrite du* Carmen de mortibus boum *d'Endelechius*, in «Latomus», 30 (1971), pp. 156-160.

Codici latini del Petrarca nelle biblioteche fiorentine, Catalogo della mostra (Firenze, Biblioteca Medicea Laurenziana, 19 maggio-30 giugno 1991), a cura di M. Feo, Firenze 1991.

Comparelli F., *Severo Santo Endelechio. Carmen* de mortibus boum, in «Schol(i)a», 4 (2002), pp. 105-132.

Comparetti D., *Virgilio nel Medio Evo*, nuova edizione a cura di G. Pasquali, Firenze 1967.

Contreni J.J., *The Carolingian Renaissance*, in *Renaissance before the Renaissance. Cultural Revivals of Late Antiquity and the Middle Ages*, Stanford 1984, pp. 66-74.

Cooper H., *Pastoral: Medieval into Renaissance*, Ipswich 1977.

Corazzini F., *Le lettere edite e inedite di Giovanni Boccaccio con nuovi documenti*, Firenze 1877.

Corsaro F., *L'autore del* De mortibus boum, *Paolino da Nola e la politica religiosa di Teodosio*, in «Orpheus», 22 (1975), pp. 3-26.

Costantini A.M., *Studi sullo Zibaldone Magliabechiano*, in «Studi sul Boccaccio», VII (1973) e VIII (1975).

Cotza V., *Le* Allegorie *ovidiane di Giovanni del Virgilio tra* studia *lombardi e corti rinascimentali*, in *Il ritorno dei classici nell'Umanesimo. Studi in memoria di Gianvito Resta*, a cura di G. Albanese *et al.*, Firenze 2015, pp. 195-209.

Cotza V., *Sulle orme di Dante tra Napoli e la Romagna. Boccaccio e Giovanni Del Virgilio*, in *Boccaccio e la Romagna*, Atti del Convegno di studi (Forlì, 22-23 novembre 2013), a cura di A. Albanese, P. Pontari, Ravenna 2015, pp. 207-225.

Coulson F.T, *A checklist of Newly Manuscripts of the 'Allegorie' of Giovanni del Virgilio*, in «Studi medievali», ser. III, XXXVII (1996), pp. 443-453.

Courcelle P., *Les exégèses chrétiennes de la quatrième éclogue,* in «REA», LIX (1957), pp. 294- 319.

Courtney E., Recensione a *Consolation à Livie; Élégie à Mécène; Bucoliques d'Einsiedeln,* a cura di J. Amat, Paris 1997, in «The Classical Review», 49 (1999), 2, pp. 397-399.

Cox V., *Ciceronian Rhetoric in Italy, 1260-1350*, in «Rhetorica», 17 (1999), pp. 239-288.

Curry Woods M., *Classroom Commentaries. Teaching the* Poetria Nova *across Medieval and Renaissance Europe*, Columbus 2010.

Cursi M., *Cronologia e stratigrafia nelle sillogi dantesche di Giovanni Boccaccio*, in *Dentro l'officina di Giovanni Boccaccio. Studi sugli autografi in volgare e su Boccaccio dantista*, a cura di S. Bertelli, D. Cappi, Città del Vaticano 2014, pp. 81-130.

Curtius E. R., *Letteratura europea e Medioevo latino*, trad. italiana di R. Antonelli, Firenze 1992 (ed. or. Bern 1948).

Da Rif B.M., *La Miscellanea Laurenziana XXXIII, 31*, in «Studi sul Boccaccio», VII (1973), pp. 59-124.

Dahan G., *Notes et textes sur la poétique au Moyen Age*, in «Archives d'histoire doctrinale et littéraire du moyen âge», 47 (1980), pp. 171-239.

Daintree D., *Virgil and Virgil's Scholia in Early Medieval Ireland*, in «Romanobarbarica», 16 (1999), pp. 347-361.

Danzi M., *Tra Virgilio e Petrarca. I primi elementi per una grammatica dell'egloga volgare*, in *Interdisciplinarietà del petrarchismo. Prospettive di ricerca tra Italia e Germania*, a cura di M. Favaro, B. Huss, Firenze 2018, pp. 199-219.

Datierung der Bucolica des M. Valerius, in «Mittellateinisches Jahrbuch», 27 (1992), pp. 169-210.

Davie M., *Dante's Latin Eclogues*, in *Papers of the Liverpool latin seminar*, a cura di F. Cairns, Liverpool 1976, pp. 183-198.

Dazzi M., *Due note dantesche. I. Dante e Mussato. II. Per una illustrazione della "Commedia"*, in *Dante e la cultura veneta*, Atti del convegno di studi (Venezia-Padova-Verona, 30 marzo-5 aprile 1966), Firenze 1966, pp. 303-307.

Dazzi M., *Mussato preumanista*, Vicenza 1964.

De Angelis V., *Benvenuto e Stazio*, in *Benvenuto da Imola lettore degli antichi e dei moderni*, Atti del Convegno internazionale (Imola, 26-27 maggio 1989), a cura di P. Palmieri, C. Paolazzi, Ravenna 1991, pp. 139-163.

De Angelis V., *I commenti medievali alla* Tebaide *di Stazio: Anselmo di Laon, Goffredo Babione, Ilaro di Orléans*, in *Medieval and Renaissance Scholarship*, a cura di N. Mann, B. Munk Olsen, Leiden 1997, pp. 75-135.

De Angelis V., *Sulle postille al Virgilio Ambrosiano*, in «Lettere italiane», 59 (2007), pp. 582-592.

Delbouille M., *Les origines de la Pastourelle,* Bruxelles 1926.

Delcorno Branca D., *Frammenti di un Tristano latino*, in Id., *Boccaccio e le storie di Re Artù*, Bologna 1991, pp. 51-68.

Della Corte F., *Bucoliche*, in EV, II, pp. 540-570.

Delle Donne F., *Le fonti letterarie latine su Boemondo*, in Unde boat mundus quanti fuerit Boamundus. *Boemondo I di Altavilla. Un normanno tra oriente e occidente*, Atti del Convegno internazionale di studio (Canosa di Puglia, 5-6-7 maggio 2011), a cura di C.D. Fonseca, P. Ieva, Bari 2015, pp. 174-192.

Di Benedetto F., *Considerazioni sullo Zibaldone Laurenziano*, in «Italia Medievale e umanistica», XIV (1971), pp. 117-122.

Dobschütz E., Das *Decretum Gelasianum de libris recipiendis et non recipiendis*, Leipzig 1912.

Dolbeau F., *Les* Bucoliques *de Marcus Valerius sont-elles une oeuvre médiévale?*, in «Mittellateinisches Jahrbuch», 22 (1987), pp. 166-170.

Dronke P., *Dante e le tradizioni medievali*, Bologna 1990[2].

Dronke P., *Forms and Imaginings from Antiquity to the Fifteenth Century*, Roma 2007.

Dronke P., *Integumenta Virgilii*, in *Lectures médiévales de Virgile*, Atti del colloquio (Roma, 25-28 ottobre 1982), Roma 1985, pp. 312-329.

Dronke P., *Medieval Latin and the Rise od European Love-Lyric*, Oxford 1968, I.

Dronke, P., *Riuso di forme e immagini antiche nella poesia*, in *Ideologie e pratiche del reimpiego nell'Alto Medioevo*, Atti della XLVI Settimana di Studio del Centro Italiano di Studi sull'Alto Medioevo (Spoleto, 16-21 aprile 1998), Spoleto 1999, pp. 283-312.

Drusi R., Comica nonne vides ipsum reprehendere verba?*. Note sulla finzione pastorale nello scambio bucolico di Dante e Giovanni del Virgilio, in Scena arborata. Teatro dei secoli XVI e XVII: testi e studi*, a cura di A. Beniscelli, M. Chiarla, S. Morando, Bologna 2013, pp. 25-78.

Du Cange C., *Glossarium Mediae et Infimae Latinitatis*, 6 voll., Sala Bolognese 1981 (ristampa anastatica).

Ebenbauer A., *Nasos Ekloge*, in «Mittellateinisches Jahrbuch», 11 (1975), pp. 13-27.

Eitel A., *Die Wiederentdeckung der Bukolik: der Dichterwettstreit zwischen Dante Alighieri und Giovanni del Virgilio*, Kiel 2014.

Empson W., *Some Versions of Pastoral*, Norfolk 1960.

Ermini F., *Il dialogo di Agio per la morte di Hathumoda*, in «Studi medievali», 2 (1929), pp. 180-190.

Ermini F., *Un mimo conviviale nell'età carolina*, in «Studi medievali», 1 (1928), pp. 134-140.

Faral E., *Les Artes poétiques du XII et du XIII siécle*, Paris 1924.

Faral E., *La Pastourelle*, in «Romania», 49 (1923), pp. 204-259.

Fassina A., *Alterazioni semantiche ed espedienti compositivi nel «Cento Probae»*, in «Incontri triestini di filologia classica», 5 (2005-2006), pp. 261-272.

Fassina A., *A proposito di un passo delle ««Etymologiae» di Isidoro di Siviglia (Orig. I 39,25-26)*, in «Cento Pagine», 1 (2007), pp. 56-63.

Faye Wilson E., *Pastoral and Epithalamium in Latin Litterature,* in «Speculum», 23 (1948), pp. 49-62.

Fenzi E., Bucolicum Carmen *XI,* Galathea, in *Per il Petrarca latino. Opere e traduzioni nel tempo*, Atti del Convegno internazionale (Siena, 6-8 aprile 2016), a cura di N. Tonelli, A. Valenti, Padova 2018, pp. 73-101.

Fenzi E, *Bucolicum Carmen XII: Conflictatio collocutores multivolus et volucer*, in *Petrarca lettore. Pratiche e rappresentazioni della lettura nelle opere dell'umanista*, a cura di L. Marcozzi, Firenze 2016, pp. 173-214.

Fenzi E., *Dedalus (Buc. Carmen iv)*, in «Letteratura italiana antica», 7 (2006), pp. 1-24.

Fenzi E., *L'egloga* Divortium *di Francesco Petrarca (con un'ipotesi su Epyst. iii 27 e 28)*, in «Petrarchesca», 3 (2015), pp. 11-43.

Fenzi E., *Note di lettura all'egloga di Petrarca 'Pastorum pathos' (Buc. Carm. vi)*, in *L'entusiasmo delle opere. Studi in memoria di Domenico De Robertis*, a cura di I. Becherucci, S. Giusti, N. Tonelli, Lecce 2012, pp. 341-374.

Fenzi E., *Per Petrarca politico: Cola di Rienzo e la questione romana in* Bucolicum carmen *v,* Pietas Pastoralis, in «Bollettino di italianistica», 8 (2011), pp. 49-88.

Fenzi E., *Sull'ordine di tempi e vicende nel* Bucolicum carmen, in «Per leggere», 29 (2015), pp. 7-24.

Fenzi E., *Verso il* Secretum*:* Bucolicum Carmen *I,* Parthenias, in «Petrarchesca», I (2013), pp. 13-53.

Feo M., *Petrarca*, in ED, IV, pp. 53-78.

Feo M., *Tradizione latina*, in *Letteratura italiana*, dir. da A. Asor Rosa,V, *Le correnti*, Torino 1986, pp. 311-378.

Ferraro C., *Il* De mortibus boum *come* agnitio Dominis, in *Motivi e forme della poesia cristiana antica tra Scrittura e Tradizione classica*, XXXVI Incontro (Roma, 3-5 maggio 2007), Roma 2008, pp. 753-764.

Ferraro D., *In limine temporis. Memoria e scrittura in Petrarca*, Roma 2008, pp. 197-198.

Ferretti M., *Boccaccio, Paolo da Perugia e i Commentari ovidiani di Giovanni del Virgilio*, in «Studi sul Boccaccio», 25 (2007), pp. 85-110.

Fichtenau H., *L'impero carolingio*, Bari 1959.

Fielding I., *Naples and the Landscape of Virgilian otium in the Carmina Bucolica of Petrarch and Boccaccio*, in «Illinois Classical Studies», 40 (2015), pp. 185-205.

Fink W., *Abt Erbo II von Prüfening, der Verfasser der sog. Quirinalien des Metellus von Tegernsee*, in «Studien und Mitteilungen zur Geschichte des Benediktinerordens», 60 (1946), pp. 53-75.

Fiormonte D., *Scrittura e filologia nell'era digitale*, Torino 2003.

Fleming J.V., *Muses of the Monastery*, in «Speculum», 78 (2003), pp. 1071-1096.

Fo A., *Guerra e pace (di Virgilio-Radnóti-Heany) con una cornice di Emilio Lussu*, in *Teatri di Guerra, da Omero agli ultimi giorni dell'umanità*, Milano 2017 pp. 201-226.

Fo A., *Utopie pastorali e drammi della storia: Virgilio, Miklós Radnóti e Seamus Heany*, in «I Quaderni del ramo d'oro on line», 7 (2015), pp. 78-117.

Foligno C., *Epistole inedite di Lovato de' Lovati e d'altri a lui*, in «Studi Medievali», 2 (1906), pp. 37-59.

Fontaine J., *La conversion du christianisme à la culture antique: la lecture chrétienne del'univers bucolique de Virgile*, in « Bulletin de l'Association Guillaume Budé», 1 (1978), pp. 50-75.

Fontaine J., *Isidore de Séville et la culture classique dans l'Espagne wisigothique,* Paris 1959.

Fontaine J., *Naissance de la poesie dans l'Occident chrétien: esquisse d'une histoire de la poesie latine chrétienne du 3. au 6. siècle*, Paris 1981.

Fowler A., *Kinds of Literature. An Introduction to the Theory of Generes and Modes*, Cambridge 1982.

Frey J., *Über das Mittelalterliche Gedicht "Theoduli Ecloga" und den Kommentar des Bernardus Ultraiectensis*, Münster 1904.

Frontières des savoirs en Italie médiévale à l'époque des premières universités (XIIIe-XVe siècles), a cura di J. Chandelier, A. Robert, Roma 2015.

Frye N., *Anatomia della critica*, Torino 1969.

Frye N., *Il grande Codice. La Bibbia e la letteratura*, Torino 1986.

Galli T., Moretti G., *Sparsa colligere et integrare lacerata. Centoni, pastiches e la tradizione greco-latina del reimpiego testuale*, Trento 2014.

Gallo E., *The* Poetria Nova *and Its Sources in Early Rhetorical Doctrine*, Den Haag-Paris 1971.

Ganz D., *Corbie in the Carolingian Renaissance*, Sigmeringen 1990.

Garber K., *Europäische Bukolik und Georgik*, Darmstatd 1976.

Gargan L., *Libri, librai e biblioteche nelle università italiane del due e del trecento*, in *Luoghi e metodi dell'insegnamento dell'Italia medievale*, Lecce 1986, pp. 219-246.

Gargan L., *Per la biblioteca di Dante*, in «Giornale Storico della Letteratura Italiana», 186 (2009), pp. 161-193.

Garryson M., *The Emergence of Carolingian Latin Litterature and the Court of Charlemagne*, in *Emulation and Innovation*, a cura di R. McKitterik, Cambridge 1994, pp. 111-140.

Ghisalberti F., *Le chiose virgiliane di Benvenuto da Imola*, in «Studi Virgiliani», 9 (1930), pp. 487-491.

Ghisalberti F., *Giovanni del Virgilio espositore delle* Metamorfosi, in «Giornale Dantesco», 34 (1933), pp. 1-110.

Ghisalberti F., *Integumenta* di Giovanni di Garlandia, Milano-Messina 1933.

Giangrande, G., *Eine umstrittene Stelle des M. Valerius,* in «Hermes», 102 (1974), pp. 378-380.

Gifford T., *Post-pastoral as a Tool for Ecocriticism*, in *Pastoral and the Humanities: Arcadia Re-inscribed*, Exeter 2006.

Gill J., *El epicedio de Hatumoda*, in «Faventia», 1 (1979), pp. 29-37.

Gindele J., *Die Hirten und der Gute Hirte: die christliche Bukolik der Spätantike und das Motiv des Guten Hirten*, in *Das Motiv des Guten Hirten in Theologie, Literatur und Musik*, a cura di M. Fischer, D. Rothaug, Tübingen 2001, pp. 51-67.

Gioseffi M., *Studi sul commento a Virgilio dello Pseudo-Probo*, Firenze 1991.

Glauche G., *Accessus ad auctores*, in *Lexicon des Mittelalters*, München-Zürich 1980, pp. 71-72.

Glauche G., *Schullektüre im Mittelalter. Entstehung und Wandlungen des Lektürekanon bis 1200 nach den Quellen dargestellt*, München 1970.

Godman P., *Il periodo carolingio*, in SLM, II, pp. 339-374.

Godman P., *Poetry of the Carolingian Renaissance*, London 1985.

Greco A., *Landino*, in ED, II, pp. 109-112.

Green R. P. H., *The Genesis of a Medieval Textbook. The Modelsand Sources of the* Ecloga Theoduli, in «Viator», 13 (1982), pp. 49-106.

Green R.P.H., *Proba's cento: its date, purpose, and reception*, in «Classical Quarterly», 54 (1995), pp. 551-563.

Green R.P.H., *Refinement and Reappraisal in Vergilian pastoral*, in *Romane memento: Vergil in the Fourth Century*, a cura di R. Rees, London 2004, pp. 17-32.

Green R.P.H., *Seven versions of Carolingian Pastoral*, Reading 1980.

Green R.P.H., *The Works of Ausonius*, Oxford 1991.

Grévin B., *L'*ars dictaminis*, discipline hégémonique (fin XIIe-début XIVe s.). Mutations et idéologisation d'un art d'écrire médiéval, entre trivium, droit et exégèse*, a cura di L. Chandelier, A. Robert, in *Frontières des savoirs en Italie à l'époque des premières universités (XIIIe-XVe siècle)*, Roma 2015, pp. 17-80.

Grévin, B., *Métaphore et vérité, la transumptio, clé de voûte de la rhétorique au XIIIe siècle*, in *La vérité. Vérité et crédibilité. Construire la vérité dans le système de communication de l'Occident (XIIIe-XVIIe siècle*), Atti della conferenza organizzata a Roma nel 2012 da SAS in collaborazione con l'École française de Rome, a cura di J.P. Genet, Paris-Roma 2016, pp. 149-182.

Grévin B., *Rhétorique du pouvoir médiéval. Les lettres de Pierre de la Vigne et la formation du langage politique européen (XIIIe-XVe siècle)*, Roma 2008.

Grillo A., *La presenza di Virgilio in Sedulio poeta parafrastico*, in *Présence de Virgil*, Atti del Colloquio (Paris-Tours, 9-12 dicembre), a cura di P. Chevallier, Paris 1978, pp. 185-194.

Grimal P., *Le lyrisme à Rome*, Paris 1978.

Guarducci M., *I fiori di Marco Valerio*, in «Rivista di filologia e d'istruzione classica», 98 (1970), pp. 424-433.

Guizzardo da Bologna, *Recollecte super Poetria magistri Gualfredi*, a cura di D. Losappio, Verona 2013.

Haber J., *Pastoral and the poetics of self-contradiction*, Cambridge 1994.

Hanford J., *Classical Eclogue and medieval Debate*, in «Romanic Rewiew», 2 (1911), pp. 16-31 e pp. 129-143.

Harren M. W., *Reflexions on the Meaning of the Ecloga Theoduli: Where is the Authorial Voice?*, in *Poetry and Exegesis in Premodern Latin Christianity. The Encounter between Classical and Christian Strategies of Interpretation*, a cura di W. Otten, K.L.M. Polmann, Leiden-Boston 2004, pp. 199-203.

Haubrichs W., *Ordo als Form-Strukturstudien zur Zhalenkomposition bei Otfrid von Weissenburg und in karolingischen Literatur*, Tübingen 1969.

Haye T., *Der Laborintus Eberhards des Deutschen. Zur Überlieferung und Rezeption eines spätmittelalterlichen Klassikers*, in «Revue d'histoire des textes», n.s., 8 (2013), pp. 339-369.

Hedberg B. N., *The Bucolics and the Medieval Poetic Debate*, in «Transaction of the America Philological Association», 75 (1944), pp. 47-52.

Herzog R., *Die Bibelepik der lateinischen Spätantike*, München 1975.

Holtz L., *Les manuscruts carolingiens de Virgile (Xe et XIe siècle)*, in *La fortuna di Virgilio*, Atti del convegno internazionale (Napoli, 24-26 ottobre 1983), Napoli 1986, pp. 125-149.

Holtz L, *I commenti*, in SLM, III, pp. 59-111.

Holtz L., *Les manuscrits latins à gloses et à commentaires de l'Antiquite à l'epoque carolingienne*, in *Il libro e il testo*, Atti del convegno internazionale (Urbino, 20-23 settembre 1982), a cura di C. Questa, R. Raffaelli, Urbino 1983, pp. 139-167.

Holtz L., *La redécouverte de Virgile aux VIII et IX siècles d'apres les manuscrits conservés*, in *Lectures médievales de Virgile*, Atti del convegno organizzato dall'École française de Rome (Rome, 25-28 octobre 1982), Roma 1985, pp. 9-30.

Holtz L., *La survie de Virgile dans le Moyen Age*, in *Présence de Virgil*, Atti del colloquio (Paris-Tours, 9-12 dicembre), a cura di P. Chevallier, Paris 1978, pp. 209-222.

Hunt R.W., *The introduction to the Artes in the Twelfth Century*, in *Studia medievalia in honorem R.J.Martin*, Brugis Flandorum 1984, pp. 93-94.

Hunt T., *Teaching and Learning Latin in Thirteenth Century England*, 3 voll., Cambridge 1991.

Indizio G., *Giovanni del Virgilio maestro e dantista minore*, in *Problemi di biografia dantesca*, presentazione di M. Santagata, Ravenna 2014, pp. 449-469.

Iulietto M.N., *Proba* Vorbild *e il decreto di papa Gelasio*, in *Vergiliocentones. Critical Studies / Los Centones Virgilianos. Estudios críticos*, a cura di M. Carmignani, S. Audano, Córdoba-Républica Argentina 2017, pp. 113-119.

Jacobsen P.C., *Die Quirinalien des Metellus von Tegernsee*, in «Mittellateinische Studien und Texte», 1 (1965), pp. 172-352.

Jacobsen P.C., *Expeditio Ierosolimitana*, in «Quellen und Untersuchungen zur lateinischen Philologie des Mittelalters», 6 (1982).

Jauss H. R., *Alterità e modernità della letteratura medievale,* Torino 1989.

Jauss H. R., *Esperienza estetica ed ermeneutica letteraria*, Bologna 1987.

Jauss H. R., *Per un'estetica della ricezione*, Napoli 1988.

Kahl H.D., *Der sog. Ludus de Antichristo (De Finibus Saeculorum) als Zeugnis frühstaufischer Gegenwartskritik*, in «Mediaevistik», 4 (1993), pp. 105-107.

Karakasis E., *Song Exchange in roman Pastoral*, Berlin-New York 2011.

Kegel-Brinkgreve E., *The Echoing Woods. Bucolic and Pastoral from Theocritus to Wordsworth*, Amsterdam 1990.

Kelly D., *The Arts of Poetry and Prose*, Turnhout 1991.

Kitamura H., *Il senso delle scelte e dell'organizzazione dei testi nei "Flores moralium auctoritatum" del 1329*, in «Camenulae», 11 (2014), pp. 1-9.

Klopsch P., *Einführung in die Dichtungslehre des lateinischen Mittelalters*, Darmstadt 1980.

Klopsch P., *Mittellateinische Bukolik*, in *Lecture médiévales de Virgile*, Atti del colloquio organizzato dall'Ecole Française de Rome (Roma, 25-28 ottobre 1982), Roma 1985, pp. 145-165.

Korzeniewski D., *Die Anordnung der Eklogen in den* Bucolica Quirinalium *des Metellus von Tegernsee*, in «Classica et Mediaevalia», 32 (1980), pp. 289-295.

Korzeniewski D., *Hirtengedichte aus spätrömischer und karolingischer Zeit, Bucolica aetatis Romanae posterioris et aevi Carolini*, Darmstatd 1978.

Krautter K., *Ac si ore ad os. Eine mittelalteriche Theorie des Briefs und ihr antiker Hintergrund*, in «Antike und Abendland», 28 (1982), pp. 155-168.

Krautter K., *Die Renaissance der Bukolik in der lateinischen Literatur des XIV. Jahrunderts: von Dante bis Petrarca*, München 1983.

Kristeller P. O., *Un'ars dictaminis di Giovanni Del Virgilio*, in «Italia medievale e umanistica», 4 (1961), pp. 181-200.

Kristeller P.O., *Iter Italicum. A finding list of uncatalogued or incompletely catalogued humanistic manuscripts of the Renaissance in Italian and other libraries*, London-Leiden 1963-1997.

Kristeller P. O., *Marsilio Ficino and his work after five hundred years*, Firenze 1987.

La Penna A., *Pochissime note all'edizione degli "Scholia Veronensia" alle Bucoliche di Virgilio curata da A. Lunelli*, in «Maia Rivista di Letterature classiche», 55 (2003), pp. 367-369.

Lamacchia R., *Dall'arte allusiva al centone*, in «A&R», 3 (1958), pp. 193-216.

Lapini W., *Per il testo del* De fonte vitae *di Audrado di Sens*, in «Studi Medievali», 33 (1992), p. 135.

Larsen N., *Warner v. Basel*, in *Lexikon des Mittelalters,* 9 voll., München-Zürich 1980-1998, VIII, p. 2052.

Lauletta M., *Il cuculo e l'amicizia*, in «Vichiana», 9 (2007), pp. 68-89.

Le Goff, *Il meravigliso e il quotidiano nell'Occidente medievale*, Bari 1981.

Legendre C., *Études Tironiennes. Commentaire sur la VIe éclogue de Virgile*, Paris 1907.

Lehmann, P., *Bukolische Dichtungen*, in *Miscellanea Giovanni Mercati*, Roma 1946, IV, pp. 58-87.

Lehmann P., *Erforschung des Mittelalters. Ausgewählte Abhandlungen und Aufsätze*, 5 voll., Stuttgart 1959-1962.

Lehmann P., *Das problem des karolinzischen Renaissance*, in *I problemi della civiltà carolingia*, Spoleto 1954, pp. 309-358, ora in Id., *Erforschung des Mittelalters*, Stuttgart 1959, pp. 109-138.

Leonardi C., *Alcuino e la scuola palatina: le ambizioni di una cultura unitaria*, in *Nascita dell'Europa e Europa carolingia: un'equazione da verificare*, Spoleto 1981, pp. 459-496.

Leonardi C., *I commenti altomedievali ai classici pagani, da Severino Boezio a Remigio di Auxerre*, in *La cultura antica nell'Occidente latino dal VII al IX secolo*, Spoleto 1975, pp. 459-504.

Leonardi C., *L'intellettuale nell'Altomedioevo*, in *Il comportamento intellettuale nella società antica*, Genova 1980, pp. 119-139.

Leonardi C., *Medioevo. Tradizione letteraria*, in EV, III, pp. 420-428.

Leonardi C., *La tradizione antica e il Medioevo*, in *Storia della letteratura italiana*, dir. da E. Malato, XI, *La critica letteraria dal Due al Novecento*, Roma 2003, pp.49-79.

Liberman G., Recensione a *Consolation à Livie; Élégie à Mécène; Bucoliques d'Einsiedeln*, a cura di J. Amat, Paris 1997, in «Revue de Philologie, de Littérature et d'Histoire Anciennes», 71 (1997), 2, pp. 265-279.

Licitra V., *Il Pomerium rethorice di Bichilino da Spello*, Firenze 1979.

Lidonnici G., *Dante e Giovanni Del Virgilio*, in «Il Giornale Dantesco», 39 (1926), pp. 141-158.

Lidonnici G., *Il "Diaffonus" e altri frammenti poetici di Giovanni Del Virgilio*, in «Il Giornale Dantesco», 28 (1925), pp. 267-273.

Livi G., *Feduccio de' Milotti medico certaldese caro a Dante esule a Ravenna*, in «Miscellanea storica della Valdelsa», 35 (1927), pp. 17-33.

Lord M.L., *Benvenuto da Imola's Literary Approach to Vergil's Eclogues*, in «Medieval Studies», 64 (2002), pp. 287-362.

Lord M.L., *Boccaccio's Virgiliana in the Miscellanea latina*, in «Italia medioevale e umanistica», 34 (1991), pp. 127-197.

Lord M.L., *Petrarch and Vergil's First eclogue. The Codex Ambrosianus HSPh 86*, in «Harward Studies in Classical Philology», 86 (1982), pp. 253-276.

Lord M.L., *Virgil's Eclogues, Nicholas Trevet and the Harmony of the Spheres*, in «Medieval Studies», 54 (1992), pp. 186-273.

Maas P., *Konjekturen zu den Bucolica des Marcus Valerius*, in «Philologus» IC (1955), p. 321 e C (1956), p. 157.

Mann N., *Bucolicum Carmen*, in *Petrarca nel tempo*, a cura di M. Feo, Pontedera 2003, pp. 278-290.

Mann N., *L'edizione critica del* Bucolicum carmen, in «Annali della Scuola Normale Superiore di Pisa», 19 (1989), pp. 231- 38.

Mann N., *The Making of Petrarch's 'Bucolicum carmen': a Contribution to the History of the Text*, in «Italia medievale e umanistica», 20 (1977), pp. 127-182.

Mariotti S., Recensione alla prima edizione delle *M. Valerii Bucoliche*, in «Atene e Roma», n.s., 2 (1957), pp. 122-123.

Martellotti G., *Dalla tenzone al carme bucolico*, in «Italia Medievale e Umanistica», VII (1964), pp. 325-336.

Martellotti G., *Dante e Boccaccio*, Firenze 1983.

Martellotti G., *Dante e la riscoperta della bucolica*, in *Dante e la cultura veneta*, Atti del convegno di studi (Venezia, Padova-Verona, 30 marzo-5 aprile 1966), Firenze 1966, pp. 150-163.

Martellotti G., *Ecloghe*, in ED, II, pp. 644-646.

Martellotti G., *Giovanni Del Virgilio*, in ED, II, pp. 193-194.

Martin R., *Au confluent des traditions antique, germanique et chrétienne: le Conflictus* veris et hiemis *d'Alcuin*, in «Revue des études latines», 72 (1994), pp. 177-191.

Massera A.F., *Il preteso epicedio bucolico dantesco di un letterato forlivese*, in «Felix Ravenna», 9 (1913), pp. 366-374.

Mawr B., recensione a *Texts and Culture in Late Antiquity. Inheritance, Authority and Change*, Swansea 2007, in «Classical Review», 17 agosto 2008.

Mazza A., *L'inventario della "Parva Libraria" di S. Spirito e la Biblioteca del Boccaccio*, in «Italia Medievale e umanistica», 4 (1966), pp. 1-74.

McEnerney J., *Alcuin, carmen 58*, in «Mittellateinisches Jahrbuch», 16 (1981), pp. 459-506.

McGill S., *Poeta arte christianus: Pomponius's cento Versus ad gratiam Domini as an early example of Christian Bucolic*, in «Traditio», 56 (2001), pp. 15-26.

McGill S., *Vergil recomposed*, Oxford 2005.

Medieval and Renaissance Scholarship. Proceedings of the Second European Science Foundation Workshop on the classical Tradition in the Middle Age and the Renaissance, a cura di N. Mann, B. Munk Olsen, Leiden-New York-Köln 1997.

Mehtonen P., *Poetics, narration and imitation: rhetoric as ars applicabilis*, in *The Rhetoric of Cicero in its Medieval and early Renaissance commentary tradition*, a cura di V. Cox , J. Ward, Leiden 2006.

Mengaldo P.V., *Dottrina degli stili*, in ED, V, pp. 435-438.

Mengaldo P.V., *L'elegia «umile» (*De vulgari eloquentia*, II, iv, 5-6)*, in «Giornale storico della letteratura Italiana», 143 (1966), pp. 177-198.

Meyers J., *L'art de l'emprunt dans la poésie de Sedulius Scotus*, Paris 1986.

Meyers, J., *L'Eclogue de Theodule: Demonisation ou sacralisation de la mythologie?*, in *L'Allegorie de l'Antiquite à la Renaissance*, a cura di B. Perez-Jean, P. Eicher-Lojkine, Paris 2004, pp. 335-347.

Meyers J., *L'Eglogue de Théodule: démonisation ou sacralisation de la mythologie?*, In *L'Allégorie de l'Antiquité à la Renaissance*, a cura di B. Pérez-Jean, P. Eichel-Lojkine, Paris 2004, pp. 452-453.

Minnis A. J., *Medieval Theory of Authorship. Scholastic Literary Attitudes in the Later Middle Ages*, Philadelphia 1988.

Minnis A.J., Scott A.B., *Medieval Literary Theory and Criticism, c. 1100 - c.1375. The Commentary Tradition*, Oxford 1998.

Monti C.M, *Il Casentino di Petrarca e Donato Albanzani*, in «Atti e Memorie della R. Accademia Petrarca di Arezzo», 77 (2015), pp. 191-211.

Moos P. von, *Consolatio*, 4 voll., München 1971-74.

Moos P. von, *La retorica nel Medioevo*, in SLM, I/2, pp. 231-272.

Moricca U., *Endelechius o sanctus Severus Endelechius*, in «Didaskaleion», 4 (1926), pp. 91-94.

Morpurgo G., *Antologia petrarchesca* Milano-Roma-Napoli 1925.

Mosetti Casaretto F., *Il caso controverso dell'*Ecloga Theoduli, in «Studi medievali», 54 (2013), pp. 329-364.

Mosetti Casaretto F., *Ecloga. Il canto della verità e della menzogna*, Firenze 1997.

Mosetti Casaretto F., *Il genere pastorale e la Bibbia: ambiguità dell'immaginario e ridefinizione cristiana del modulo narrativo in epoca carolingia*, in *La scrittura infinita. Bibbia e poesia in età medievale e umanistica*, a cura di F. Stella, Firenze 2001, pp. 339-357.

Mosetti Casaretto F., *L'ecloga medievale come falso genere pastorale? Il caso della bucolica carolingia*, in *Contrafactum*, Atti del convegno di Bressanone, a cura di F. Peron, A. Andreose, Padova 2008, pp. 59-77.

Mosetti Casaretto F., *Medioevo «lugens»*, in *Lachrymae. Mito e metafora del pianto nel medioevo*, Alessandria 2011, pp. 79-116.

Mosetti Casaretto F., *Omoerotismo e letteratura latina altomedievale* in *Corrispondenza d'amorosi sensi. L'omoerotismo nella letteratura medievale*, a cura di P. Odorico, N. Pasero, M. Bachmann, Alessandria 2008, pp. 65-106.

Mosetti Casaretto F., *Alle origini del genere pastorale cristiano: l'"Ecloga Theoduli" e la demonizzazione del paganesimo*, in «Studi Medievali», 33 (1992), pp. 469-536.

Mountford J. F., Schultz J.T., *Index rerum et nominum in scholiis Servii et Aelii Donati Tractatorum*, Hildesheim 1962 (I ed. 1930).

Munk Olsen B., *L'atteggiamento medievale di fronte alla cultura classica*, Roma 1994.

Munk Olsen B., *I classici nel canone scolastico altomedievale*, Spoleto-Firenze 1991.

Munk Olsen B., *L'étude des auteurs classiques entre le XI*[e] *et le XII*[e] *siècles*, 4 voll., Paris 1982-1989 *et addenda.*

Munk Olsen B., *L'étude des auteurs classiques latins aux XI*[e] *et XII*[e] *siècles*, Paris 1983-2014.

Munk Olsen B., *Les florilèges d'auteurs classiques*, in *La Réception de la littérature classique au Moyen Age (sec.IX-XII),* Copeenaghen 1995, pp. 133-144.

Munk Olsen B., *Virgile et la renaissance du XII siècle*, in *La réception de la littérature classique au Moyen Age IX-XII siècle*, Copeenhagen 1995, pp. 55-69.

Munk Olsen B., *Virgile et la renaissance du XII siècle*, in *Lectures médievales de Virgile*, Atti del colloquio organizzato dall'École française de Rome (Roma, 25-28 ottobre 1982), Roma 1985, pp. 31-48.

Muscetta C., *Boccaccio*, Torino 1972.

Nascita dell'Europa e Europa carolingia: un'equazione da verificare, Spoleto 1981.

Nazzaro V., *Sui "Versus ad fratrem corripiendum" di papa Damaso*, in «Koinonia», 1 (1977), pp. 195-203.

Nelson J. L., *Kingship and Empire*, in *Emulation and Innovation*, a cura di R. McKitterik, Cambridge 1994, pp. 52-87.

Nelson J. L., *Was Charlemagne's Court a Courtly Society?*, in *Court Culture in the Early Middle Ages. The Proceedings of the First Alcuin Conference*, a cura di C. Cubitt, Turnhout 2003, pp. 39-57.

Novati F., *Ineptissimus ille Cione*, in «Il libro e la stampa», 2 (1908), pp. 169-176.

Orbán, Á.P., *Anonymi Teutonici Commentum in Theodoly eclogam*, in «Vivarium», 11(1973), pp. 1-42.

Orbán Á. P., *Eine textkritische Bemerkungen zur Ekloge* Synodus *des Warnerius Basiliensis*, in «ALMA», 46-47 (1986), pp. 109-122.

Orbán Á. P., *Einige Bemerkungen zur Ekloge "Synodus" des Warnerius Basiliensis*, in «Euphorion» 72 (1978), pp. 302-313.

Orbán Á.P., *Die Ekloge "Synodus" des Warner von Basel. Ein Beitrag zur Textkonstituirerung*, in «Mittellateinisches Jahrbuch», 28 (1993), 2, pp. 17-24.

Orbán Á.P., *Was war die Muttersprache des Warnerius Basiliensis*, in «Zeitschrift für romanische Philologie», 95 (1979), 1-2, pp. 71-74.

Orlandi G., *Caratteri della versificazione dattilica*, in *Retorica e poetica tra i sec. XII e XIV*, Atti del convegno di studio (Trento-Rovereto, 3-5 ottobre 1985), a cura di C. Leonardi, E. Menestò, Spoleto 1991, pp. 151-169.

Orlandi G., *Metello di Tegernsee*, in EO, III, pp. 335-336.

Orlandi G., *Pluralità di redazioni e testo critico*, in *La critica del testo mediolatino*, Atti del convegno (Firenze, 6-9 dicembre 1990), a cura di C. Leonardi, Spoleto 1994, pp. 79-115.

Orlandi G., Recensione a L. Castagna, *I bucolici minori*, Firenze 1976, in «Studi Medievali», 17 (1976), pp. 734-738 (in Id., *Scritti di filologia mediolatina*, Firenze 2008, pp. 703-708).

Orlandi G., Recensione a M. Valerio, *Bucoliche*, a cura di F. Munari, Firenze 1954, in «La parola del passato», CXXXVIII (1971), pp. 216-226 (in Id. *Scritti di filologia mediolatina*, Firenze 2008).

Orvieto P., *Boccaccio mediatore di generi o dell'allegoria d'amore*, in «Interpres», 2 (1979), pp. 7-104.

Osternacher J., *Ecloga Theoduli*, Urfahr–Lenz 1902.

Ottonello A., *Commento alle* Bucoliche *di Virgilio attribuito a Fulgenzio*, in «Maia. Rivista di Letterature classiche», Messina-Firenze 2008, pp. 424-439.

Padoan G., *Boccaccio*, in ED, I, pp. 511-516.

Padoan G., *Giovanni Boccaccio e la rinascita dello stile bucolico*, in *Giovanni Boccaccio editore e interprete di Dante*, Firenze 1978, pp. 25-73.

Palla R., *Risvolti di tecnica centonaria*, in «Civiltà Classica Cristiana», 4 (1983), pp. 279-297.

Paoletti L., *Retorica e politica nel Petrarca bucolico*, Bologna 1974.

Paoletti L., *Virgilio e Boccaccio*, in *Présence de Virgil*, Actes du Colloque des 9, 11, 12 décembre, a cura di P. Chevallier, Paris-Tours 1978, pp. 249-264.

Paparelli G., *Due modi opposti di leggere Dante: Petrarca e Boccaccio*, in *Giovanni Boccaccio editore e interprete di Dante*, Firenze 1979, pp. 73-91.

Papers on Rhetoric. V, in *Dictamen, Poetria and Cicero: Coherence and Diversification*, Atti del Convegno internazionale (Bologna, 10-11 maggio 2002), a cura di L. Calboli Montefusco, Roma 2003.

Pasoli E., *Didone in Dante*, in *Miscellanea di studi danteschi*, Verona 1965.

Pasquali G., *I cataloghi delle biblioteche medievali*, in «Pegaso», III (1931), pp. 93-96.

Pastore Stocchi M., *Dante, Mussato e la tragedia*, in *Dante e la cultura veneta*, Atti del convegno di studi (Venezia-Padova-Verona, 30 marzo-5 aprile 1966), Firenze 1966, pp. 251-262.

Pastore-Stocchi M., *Davo*, in ED, II, pp. 322-323.

Patterson A., *Pastoral and Ideology. Virgil to Valéry*, Oxford 1988.

Pegenaute Rubjo F., *Ecos Virgilianos y Horacianos en Metello de Tegernsee*, in «Archivum», 72-73 (2003), pp. 351-382.

Pelltari A., *The Space that Remains: Reading Latin Poetry in Late Antiquity*, Cornell 2014.

Pertile L., *Le ecloghe di Dante e l'antro di Polifemo*, in *Dante the Lyric and Ethical Poet*, London 2010, pp. 153-167.

Petoletti M., *Il Boccaccio e la tradizione dei testi latini*, in *Bocaccio autore e copista*, Catalogo della mostra (Firenze, Biblioteca Medieca Laurenziana, 11 ottobre 2013-11 gennaio 2014), a cura di T. De Robertis, C.M. Monti, M. Petoletti, G. Tanturli, S. Zamponi, Firenze 2013, pp. 41-50.

Petoletti M., *Il Boccaccio e la tradizione dei testi latini*, in *Boccaccio letterato*, Atti del Convegno internazionale (Firenze-Certaldo, 10-12 ottobre 2013), Firenze 2015, pp. 105-121.

Petoletti M., *I carmina di Lovato Lovati*, in «Italia Medioevale e Umanistica», 50 (2009), pp. 1-50.

Petoletti M., *I «dictamina» attribuiti al notaio padovano Lovato Lovati*, in *Dall'ars dictaminis al preumanesimo? Per un profilo letterario del secolo XIII*, Atti del XV Convegno annuale Sismel, Firenze 2013, pp. 157-172.

Petoletti M., *Ecloghe*, in *Nuova edizione commentata delle opere di Dante*, V, Salerno-Roma 2016.

Petoletti M., *Gli Zibaldoni di Giovanni Boccaccio*, in *Bocaccio autore e copista*, Catalogo della mostra (Firenze, Biblioteca Medicea Laurenziana, 11 ottobre 2013-11 gennaio 2014), a cura di T. De Robertis, C.M. Monti, M. Petoletti, G. Tanturli, S. Zamponi, Firenze 2013, pp. 291-300.

Petrarca nel tempo. Tradizione lettori e immagini delle opere, a cura di M. Feo, Pontedera 2003.

Petringa M.R., *Il* signum crucis *nel* De mortibus boum *di Endelechio* (vv. 97-132), in «Commentaria classica», 6 (2019), pp. 147-75.

Petrocchi G., *Dal Vaticano Latino 3199 ai codici del Boccaccio: chiosa aggiuntiva*, in *Giovanni Boccaccio editore e interprete di Dante*, Firenze 1979, pp. 91-117.

Petrucci A., *Le biblioteche antiche*, in *Letteratura italiana*, a cura di A. Asor Rosa, II, *Produzione e consumo*, Torino 1983, pp. 526-554.

Petrucci A., *Il libro manoscritto*, in *Letteratura italiana*, a cura di A. Asor Rosa, II, *Produzione e consumo*, Torino 1983, pp. 499-526.

Piacentini A., *Aldo Massera editore delle opere poetiche latine di Giovanni Boccaccio,* in *Aldo Francesco Massera tra scuola storica e nuova filologia*, Giornate di studio (Ginevra, 2-3 dicembre 2015), a cura di A. Bettarini Bruni, R. Leporatti, Lecce 2018, pp. 213-254.

Piacentini A., *Dante tra Virgilio e Scipione l'Africano nell'epitaffio Theologus Dante di Giovanni del Virgilio e in Boccaccio*, in «Aevum», 99 (2015), pp. 361-370.

Piacentini A., Hic claudor Dantes. *Per il testo e la fortuna degli epitaffi di Dante*, in *Dante e la sua cultura a Ravenna nel Trecento*, a cura di M. Petoletti, Ravenna 2015, pp. 41-70.

Piacentini A., *La lettera di Boccaccio a Martino da Signa: alcune proposte interpretative*, in «Studi sul Boccaccio», 43 (2015), pp. 147-76.

Piacentini A., *Note per l'edizione critica dei* Versus ad Affricam *di Giovanni Boccaccio*, in «Filologia mediolatina», 23 (2016), pp. 295-313.

Poeta et historicus». La laurea di Mussato e Dante, in *«Moribus antiquis sibi me fecere poetam». Albertino Mussato nel VII centenario dell'incoronazione poetica (Padova 1315-2015)*, a cura di R. Modonutti, E. Zucchi, pref. di G. M. Gianola, E. Selmi, Firenze 2017, pp. 3-45.

Poggioli R., *The Oaten Flute. Essays on Pastoral Potery and Pastoral Ideal*, a cura di A. Bartlett Giamatti, Cambridge (Ma.) 1975.

Poesia dell'alto medioevo europeo: manoscritti, lingua e musica dei ritmi latini, a cura di F. Stella, Firenze 2000.

Polara G., *Note di lettura alla corrispondenza bucolica fra Giovanni del Virgilio e Dante*, in *Per beneficio e concordia di studio. Studi danteschi offerti a Enrico Malato per i suoi ottant'anni*, a cura di A. Mazzucchi, Bertoncello 2015, pp. 769-782.

Prandi, S., *Ecfrasi pastorale*, in *Ecfrasi. Modelli ed esempi fra Medioevo e Rinascimento*, a cura di Gianni Venturi, Roma 2004, II, pp. 203-225.

Propp V., *Morfologia della fiaba*, a cura di G. L. Bravo, Torino 1966.

Pricoco S., *Valore letterario degli epigrammi di Damaso*, in «MSLC», 4 (1954), pp. 19-40.

Quadlbauer F., *Die antike Theorie der Genera Dicendi im lateinischen Mittelalters*, Wien 1962.

Quadlbauer F., *Zur Nachwirkung und Wandlung des ciceronischen Rednerideals*, in Ars rhetorica *antica e nuova*, a cura di A. Ceresa-Gastaldo, Genova 1984, pp. 77-116.

Quaquarelli L., *Per un profilo aggiornato di Pietro da Moglio*, in «Schede umanistiche», 23 (2009), pp. 33-55.

Quartieri F., *Benvenuto da Imola. Un moderno antico commentatore di Dante*, Ravenna 2001.

Raby F.J.E., *A History of Secular Latin Poetry in the Middle Ages*, II, Oxford 1967.

Radke A., *Zu Calpurnius und Nemesian*, in «Hermes», 100 (1972), 4, pp. 615-623.

Rumpf L., *Am trüben Goldfluß. Zur Bukolik Cláudio Manuel da Costas im Brasilien des 18*, in *Bokoliasmos: Antike Hirtendichtung und neuzeitliche Transformationen*, a cura di H. Seng, I. Weiss, Würzburg 2019, pp. 199-225.

Ratkowitsch C., *Mittelalterliches in der Hirtendichtung des Giovanni Boccaccio*, in «Wiener Studien», 113 (2003), pp. 301-334.

Reeve M.D., *The Textual Tradition of Calpurnius and Nemesianus*, in «Classical Quarterly», 28 (1978), pp. 223-238.

Resta G., *Codice Bucolico Boccacciano*, in *I classici nel Medioevo e nell'Umanesimo*, Genova 1976, pp. 59-90.

Retorica e poetica tra i sec. XII e XIV, Atti del convegno di studio (Trento-Rovereto, 3-5 ottobre 1985), a cura di C. Leonardi, E. Menestò, Spoleto 1991.

Reynolds L.D., *Texts and Transmission. A Survey of the Latin Classics*, Oxford 1983.

Ricci M.L., *Motivi arcadici in alcuni centoni virgiliani cristiani*, in *Atti del Convegno Virgiliano sul bimillenario delle Georgiche*, Napoli 1977, pp. 489-496.

Ricci M.L, *Note al centone* Versus ad gratiam domini *attribuito a Pomponio (719a Riese)*, in «FMB», 14 (1974-76) [1977], pp. 103-121.

Ricci P. G., *Per la cronologia del* Bucolicum Carmen, in *Studi sulla vita e le opere del Boccaccio*, Milano-Napoli 1985, pp. 50-66.

Riché P., *L'enseignement au Moyen Âge*, Paris 2016.

Ricklin T., *Indagine su un disguido epistolare: l'*Epistola a Cangrande *fra Verona e Padova*, in *Medieval Letters between Fiction and Document*, Convegno Internazionale (Siena, 9-11 settembre 2013), a cura di C. Høgel, E. Bartoli, praef. F. Stella, L. Boje Mortensen, Turnhout 2015, pp. 369-379.

Rocca S., *Memoria incipitaria negli epigrammi di papa Damaso*, in «VetChr», 17 (1980), pp. 79-84.

Roling B., *Das bedrohliche Arkadien: Feenhügel in der Theologie und Geschichtsschreibung des* Mittelalters, in «Das Mittelalter Perspektiven mediävistischer Forschung», 16 (2011), 1, pp. 72-84.

Rossi A., *Un autografo ficiniano delle Egloghe alla Nazionale di Parigi*, in «Studi danteschi», 38 (1960), pp. 291-298.

Rossi A., *Boccaccio autore della corrispondenza Dante-Giovanni Del Virgilio*, in «Miscellanea storica della Valdelsa», LXIX (1963), pp. 130-172 (rist. in *Scritti su Giovanni Boccaccio*, Firenze 1964, pp. 20-62).

Rossi A., *Il carme di Giovanni del Virgilio a Dante*, in «Studi danteschi», 40 (1963), pp. 133-273.

Rossi A., *Dante, Boccaccio e la laurea poetica*, in «Paragone», 13 (1962), pp. 3-41.

Rossi A., *Dante nella prospettiva di Boccaccio*, in «Studi danteschi», 37 (1960), pp. 63-139.

Rossi A., *Dossier di un'attribuzione*, in «Paragone», 19 (1968), pp. 61-125.

Rossi, A., *Filologia, grammatica e retorica negli scrittoi trecenteschi*, II, *Cecco di Meletto Rossi fra gli Ordelaffi e i Malatesta, fra Petrarca e Boccaccio*, in «Poliorama», III (1984), pp. 20-21.

Rossi L.C., *Dittico per Benvenuto da Imola*, in *Meminisse iuvat. Studi in onore di Violetta de Angelis*, a cura di F. Bognini, Pisa 2012, pp. 611-646 (ora in Id., *Studi su Benvenuto da Imola*, Firenze 2016, pp. 149-202).

Rosso P., *La scuola nel medioevo*, Roma 2018.

Rouse R.H., *Florilegia and Latin Classical Authors in Twelfth- and Thirteenth-Century Orléans*, in «Viator», 10 (1979), pp. 131-160.

Sabbadini R., *Le scoperte dei codici latini e greci nei secoli XIV e XV*, II, Firenze 1905-1914.

Salanitro G., *Silloge dei Vergilio centones minori: De panificio, Narcissus, Iudicium Paridis, Hercules et Antaeus, Progne et Philomela, Europa*, Acireale-Roma 2009.

Salemme C., *Ragguaglio su Marco Valerio*, in «Bollettino di studi latini», 9 (1979), pp. 333-348.

Salvatore A., *Le Bucoliche di Marco Valerio*, in *La Fortuna di Virgilio*, Atti del Convegno internazionale (Napoli, 24-26 ottobre 1983), Napoli 1986, pp. 71-106.

Sarteschi S., *L'"Epistola" a Cangrande della Scala: osservazioni sul titolo "Comedìa" e sulla polisemia del poema*, in *Per la" Commedia" e non per essa soltanto*, a cura di Ead., Roma 2002, pp. 25-77.

Schäfer A., *Vergils Eklogen 3 und 7 in der Tradition der lateinischen Streitdichtung. Eine Darstellung anhand ausgewählter Texte der Antike und des Mittelalters*, Wien *et al.* 2001.

Schaller D., *Classical Influences on European Culture a. D. 500-1500*, a cura di R.R. Bolgar, Cambridge 1971, pp. 151-157.

Schaller D., *Der junge Rabe am Hof Karls des Großen*, in *Festschrift Bernhard Bischoff zu seinem 65*, a cura di J. Autenrieth, F. Brunhölzl, Stuttgart 1971, pp. 123-141.

Schaller D., Könsgen E., *Initia carminum latinorum saeculo undecimo antiquiorum. Bibliographisches Repertorium für die lateinische Dichtung der Antike und des Frühen Mittelalters*, Göttingen 1977.

Schanz M., Hosius C., Krüger G., *Geschichte der Romanische Literatur*, Monaco 1920, IV/2, pp. 360-361.

Schenkl H., *Calpurnii et Nemesiani bucolica*, Leipzig-Praha 1885.

Schenkl K., *Poetae Christiani minores*, Wien 1888.

Schierl P., *A preacher in Arcadia?. Reconsidering Tityrus Christianus*, in *Classics renewed : reception and innovation in the Latin poetry of late antiquity*, a cura di S. C. McGill, J. Pucci, Heidelberg 2016, pp. 241-264.

Schmeidler B., *Studien zur Geschichtschreibung des Klosters Tegernsee vom 11. bis zum 16. Jahrhundert*, München 1935, pp. 81-85.

Schmid W., *Endelechius*, in *Reallexicon für Antike und Christentum*, V, 1/3, Stuttgart 1960.

Schmid W., *Panegirik und Bukolik in der Neronische Epoche*, in «BJ», 153 (1953), pp. 63-83.

Schmid W., *Tityrus Christianus*, in «Rheinisches Museum für Philologie», 94 (1953), pp. 101-165.

Schmidt C., *I Conflictus*, in SLM, I/2, pp. 157-169.

Schmidt E.A., *Arkadien: Abendland und Antike*, in «Antike und Abendland», 21 (1975), pp. 36-57 (poi rielaborato in Id., *Bukolische Leidenschaft oder Über antike Hirtenpoesie*, Frankfurt am Main 1987).

Schnur H. C., Kössling R., *Die Hirtenflöte. Bukolische Dichtungen von Vergil bis Gessner*, Leipzig 1978.

Schulbücher im Trivium des Mittelalters und der Frühen Neuzeit, a cura di M. Baldzuhn, Berlin 2009.

Scott A., *«Una veritade ascosa sotto bella menzogna». Dante's «Eclogues» and the World Beyond the Text*, in «ItSt», 68 (2013), pp. 36-56.

Scott P. D., *Alcuin's* Versus de cuculo*: the Vision of pastoral Friendship*, in «Studies in Philology», 62 (1965), pp. 510-530.

Scourfield J.H.D., *Textual Inheritances and Textual Relations in Late Antiquity*, in *Texts and Culture in Late Antiquity. Inheritance, Authority and Change*, Swansea 2007, pp. 1-32.

Sineri V., *Il centone di Proba*, Acireale-Roma 2011.

Sineri V., *Virgilio cristiano: tra* Oratio ad sanctorum coetum *e* Cento Probae, in *Vergiliocentones. Critical Studies / Los Centones Virgilianos. Estudios críticos*, a cura di M. Carmignani, S. Audano, Córdoba-Républica Argentina 2017, pp. 87-112.

Sirignano G., *L'esametro di Dante e la tradizione bucolica latina*, in «Annali della Facoltà Suor Orsola Benincasa», (2009), 2, pp. 851-881.

Sivo V., *Il Mezzogiorno e le Crociate in alcuni testi letterari*, in *Il Mezzogiorno normanno-svevo e le Crociate*, Atti del Convegno internazionale (Bari, 17-20 ottobre 2000), a cura di G. Musca, Bari 2002, pp. 355-377.

Skutsch O., *Textual Studies in Bucolics of Martius Valerius*, in *Classical, Medieval and Renaissance Studies in Honor of B. L. Ullman*, a cura di C. Henderson, Roma 1964, II, pp. 21-36.

Snell B., *Arkadie Die Entdeckung einer geistigen Landschaft*, in *Wege zu Vergil*, Darmstadt 1966, pp. 340-370.

Spallone M., *I percorsi medievali del testo: Accessus, commentarii, florilegi*, in *Lo spazio letterario dell'Antica Roma*, III (a cura di G. Cavallo, P. Fedeli, A. Giardina), Roma 1990, pp. 387-470.

Spang K., *Géneros literarios*, Madrid 1996.

Steinen W. von de, *Der Neubeginn*, in *Karl der Grosse, Lebenswerk und Nachleben*, 5 voll., Düsseldorf 1967, II, pp. 53-79.

Stella F., *Alkuins Dichtung*, in *Alkuin von York und die geistige Grundlegung Europas*, a cura di E. Tremp, K. Schmuki, St.Gallen 2010, pp. 253-282.

Stella F., *Analisi informatiche del lessico e individuazione degli autori nelle* Epistolae duorum amantium *(XII secolo)*, in *Latin vulgaire-Latin tardif*, Atti dell'VIII convegno internazionale sul latino volgare e tardo (Oxford, 6-9 settembre 2006), a cura di R. Wright, Oxford 2008, pp. 560-569.

Stella F., *Funzioni proppiane e codice bucolico nel "De fonte vitae" di Audrado di Sens. Proposta ermeneutica e nuova datazione*, in *Gli umanesimi medievali*, Atti del Congresso dell'Internationales Mittellateinerkomitee, Firenze 1993.

Stella F., *Imitazione interculturale e poetiche dell'alterità nell'epica biblica latina*, in *Incontri Triestini di filologia classica*, V, Trieste 2003-2006, pp. 9-24.

Stella F., *Metodi e prospettiva dell'edizione digitale di testi mediolatini*, in «Filologia mediolatina», 14 (2007), pp. 149-180.

Stella F., *La poesia carolingia*, Firenze 1995.

Stella F., *La poesia carolingia latina a tema biblico*, Spoleto 1993.

Stok F., *Nicholas Trevet e Giovanni da Firenze*, in «Studi Umanistici Piceni», 12 (1992), pp. 233-242.

Stok F., *Philagryus biografo di Virgilio*, in «Revue des études tardo-antiques», IV (2014-2015), pp. 217-240.

Stok F., *Il rinascimento della biografia virgiliana*, in «Studi Umanistici Piceni», 11 (1991), pp. 229-239.

Stok F., *Schemi di* accessus *a Virgilio*, in «Incontri di filologia classica», 16 (2016-2017), pp. 229-243.

Stok F., *Il Virgilio del Petrarca*, in *Preveggenze umanistiche di Petrarca*, Atti delle giornate petrarchesche di Tor Vergata, Roma-Cortona 1-2 giugno 1992, a cura di G. Brugnoli, G. Paduano, Pisa 1993, pp. 171-212.

Stok F., *La Vita di Virgilio di Zono Magnalis*, in «Rivista di cultura classica e medievale», 33 (1991), pp. 143-181.

Stoppacci P., *Contributo per la ricostruzione dell'opera di Checco di Meletto Rossi da Forlì (1320-1364)*, in «Studi Medievali», 55 (2014), pp. 229-297.

Stoppacci P., *Due componimenti inediti di Checco di Meletto da Forlí*, in «Studi medievali», 57 (2016), pp. 207-241.

Stotz P., Conflictus, *il contrasto poetico nella letteratura latina medievale*, in *Il genere* tenzone *nelle letterature romanze delle origini*, a cura di M. Pedroni, A. Stäuble, Ravenna 1999, pp. 165-187

Stover J., *The Date of the bucolic Poet Martius Valerius*, in «Journal of Roman Studies», 107 (2017), pp. 1-60.

Strecker K., *Studien zu karolingischen Dichtern VII. Ist Gottschalk der Dichter der* Ecloga Theoduli, in «Neues Archiv», 45 (1924), pp. 14-31.

Stroppa S., *Petrarca e la morte tra* Familiari *e* Canzoniere, Roma 2014.

Stroppa S., *Quel che Dio non può fare. La consolatoria e il pensiero della morte (Rvf 270),* in «Studi petrarcheschi», 23 (2010), pp. 73-99.

Stussi A. *L'ultimo percorso di Aldo Rossi: "Da Dante a Leonardo"*, in *Per Aldo Rossi. Con un contributo inedito e la bibliografia ragionata degli scritti*, a cura di A. Ravasi, Firenze 2003.

Tanturli G. *La corrispondenza poetica di Giovanni Del Virgilio e Dante fra storia della tradizione e critica del testo*, in «Studi medievali», ser. III, 52 (2011), pp. 809-845.

Tassoni L., *Zanzotto dal simulacro all'oikos*, in «Semicerchio», 58-59 (2018), pp. 30-35.

Theodulf of Orléans, *The Verse*, a cura di T.M. Andersson, Å. Ommundsen, Tempe (AZ) 2014.

Thraede K., *Epos*, in «RAC», V (1962), pp. 983-1042.

Tilliette, J.Y., *Des mots à la parole. Une lecture de la "Poetria Nova" de Geoffroy de Vinsauf*, Genève 2000,

Tilliette J.Y., *Graecia mendax*, in *La Grece Antique sous le regard du Moyen Age occidental*, a cura di J. Leclant, M. Zink, Paris 2005, pp. 16-17.

Tissoni-Benvenuti A., *Uno sconosciuto testimone delle ecloghe di Calpurnio e Nemesiano*, in «Italia Medievale e umanistica», 23 (1980), pp. 381-387.

Todorov T., *La letteratura fantastica*, Milano 1993.

Tomasi F., Buzzetti D., *Metodologie informatiche e discipline umanistiche*, Roma 2008.

Traina A., *Ecloga*, in EV, II, p. 165.

Tremp E., *Alkuin und das Kloster St. Gallen*, in *Alkuin von York und die geistige Grundlegung Europas. Akten der Tagung vom 30. September bis zum 2. Oktober 2004*, a cura di E. Tremp, K. Schmuki, Sankt Gallen 2010, pp. 229-249.

Tristano C., *Biblioteche al tempo di Petrarca*, in *Petrarca in Musica*, 2006, pp. 1-11, online su http://www.unisi.it/tdtc/petrarca.

Tufano V., *Le ecloghe di Pontano e la bucolica in volgare di Sannazaro*, Ginevra 2017.

Turcan Verkerk A.M., *Le* Liber artis omnigenum dictaminum *de Maître Bernard* I, in «Revue d'Histoire des Texts», n.s., 5 (2010), pp. 99-157.

Turcan Verkerk A.M., *Le* Liber artis omnigenum dictaminum *de Maître Bernard* II, in «Revue d'Histoire des Texts», n.s., 6 (2011), pp. 261-327.

Turcan-Verkerk A.M., *La théorie des quatre styles: une invention de Jean de Garlande*, in «ALMA», 66 (2008), pp. 167-187.

Vecchi G., *Giovanni del Virgilio e Dante. La polemica tra latino e volgare nella corrispondenza poetica*, in *Dante e Bologna nei tempi di Dante*, Bologna 1976, pp. 61-76.

Velli G., *L'Ameto e la pastorale: il significato della forma*, in *Boccaccio: secoli di vita*, Atti del Congresso internazionale (Los Angeles, 17-19 ottobre 1975), Ravenna 1977, pp. 67-80.

Velli G., *Boccaccio e Petrarca*, Padova 1990.

Velli G., *Cultura e imitatio nel primo Boccaccio*, in «Annali della Scuola Normale Superiore di Pisa», 37 (1968), pp. 55-93.

Velli G., *Sul linguaggio letterario di Giovanni Del Virgilio*, in «Italia Medievale e Umanistica», 24 (1981) pp. 137-158.

Verdière R., Recensione a *M. Valerio Bucoliche*, a cura di F. Munari, Firenze 1970, in «L'Antiquité Classique», 41 (1972), p. 349.

Vergiliocentones, Critical Studies. Los Centones Virgilianos. Estudios críticos, a cura di M. Carmignani, S. Audano, Córdoba-RépublicaArgentina 2017.

Vernet A., *Notice et extraits d'un manuscrit d'Edimbourg (Adv. Mss. 18.6.12, 18.7.8, 18.7.7)*, in «Bibliothèque de l'École des chartes», 107 (1948), 1, pp. 33-51.

VI *Centenario della morte di Giovanni Boccaccio. Mostra di Manoscritti, Documenti e Edizioni*, Certaldo, 1975.

Vianello R., *Appunti sul commento alle Bucoliche virgiliane nel codice 1084 della Bibl. Univ. Padova*, in «Atti e memorie dell'Accademia patavina di scienze, lettere e arti. Classe di scienze morali, lettere e arti», 99 (1986), pp. 51-86.

Vidal J.L., *La technique de composition du Centon virgilien Versus ad gratiam domini sive Tityrus (Anth. Lat. 719a Riese)*, in «Revue des études augustiniennes», 39 (1983), pp. 233-256.

Villa C., *Il canone poetico mediolatino e le strutture di Dante, Inf. IV e Purg. XXII*, in *La protervia di Beatrice. Studi per la biblioteca di Dante*, Firenze 2009, pp. 17-37

Villa C., *I classici*, in SLM, I, pp. 479-522.

Villa C., *I classici come modello*, in *Intorno al testo. Tipologie del corredo esegetico e soluzioni editoriali*, Roma 2003, pp. 61-75.

Villa C., *I commenti ai classici fra XII e XV secolo*, in *Medieval and Renaissance Scholarship. Proceedings of the Second European Science Foundation Workshop on the classical Tradition in the Middle Age and the Renaissance*, a cura di N. Mann, B. Munk Olsen, Leiden-New York-Köln 1997, pp. 19-32.

Villa C., *Dante lettore di Orazio,* in *Dante e la 'bella scola' della poesia. Autorità e sfida poetica*, a cura di A. Iannucci, Ravenna 1993, pp. 87-106.

Villa C., *Il problema dello stile umile*, in *Dante the Lyric and Ethical Poet*, a cura di G.Z. Barański, M. McLaughlin, London 2010, pp. 215-232.

Villa C., *La protervia di Beatrice. Studi per la biblioteca di Dante*, Firenze 2009.

Villa C., *Rileggere gli archetipi: la dismisura di Ugolino*, in *La protervia di Beatrice. Studi per la biblioteca di Dante*, Firenze 2009, pp. 115-132.

Villa C., *Tra affetto e pietà: per Inf. V*, in *La protervia di Beatrice. Studi per la biblioteca di Dante*, Firenze 2009, pp. 73-100.

Vinay G., *Alto medioevo latino. Conversazioni e no*, Napoli 1978.

Vinay G., *Otlone di Sant'Emmeram, ovvero l'autobiografia di un nevrotico*, in *La storiografia altomedievale*, Spoleto 1970, pp. 15-37.

Vinay G., *Peccato che non leggessero Lucrezio*, Spoleto 1989.

Viti P., *Il medio evo nell'Umanesimo*, in SLM, IV, pp. 89-106.

Vulliez Ch., *Des écoles de l'Orléanais à l'Université d'Orléans (X[e] XVe siècles)*, Thèse de Doctorat d'État dactylographé, Paris X-Nanterre 1993.

Walsh P.G., *Pastor and Pastoral in medieval latin poetry*, in *Papers of the Liverpool Seminar*, Liverpool 1976, pp. 157-169.

Warburg, I. , *El barroco teodosiano en el poema* De mortibus boum, in «Revue des Études Anciennes», 118 (2016), 2, pp. 511-525.

Weiss R. *La cultura preumanistica veronese e vicentina del tempo di Dante*, in *Dante e la cultura veneta,* Atti del convegno di studi (Venezia-Padova-Verona, 30 marzo-5 aprile 1966), Firenze 1966, pp. 263-273.

Weiss R., *Il primo secolo dell'Umanesimo*, Roma 1949, p. 88 n. 20 (ora con aggiornamenti bibliografici in *Petrarca e i Padri della Chiesa. Petrarca e Arezzo*, a cura di R. Cardini, P. Viti, Firenze 2004, pp. 105-132).

Wenzel S., *Medieval artes praedicandi. A Synthesis of Scholastic Sermon Structure*, Toronto 2015.

Whitta J., *Ille ego Naso, Modoin of Autun's Eclogues and the Renovatio of Ovid*, in «Latomus», 61 (2002), pp. 703-731.

Winterfeld P. von, *Wie sah der Codex Blandinus Vetistissimus des Horaz aus?*, in «Rheinisches Museum fur Philologie», 60 (1905), pp. 31-37.

Winterfeld P. von, *Hrotsvits literarische Stellung. Der Mimus und die karolingische Ekloge*, in «Archiv für Neuere Sprache», n.s., 14 (1905), pp. 65-71.

Witt R., *In the Footsteps of the Ancients. The Origins of Humanism from Lovato to Bruni*, London 2000.

Witt R., *Medieval Ars Dictaminis and the Beginnings of Humanis: a new costruction of problem*, in «Renaissance Quarterly», 35 (1982), 1, pp.1-35.

Witt R., *The two Latin Cultures and the Foundation of Renaissance Humanism in Medieval Italy*, Cambridge 2012.

Zabughin V., *Vergilio nel rinascimento italiano da Dante a Torquato Tasso*, I, *Il Trecento e il Quattrocento*, a cura di S. Carrai, A. Cavarzere, Trento 2000 (ed. or. 1921).

Zabughin V., *Vergilio nel rinascimento italiano da Dante a Torquato Tasso*, II, *Il Cinquecento*, a cura di S. Carrai, A. Cavarzere, Trento 2000 (ed. or. 1923).

Zamponi S., *Nell'officina di Boccaccio: gli autori latini classici e medievali di una lunga iniziazione letteraria*, in *Boccaccio autore e copista*, Catalogo della mostra (Firenze, Biblioteca Medicea Laurenziana, 11 ottobre 2013-11 gennaio 2014), a cura di T. De Robertis, C.M. Monti, M. Petoletti, G. Tanturli, S. Zamponi, Firenze 2013, pp. 300-305.

Zamponi S., *Lo Zibaldone Magliabechiano, monumento fondativo della cultura storica di Boccaccio*, in *Boccaccio autore e copista*, Catalogo della mostra (Firenze, Biblioteca Medicea Laurenziana, 11 ottobre 2013-11 gennaio 2014), a cura di T. De Robertis, C.M. Monti, M. Petoletti, G. Tanturli, S. Zamponi, Firenze 2013, pp. 313-316.

Zamponi S., Pantarotto M., Tomiello A., *Stratigrafia dello Zibaldone e della Miscellanea Laurenziani*, in *Gli Zibaldoni di Boccaccio. Memoria, scrittura, riscrittura*, Atti del Seminario internazionale (Firenze-Certaldo, 26-28 aprile 1996), a cura di M. Picone, C. Cazalé Bérard, Firenze 1988, pp. 181-125.

Zanni, R. *Una ricognizione per la biblioteca di Dante in margine ad alcuni contributi recenti*, in «Critica del testo», 17 (2014), pp. 161-204.

Zicari V., *Nota a Marco Valerio*, in «Studi urbinati», n.s., 31 (1957), pp. 255-259.

Ziolkowski J. M., *La poesia d'amore,* in SLM, I/2, pp. 60-65.

Ziolkowski J. M., Putnam M. J., *Virgilian Tradition. The First Fifteen Hundred Years*, Yale 2008.

Zogg F., *Palemon and Daphnis in a medieval poem: the virgilian Challange of the* Conflictus veris et hiemis, in «Vergilius», LXIII (2017), pp. 125-140.

Zumthor P., *Semiologia e poetica medievale*, con un'intervista di Cesare Segre, Milano 1973.

Indice dei nomi di persona

Indice dei manoscritti

Finito di stampare
nel mese di luglio 2019
da The Factory srl
Roma